한국어학 개론

An Introduction to Korean Linguistics

This Edition was published by Jipmoondang in 2020, Seoul, Korea.

한국어학 개론

구본관 · 박재연 · 이선웅 · 이진호

집문당

저자 소개
구본관 서울대학교 사범대학 국어교육과 교수
박재연 아주대학교 인문대학 국어국문학과 교수
이선웅 경희대학교 외국어대학 한국어학과 교수
이진호 서울대학교 인문대학 국어국문학과 교수

한국어학 개론

2020년 6월 20일 1판 1쇄
2024년 3월 15일 1판 4쇄

저자 | 구본관 · 박재연 · 이선웅 · 이진호
발행인 | 임동규
발행처 | **(주)집문당**
등록 | 1971. 3. 23. 제2012-000069호
주소 | 03134 서울시 종로구 돈화문로 82, 5층
전화 | +82-1811-7567
이메일 | sale@jipmoon.com
홈페이지 | www.jipmoon.com

ISBN 978-89-303-1872-3 93700

가격 25,000원

(주)집문당 이순신돋움체B (저작권자 아산시, 무료글꼴)

머리말

어림잡아도 7,000여 개에 이르는 전 세계 언어들 중에서 한국어는 모어로 사용하는 사람이 7,700만이 넘는, 사용자 수 기준 13위의 언어이다. 아울러 한국의 국력 신장과 한류에 대한 관심으로 한국어를 외국어로 배우는 사람도 급격하게 늘어나고 있다. 모어로든 외국어로든 한국어를 배우려는 관심이 커져 가는 지금, 한국어 연구자들이 해야 할 가장 중요한 일 중의 하나는 한국어를 쉽게 설명하는 좋은 개론서를 내놓는 일일 것이다.

주시경 선생님의 『국어문법』이 나온 지 100년이 넘었다. 그동안 한국어를 연구하는 수많은 저술들이 나왔고, 이희승 선생님의 『국어학개설』을 비롯한 많은 개론서가 나오기도 했다. 우리 네 사람의 저자들은 이익섭 선생님의 『국어학개설』을 처음 읽을 때의 두근거림을 아직도 간직하고 있기도 하다. 저자들로서는 이런 선학들의 명저보다 좋은 개론서를 내기가 쉽지 않다는 것을 잘 알고 있다. 그럼에도 불구하고 우리가 지금 이 책을 펴내는 것은 최근까지의 한국어학 연구의 성과를 잘 녹여 낸 쉬우면서도 간결하게 정리된 개론서의 필요성이 여전하기 때문이다.

이 책은 네 명의 저자들이 공동으로 집필한 『한국어 문법 총론 I, II』를 읽기 전에 읽으면 좋을, 조금 더 쉽고 간략한 개론서의 성격을 가진다. 그렇기 때문에 『한국어 문법 총론 I, II』를 중요하게 참조하되, 설명을 더 쉽게 풀기도 하고 또 가능하면 간결한 예시를 들기도 하여 독자들이 쉽게 이해할 수 있도록 하였다. 그러므로 이 책을 읽은 학생이 한국어학에 대해 더 깊이 있게 공부하고 싶다면 『한국어 문법 총론 I, II』를 읽으면 좋을 것이다.

그렇기는 해도 이 책은 『한국어 문법 총론 I, II』와 완전히 차이 나는 부분도 상당하다. 제10장 방언학은 완전히 새로 들어간 것이며, 한국어사는 주제별로 나누지 않고 시대별로 나누어 새롭게 기술하였고, 화용론과 텍스트 언어학을 합하여 담화론으로 새로 기술하였다. 의미론에 어휘론을 포함해서 다루었고 제4장과 제5장에서 통사론을 둘로 나누어 문장의 구조적 양상과 문법적 의미의 발현 양상을 따로 제시하는 등 여러 가지 변화를 주기도 하였다. 형식의 측면에서뿐만 아니라 내용의 측면에서도 적지 않은 변화가 있었다. 『한국어 문법 총론 I 』을 낸 지 5년여 시간 동안 국내외의 여러 연구자들에 의해 한국어학 연구들이 더 축적되었고, 우리 저자들도 각자 『한국어 표준 문법』, 『한국어 정서법』, 『국어 음운론 용어 사전』, 『한국어 어미의 의미』 등을 펴내는 등 다양한 관점에서 연구를 계속해 왔다. 이 책은 이렇게 축적된 연구 결과들을 반영하여 내용을 더 충실하게 하고자 하였다.

이 책은 전체적으로 10개의 장으로 이루어져 있다. 제1장은 언어의 본질과 한국어의 특성, 그리고 한국어학 연구의 관점이나 영역을 다룬 도입의 성격을 갖는다. 제2장에서 제5장까지는 한국어학에서 전통적으로 중요하게 다루어진 음운론, 형태론, 통사론의 문제들을 쉽게 설명하면서, 이 분야에서 최근에 문제가 되는 다양한 논의를 최대한 담고자 하였다. 제6장과 제7장은 최근 다양한 논의가 이루어지고 있는 의미론과 담화론의 문제들을 비교적 자세하게 언급하고자 하였다. 제6장의 의미론에서는 어휘론의 문제들을 포함하였으며 최근의 인지 언어학의 관점들도 부분적으로 도입하였다. 제7장에서는 담화론의 이름 아래에 화용론과 텍스트 언어학의 연구 과제를 포함하고 있음은 물론 최근 국어교육 등에서 중요하게 다루어지는 매체에 대한 논의도 담아내고자 하였다. 제8장과 제9장은 한국어사와 문자와 표기 문제를 다루었다. 한국어사는 한국어의 형성과 그 이후의 변화를 다루었는데, 중세 한국어를 중심으로 논의하되 고대 한국어와 근대 한국어에 대해서도 특징적인 사실을 중심으로 잘 정리해서 제시하였다. 제9장에서는 차자 표기와 한글의 창제 그리고 표기법의 문제를 다루었다. 표기법은 기본적인 원리를 중심으로 설명하되, 언어생활에 도움이 되는 중요한 규정에 대해서도 비교적 자세하게 언급하였다. 제10장은 방언학을 다루고 있다. 방언의 개념에서부터 방언 조사 방법, 방언 구획 문제까지 기존에 이루어진 방언학 연구 성과를 최대한 반영하고자 하였다. 아울러 최근 방언학 분야의 중요한 주제가 되고 있는 사회 방언에 대한 관심도 쉽게 담아내고자 하였다.

우리는 이 책을 한국어를 사용하는 모어 화자이든 한국어를 외국어로 배우는 외국인 화자이든 한국어를 사용하고 배우면서 한국어의 문법 현상에 대해 고민하는 모든 독자들이 읽었으면 한다. 실용적으로는 대학의 국어국문학과, 국어교육과, 한국어교육과에서 한국어학을 입문하는 학생들에게 좋은 안내서가 될 것이다. 담화론을 따로 둔 것은 최근의 국어과의 문법 교육과정이 '음운-단어-문장-담화'로 나누어 교수-학습되는 점을 고려한 것이기도 하며, 한국어의 품사를 논의하면서 영어 등 비교적 익숙하다고 생각되는 언어와 비교하기도 한 것은 외국어로서의 한국어교육을 배려한 것이기도 하다. 그 밖에도 높임법이나 피동의 기능 등 국어학뿐만 아니라 최근 국어교육이나 한국어교육에서 문제가 되는 문법 현상에 대해서도 비교적 자세하게 다루었다.

이 책은 엄밀하게 말해 우리 네 명만의 저작이 아니다. 앞에서 언급한 것처럼 주시경 이후의 모든 한국어학자, 국어교육자, 한국어교육자의 노력의 결과물이다. 그럼에도 불구하고 개론서라는 이 책의 성격을 고려하여 이 책과 직접적으로 관련이 되는『한국어 문법 총론Ⅰ, Ⅱ』를 포함하여 여러 논저를 일일이 인용하지 않았다. 출처를 자세하게 밝히지 못한 점에 대해서는 해당 논저의 저자들의 양해를 구한다. 참고 문헌은 박사논문과 단행본을 중심으로 간략하게 제시하였다. 이는 박사논문에는 한국어학, 국어교육, 한국어교육 연구의 다양한 주제 중에서 깊이 있는 논의가 담겨 있고, 단행본에는 이 분야에서 어느 정도 보편적으로 합의된 논의가 담겨 있다고 생각되었기 때문이었다. 다만 우리 책의 기술에 직접 사용되는 등 필요하다고 생각되는 일부 학술지 논문의 경우는 박사논문이나 단행본이 아니라도 참고 문헌에 포함하였다.

이 책의 완성에는 많은 분들의 도움이 있었다. 간접적으로는 한국어를 연구해 온 모든 선배 학자들의 도움이 있었음은 물론이며, 한국어학, 국어교육, 한국어교육을 가르치고 배우는 모든 교사와 학생들 역시 우리 책을 완성하는 데에 크고 작은 도움이 되었다. 직접적으로는 출간 전에 이 책을 읽고 조언을 해 주신 서강대 이지영, 이화여대 최은정 선생님께 특별한 감사를 드린다. 좋은 책을 낼 수 있게 애써 주신 집문당의 임동규 사장님, 교정에서 색인 작업까지 꼼꼼하게 살펴준 집문당의 전정아, 장이지 님께도 감사를 드린다. 교정을 도와준 서울대학교 국어교육과 문법교육연구회 회원들께도 감사한 마음을 전한다.

2020년 4월 3일

저자 일동

제3장 형태론

제4장 통사론(1): 문장 구조론

제5장 통사론(2): 문법 요소론

제6장 의미론

제7장 담화론

제8장 한국어사

제9장 문자와 표기

제10장 방언학

인용 자료와 약호

문헌명	간행 연도	약호
『가례언해』	1632년	〈가례〉
『구급간이방』	1489년	〈구간〉
『구급방언해』	1466년	〈구방〉
『권념요록』	1637년	〈권념〉
『금강경삼가해』	1482년	〈금삼〉
『남명집언해』	1482년	〈남명〉
『내훈』	1475년	〈내훈〉
『노걸대언해』	1670년	〈노언〉
『능엄경언해』	1461년	〈능엄〉
『동국신속삼강행실도언해』	1617년	〈동신〉
『몽산화상법어약록』	1467년경	〈몽법〉
『번역노걸대』	1517년	〈번노〉
『번역박통사』	1517년	〈번박〉
『번역소학』	1518년	〈번소〉
『법화경언해』	1463년	〈법화〉
『분류두공부시언해 중간본』	1632년	〈두시중〉
『분류두공부시언해 초간본』	1481년	〈두시초〉
『삼강행실도』	1481년	〈삼강〉
『석보상절』	1447년	〈석상〉
『선종영가집언해』	1464~1465년	〈선영〉
『소학언해』	1587년	〈소언〉
『아미타경언해』	1464년	〈아미〉
『악장가사』	연대 미상	〈악가〉
『악학궤범』	1493년	〈악궤〉
『역어유해보』	1775년	〈역보〉
『오륜전비언해』	1721년	〈오륜〉
『용비어천가』	1447년	〈용가〉
『원각경언해』	1465년	〈원각〉
『월인석보』	1459년	〈월석〉
『월인천강지곡』	1449년	〈월인〉
『육조법보단경언해』	1496년	〈육조〉
『천의소감언해』	1756년	〈천의〉
『첩해신어』	1676년	〈첩해〉
『한중록』	1795~1806년	〈한중〉
『훈민정음언해』	1447년경	〈훈언〉

제1장

한국어와 한국어학

1.1. 언어와 한국어

1.2. 언어학과 한국어학

제1장 한국어와 한국어학

1.1. 언어와 한국어

1.1.1. 언어의 본질

1.1.1.1. 언어의 기능

언어는 인간의 본능이다. 우리는 언어로 생각하고, 언어로 행동하며, 언어로 소통한다. 언어를 사용하며 살아간다는 점에서는 민족이나 인종과 무관하게 공통적이다. 촘스키N. Chomsky가 언어를 인간의 선천적 능력으로 본 것이나 핀커S. Pinker가 인간의 본능으로서의 언어의 특성에 주목한 것은 언어가 인간과 뗄 수 없는 관계에 있음을 말해 준다. 인간을 '말하는 인간homo loquens'으로 표현한 것도 인간의 이런 특성을 설명하기 위한 것이다.

언어가 무엇인지에 대해서는 다양한 관점이 존재한다. 우선 언어를 인간의 정신을 반영하는 것이라고 보는 견해가 있다. 플라톤에서 스토아 학파를 거쳐 데카르트로 이어지는 연역적인 언어관에 따르면 언어는 인간에 내재하는 관념 체계의 표상이라고 한다. 연역적인 언어관을 가졌던 촘스키는 인간은 언어와 관련하여 본유적本有的으로 공통되는 보편 문법universal grammar을 가지고 있는 존재라고 보았다. 이와는 달리 언어를 인간 정신을 반영하는 존재라기보다는 의사소통의 수단이라는 도구적인 관점으로 바라보기도 한다. 도구적인 관점은 언어를 후천적인 습득이나 학습으로 얻어지는 것으로 본다는 점에서 귀납적인 언어관과 연결되어 있다.

언어의 본질이 무엇인지 단정할 수 없지만 언어는 우리 인간의 생활에 반드시 필요한 존재라는 점을 부인하기는 어렵다.

이제 언어의 기능에 대해 자세하게 살펴보기로 하자. 언어의 기능으로 가장 먼저 생각할 수 있는 것은 의사소통 기능이다. 야콥슨R. Jacobson은 지시 기능, 표현 기능, 명령 기능 등 언어의 다양한 기능을 언급한 바 있지만 특히 지시 기능, 즉 의사소통 기능에 집중하였다. 언어의 기능을 의사소통의 수단으로 파악한 것은 도구적인 관점에 가깝다고 할 수 있다.

물론 언어의 기능이 의사소통으로만 제한되는 것은 아니다. 사르트르J. P. Sartre는 언어를 '도구로서의 언어'와 '대상으로서의 언어'로 구분한다. 그는 언어의 본질은 의사소통이라고 할 수 있지만 의사소통과 관련되는 것은 '도구' 내지 '수단'으로서의 언어이며, 그 수단이 희미해지는 시詩와 같은 상황에서 언어는 '대상'으로서의 언어의 육체성을 회복한다고 보았다. 이처럼 언어는 의사소통의 도구일 뿐 아니라 그 자체로 존재 목적을 지닌다는 점에서 다른 다양한 기능을 가지기도 한다.

이제 야콥슨과 하임즈D. Hymes의 논의를 바탕으로 언어의 다양한 기능을 살펴보기로 하자. 가장 잘 알려진 언어의 기능에 대한 분류는 언어의 기능을 언어 사용의 환경과 연결시킨 야콥슨의 논의이다. 야콥슨은 언어 사용의 환경을 다음과 같이 제시하였다.

(1) 야콥슨의 언어 사용 환경

관련 상황context
전언message
발신자addresser ………………………………… 수신자addressee
접촉contact
신호 체계code

야콥슨은 위에서 제시한 언어 사용의 환경의 요인들을 언어의 기능들과 관련하여 설명하였다.

언어의 기능 중 가장 두드러진 것은 지시 대상이나 사태, 즉 관련 상황 요인을 나타내는 지시적 기능referential function이다. 발신자 요인과 관련되는 언어 기능은 표현적 기능expressive function이고, 수신자 요인과 관련되는 언어 기능은 명령적 기능conative function이다. 화자와 청자의 접촉 요인과 관련되는 기능은 친교적 기능phatic function이고, 전언 자체 요인의 아름다움이나 짜임새와 관련되는 기능은 시적 기능poetic function이다. 이밖에 신호 체계 즉, 언어 자체에 대해 설명하는 언어의 기능은 메타언어적 기능metalingual function이다.[1] 야콥슨과 비슷한 시기에 하임즈D. Hymes는 야콥슨의 여섯 가지 기능에다 맥락적 기능contextual function을 더해 언어 기능을 일곱 가지로 제시하였다.

야콥슨과 하임즈가 제안한 언어의 일곱 가지 기능에 대해 좀 더 자세하게 알아보기 위해 간단한 한국어 사례를 통해 설명해 보기로 하자.

(2) 가. 한글은 세종 대왕이 만들었다.
　나. 아, 모란이 피었구나.
　다. 문 좀 닫아 다오.
　라. 안녕히 주무셨어요?
　마. 산에는 꽃 피네, 꽃이 피네, 갈 봄 여름 없이 꽃이 피네.
　바. 언어란 '생각, 느낌 따위를 나타내거나 전달하는 데에 쓰는 음성, 문자 따위의 수단'이다.
　사. 자, 이제부터 강의를 시작합니다.

(2가)는 발신자가 표현하고자 하는 대상이나 전달하려는 사태에 대한 기술이 담긴 언어 표현, 즉 관련 상황을 나타내는 지시적 기능이 잘 드러난 사례이다. 지시적 기능[2]은 '이것은 연필이다.'와 같은 단순한 지정의 기능을 포함하여 다양한 의도

1 야콥슨의 여섯 가지 언어 기능을 나타내는 용어는 학계에서 조금씩 다른 표현으로 쓰인다. 이는 야콥슨이 원래 저작에서 다양한 표현을 쓴 것이 이유가 되기도 하고 번역 과정에서 하나의 용어를 여러 가지로 번역한 것이 이유가 되기도 한다. 예를 들면 야콥슨은 발신자와 관련되는 기능을 'expressive function', 'emotive function' 등 여러 가지로 언급할 수 있다고 했으며, 또 국내에 번역하는 과정에서 'conative function'을 명령(적) 기능, 지령(적) 기능, 능동적 기능 등으로 다양하게 번역하기도 했다.

2 리치(G. Leech)는 지시적 기능 대신 정보적 기능으로 언급한 바 있다. 지시적 기능은 대상에, 정보적 기능은 사태에 초점을 맞춘 용어로 생각된다. 하지만 사실상 동일한 기능인 '지시적 기능'과 '정보적 기능'을

나 설명을 포함한다. (2나)는 '아'와 같은 감탄사나 감탄의 종결 어미 등을 통해 화자의 정서를 표출하는 언어 표현, 즉 발신자와 관련이 깊은 표현적 기능이 잘 드러난 사례이다. (2다)는 상대방에게 무엇을 요구하거나 시키는 표현 즉, 수신자와 관련이 깊은 명령적 기능이 잘 드러난 사례이다. (2라)는 상대방과의 유대 관계를 강화하기 위해 사용하는 인사말로 친교적 기능이 잘 드러난 사례이다. 친교적 기능은 인사말이나 맞장구 표현 등 화자와 청자의 접촉과 관련되는 기능이다. (2마)는 소월의 시詩의 한 구절인데, '꽃(이) 피네'의 반복이나 음보의 반복에 의해 리듬감이 잘 드러난다. 이 예는 언어 자체, 즉 전언 자체의 아름다움에 주목하는 시적 기능이 잘 드러난 사례이다. (2바)는 언어, 즉 신호 체계를 설명하기 위한 언어 기능인 메타언어적 기능이 잘 드러난 사례인데, 메타언어적 기능은 사전의 뜻풀이에 흔히 사용된다. 대화 중에 잘 모르는 표현이 나올 때 "이 말은 무슨 뜻이에요?"처럼 묻는 표현이나 답하는 표현도 메타언어적 기능이 잘 드러난 예이다. (2사)는 하임즈가 언급한 맥락적 기능이 잘 드러난 사례이다. 맥락적 기능은 특히 상황 맥락을 지시하여 특정한 종류의 의사소통을 만들어 내는 기능이다.

앞에서 우리는 각각의 언어 표현을 특정한 언어 기능과 관련시켜 설명하였지만, 특정한 언어 표현이 한 가지 기능만으로 쓰이는 경우는 드물다. 앞에서 예로 든 문장들은 실제 사용되는 상황에서는 앞에서 언급한 기능과는 다른 기능으로 쓰일 수도 있다. 예를 들어 (2가)를 수업 시간에 한글을 집현전 학사들이 만들었다든가 하는 등 세종이 아닌 다른 사람이 한글을 만들었다고 하는 학생의 대답을 수정하기 위해 '(다른 사람이 아닌) 세종 대왕이 한글을 만들었으니 네 답안을 수정해라.'는 의도를 가지고 말했다면 이는 지시적 기능이 아니라 명령적 기능일 수 있으며, (2라)의 '안녕히 주무셨어요?'라는 표현을 병원에서 회진을 하는 의사가 환자에게 말 그대로 환자의 상태를 묻기 위해 사용했다면, 이는 친교적 기능이 아니라 지시적 기능이 드러난 것으로 볼 수 있다. 이처럼 동일한 언어 표현이 상황 맥락에 따라 다른 기능으로 쓰일 수 있다. 하나의 언어 표현이 상황 맥락에 따라 다른 기능으로 쓰일 수 있을 뿐 아니라, 동일 상황에서 해석에 따라 다른 기능으로 작용할

'2007 국어과 교육과정'에서는 서로 다른 기능처럼 제시하여 문제가 되기도 했다.

수도 있는 것이다. (2라)의 '안녕히 주무셨어요?'라는 표현을 회진 중인 의사가 환자에게 했다고 해도 화자인 의사와 청자인 환자가 다양하게 해석할 수 있다.

사실 언어의 일곱 가지 기능을 완전하게 분리할 수 있는지도 의문이다. 예를 들어 지시적 기능과 표현적 기능이 완벽하게 분리되는지 생각해 보면 그렇지 않다는 것을 알 수 있다. 분리가 어려울 뿐만 아니라 하나의 언어 표현이 둘 이상의 언어 기능으로 쓰일 수도 있다. (2가)의 '한글은 세종 대왕이 만들었다.'는 표현은 지시적 기능뿐만 아니라 표현적 기능을 동시에 할 수도 있다. 야콥슨은 어느 한 가지 기능만이 독점적으로 성립되는 언어 메시지는 거의 없다고 하였다. 당연히 이 예들도 실제 상황에서는 두 가지 이상의 언어 기능이 발현되는 것으로 볼 수 있다.

1.1.1.2. 언어의 특성

앞에서 언어를 인간의 본능으로 언급한 것처럼 우리 인간이 사용하는 언어는 동물의 언어와는 여러 가지 점에서 차이를 가진다. 우리가 흔히 알고 있듯이 꿀벌을 비롯한 동물들도 나름의 의사소통 수단을 가지고 있다. 하지만 인간의 의사소통 수단으로서의 언어는 소쉬르가 '언어는 관념을 나타내는 기호 체계'라고 말한 것처럼 인간의 관념을 나타내는 복잡한 기호 체계로서의 특성을 가진다. 여기에서는 인간 언어가 가지는 다양한 특성 중에서 중요한 몇 가지에 대해 기술해 보기로 한다.[3]

자의성

기호는 일정한 형식과 그 형식이 나타내는 내용으로 구성된다. 언어 역시 기호 체계의 하나로서 형식인 '음성'과 내용인 '의미'로 구성되어 있다. 이때 음성과 의미의 관계가 필연적이지 않다는 점에서 자의성恣意性을 가진다.

(3) 가. 한국어-사랑[사랑], 영어-love[러브], 독일어-Liebe[리베], 중국어-爱[아이]
나. 표준어-부추, 경상도 방언-정구지, 전라도 방언-솔

3 언어의 특성으로 이원성, 규칙성, 추상성, 초월성, 문화성, 체계성을 더 들기도 한다.

(3가)에서 볼 수 있듯이 동일한 의미를 나타내는 사물이나 개념에 대해 필연적인 이유가 없이 언어마다 다른 음성으로 대응된다. 또한 (3나)에서 볼 수 있듯이 한 언어 안에서도 어떤 의미를 가진 단어가 방언마다 다른 음성으로 대응되는데, 이 역시 자의성과 관련이 있다. 뒤에서 역사성과 관련하여 언급할 것인바, 언어의 음성이나 의미가 시간의 흐름에 따라 변화하는 것도 둘 사이의 연결이 필연적이 아니기 때문에 가능하다.

물론 언어의 음성과 의미가 전적으로 자의적인 것만은 아니다. 언어마다 조금씩 음성적인 차이가 있기는 하지만, 한국어의 '꼬끼오 꼬꼬'와 영어의 'cock-a-doodle-doo' 등 의성어에서 나타나는 소리의 유사성은 음성과 의미가 자의적이지만은 않음을 보여 준다. 아울러 '[사람]-[사람들]'처럼 음성이 복잡해지면 의미도 단수에서 복수로 복잡해지는 것과 같은 도상적인 특성을 가진다는 점에서 보면 음성과 의미의 관계는 완전히 자의적이지만은 않음을 알 수 있다.[4]

창조성

인간의 언어는 동물의 의사소통 수단과 달리 기존의 단어를 배열하여 자기가 한 번도 사용하지 않은 문장을 무수히 만들어 낸다. 이를 흔히 언어의 창조성創造性이라고 한다.[5]

(4) 옛날에 한 나무꾼이 살았는데, 그는 어느 날 산에 가서, 큰 연못 옆에서 나무를 하다가, 도끼를 연못에 빠뜨리고…

인간의 언어는 창조성을 가지고 있기 때문에 (4)에서 볼 수 있듯이 이론적으로 무한하게 긴 문장도 만들어 낼 수 있다.

---

4 '도상적(iconic)' 내지 '도상성(iconicity)'이란 기호학에서 한 기호의 형식적인 특성이 실제 사물의 형태를 즉 내용상의 특성을 재현하는 것을 지칭한다. 도상성을 잘 보여 주는 사례로는 우리가 문자 메시지 등에서 흔히 사용하는 '^^', '^ㅇ^'과 같은 이모티콘이 있다. 언어학에서는 '사람-사람들'처럼 형식인 음성과 내용인 의미의 복잡성이 일치되는 특성도 도상성으로 규정하기도 한다.

5 '창조성'을 새로운 문장뿐 아니라 새로운 단어를 만들어 내는 특성과 관련시키기도 한다. '창조성(creativity)'은 새롭게 만들어 낸다는 뜻이 강하므로 새로운 단어나 새로운 문장을 만들어 내는 특성을 창조성이라 하고, 단어로 무한한 수의 문장을 생산한다는 의미로는 '생산성(productivity)'을 쓰기도 한다.

사회성

인간이 사회를 이루고 살아가기 때문에 사회 구성원의 소통 수단이 되는 언어는 사회성社會性을 가지게 된다.

(5) 나는 매화를 좋아한다.

앞에서 예를 들어 설명한 것처럼 소리와 의미가 필연적이지는 않지만 특정 언어만 두고 보면 관습적으로 소리와 언어가 공고하게 결합되어 있어 개인이 함부로 바꿀 수 없다. (5)의 '나, 는, 매화, 를, 좋아하다' 등 단어가 가진 소리와 의미를 개인이 다르게 바꾸기 어려운 것이다. 그리하여 특정 개인이 '매화'를 '장미'라고 부른다면 의사소통에 혼란을 겪을 것이다. 이는 언어가 특정한 사회를 배경으로 한 약속 체계이기 때문인데, 이를 언어의 사회성이라고 한다.

역사성

언어는 한 세대에서 다른 세대로 전승되면서 변화하므로 역사성歷史性을 가진다.

(6) ᄆᆞᅀᆞᆷ > 마음, 어리다[愚] > 어리다[幼]

언어는 공시적으로 보면 사회성을 가지므로 소리와 의미가 공고하게 결합되어 있어 바꿀 수 없지만, 시간을 좀 길게 잡아서 통시적으로 바라보면 (6)에서 볼 수 있듯이 언어의 소리가 변하기도 하고 의미가 변하기도 한다. 이처럼 언어가 시간에 따라 변화하는 특성을 언어의 역사성이라고 한다.

분절성

언어 기호는 연속적인 사물이나 개념을 분절적으로 인식하게 하는 분절성分節性을 가진다.

(7) 빨강, 주황, 노랑, 초록, 파랑, 남색, 보라

무지개가 실제로는 연속적인 스펙트럼을 이루고 있지만 이를 일곱 색으로 인식하는 것은 언어가 분절성을 가지고 있기 때문이다. 자연계의 소리인 음향과 달리 인간이 언어에 사용하는 음성이 자음과 모음으로 분절되는 것이나 하나의 음절을 여러 개의 음소로 나눌 수 있는 것이나, 하나의 문장을 여러 개의 단어로 나눌 수 있는 것도 언어가 분절성을 가지기 때문이다.

1.1.2. 한국어의 특성과 위상

1.1.2.1. 한국어의 특성

앞에서 언급한 것처럼 언어는 보편성을 가지기도 하지만 각각의 언어가 개별성을 가지기도 한다. 한국어 역시 언어의 하나로서 보편성을 가지지만 다른 언어와 구별되는 개별성도 가진다. 사실 개별성을 가진 언어의 특성이 모여 언어의 보편성을 이루므로 한국어의 개별적 특성과 언어의 보편성이 완전히 구별되기는 어렵다. 따라서 우리는 이 자리에서 다소 소박한 관점에서 영어, 중국어, 일본어 등과 같이 우리가 잘 아는 언어와 차이 나는 한국어의 특성을 언급하고자 한다. 사실 개별 언어로서의 한국어의 특성은 다음 장부터 이어지는 각 하위 영역 논의에서 충분히 드러날 것이므로 여기에서는 음운론적 특성, 형태론 및 통사론적 특성, 화용론적 특성, 어휘론적 특성 등으로 나누어 간략하게 살펴보기로 한다.

한국어는 음운론적 관점에서 다른 언어들과 차이 나는 몇 가지 특성들을 가지고 있다.

(8) 한국어의 음운론적 특성

가. 장애음(특히 파열음과 파찰음)이 '평음-경음-유기음'의 3항 대립을 보인다.

나. 단모음의 종류가 많고 다양하다.

다. 이중 모음의 대부분은 반모음이 앞에 오는 상향 이중 모음이 차지한다.

라. 음절 초에 둘 이상의 자음이 오지 못하며, 'ㅇ'이 오지 못하는 제약을 가진다.

마. 음절 말 위치에 하나의 자음만 오는데, 특정한 자음만 올 수 있으며 파열음의 경우 폐쇄와 지속의 과정만을 거치고 파열은 생략되는 특징을 갖는다.

바. 교착어로서 단어나 형태소의 결합이 빈번하므로 다양한 음운 변동이 나타난다.

사. 모음 조화 현상이 있다.

한국어의 자음 중 장애음은 동일한 조음 위치에서 동일한 조음 방식으로 발음되는 파열음, 파찰음이라고 하더라도 '평음-경음-유기음'의 대립을 보인다. 평음과 경음 및 유기음은 근육의 긴장 정도나 입 밖으로 나오는 기류의 양에서 차이가 난다. 한국어의 '평음-경음-유기음'은 기본적으로 무성음이면서 성대나 주변 기관의 작용을 통해 구별되는 것이다. 이는 영어의 파열음이 유성음인 'b, d, g'와 무성음인 'p, t, k'의 두 계열의 대립을 보이는 것과 구별되는 특성이다.

한국어의 모음은 단모음의 종류가 많고 이중 모음이 단순한 구조를 이룬다는 점이 특징적이다. 이중 모음의 경우 주로 반모음이 단모음에 앞서는 상향 이중 모음이 많은데, 'j-계'인 'ㅑ, ㅒ, ㅕ, ㅖ, ㅛ, ㅠ', 'w-계'인 'ㅘ, ㅙ, ㅝ, ㅞ' 등이 있다. 하향 이중 모음으로 볼 수 있는 것에는 'ㅢ'가 있을 뿐이다.[6] 다른 언어의 경우 '단모음+단모음'의 연쇄로 이루어진 구조도 존재하고, 반모음이 단모음의 뒤에 존재하는 구조도 흔히 존재한다는 점에서 국어의 이중 모음 구조는 매우 단순하다고 할 수 있다.

음절 구조 측면에서 한국어는 음절 초와 말에서도 다른 언어와 구별되는 특성을 갖는다. 우선, 영어의 일 음절 단어인 'spring'을 한국인들은 '스프링'과 같이 여러 음절로 발음하는데, 이것은 영어의 음절 초에 오는 'spr'이라는 자음의 연쇄가 한국어에서 허용되지 않는 것과 관련된다. 한편, 영어에서도 그러하지만 자음 'ㅇ'이 음절 초에 나타나지 않는다. 음절 말 위치에서는 표기상 두 개의 자음이 나타나기도 하지만 실제 발음은 하나만 실현되며, 표기상으로는 거의 모든 자음이 나타나지만 발음상으로는 'ㄱ, ㄴ, ㄷ, ㄹ, ㅁ, ㅂ, ㅇ' 등 일곱 개의 자음만 발음된다. 또한 파열음이 '폐쇄-지속-파열'의 단계 중 폐쇄와 지속의 과정만 거치고 파열의 단계를 생략하여 변이음인 'p˺, t˺, k˺'로 나타난다.

음운 변동의 측면에서 한국어는 교착어의 속성상 어미나 조사가 앞말과 결합하기 때문에 형태소끼리의 결합이 많은 편인데, 이 과정에서 자음과 자음, 자음과 모

---

6 제2장에서 언급할 것이지만, 이조차도 반모음 'ɰ'와 단모음 'ㅣ'가 결합된 상향 이중 모음으로 보기도 한다.

음, 모음과 모음 등이 연결되면서 대치, 탈락, 첨가, 축약 등 다양한 음운 현상이 일어난다. 이런 다양한 음운 변동 현상은 굴절어나 고립어와 다르고 교착어 중에서도 특징적인 것이다. 한국어의 모음은 'ㅏ, ㅗ'의 양성 모음과 이를 제외한 나머지 모음인 음성 모음으로 나누어지는데, '보아/먹어', '졸졸/줄줄'에서 볼 수 있듯이 양성 모음은 양성 모음끼리 음성 모음은 음성 모음끼리 어울리려는 모음 조화 현상이 나타나기도 한다.

한국어는 형태론 및 통사론적 관점에서도 다른 언어들과 차이 나는 몇 가지 특성들을 가지고 있다.

(9) 한국어의 형태론 및 통사론적 특성

가. 조사와 어미가 발달한 교착어적 특성을 보여 준다.

나. 문법적 기능을 담당하는 조사, 어미, 파생 접사 등은 모두 실질 요소 뒤에 결합하는 후치적 속성이 강하다.

다. 조사, 어미, 파생 접사 등이 조건에 따라 다양한 이형태를 가지거나 특정한 환경에서 탈락하기도 한다.

라. 비통사적 합성법, 자음 교체 및 모음 교체 등 다양한 단어 형성법이 발달하였다.

마. 한국어의 형용사는 동사처럼 문장의 서술어로 사용된다.

바. 주로 문장의 끝에 나타나는 서술어를 중심으로 문장이 구성되며, 주어나 목적어가 상황에 따라 흔히 생략되는 것과 달리 서술어는 잘 생략되지 않는다.

사. 한국어는 통사적인 기능이 조사나 어미에 의해 이루어지는 경우가 많다.

아. 주어-목적어-서술어SOV 어순을 가진다.

자. 어순이 비교적 자유롭다.

차. 통사 구조와 별도로 정보 구조를 나타내는 방안이 발달해 있다.

카. 주격 중출문이나 목적격 중출문이 나타난다.

위에서 제시한 특징 중에서 (9가)~(9마)는 주로 형태론적 특성, (9바)~(9카)는 통사론적 특성에 가깝다.

한국어는 조사와 어미가 수적으로 많을 뿐 아니라 하나의 체언에 여러 개의 조사가, 하나의 용언 어간에 여러 개의 어미가 결합하는 등 전형적인 교착어의 특성을 보여 준다. 한국어는 문법적인 핵이 뒤에 나오는 언어로서 조사는 주로 체언의 뒤에 결합하고 어미는 어간의 뒤에 결합한다. 파생 접사의 경우 어근의 앞에 결합하는 파생 접두사도 있지만 양이나 종류에 있어 어근의 뒤에 결합하는 파생 접미사가 훨씬 더 많다. 조사, 어미, 파생 접사 등은 '을/를'처럼 선행 요소의 받침이 있느냐의 여부, '-아서/어서'처럼 선행 요소가 양성 모음인지 음성 모음인지 여부 등에 따라 다양한 이형태를 가지는 경우가 많으며, '크-+-어서→커서', '의자+이다→의자다'처럼 탈락 내지 생략되기도 한다.

유형론적 관점에서 보면 단일어의 비중이 높은 언어가 있고 복합어의 비중이 높은 언어가 있는데, 한국어는 복합어의 비중이 높은 언어에 속한다. 특히 한국어는 '덮밥, 높푸르다'같은 비통사적 합성법이 나타나며, '감감하다/깜깜하다/캄캄하다', '반짝반짝/번쩍번쩍'에서 볼 수 있듯이 자음 교체나 모음 교체에 의해 새로운 단어가 만들어지기도 한다.

한국어의 형태론 및 통사론적 특징 중에서 특별히 주목할 만한 것은 형용사와 동사이다. 잘 알려진 것처럼 한국어 형용사는 동사처럼 활용을 하기도 하고 문장의 서술어가 될 수 있다. 형용사는 다른 언어에 비해 수적으로 비중이 크지는 않은데, 한국어에서 형용사가 수적으로 많지 않은 것은 형용사 대신 명사와 같은 체언이 뒤에 오는 체언을 수식하는 경우가 많기 때문이다. 한국어에서 동사와 형용사가 모두 서술어로 쓰이지만 그 수는 동사가 현저할 정도로 많다. 한국어는 대체로 문장의 끝에 오는 형용사 및 동사가 서술어가 되어 이를 중심으로 문장이 구성되며, 주어, 목적어, 보어 등 서술어가 요구하는 필수 성분과 관형어, 부사어 등 수의적 성분이 어우러져 문장을 이룬다.

한국어의 통사적인 기능은 대체로 조사나 어미와 같은 교착소에 의해 실현된다. 그리하여 격case은 주로 격 조사에 의해 실현되고, 시제tense, 상aspect, 양태modality 등은 주로 어미에 의해 실현된다. 어미 중 종결 어미는 문장의 종류와 상대 높임을 정하고, 전성 어미와 연결 어미는 문장의 안김(내포)과 문장의 이어짐(접속)을 실현한다.

한국어의 통사적 특징 중에 잘 알려진 것은 SOV 어순을 가진다는 것이다. 이처럼 서술어가 뒤에 오는 '서술어 끝자리 언어verb-final language'이므로 문법적으로 중요한 요소가 뒤에 오는 경향이 강하다. 그리하여 접두사보다는 접미사가 발달했으며, 본용언과 보조 용언의 결합에서는 문법적인 기능이 강한 보조 용언이 뒤에 온다. 한국어의 어순이 비교적 자유로운 것은 격 조사에 의해 문장 성분이 확인될 수 있기 때문이다. 그렇기는 해도 수식어가 반드시 피수식어 앞에 오는 등 완전히 자유로운 어순을 가지는 것은 아니다.

한국어의 문장은 통사 구조의 측면에서도 파악이 가능하지만 정보 구조의 측면에서 파악할 수 있는 문법적 장치들도 마련되어 있다. '정보 구조information structure'란 문장의 정보 전달 방식을 구조화한 것으로 문장에서 정보를 전달하고자 하는 주제와 그 주제에 대해 언급하는 내용이 실현되는 방식을 의미한다. 한국어에는 주제를 나타내는 전형적인 표지marker인 '은/는'이 발달해 있다. 또한 한국어에는 '토끼가 앞발이 짧다.', '철수가 영희를 손을 잡았다.'처럼 주격이나 목적격이 결합한 구성이 두 번 이상 나타나기도 한다.

한국어는 화용론적 관점에서도 다른 언어들과 차이 나는 몇 가지 특성들을 가진다.

(10) 한국어의 화용론적 특성

가. 담화 중심의 언어로서 주어, 목적어 등 주요 성분이 흔히 생략된다.

나. 담화의 응집성을 높이기 위한 수단으로 앞에 나온 대상을 대명사로 받기보다 명사를 그대로 반복하는 경우가 많다.

다. 상황 중심 언어로서 인간이 표현의 중심에 서기보다 상황이 우선적으로 표현된다.

라. 청자 중심 언어로서 화자보다는 청자나 대상 중심의 표현이 많이 사용된다.

마. 소유 중심의 언어가 아니라 존재 중심의 언어이다.

바. 높임법을 포함하여 공손성을 표현하는 다양한 수단이 발달했다.

언어 사용에서는 거의 대부분의 경우에 맥락이 중요하지만, 특히 한국어의 경우 맥락이 더 중요하다. 영어를 비롯한 서구어들의 경우 이른바 동작주 중심 언어로서 주어 등 주요 성분이 생략되는 경우가 드물지만 한국어는 이른바 담화 중심의 언어로서 상황 의존성이 강해서 주어나 목적어 등 주요 성분도 상황 맥락에 의해 파악이 되면 흔히 생략된다. 응집성을 위해 영어의 경우 앞에 나온 명사를 대명사로 받는 것이 대부분이지만 한국어의 경우 대명사를 쓰지 않고 명사를 반복하는 경우가 일반적이다.

한국어를 상황 중심 언어라고 하는 것은 인간을 중심으로 표현하지 않고 상황을 중심으로 표현하는 경우가 많기 때문이다. '단추가 떨어졌다.'라는 한국어 표현과 이에 대당하는 'I've lost a button.'이라는 영어 표현을 비교해 보면 한국어가 상대적으로 상황을 중심으로 표현하는 경향이 있음을 알 수 있다. 한국어가 청자 중심의 언어라는 것은 부정 의문문에 대한 대답에서 잘 드러난다. 주지하듯이 '학교 안 가니?'에 대한 대답은 '예, 안 가요.'나 '아니요, 가요.'처럼 청자의 말을 기준으로 '예'와 '아니요'를 선택한다. 한국어가 존재 중심의 언어라는 것은 '그 식탁은 다리가 네 개다.', '그 식탁은 다리가 네 개가 있다.'와 같은 '이다'나 '있다' 등의 표현을 통해 잘 드러난다. 한국어와 달리 소유 중심의 언어인 영어에서는 'The table has four legs.'처럼 소유를 나타내는 'have' 동사가 흔히 사용된다.

다른 언어에도 공손성을 표현하는 수단이 있지만 한국어의 경우 문법 요소에 의해 공손성을 표현하는 높임법이 발달했다는 점이 특징이다. 높임법은 흔히 통사론적인 특징으로 다루기도 하지만, 실제 담화 상황에서 화자의 판단에 따라 높임 여부가 선택된다는 점에서 화용론적 특징으로 다룰 수도 있다. 주체 높임법의 경우 주어 명사구가 높임의 대상일 때 서술어에 '-시-'를 붙인다. 영어의 동사에 결합하는 '-s'가 3인칭, 단수, 현재의 경우 필수적으로 결합되는 것과 달리 한국어의 '-시-'는 화자의 판단에 따라 붙이지 않을 수 있어 통사적인 현상이면서도 화용론적인 속성을 가지고 있다. 조사나 어미를 활용한 높임법 이외에도 한국어에서 공손성을 표현하는 수단으로는 '나-저', '너-당신' 같은 자기를 낮추거나 상대를 높이는 대명사, '밥-진지', '만나다-뵙다'와 같은 어휘적 높임, '창문 좀 열어 주시겠습니까?'와 같은 간접 표현, '내일은 못 갈 것 같아요.'와 같은 단정적이지 않은 표현 등 여러 가지가 있다.

마지막으로 어휘론적 관점에서 한국어가 다른 언어와 차이 나는 몇 가지 특성에 대해 살펴보기로 하자.

(11) 한국어의 어휘론적 특성

가. 어종에 따라 고유어, 한자어, 외래어로 나누어진다.

나. 가족 관계를 나타내는 친족어가 발달해 있다.

다. 의성어, 의태어 등 상징어가 발달해 있다.

라. 색채어, 미각어, 촉각어 등 감각어가 발달해 있다.

한국어 어휘를 어종에 따라 나누면 고유어, 한자어, 외래어로 나누어지는데, 한자어가 절반 이상을 차지하는 등 비중이 매우 크다. 한자어는 기원을 전후하여 한자와 같이 수입되어 우리말 어휘에 들어와 지속적으로 증가하였다. 한자어를 제외한 외래어의 경우도 고대부터 중세에 이르기까지 몽골어, 만주어 등 우리와 접촉이 많았던 언어들에서 지속적으로 한국어에 수용되었으며, 근대 이후에는 일본어와 영어로부터 많은 어휘들이 들어오게 되었다. 일상생활에 많이 사용되는 기초 어휘의 대다수는 고유어이지만, 학술 용어나 전문어에는 한자어가 많으며, 최근에는 영어계 외래어의 비중이 커지고 있다.

한국어는 친족어가 발달해 있다. 아버지를 나타내는 말만도 '아버지, 아빠, 아버님, 춘부장, 선친, 가친, 선대인' 등으로 다양하며, 같은 부모에게서 태어난 동기同氣를 나타내는 말도 '형, 동생, 아우, 언니, 오빠, 누나, 누이' 등으로 남녀, 출생 순서 등에 따라 세분되어 있기도 하다. 친족 명칭은 '고모', '이모', '백부', '숙부' 등의 한자어와 '큰아버지', '작은아버지' 등의 고유어가 있는 등 매우 다양하게 발달해 있다.

한국어는 소리나 모양을 모방한 의성어나 의태어가 잘 발달해 있다. 의성어나 의태어는 미묘한 어감의 차이를 나타내는 경우가 많다. '졸졸-줄줄'에서 볼 수 있듯이 양성 모음으로 구성된 단어는 작고, 밝고, 가벼운 느낌을 나타내고, 음성 모음으로 구성된 단어는 크고, 어둡고, 무거운 느낌을 나타낸다.

한국어는 감각어들이 발달해 있다. '붉다'와 관련되는 형용사만도 '붉다-발갛다-빨갛다-새빨갛다-불그스름하다-불그레하다-불그죽죽하다' 등 수십 개에 달할 정도로 색채어가 잘 발달해 있다. 또한 미각이나, 촉각 등을 나타내는 감각어들도 발달해 있다.

1.1.2.2. 한국어의 위상

세계 속에서의 한국의 위상이 올라감에 따라 한국어의 위상도 점차 올라가고 있으며, 사용자 수로 보아도 한국어는 사용 인구수가 상당히 많은 언어에 속한다. 2019년 에스놀로그Ethnologue 누리집(http://www.ethnologue.com)에 게시된 자료에 따르면 현재 지구상에는 약 7,097개의 언어가 사용되고 있다고 한다. 한국어는 (12)에서 볼 수 있는 것처럼 사용 인구는 약 7,720만 명으로 사용자 기준으로 13위 정도에 해당한다.

(12) 세계 주요 언어의 사용 인구 수

순위	언어	모어 화자 수 (백만 명)	순위	언어	모어 화자 수 (백만 명)
1	중국어Chinese	1,299	11	자바어Javanese	84.4
2	스페인어Spanish	442	12	터키어Turkish	78.5
3	영어English	378	13	한국어Korean	77.2
4	아랍어Arabic	315	14	프랑스어French	76.8
5	힌디어Hindi	260	15	독일어German	76.0
6	벵골어Bengali	243	16	텔루구어Telugu	74.8
7	포르투갈어Portugese	223	17	마라티어Marathi	71.8
8	러시아어Russian	154	18	우르두어Urdu	69.2
9	일본어Japanese	128	19	베트남어Vietnamese	68.0
10	란다어Lahnda	119	20	타밀어Tamil	66.7

한국어는 계통이 확고하게 밝혀져 있는 언어는 아니다. 그렇지만 람스테트G. J. Ramstedt가 한국어가 알타이 어족에 속한다고 주장한 이후 대체로는 알타이 어족에 속하는 것으로 논의되고 있다. 알타이 어족설에 따르면 알타이 어족에 속하는 여러 언어를 사용하는 민족 중 한국어를 사용하는 우리 민족은 만주와 한반도 방면으로 남하하여 지금의 한반도 일대에 정착하게 되었다. 현재 한국어는 한반도 전역에서 거의 대부분의 사람이 모어mother tongue로 사용하는 언어이며, 중국, 미국, 일본 등 한민족이 거주하는 일부 지역에서는 모어나 제2 언어로 사용되고 있기도

하다. 최근에는 한류의 영향으로 중국이나 동남아뿐만 아니라 유럽이나 미국 등 세계 곳곳에서 외국어로서도 각광받고 있다. 한국어를 사용하는 사람은 남한 약 5,000만 명, 북한 약 2,300만 명, 연변 자치구를 비롯한 중국 지역과 미국, 일본 등의 해외 동포 약 500만 명을 합쳐 7,000만에서 8,000만에 이른다. 앞에서 언급한 것처럼 한국어는 전 세계에 존재하는 수천 종의 언어 중에서 사용 인구수로 13위 정도에 해당하는 중요한 언어이며, 최근 우리나라의 국력 신장과 함께 한국어의 보급도 점차 확산되고 있는 추세이다.

이처럼 한국어는 우리 민족, 즉 한민족韓民族과 밀접한 관련을 맺고 있다. 우리 민족은 한국어로 소통하면서 문화를 발전시켜 왔다. 우리말을 지칭하는 용어로서 '한국어' 외에 '국어國語'를 사용하기도 하는데, '국어'는 '나라의 말'이라는 뜻으로 만일 영어로 바꾼다면 'national language' 정도가 될 것이다. 이는 영어나 독일어 등을 'English', 'Deutsch' 등으로 부르는 것과 비교하면 독특하다. 이처럼 자기 나라 말을 '국어' 즉, 'national language' 정도의 단어로 사용하는 국가는 우리나라 외에 일본, 대만 등에 그친다고 한다. 최근에는 일본의 경우도 '국어'라는 말보다 '일본어日本語'라는 말을 많이 사용하고 있으며 우리나라의 경우도 '한국어'라는 말을 많이 사용하기도 한다. 다양한 민족 구성으로 인해 다양한 언어가 사용되는 미국 등과 달리, 우리가 우리말을 '국어'라고 부를 수 있는 것은 비록 최근에는 다민족, 다문화 국가로 나아가고 있기는 하나 아직은 단일 민족과 단일 문화의 특성이 강한 우리나라의 특수성이 반영되어 있는 것으로도 보인다. 사정이야 어찌되었든, 우리말을 '국어'라고 부르는 것은 우리가 우리말에 대한 애정을 가지고 있음을 보여 주는 것이기도 하다.[7]

최근 우리나라 역시 단일 민족 국가에서 점차 다문화 국가로 나아가고 있다. 이럴 경우 우리말인 한국어는 민족어라기보다 우리나라를 구성하는 다양한 민족이 사용하는 공용어로서의 성격을 더 많이 가지게 될 수도 있을 것이다. 그렇다면 '국

---

7 우리말을 지칭하는 용어로 '국어' 외에 다른 언어와 대등한 관계에서 나열할 때는 흔히 '한국어'라는 용어를 사용한다. 북한이나 해외 동포들의 경우 다른 명칭을 사용하는데, 미국에서는 '한인(韓人)의 언어'라는 뜻으로 '한어(韓語)'를 사용하며, 북한이나 중국, 일본 등에서는 '조선인(족)의 언어'라는 의미로 '조선어(朝鮮語)' 혹은 '조선말'을 사용하며, 러시아 동포는 '고려말'을 사용한다. 최근 중국 등에서도 남한과의 접촉이 강화되면서 '조선어'보다 '한국어'라는 명칭을 많이 사용하고 있기도 하다.

어'보다는 '한국어'로 부르는 것이 더 좋을 것이다. 그러나 아직 남과 북이 통일되지 않은 상황에서 우리말은 민족 통합의 근거로 작용할 수 있다는 점에서는 여전히 우리말을 민족과 관련시키는 관점이 필요하기도 하다. 이탈리아, 독일 등 19세기와 20세기에 걸쳐 통일 국가를 이룬 나라들이 민족과 더불어 언어를 중요한 통일의 근거로 삼았다는 점을 고려하면 우리에게 아직도 말은 민족과 별개로 분리하기 어려운 점 또한 존재한다. 따라서 필요하다면 '국어'와 '한국어'를 구별하여 상황에 맞게 사용하는 것이 적절할 수 있다.

한국어와 한국 문자는 엄연히 다른 것이지만 언어가 음성 언어와 문자 언어를 포괄하는 것이라는 점을 고려하여, 한국어의 위상을 말할 때 우리 글인 한글을 중요하게 논의하기도 한다. 세계의 여러 나라 사람들은 자신들의 언어를 가지고 있기는 하지만 자신들만의 문자를 가지고 있는 경우는 매우 드물다. 특히 한글은 음소 문자로서 글자 모양에서 개성이 강할 뿐 아니라 제자制字 원리가 독창적이어서 다른 문자와 구별되는 특성을 보인다. 오늘날 한류 등의 영향으로 한국과 한국어의 위상이 높아지면서 한글의 위상 역시 높아지고 있다.

1.2. 언어학과 한국어학

1.2.1. 언어와 언어 연구의 관점

언어는 다양한 측면을 가지고 있으며 어떤 측면에 주목하느냐에 따라 언어 연구가 달라지기도 한다. 이 자리에서는 랑그와 파롤, 언어 능력과 언어 수행, 보편 문법과 개별 문법, 규범 문법과 기술 문법 등 언어 연구의 관점과 관련된 몇 가지 개념들을 살펴서 다음에 이어질 한국어 연구에 대한 논의의 기초로 삼고자 한다.

랑그와 파롤

구조주의 언어학자 소쉬르는 언어를 랑그langue와 파롤parole로 구분하였다. 랑그는 언중들에게 공통적으로 존재하여 의사소통을 가능하게 하는 추상적인 체계로서의 언어이고, 파롤은 개인이 언어생활에서 직접 사용하는 언어이다. 예를 들어 '하늘'이라는 단어를 발음한다고 할 때 개인은 모두 다르게 발음하지만 한국어를 사용하는 사람들은 대체로 동일하게 인식한다. 이는 파롤로서의 언어는 다르지만 랑그로서의 언어가 공통되기 때문이다. 다시 말해 랑그는 그 사회에서 약속에 의해 공인된 언어를 말하고 파롤은 개개인이 사용하는 언어를 일컫는다. 랑그는 언중言衆들에게 공유되는 언어이므로 언중들의 동의 없이 새롭게 바꾸거나 새로 만들어 첨가할 수 없다. 하지만 파롤은 개인의 언어이므로 적극적이고 창조적인 활동을 통해 언어를 바꾸어 나갈 수 있다.

전통적으로 언어 연구에서는 랑그에 더 주목을 두어 왔다. 개인의 언어로서 파롤은 연구가 어려울 뿐만 아니라 의사소통으로서의 언어의 기능과 직접 연관되지 않기 때문이다. 하지만 랑그를 연구하기 위해서는 파롤을 통해 접근할 수밖에 없는 측면이 있다는 점과 언어의 본질이 다양한 변이형에 있다는 관점으로의 전환으로 최근에는 파롤의 관점에서의 언어 연구에도 많은 주목을 하고 있다.

언어 능력과 언어 수행

랑그와 파롤의 구별과 대비하여 언급되는 개념이 촘스키의 언어 능력linguistic competence과 언어 수행linguistic performance이다. 인간은 자신의 모어를 자유롭게 사용할 수 있는 암묵적인 지식을 가지고 태어나는데 이를 언어 능력이라고 한다. 인간은 이를 통해 그 언어를 자유롭게 말하고, 듣고, 이해하게 되는 것이다. 한편 언어 수행은 구체적인 실제 상황에서의 언어 사용을 말한다.

랑그와 파롤이 사회적인 의사소통 수단으로서의 언어와 그렇지 않은 언어의 구별에 주목한 구분임에 반해 언어 능력과 언어 수행은 언어 사용을 위한 선천적인 능력과 실제 사용된 언어에 초점을 두고 있다는 점에서 차이가 난다. 또한 랑그와 파롤의 대응에서는 언어의 창조적인 활동을 파롤의 영역으로 두는 것에 반해 언어 능력과 언어 수행의 구분에서는 창조적인 언어 사용의 능력 자체가 언어 능력에도 포함되어 있다는 점에서도 다르다.

전통적인 언어 연구에서 파롤보다는 랑그에 관심을 두었던 것처럼 촘스키 역시 궁극적으로 언어 연구는 언어 수행보다는 언어 능력의 연구에 초점을 두었다. 그러나 언어 능력의 연구는 언어 수행의 관찰을 통해서 가능하기 때문에 언어 능력을 관찰하기 적합한 이상적인 화자의 언어를 연구하는 데에 힘을 쏟기도 했다. 그렇지만 점차 랑그뿐 아니라 파롤에도 관심을 가지듯 최근에는 언어 능력뿐 아니라 언어 수행이 중요한 언어 연구의 대상이 되고 있다.

보편 문법과 개별 문법

보편 문법은 모든 언어들이 궁극적으로는 동일한 어떤 규칙으로 이루어져 있다는 전제에서 모든 언어에 공통적인 문법 구조를 추구하는 문법을 말한다. 이에 비해 개별 문법은 한 언어의 문법 현상을 독자적인 현상으로 파악하려는 입장의 문법이다. 보편 문법은 제법 오랜 전통을 가지고 있어 중세의 포르·루아얄 문법에서 기호가 사고를 표현하는 측면, 즉 언어의 정신적 측면을 지배하는 일반적인 원리들을 제시하는 것에 대한 관심에서 시작되었다. 보편 문법에 대한 추구가 가장 분명하게 드러난 것은 촘스키가 유전적으로 결정된 언어 능력을 설명하기 위해 모든 언어에 보편적으로 내재하는 문법의 개념으로 보편 문법을 도입하면서부터이다. 촘스키에게서의 보편 문법은 일종의 생물학적인 기제로 생득적이고 모든 인간에게 공통적인 언어적 제약을 말한다.

특정 언어는 모든 언어들이 공통되는 보편 문법의 측면과 그 언어에 독자적인 개별 문법의 측면을 지닌다. 우리가 한국어라는 특정 언어를 연구하는 입장도 한국어의 특정 언어 현상에 초점을 맞추어야 하겠지만 다른 언어와의 공통점, 더 나아가서 언어 보편적인 특성을 추구하는 데에도 관심을 가져야 할 것이다. 물론 이 경우 보편 문법의 틀에 억지로 맞추려고 한국어를 왜곡하여 해석하는 일을 가장 경계해야 할 것이다. 한국어 연구의 궁극적인 이상은 한국어의 특성에 기반하여 연구하되, 이런 연구가 궁극적으로 보편 문법 이론을 추구하는 데에 기여할 수 있도록 하는 것이다.

규범 문법과 기술 문법

문법을 규범 문법normative grammar과 기술 문법descriptive grammar으로 분류하기도 한다. 이때 규범 문법이란 학교에서 학생을 가르치거나 외국인에게 한 언어의 문법을 가르치기 위해 이론보다는 실용적인 목적으로 체계화한 문법을 말하고, 기술 문법이란 사실 그대로의 언어 현상을 기술하는 것을 말한다.

그리스와 로마에서 시작하여 중세 유럽을 거치면서 완성된 규범 문법은 주로 학교에서의 라틴어 학습을 위한 규범적인 틀을 제공하였다. 그리하여 언어의 다양한 양상을 기술하기보다는 옳고 그름의 규범을 제공하였다. 규범 문법이 언어의 규범에 대해 비교적 단순하게 기술하는 것이 가능했던 것은 라틴어가 실제 널리 사용되는 살아 있는 언어가 아니라 이미 오래 전에 사용되었으나 후대에 와서는 종교나 학문 영역에서 제한적으로 사용되는 죽은 언어의 성격이 강했기 때문이었다. 이에 비해 기술 문법은 실제 살아 있는 언어를 대상으로 있는 그대로의 언어 현상을 기술한다. 따라서 규범 문법에 비해서는 다양한 변이형과 차이에 대해 접근하는 것이 용이했다.

규범 문법과 관련되는 문법에는 교육 문법pedagogical grammar, 학교 문법school grammar, 처방 문법prescriptive grammar 등이 있다. 교육 문법은 학교에만 머무르지 않은, 말 그대로 교육을 위한 문법이라는 의미이며, 학교 문법은 학교라는 장소에 초점을 둔 용어이다. 처방 문법은 이 문법이 문법적 오류를 수정하기 위한 처방적인 성격이 있음을 강조한 용어이다. 흔히 규범 문법이 실용적인 성격을 가졌다는 점을 강조하여 실용 문법practical grammar이라는 용어를 사용하기도 한다.

기술 문법과 유사한 성격을 가지는 것에는 학문 문법scientific grammar과 설명 문법explanatory grammar 등이 있다. 학문 문법은 이 문법이 언어학자들의 학문적인 관심에서 이루어지는 문법이라는 점을 강조한 것이며, 설명 문법은 결과적으로 언어 사실에 대해 설명을 시도한다는 점에 초점을 둔 것이다.

흔히 규범 문법에 가까운 것으로 논의되는 것으로 표준 문법standard grammar이 있다. 이는 여러 문법적인 주장 중에서 '모범으로 따를 만한 문법'의 의미를 가지는 것으로 규범 문법에 비해 공적인 강제력이 상대적으로 덜하여 개인적인 견해가 포함될 여지가 있는 문법이라 할 수 있다. 따라서 규범 문법의 성격에 가깝지만 기술 문법의 성격도 상당 부분 포함하고 있다. 여러 관점의 문법에 대한 논의를 정리해 보면 다음과 같다.

(13) 문법에 대한 명칭들과 그들의 관계

<table>
<tr><td rowspan="2">기술 문법
(≒학문 문법, 설명 문법)</td><td colspan="2"></td></tr>
<tr><td colspan="2" rowspan="2">표준 문법</td></tr>
<tr><td rowspan="4">규범 문법
(≒처방 문법, 실용 문법)</td></tr>
<tr><td colspan="2">생활 문법</td></tr>
<tr><td rowspan="2">교육 문법(≒학교 문법)</td><td>국어 교육 문법</td></tr>
<tr><td>한국어 교육 문법</td></tr>
</table>

즉, 기술 문법과 유사한 것에는 학문 문법과 설명 문법이 있고, 규범 문법과 유사한 것에는 처방 문법과 실용 문법이 있다. 표준 문법은 규범 문법에 가깝지만 기술 문법의 측면도 일정 부분 포함하고 있으며 생활 문법이나 교육 문법은 규범 문법의 특성이 강하다.

1.2.2. 언어 연구와 한국어 연구의 영역

언어를 연구하는 학문으로서 언어학은 '인간의 언어와 관련한 여러 현상을 과학적인 방법으로 연구하는 학문'이다. 언어학의 연구 분야는 '언어의 기능과 본질', '언어와 인간의 관계', '언어의 통시적 역사', '언어의 공시적 변이' 등이다.

언어가 의사소통을 위한 일종의 기호로서 본질적으로 인간과 밀접한 관련을 맺고 있으므로 언어 연구는 인간이나 기호를 다루는 다른 인접 학문과 관련하여 이해해야 온전한 모습을 알 수 있다. 언어는 논리적인 측면이 있으므로 논리학과, 인지와 관련을 맺고 있으므로 심리학과, 언어의 습득과 학습을 고려하면 교육학과의 협력이 필요하다. 또한 언어 사용은 특정 언어를 사용하는 종족이나 그 종족의 문화와 관련을 맺고 있으므로 인류학, 사회학, 문화학과, 언어의 사용이 인간의 뇌와 관련되므로 생물학 내지 뇌 과학과, 언어의 한 측면으로서 소리도 가지고 있음을 고려하면 음향학이나 생리학 또는 해부학과, 언어의 전산적인 처리 필요성을 고려하면 전산학이나 컴퓨터학과의 협력을 통해 언어의 본질이 밝혀질 것으로 생각된다.

언어 연구의 학문으로서 언어학이 다양한 분야에 걸쳐 있지만 우리는 먼저 흔히

'넓은 의미에서의 문법'으로 불리는 '언어 운용상의 규칙 내지 원리'에 대한 연구가 어떤 영역들을 포함하는지 살펴볼 것이다.[8] 앞에서 언급한 것처럼 기술 언어학 시대 이전까지만 하더라도 언어학과 문법은 거의 같은 것을 지칭하는 것이었다. 따라서 언어학의 범위는 문법의 범위와 같은 말이기도 하다. 언어학 즉, 넓은 의미에서의 문법에 대해 논의하기 위해서는 '문법'과 '문법론'이 무엇인지에 대해 생각해 볼 필요가 있다.

(14) '문文', '문법文法', '문법론文法論'의 정의

가. 문文: 말. 곧 언어.

나. 문법文法: 말의 구성 및 운용상의 규칙. ≒ 말본02 · 문전01.

다. 문법론文法論: 문법을 연구하는 학문.

위에서 정의한 것처럼 언어학, 곧 문법은 언어 운용상의 규칙 내지 원리이고, 문법론은 이런 문법을 연구하는 학문이다.

우리 책에서는 언어학, 곧 '문법'을 말하고 듣고 읽고 쓰는 모든 언어 운용상의 규칙 내지 원리로 보고자 하는데, 이런 정의는 개화기를 전후한 우리나라의 선구적 문법가들의 정의와도 어긋나지 않는다.

(15) '문법'에 대한 문법가들의 견해

가. 주시경의 견해: 어떤 사람이든지 남이 지어 놓은 글을 보거나 내가 글을 지으려 하거나 그 사람이 문법을 모르면 남이 지어 놓은 글을 볼지라도 그 말뜻의 옳고 그른 것을 능히 판단치 못하는 법이요 내가 글을 지을지라도 능히 문리와 경계를 옳게 쓰지 못하는 법이니 어떤 사람이든 먼저 말의 법식을 배워야 할지라.

나. 이희승의 견해: 문법이라는 것은 말을 하는 데만 쓰이는 것이 아니라 글을 쓰는 데도 필요한 법칙이다. 대개 글이란 것은 우리가 하는 말을 그대로 적어 놓은 것이므로 말에 쓰이는 문법이 글에도 그대로 나타나게 된다.

8 좁은 의미에서의 문법론은 주로 형태론과 통사론을 말하고 넓은 의미에서의 문법론은 음운론, 형태론, 통사론, 의미론, 화용론을 포함한 언어학 전반을 의미한다.

이처럼 주시경, 이희승의 견해를 통해 '언어 운용상의 규칙 내지 원리'라는 언어학 내지 문법에 대한 우리의 정의를 확인할 수 있다. 주시경의 견해를 통해 언어학 내지 문법은 표현(말하기, 쓰기)뿐 아니라 이해(듣기, 읽기)에도 필요하다는 점을 확인할 수 있으며, 이희승의 견해를 통해 '말(구어)뿐 아니라 글(문어)'을 포함한 언어 전체를 구성하고 운용하는 법칙임도 확인할 수 있다.[9] 이러한 정의들은 언어학 내지 문법이 '말하기, 듣기, 읽기, 쓰기' 등의 이른바 언어 기능을 수행하는 데에 필수적인 준거가 되는 것임을 잘 보여 준다.

이제 우리는 '언어학'의 구체적인 연구 영역에 대해 살펴보고자 한다. 구조주의 이래 언어학의 핵심적인 영역은 '음운론', '형태론', '통사론', '의미론' 등이었는데, 여기에 '음성학', '어휘론', '문자론', '표기법' 등을 더할 수 있으며 최근 주목받고 있는 '화용론'이나 '텍스트 언어학' 등도 포함할 수 있다. 또한 '언어사', '방언학', '계통론', '유형론' 등이 포함되기도 하며, 넓은 의미에서의 응용 언어학인 '언어 교육', '전산 언어학', '언어 정책론' 등이 포함되기도 한다.

여기에서 우리가 특히 관심을 갖는 것은 '언어 운용상의 규칙 내지 원리'에 대한 학문으로서의 문법론 내지 언어학이 구체적으로 어떤 연구 영역을 가지는지에 대해서이다. 주지하듯이 언어는 '소리'가 '의미'와 연결된 기호 체계이다. '소리'와 '의미'를 연결하는 데에 기여하는 것이 형태 및 통사 규칙들이다. 의미는 단순히 단어나 문장 차원에 그치는 것이 아니라 실제 발화에서의 담화 차원의 화용의 문제를 포함하고 있다. 언어학에서는 언어의 이런 제 측면을 '음운론, 형태론, 통사론, 의미론, 화용론'이라는 이름으로 탐구해 왔다.

(16) 언어의 제 측면과 언어학 연구 분야

언어의 측면	음성	구조		의미(기능)	
주요 내용	소리의 성질	단어 형태·기능	문장 형식	단어 혹은 문장 등 언어 단위의 의미	(의사소통 활동에서의) 담화 기능
언어학 분야	음운론	형태론	통사론	의미론	화용론

9 '말'은 국어사전에서는 '글'과 상대되는 개념으로 '구어'를 지칭하는 경우가 일반적이다. 하지만 '말'을 구어와 문어를 포함하는 개념으로 사용하기도 한다.

언어학은 위에서 볼 수 있듯이 언어의 소리, 구조, 의미나 기능 등을 연구하는 학문이라고 규정할 수 있다.

이처럼 언어학의 연구 분야는 기호로서의 언어의 본질을 고려할 때, '음운론, 형태론, 통사론, 의미론, 화용론'으로 포괄될 것이지만 앞에서 언급한 것처럼 '언어의 기능과 본질', '언어와 인간의 관계', '언어의 통시적 변화', '언어의 공시적 변이' 등으로 더 넓혀서 생각해 볼 수 있다. 이럴 경우 언어 연구의 분야로는 언어의 통시적 변화에 대한 연구 분야인 계통론이나 언어사, 더 나아가 역사 언어학이나 비교 언어학, 언어 간의 비교 및 대조에 관심을 두는 언어 유형론 내지 대조 언어학, 언어 내에서의 변이에 대한 연구 분야인 방언학 내지 사회 언어학, 문어로서의 언어의 표기와 관련된 문자학, 언어의 교육과 관련한 언어 교육학, 언어의 습득과 사용의 제 과정에 대해 연구하는 심리 언어학, 언어 자료의 처리와 관련한 연구 분야인 사전학이나 언어 정보학, 혹은 전산 언어학 등으로 확대될 수 있다.

언어학의 연구 분야에는 언어사나 언어 유형론, 방언학 등도 있다. 앞에서 언급한바, 19세기에 언어를 통시적으로 연구하는 언어학을 흔히 역사 언어학historical linguistics이라 한다. 한 언어의 계통을 밝히려는 계통론이 본격화된 것이 이 시기였다. 언어의 계통을 밝히기 위해서는 다른 언어와의 비교를 통해 연관 관계를 밝히는 비교 언어학comparative linguistics이 필수적으로 요구되었다. 비교 언어학은 넓은 의미에서는 역사 언어학에 포함되는 것으로 볼 수도 있다. 그리하여 특히 비교 언어학적 관점의 역사 언어학을 묶어 역사·비교 언어학으로 부르기도 한다. 역사·비교 언어학이 아니더라도 한국어사처럼 단일 언어를 통시적으로 연구하는 분야가 있음은 물론이다.

한편 전 세계에 존재하는 여러 언어를 공시적인 관점에서 여러 유형으로 나누는 분야가 언어 유형론linguistic typology이다. 우리가 흔히 알고 있는 고립어, 교착어, 굴절어 등은 유형론적 관점에서 언어를 나눈 것이다. 역시 공시적인 관점에서 특정 언어와 다른 언어와의 공통점과 차이점을 탐색하는 분야가 대조 언어학contrastive linguistics이다. 대조 언어학은 언어 간의 차이점에 주목하므로 언어 교육, 특히 외국어 교육에서 널리 활용되고 있다.

언어 간 비교가 아니라 언어 안에서의 변이를 다루는 분야가 방언학dialectology이다.

방언학은 전통적으로 지리적 차이에 따른 변이 현상을 다루어 왔으나 최근에는 지역보다는 세대, 계층, 성별 등의 차이에 주목하는 사회 방언학social dialectology이 더 많은 주목을 받고 있다.

주지하듯이 언어는 음성 언어와 문자 언어로 나누는 것이 가능하다. 흔히 문자 언어는 음성 언어를 단순히 표기하는 것으로 생각하지만 반드시 그런 것은 아니다. 언어에 따라 문자가 없는 경우도 있으며, 문자가 있더라도 문자 언어만의 독특한 특성을 가지고 있기도 하다. 문자 언어에 대한 연구 분야로는 표기법 연구나 문자론 연구가 있다.

전통적으로 언어 연구의 응용 분야로는 언어 교육 분야가 있었다. 서양에서는 중세 이래로 일종의 외국어인 라틴어를 교수·학습하는 데에 도움을 받기 위한 노력으로 전통 문법 연구가 발달하였다. 우리나라의 경우도 중국어, 일본어, 몽골어, 만주어 등 주변 국가의 언어를 배우기 위한 언어 연구 내지 언어 교육 연구의 전통을 가지고 있었다. 언어 교육은 최근의 언어 연구에서 가장 널리 이루어지고 있는 분야의 하나이다.

최근에는 순수 언어학보다는 응용 언어학이 널리 연구되고 있다. 앞에서 언급한 언어 교육 분야 외에도 인간의 언어 습득과 언어 사용의 과정에 대해 연구하는 심리 언어학이 발전해 가고 있다. 특히 머릿속 사전mental lexicon에 주목하는 어휘부학은 뇌 과학의 발달과 함께 언어 연구의 주요 분야로 자리 잡고 있다. 최근에는 언어 자료의 처리와 관련한 연구 분야인 언어 정보학, 혹은 전산 언어학 등이 주목받고 있기도 하다. 언어 자료의 수집은 사전학의 발달로 이어지기도 한다.

우리 책에서는 언어학의 여러 분야 중 '음운론(2장)', '형태론(3장)', '통사론(4장, 5장)', '의미론(6장)', '담화론(7장)', '한국어사(8장)', '문자와 표기(9장)', '방언학(10장)' 등을 중요하게 다룰 것이다. 이때 언어 일반을 다루는 것이 아니라 한국어를 중심으로 하고 있음은 물론이다. 언어 일반론과 한국어의 특징은 앞에서 따로 장(제1장)을 마련하여 다루었다.

제2장

음운론

제2장 음운론

2.1. 발음 기관

사람이 말소리를 내는 데에는 여러 가지 기관들이 필요한데, 이러한 기관들을 발음 기관(또는 조음 기관)이라고 한다. 발음 기관들은 그 기능에 따라 크게 발동부, 발성부, 조음부의 세 가지 부류로 나눌 수 있다. 말소리의 원천이 되는 공기의 흐름을 만들어 내는 기관을 발동부, 공기의 흐름을 사람의 말소리로 바꾸어 주는 기관을 발성부, 말소리를 다양하게 변형시켜 주는 기관을 조음부라고 한다.

발동부는 공기의 흐름이 시작되는 출발점이다. 대표적인 발동부는 폐이다. 언어에 따라서는 폐 대신 성대나 연구개를 발동부로 활용하기도 하지만 그러한 언어

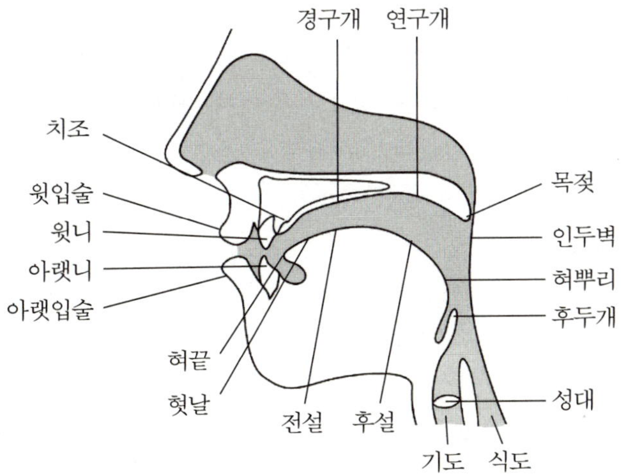

들도 일차적인 발동부는 폐이다. 폐가 아닌 다른 기관만을 발동부로 사용하는 언어는 존재하지 않는다.

폐에서 나온 공기는 아직 말소리의 성질을 지니지 않는다. 이 공기는 발성부를 거치면서 사람의 말소리로 바뀐다. 발성부에 속하는 기관은 성대이다. 성대는 두 개의 인대가 맞닿은 구조로 되어 있으며, 이 인대가 개폐 작용을 하면서 말소리를 내는 데 관여한다.

발성부를 거친 소리는 조음부의 작용을 통해 여러 가지 말소리로 발음된다. 발동부나 발성부에 속하는 발음 기관의 수가 적은 데 비해 조음부에 속하는 발음 기관의 수는 많은 편이다. 조음부에 속하는 발음 기관은 능동적으로 움직일 수 있는 조음체와 그렇지 않은 조음점으로 구분된다. 조음체는 아랫입술이나 혀와 같이 구강의 아래에 위치하며, 조음점은 치조, 경구개, 연구개 등 구강의 위쪽에 위치한다. '어떤' 조음체의 '어떤' 부위가 '어떤' 조음점에 '어떻게' 다가가느냐에 따라 서로 구분되는 여러 가지 말소리들이 나오게 된다.

2.2. 음운 체계

2.2.1. 음운의 개념

음운은 단어의 뜻을 구분해 주는 최소의 말소리 단위이다. 두 단어의 차이가 동일한 위치에 나타나는 서로 다른 두 말소리에 의해 나타날 때, 그 두 개의 말소리는 각각 음운이 된다.

(1) 최소 대립쌍의 예

가. 말馬 ⇔ 발足, 밤夜 ⇔ 밥飯

나. 돌石 ⇔ 둘二, 고리環 ⇔ 구리銅

(1가)의 '말'과 '발'은 단어의 첫머리에 오는 'ㅁ'과 'ㅂ'의 차이에 의해 구별되고, '밤'과

'밥'은 단어의 끝에 오는 'ㅁ'과 'ㅂ'의 차이에 의해 구별된다. 이것을 통해 한국어의 'ㅁ'과 'ㅂ'은 서로 다른 음운이라고 할 수 있다. (1나)에서는 단모음 'ㅗ'와 'ㅜ'의 차이에 따라 두 개의 단어가 구별되고 있다. (1)에 제시된 것과 같이 동일한 위치에 오는 서로 다른 음운에 의해 그 의미가 구별되는 단어의 쌍을 최소 대립쌍이라고 부른다.

음운에 속하는 말소리들은 그 성격에 따라 하위분류를 할 수 있다.

(2) 음운의 하위분류

가. 음소: 자음, 단모음單母音, 반모음

나. 운소: 장단, 고저, 강약

음운은 크게 음소와 운소로 나뉜다. 음소는 분절음이라고도 한다. 음소는 시간적 선후 순서를 가지는 단위로 쪼갤 수 있다. 가령 (1가)의 '말'은 'ㅁ, ㅏ, ㄹ'이 순서대로 발음되며, 이 세 개의 소리로 나누는 것이 가능하다. 반면 운소는 이것이 불가능하다. 장단, 고저, 강약의 차이가 단어의 의미를 구별하는 데 관여한다고 하더라도 이러한 운소들은 다른 분절음 또는 분절음 결합체에 얹혀서 실현될 뿐, 그 자체를 독립된 단위로 쪼개어 낼 수 없다. 그래서 운소는 초분절음 또는 비분절음이라고도 부른다.

음소에 속하는 부류는 다시 자음, 단모음, 반모음으로 구분된다. 이러한 음소들의 성격은 공기 흐름의 방해 과정 유무 및 홀로 발음될 수 있는지의 유무로써 비교할 수 있다.

(3) 음소 부류의 차이점

	방해 과정이 있는가?	홀로 발음될 수 있는가?
자음	있다	없다
단모음	없다	있다
반모음	없다	없다

자음은 발음할 때 공기의 흐름이 방해 과정을 거친다. 또한 단모음에 기대지 않고서는 홀로 발음될 수 없다. 자음을 흔히 '닿소리'라고 부르는 것은 이러한 특징

을 고려한 것이다. 단모음은 흔히 모음이라고 부르기도 한다. 그러나 모음에는 둘 이상의 음소로 이루어진 중모음重母音도 포함되므로 하나의 음소만을 가리킬 때에는 단모음이라고 하는 편이 좀 더 정확하다. 단모음은 자음과 정반대의 성격을 지닌다. 단모음은 공기의 흐름이 방해를 받지 않으며 홀로 발음될 수도 있다. 모음을 '홀소리'로 부르는 것은 홀로 발음 가능한 단위임을 강조한 것이다. 반모음은 조음 과정에서 방해 과정이 없다는 점은 단모음과 동일하지만 홀로 발음될 수 없다는 점은 자음과 비슷하다. 반모음은 자음과 단모음의 중간적인 성격을 지닌다.

(2나)의 운소는 장단, 고저, 강약과 같이 소리의 가락을 통해 실현된다. 소리의 길이, 높이, 세기에 따라 단어의 뜻이 달라지는 언어도 많으므로 이러한 운소도 음운에 포함된다. 한국어의 경우에는 장단이 운소로 기능하는 방언과 고저가 운소로 기능하는 방언을 구분할 수 있다. 주로 한반도의 서쪽에 위치한 방언은 장단이, 동쪽에 위치한 방언은 고저가 운소로 쓰인다. 표준어의 기반이 되는 중앙어는 장단이 운소로 존재한다.

2.2.2. 자음

자음은 발음할 때 '공기 흐름의 방해 과정'이 존재한다. 그래서 자음을 분류할 때에는 이러한 음성학적 특징을 적극적으로 활용한다. 매우 오래 전부터 자음은 조음 위치와 조음 방법이라는 두 가지 기준으로 분류해 왔다. 이때의 조음 위치와 방법은 곧 공기 흐름의 방해 과정이 일어나는 장소와 방식에 다름 아니다.

한국어의 자음은 조음 위치에 따라 다섯 가지로 분류할 수 있다.

(4) 양순음, 치조음, 경구개음, 연구개음, 후음

양순음은 두 입술을 맞대거나 근접시켜 내는 음이다. 'ㅂ, ㅍ, ㅃ, ㅁ'이 양순음에 속한다. 치조음은 혀끝을 치조 부위에 대거나 근접시켜 내는 음이다. 한국어의 치조음에는 'ㄷ, ㅌ, ㄸ, ㅅ, ㅆ, ㄴ, ㄹ'이 있다. 혀끝은 발음 기관 중 움직임이 가장 활발하므로 치조음의 수나 종류는 다른 조음 위치의 자음보다 많은 편이다. 경구개음은 혓몸을 경구개 부위에 대거나 근접시켜 내는 음이며, 한국어의 경구개음에는 'ㅈ, ㅊ, ㅉ'이 있다. 연구개음은 혀뿌리를 연구개에 대거나 근접시켜 내는 음이다. 'ㄱ, ㅋ, ㄲ, ㅇ'이 연구개음에 해당한다. 후음은 성대를 이루는 두 개의 인두를 맞대거나 근접시켜 내는 음이다. 한국어의 후음에는 'ㅎ'밖에 없다.

한국어 자음의 조음 방법은 다음과 같이 분류할 수 있다.

(5) 파열음, 마찰음, 파찰음, 비음, 유음

파열음은 조음체가 조음점에 닿으면서 공기의 흐름을 완전히 막았다가 한꺼번에 터뜨리면서 내는 음이다. 이러한 파열음의 조음 과정을 흔히 '폐쇄-지속-파열'의 3단계로 구분하는데, 파열음의 '파열'은 마지막 단계를 중시한 용어이다. 한국어의 파열음에는 'ㅂ, ㅍ, ㅃ, ㄷ, ㅌ, ㄸ, ㄱ, ㅋ, ㄲ'의 9개가 있다. 파열음은 가장 기본적인 자음이기 때문에 파열음이 없는 언어는 존재하지 않으며 전체 자음 중 차지하는 비율도 다른 조음 방법에 비해 훨씬 높다.

마찰음은 파열음과 달리 공기의 흐름이 단절되는 단계가 없다. 조음체를 조음점에 근접시켜 그 틈 사이에 공기가 마찰을 일으키도록 하여 내는 음이 마찰음이다. 한국어의 마찰음에는 'ㅅ, ㅆ, ㅎ'이 있다.

파찰음은 파열음과 마찰음의 특성을 모두 지니고 있다. 조음체가 조음점에 닿으면서 공기의 흐름이 일시적으로 차단된다는 점은 파열음과 비슷하지만 차단된 공기를 개방할 때 틈을 조금만 두어 마찰을 일으키면서 발음한다는 점에서는 마찰음과 비슷하다. 파찰음이라는 용어에도 이러한 조음적 특징이 반영되어 있다. 한국어의 파찰음에는 'ㅈ, ㅊ, ㅉ'이 있다.

비음은 '폐쇄-지속-파열'의 단계를 거친다는 점에서 파열음과 비슷한 특성을 공유한다. 그러나 비음을 발음할 때에는 비강으로도 공기가 흐름으로써 비강의 울림을 동반한다는 차이가 있다. 한국어의 비음에는 'ㅁ, ㄴ, ㅇ'이 있다.

유음은 자음 중에서 공기의 흐름이 방해 받는 정도가 가장 약하다. 또한 유음에 속하는 자음들에는 혀끝을 치조 부근에 순간적으로 대었다가 떼면서 내는 탄설음, 혀끝을 치조 중앙에 댄 채 공기를 양옆으로 흘려서 내는 설측음, 혀의 일부를 조음

점에 여러 번 대었다가 떼면서 내는 진동음 등이 있는데 이 음들은 음성적인 공통점이 많지 않다. 이런 이유로 해서 유음의 조음 방법을 명확히 정의하는 것은 쉬운 일이 아니다. 유음을 정의할 때 단순히 '장애를 적게 받으면서 발음하는 자음'이라고 하거나 또는 탄설음, 설측음 등의 음성적 특징을 나란히 나열하는 것은 이러한 사정에서 연유한다. 한국어의 유음에는 'ㄹ'이 있다. 'ㄹ'은 음성적 환경에 따라 탄설음 'r'로 실현되거나 설측음 'l'로 실현된다.

파열음, 마찰음, 파찰음은 자음 중에서도 공기의 흐름이 방해 받는 정도가 매우 높다. 다시 말해 자음적인 성격이 매우 강한 것이다. 그래서 이 자음들을 묶어서 장애음이라고 부른다. 반면 비음과 유음은 공기 흐름의 방해 정도가 상대적으로 약하며, 비강 또는 구강의 '울림'을 통해 발음된다는 공통점을 지닌다. 이런 특성을 고려하여 비음과 유음을 묶어 공명음이라고 부른다. 자음을 조음 방법에 따라 둘로 구분한다면 장애음과 공명음으로 나눌 수 있다.

(6) 한국어의 자음 체계

<table>
<tr><th colspan="3">조음 위치 / 조음 방법</th><th>양순음</th><th>치조음</th><th>경구개음</th><th>연구개음</th><th>후음</th></tr>
<tr><td rowspan="9">장애음</td><td rowspan="3">파열음</td><td>평음</td><td>ㅂ</td><td>ㄷ</td><td></td><td>ㄱ</td><td></td></tr>
<tr><td>유기음</td><td>ㅍ</td><td>ㅌ</td><td></td><td>ㅋ</td><td></td></tr>
<tr><td>경음</td><td>ㅃ</td><td>ㄸ</td><td></td><td>ㄲ</td><td></td></tr>
<tr><td rowspan="3">마찰음</td><td>평음</td><td></td><td>ㅅ</td><td></td><td></td><td></td></tr>
<tr><td>유기음</td><td></td><td></td><td></td><td></td><td>ㅎ[1]</td></tr>
<tr><td>경음</td><td></td><td>ㅆ</td><td></td><td></td><td></td></tr>
<tr><td rowspan="3">파찰음</td><td>평음</td><td></td><td></td><td>ㅈ</td><td></td><td></td></tr>
<tr><td>유기음</td><td></td><td></td><td>ㅊ</td><td></td><td></td></tr>
<tr><td>경음</td><td></td><td></td><td>ㅉ</td><td></td><td></td></tr>
<tr><td rowspan="2">공명음</td><td>비음</td><td></td><td>ㅁ</td><td>ㄴ</td><td></td><td>ㅇ</td><td></td></tr>
<tr><td>유음</td><td></td><td></td><td>ㄹ</td><td></td><td></td><td></td></tr>
</table>

1 'ㅎ'은 유기음이 아닌 평음으로 분류하기도 하며, 경우에 따라서는 평음과 유기음 어디에도 속하지 않는다고 분류하기도 한다.

(6)은 한국어의 자음들을 조음 위치와 조음 방법에 따라 분류한 결과이다. (6)에서는 한국어의 장애음이 가지는 두 가지 특성이 잘 드러난다. 한 가지는 동일한 조음 위치와 조음 방법에서 최대 세 부류의 구별이 이루어지고 있다는 것이다. 가령 양순 파열음의 경우 'ㅂ, ㅍ, ㅃ'의 세 음소가 존재하며, 이러한 양상은 다른 파열음은 물론이고 파찰음에서도 나타난다. 이러한 세 계열의 자음을 흔히 평음(또는 예사소리), 유기음(또는 거센소리, 격음), 경음(또는 된소리)이라고 부른다. 이러한 평음, 유기음, 경음의 세 유형이 자음 체계 내에서 대립하는 것은 다른 언어에서는 쉽게 찾아볼 수 없다.

평음, 유기음, 경음은 음성적 특성이 명확히 구분된다.

(7) 평음, 유기음, 경음의 음성적 특징

	평음	유기음	경음
성문 크기	작음	큼	매우 작음
기류의 양	적음	많음	매우 적음
성대 진동 지연 시간	짧음	긺	매우 짧음
후두의 긴장	거의 없음	있음	있음
폐쇄 지속 시간	짧음	긺	긺

(7)에서 보듯 평음, 유기음 경음은 여러 가지 점에서 공통점 또는 차이점을 가진다. 성문 크기, 기류의 양, 성대 진동 지연 시간은 서로 관련성이 있다. 성문의 크기가 클수록 그에 동반되는 기류의 양은 많으며, 따라서 해당 자음에 후행하는 모음의 성대 진동이 더 늦게 일어나게 된다. 이러한 측면에서 평음, 유기음, 경음은 다른 모습을 보인다. 한편 후두의 긴장은 유기음과 경음에서 주로 찾을 수 있다. 유기음과 경음은 폐쇄 지속 시간이 길다는 점도 비슷하다.

(6)에서 드러나는 한국어 장애음의 또 다른 특징은 성대의 진동 유무가 음소 구분에 관여하지 않는다는 점이다. 영어나 일본어와 같이 널리 알려진 언어들은 장애음의 경우 성대가 진동하는 유성음과 그렇지 않은 무성음이 서로 다른 음소로 존재하는 경우가 많다. 즉 성대 진동의 유무만으로 구분되는 음소의 대립쌍이 있는 것이다. 반면 한국어의 경우 모든 장애음들은 음운론적으로 무성음이기 때문에

성대 진동 유무에 의한 음소 대립을 찾을 수 없다. 간혹 한국어의 자음 체계를 설정하면서 (6)의 장애음을 안울림소리(또는 무성음)로 분류하고 (6)의 공명음을 울림소리(또는 유성음)로 분류하는 경우가 있다. 그런데 이러한 방식은 자칫 한국어의 자음 분류에서 성대의 울림 유무가 매우 중요한 대립을 이루는 것처럼 오해를 불러일으킬 수 있기 때문에 바람직하다고 볼 수 없다.

2.2.3. 단모음

단모음은 자음과는 달리 조음 과정에서 공기의 흐름이 방해를 받는 과정이 없다. 따라서 분류 기준도 자음과는 다르게 설정해야만 한다. 전통적으로는 혀의 최고점 위치와 입술 모양을 통해 단모음을 분류해 왔다. 이 중 혀의 최고점 위치는 전후 위치와 상하 높이로 세분하는 것이 일반적이다. 결과적으로 단모음의 분류 기준은 혀의 전후 위치와 높이, 입술 모양이라는 세 가지가 된다.

혀의 전후 위치에 따라 단모음은 다음과 같이 분류할 수 있다.

(8) 전설 모음, 후설 모음

전설 모음은 혀의 최고점이 경구개 부근에 놓이는 단모음이다. 국어에는 'ㅣ, ㅔ, ㅐ, ㅟ, ㅚ'의 다섯 개가 있다. 후설 모음은 혀의 최고점이 전설 모음보다 뒤에 놓이며, 그 위치는 대략 연구개와 비슷하다. 국어의 후설 모음에는 'ㅡ, ㅓ, ㅏ, ㅜ, ㅗ'의 다섯 개가 있다.

혀의 높이에 따라서는 다음과 같이 세 가지 부류가 구분된다.

(9) 고모음, 중모음, 저모음

혀의 최고점이 놓이는 높이는 엄밀하게 말하면 단모음마다 모두 다르지만, 한국어의 경우 (9)와 같이 세 가지 부류로 나누는 것이 음운 변동을 설명하거나 단모음들 사이의 대립 관계를 설명하는 데 유리하다. 혀의 높이는 입의 벌어짐과 직접적인 관련이 있어서 혀의 높이가 높을수록 입은 적게 벌어지고 혀의 높이가 낮을수록 입은 많이 벌어진다. 한국어의 고모음에는 'ㅣ, ㅟ, ㅡ, ㅜ', 중모음에는 'ㅔ, ㅚ, ㅓ, ㅗ', 저모음에는 'ㅐ, ㅏ'가 있다.

입술 모양에 따라서는 두 가지가 구분된다.

(10) 원순 모음, 평순 모음

원순 모음은 입술을 동그랗게 오므리는 단모음으로 한국어의 'ㅟ, ㅚ, ㅜ, ㅗ'가 여기에 속한다. 반면 평순 모음은 입술을 오므리지 않고 발음하는 단모음이다. 한국어의 'ㅣ, ㅔ, ㅐ, ㅡ, ㅓ, ㅏ'가 평순 모음에 속한다.

(8)~(10)의 분류를 종합하여 한국어 단모음 체계를 제시하면 다음과 같다.

(11) 한국어의 단모음 체계

	전설 모음		후설 모음	
	평순 모음	원순 모음	평순 모음	원순 모음
고모음	ㅣ	ㅟ	ㅡ	ㅜ
중모음	ㅔ	ㅚ	ㅓ	ㅗ
저모음	ㅐ		ㅏ	

(11)을 통해 한국어의 단모음 체계는 분류 기준에 따른 대립이 극대화되어 있다는 특징을 확인할 수 있다. 세 가지 분류 기준에 따라 이론적으로 가능한 12개의 단모음 중 10개가 한국어에 존재한다. 저모음에서 입술 모양에 따른 대립이 존재하지 않을 뿐, 다른 분류 기준에서는 빈칸 없이 체계적인 대립이 이루어지고 있다. 언어 유형론적 차원에서 보자면 한국어의 단모음 체계는 수적으로도 적지 않지만 세 가지 분류 기준이 최대한으로 단모음의 대립에 활용되고 있다고 할 수 있다.

(11)은 표준 발음법에서 원칙으로 제시된 10개의 단모음을 기준으로 한 것이다. 그런데 10모음 체계는 주로 중앙어의 노년층 자료에서 나타날 뿐이다. 중장년층 이하의 현실 발음에서는 (11)보다는 적은 수의 단모음이 나타난다. 가령 'ㅟ, ㅚ'는 단모음 대신 이중 모음으로 발음하는 경우가 많다. 표준 발음법에서도 이러한 사

실을 감안하여 'ㅟ, ㅚ'는 이중 모음으로 발음하는 것을 허용하고 있다. 이 외에 많은 한국인들이 'ㅐ'와 'ㅔ'를 구분하지 못하고 있다.

그리하여 현실 발음에서는 7개의 단모음만 나타난다. 이러한 7개의 단모음을 (11)과 비교하면 전설 모음 계열이 단순화되었다고 할 수 있다. 즉 (11)의 전설 모음 중 'ㅣ' 및 'ㅐ/ㅔ'의 둘만이 현실 발음에서 나타나는 것이다. 그 결과 전설 모음에서는 혀의 높이에 따른 두 부류만 구분될 뿐 다른 기준은 단모음 대립에 관여하지 못하고 있다. 다시 말해 단모음의 대립이 (11)에 비해 단순화된 것이다.

2.2.4. 반모음과 이중 모음

반모음은 자음과 단모음의 중간적인 성격을 가지지만 본질적으로는 단모음에 더 가까운 모습을 보인다고 할 수 있다. 단모음과 결합하여 이중 모음을 이루어 음절 중성으로 쓰인다거나 단모음이 반모음으로 바뀌는 음운 변동이 존재하는 것 등은 이러한 상황을 잘 말해 준다. '반자음' 대신 '반모음'이라는 용어가 더 많이 쓰이는 것도 이와 무관하지 않다.

한국어의 반모음에는 두 가지가 있다. 두 개의 반모음은 언어 보편적으로도 가장 널리 나타나고 있다. 단모음의 분류 기준을 활용하여 각 반모음들의 특징을 제시하면 다음과 같다.

(12) 반모음의 특징

가. j: 전설이고 평순이되 고모음보다 혀의 높이가 더 높음

나. w: 후설이고 원순이되 고모음보다 혀의 높이가 더 높음

(12)에서 보듯 반모음은 고모음보다 혀의 최고점 높이가 더 높다. 즉 자음적인 성향이 많은 것이다. (12가)의 'j'는 단모음 'ㅣ'와 그 특징이 비슷하고 (13나)의 'w'는 단모음 'ㅜ'와 그 특징이 비슷하다. 'j'와 'w'는 혀의 전후 위치와 입술 모양에서 모두 다른 모습을 보인다.

한국어의 반모음은 단모음과 결합하여 이중 모음을 이룬다. 언어에 따라서는 단

모음끼리 결합하여 이중 모음을 이루는 경우도 있지만, 한국어의 이중 모음은 반모음과 단모음의 결합으로 분석하는 경우가 많다. 이러한 사정을 고려하여 한국어의 이중 모음은 반모음의 종류 및 단모음과 반모음의 결합 순서에 따라 구분할 수 있다.

(13) 한국어 이중 모음의 종류

	상향 이중 모음	하향 이중 모음
j-계 이중 모음	ㅑ, ㅒ, ㅕ, ㅖ, ㅛ, ㅠ	ㅢ
w-계 이중 모음	ㅘ, ㅙ, ㅝ, ㅞ	

(13)에서 보듯 이중 모음은 반모음의 종류에 따라 'j-계 이중 모음'과 'w-계 이중 모음'으로 나뉜다. 또한 반모음이 단모음 앞에 결합하는 상향 이중 모음과 반모음이 단모음 뒤에 결합하는 하향 이중 모음을 구분할 수 있다. 현대 한국어의 경우 대부분의 이중 모음이 상향 이중 모음이다. 유일한 하향 이중 모음인 'ㅢ'는 단모음 'ㅡ'와 반모음 'j'가 결합된 것으로 제시되었지만 논의에 따라서는 두 개의 단모음 'ㅡ'와 'ㅣ'가 결합되었다고 보기도 하고 반모음 'ɰ'와 단모음 'ㅣ'가 결합되었다고 보기도 한다. 어떤 경우든 'ㅢ'는 다른 이중 모음과는 성격이 구분되는 유일한 존재이므로 이중 모음 체계에서는 그 지위가 불안정하다고 할 수 있다. 'ㅢ'가 현실 발음에서 이중 모음으로 발음되지 않는 경우가 많은 것은 이러한 사정과 관련된다.

2.2.5. 장단

장단은 표준 한국어에서 단어의 뜻을 구별하는 데 쓰이는 유일한 운소이다. 고저나 강약과 같은 운율적 요소도 표준 한국어에서 나타나지 않는 것은 아니지만, 단어의 뜻을 구분하는 데에는 장단만 관여한다. 이러한 사실은 장단의 차이에 의해 성립하는 다양한 최소 대립쌍을 통해 확인할 수 있다.

(14) 눈:雪 ⇔ 눈目, 말:言 ⇔ 말馬, 밤:栗 ⇔ 밤夜

한국어의 장음은 실현될 수 있는 위치에 제약이 있다. 원칙적으로 장음은 단어의 첫머리, 즉 어두에서만 나타날 수 있을 뿐이다. 그래서 장음으로 시작하는 단어가 복합어를 이루면서 비어두에 놓이게 되면 길이가 짧아지면서 장음이 단음으로 바뀐다.

(15) 가. 눈: ⇒ 첫눈, 말: ⇒ 거짓말, 밤: ⇒ 쌍동밤
　　나. 눈: ⇒ 하얀 눈, 말: ⇒ 고운 말, 밤: ⇒ 구운 밤

(15가)는 원래 장음을 가지고 있던 단어가 합성어의 후행 요소로 쓰이면서 길이가 짧아지는 경우이다. 이러한 장단의 변동은 (15나)와 같이 문장 속에서 다른 성분이 그 앞에 놓일 때에도 일어난다. (15나)의 '하얀 눈, 고운 말, 구운 밤'과 같은 구를 한 단위로 발음하게 되면 '눈, 말, 밤'은 비어두에 놓이는 것과 마찬가지 상황이 되기 때문에 장음은 길이가 짧아진다.

2.3. 음절

음절은 자립해서 발음할 수 있는 최소의 음운론적 단위이다. 음절은 발화를 산출하거나 인식할 때 기본 단위로 작용하지만 음성적 실체가 무엇인지는 아직 명확히 밝혀지지 않은 상태이다. 그래서 음절의 정의에도 음성적 속성은 포함되지 않았다. 그러나 음절은 음운 변동의 조건으로 작용하기도 하고, 외국어 차용 과정에서도 중요한 역할을 한다.

2.3.1. 음절의 구조

음절은 하나 이상의 음소로 이루어지는데 음절의 구성 성분들은 기능에 따라 초성, 중성, 종성의 세 가지로 나뉜다. 이 중 중성은 반드시 있어야 하는 요소로 중성에는 홀로 발음될 수 있는 단모음 또는 단모음과 반모음이 결합된 이중 모음이 온

다. 초성과 종성은 각각 중성의 앞과 뒤에 위치하며 중성과 함께 음절을 구성한다. 초성과 종성은 홀로 발음되지 못하는 자음이 오며, 음절 구성에서 필수적이지는 않다.

초성, 중성, 종성의 결합 방식에 따라 음절의 구조를 단순화하면 다음과 같다.

(16) 한국어의 음절 구조
- 가. 중성: 아, 어, 야, 요, …
- 나. 초성 + 중성: 가, 나, 묘, 벼, …
- 다. 중성 + 종성: 옹, 악, 용, 열, …
- 라. 초성 + 중성 + 종성: 공, 날, 병, 혁, …

한국어의 음절은 (16가)와 같이 중성만으로 이루어진 것에서부터 (16라)와 같이 초성, 중성, 종성을 모두 다 갖춘 것까지 다양하게 존재한다. 언어에 따라서는 종성이 존재하지 않는 음절만 허용하는 경우도 있다. 그런 언어의 경우 (16가, 나) 유형만 가능할 뿐이다.

한편 초성, 중성, 종성의 구조를 더 세분하여 음절 유형을 구분하기도 한다. 예컨대 초성에 자음이 최대 두 개 올 수 있는 언어의 경우에는 초성에 자음이 오지 않는 유형, 초성에 자음이 하나 오는 유형, 초성에 자음이 두 개 오는 유형이 구분된다. 중성에 다양한 이중 모음이 오는 경우에는 중성 역시 단모음 하나로 이루어진 유형, '반모음 + 단모음'으로 이루어진 유형, '단모음 + 반모음'으로 이루어진 유형을 구별할 수 있다. 종성 역시 초성과 마찬가지 방식으로 세분할 수 있다.

2.3.2. 음절의 제약

음절은 초성, 중성, 종성으로 이루어지지만, 언어에 따라서는 종성을 허용하지 않는다든지, 종성을 허용해도 올 수 있는 자음의 수나 종류에 제한을 두는 경우가 적지 않다. 종성뿐만 아니라 초성이나 중성의 구성에도 제한은 존재한다. 어떤 언어든지 초성, 중성, 종성에 무제한의 음소가 오지는 못하는 것을 보면 모든 언어는 음절의 구성에 있어 일정한 제약을 지닌다고 할 수 있다. 이러한 음절의 제약은 음절의 유형이 몇 가지로 국한되는 데 직접적인 관여를 한다.

한국어에도 음절 구조에 제약이 존재한다. 특히 초성과 종성에 대한 제약이 두드러진다.

(17) 한국어의 음절 구조 제약

	양적 제약	질적 제약
초성 제약	최대 1개의 자음만 가능	'ㅇ'은 오지 못함
종성 제약	최대 1개의 자음만 가능	'ㄱ, ㄴ, ㄷ, ㄹ, ㅁ, ㅂ, ㅇ'만 가능

(17)에서 보듯 초성이나 종성에 올 수 있는 자음의 최대 개수는 1개이다. 그래서 두 개의 자음으로 시작하는 단어는 고유어에 존재하지 않으며, '닭, 여덟' 등과 같이 겹받침을 가진 단어도 홀로 쓰이거나 자음으로 시작하는 형태소가 뒤에 오면 겹받침 중 하나가 탈락하게 된다. 그뿐만 아니라 'strike, mask'와 같이 두 개 이상의 자음으로 시작하거나 끝나는 외래어가 국어에 수용될 때에는 '스트라이크, 마스크'와 같이 모음 'ㅡ'를 더 넣어 음절의 초성이나 종성에 자음군이 오지 못하도록 조정을 한다.

초성이나 종성에 하나의 자음이 오더라도 그 종류에는 제약이 있다. (17)에서 드러나듯 연구개 비음이 음절 초성에 오는 경우는 없다. 한국어에 연구개 비음 'ㅇ'으로 시작하는 단어가 없는 것은 이와 관련된다. 음절 종성에 올 수 있는 자음의 종류는 더 제한된다. 'ㄱ, ㄴ, ㄷ, ㄹ, ㅁ, ㅂ, ㅇ'의 7가지 이외에는 종성에서 발음될 수 있는 자음이 없다. 그래서 '빛, 앞, 밖'과 같은 단어의 마지막 자음은 뒤에 휴지가 오거나 자음이 올 때 'ㅊ, ㅍ, ㄲ'을 그대로 발음하지 못하고 'ㄷ, ㅂ, ㄱ'으로 바꾸어 발음하게 된다.

(17)과 같은 음절 구조 제약으로 인해 한국어의 음절 유형도 제한이 된다. 가령 두 개의 자음으로 시작하거나 끝나는 음절은 존재할 수 없으며 'ㅈ'으로 끝나는 음절도 존재할 수 없다. (17)의 제약을 충족하는 한국어 음절의 유형을 최대로 제시하면 다음과 같다.

(18) 한국어의 음절 유형

가. V형: 아, 어, 오, 우 …
나. CV형: 가, 너, 도, 루 …
다. SV형: 야, 여, 와, 워 …
라. VS형: 의
마. VC형: 악, 언, 온, 울 …
바. CSV형: 갸, 녀, 묘, 류 …
사. CVC형: 각, 난, 닫, 랄 …
아. CVS형: [한구긔](한국 + 의), [바틔](밭 + 의) …
자. VSC형: [회읩니다](회의 + 입니다), [의읜데](의의 + 인데) …
차. SVC형: 약, 연, 욜, 융 …
카. CSVC형: 격, 년, 명, 별 …
타. CVSC형: [노늰](논의 + 는), [하빌](합의 + 를) …

(18)의 'C, V, S'는 자음Consonant, 단모음Vowel, 반모음Semi-vowel을 가리킨다. 한국어의 음절 유형 중 가장 단순한 것은 하나의 음소로 이루어진 V형이고, 가장 복잡한 것은 네 음소로 이루어진 CSVC형 또는 CVSC형이다. (18) 중 다른 유형은 현실 발음에서 모두 빈번하게 확인이 되지만 (18아, 자, 타)는 그렇지 못하다. 이 유형들은 중성에 이중 모음 'ㅢ'가 쓰였는데, 'ㅢ' 자체를 제대로 발음하는 경우도 많지 않을 뿐만 아니라 중성에 'ㅢ'가 올 경우 초성이나 종성에 자음이 오는 경우가 현실 발음에서는 거의 없다. (18아, 자, 타)가 모두 형태소의 결합 과정에서만 나타나는 형태인 것도 이러한 사정과 관련된다. 다만 표준 발음법의 측면에서 보자면 (18아, 자, 타) 역시 허용되기 때문에 포함해 두었다.

2.4. 음운 변동

음운 변동이란 음운이 바뀌는 현상을 포괄하는 '음운 현상'의 하위 부류로서 공시적인 성격을 가지는 것을 가리킨다. 가령 'ㆍ'가 단모음 체계에서 소멸한다든지

'ㅸ, ㅿ'이 다른 음소로 바뀌는 것과 같은 역사적 음운 변화는 음운 변동에서 제외된다. 일반적인 음운 변동은 세 가지 요소로 이루어진다. 변동을 겪는 음운을 입력형, 변동의 결과를 출력형, 변동이 일어나는 조건을 적용 환경이라고 한다. 이러한 입력형, 출력형, 적용 환경을 형식화하면 다음과 같다.

(19) A → B / C___

(19)는 'A'가 'C' 뒤에서 'B'로 바뀐다는 의미를 담고 있다. 즉 'CA'가 'CB'로 바뀌는 것이다. 따라서 'A'가 입력형, 'B'가 출력형, 'C___'가 적용 환경이 된다. 서로 다른 음운 변동이라면 입력형, 출력형, 적용 환경 중 최소 하나 이상은 달라야만 한다.

현대 한국어에는 다양한 음운 변동이 존재한다. 이러한 음운 변동은 여러 가지 기준으로 분류할 수 있는데 가장 일반화된 방식은 입력형과 출력형을 비교하여 어떠한 변화가 일어났는지를 고려하는 것이다.

(20) 음운 변동의 유형
가. 대치[2]: 한 음운이 수적인 변화 없이 다른 음운으로 바뀌는 현상
나. 탈락: 있던 음운이 없어지는 현상
다. 첨가: 없던 음운이 덧붙는 현상
라. 축약: 두 음운이 합쳐져 제3의 음운으로 바뀌는 현상

(20가)는 음소의 숫자는 바뀌지 않고 그 종류만 바뀌지만 (20나, 다, 라)는 모두 음운 변동의 결과 음소의 숫자가 달라진다는 차이가 있다. 논의에 따라서는 음운 변동의 유형으로 (20)에 '도치'를 더 포함하기도 한다. '도치'는 음소의 자리가 서로 뒤바뀌는 현상이다. 그런데 한국어의 경우 '도치'는 매우 산발적으로만 나타나기 때문에 음운 변동으로 인정할 만한 것은 없다.

한국어에는 다양한 음운 변동이 존재한다. 교착어의 특성상 한국어는 다양한 형태소들이 결합하여 문장이 만들어지며, 형태소들의 접면에서 여러 가지 음운 변동

2 학교 문법에서는 '대치' 대신 '교체'라고 한다.

이 수반된다. 이 중 여기서는 규칙성이 높고, 표준 발음으로 인정되는 음운 변동을 중심으로 다루고자 한다.

2.4.1. 음운의 대치

1 평파열음화

평파열음화는 음절 종성에 놓인 장애음이 평파열음인 'ㅂ, ㄷ, ㄱ' 중 하나로 바뀌는 음운 변동이다. 한국어의 음절 구조 제약으로 인해 종성에서는 'ㄱ, ㄴ, ㄷ, ㄹ, ㅁ, ㅂ, ㅇ'의 7가지 자음만 발음될 수 있다. 그래서 여기에 속하지 않는 장애음이 음절 종성에 놓이면 평파열음 중 하나로 바뀔 수밖에 없다. 이때 양순음은 'ㅂ', 치조음, 경구개음, 후음은 'ㄷ', 연구개음은 'ㄱ'으로 변한다. 경구개음과 후음에 평파열음화가 적용되면 조음 위치가 바뀐다는 예외가 있기는 하지만 평파열음화가 적용되면 대체로 조음 위치는 그대로 유지하면서 조음 방식만 평파열음으로 바뀐다고 할 수 있다.

(21) 평파열음화의 예

가. 앞# → [압], 겉# → [걷], 부엌# → [부억]

나. 앞 + 도 → [압또], 겉 + 과 → [걷꽈], 부엌 + 부터[부억뿌터]

다. 앞앞 → [아밥], 겉옷 → [거돋], 부엌어멈 → [부어거멈]

(21)은 '앞, 겉, 부엌'의 세 단어가 여러 조건에서 평파열음화의 적용을 받는 것을 보여 준다. (21가)는 단독으로 발음될 때, (21나)는 자음으로 시작하는 형태소가 후행할 때, (21다)는 모음으로 시작하는 실질 형태소가 후행할 때 평파열음화가 일어난 예이다. (21가~다)는 표면적으로 적용 환경이 이질적으로 보이지만, '앞, 겉, 부엌'의 마지막 자음이 음절 종성에 놓이는 단계를 거친다는 공통점을 지닌다. 다시 말해 뒤에 모음으로 시작하는 문법 형태소가 결합하여 연음이 일어나지 않는 한 평파열음화가 예외 없이 일어난다고 할 수 있다.

학교 문법에서는 오랜 기간 '평파열음화' 대신 '음절의 끝소리 규칙'이라는 용어를 사용해 왔다. 그런데 이 용어는 음운 변동의 방향성을 반영하지 않고 적용 환경을 반영한다는 점에서 다른 음운 변동을 가리키는 용어와 이질적이라는 문제점이 있다. 여기서 '평파열음화'라는 용어를 사용하는 것은 이러한 사정을 고려한 결과이다.

2 비음화

비음화는 선행 음절의 종성에 놓인 장애음이 후행 음절의 초성에 놓인 비음 앞에서 비음으로 바뀌는 음운 변동이다. 비음화의 입력형이 되는 장애음은 음절 종성에 놓이기 때문에 평파열음 중 하나로 발음될 수밖에 없다. 또한 비음화의 적용 환경이 되는 비음은 음절 초성에 놓이기 때문에 'ㅇ'은 비음화의 적용 환경으로 기능할 수 없다. 결과적으로 비음화는 'ㅂ, ㄷ, ㄱ'이 'ㅁ, ㄴ' 앞에서 같은 조음 위치의 비음인 'ㅁ, ㄴ, ㅇ'으로 바뀐다고 할 수 있다. 이러한 비음화는 뒤에 오는 비음의 조음 방법과 같아지는 변동이기 때문에 '동화'에 속한다.

(22) 비음화의 예

가. 입 + 는 → [임는], 믿 + 는 → [민는], 먹 + 는 → [멍는]

나. 접면 → [점면], 맏며느리 → [만며느리], 국민 → [궁민]

다. 밥 먹어 → [밤머거], 옷 널어 → [온너러], 떡 만들어 → [떵만드러]

(22)에서 보듯 비음화는 한 단어를 이루는 형태소 경계 사이에서도 적용되고, 단어와 단어 사이에서도 적용된다. 휴지가 사이에 놓이지 않는 한 비음화는 예외 없이 적용된다. 비음화는 현대 한국어에서 가장 세력이 강한 음운 변동 중 하나이다.

3 유음화

유음화는 'ㄹ'에 인접한 'ㄴ'이 'ㄹ'로 바뀌는 음운 변동으로, 인접한 음소와 같아진다는 점에서 역시 동화에 속한다. 유음화는 'ㄹ'과 'ㄴ'의 결합 순서에 따라 순행적 유음화와 역행적 유음화로 나눌 수 있다.

(23) 순행적 유음화의 예

가. 불놀이 → [불로리], 줄넘기 → [줄럼끼], 칼날 → [칼랄]

나. 불 놓는다 → [불론는다], 선을 넘는다 → [서늘럼는다]

다. 닳 + 는 → [달른], 앓 + 는 → [알른], 훑 + 는 → [훌른]

순행적 유음화는 (23가)와 같이 복합어를 형성할 때에도 적용되고 (23나)와 같이 단어와 단어 사이에서도 적용된다. (23가)의 경우 '소나무(솔 + 나무), 하느님(하늘 + 님)'에서 보듯 순행적 유음화가 적용되는 대신 'ㄴ'에 앞서는 'ㄹ'이 탈락하기도 한다. 대체로 예전에 만들어진 복합어의 경우 유음 탈락이 일어난 형태가 그대로 이어져 오지만, 새로 만들어지는 복합어는 유음 탈락 대신 순행적 유음화의 적용을 받는다.

(23다)와 같이 용언의 활용형에 순행적 유음화가 적용될 때에는 용언 어간이 'ㄾ, ㅀ'과 같은 겹받침으로 끝나야 한다는 조건이 있다. 'ㄹ'로 끝나는 어간 뒤에 'ㄴ'으로 시작하는 어미가 결합하면 '살 + 는 → [사:는], 울 + 는 → [우:는]'에서 보듯 순행적 유음화가 적용되지 않고 'ㄹ'이 탈락한다. 그래서 한때는 (23다)의 순행적 유음화를 'ㄹ'과 'ㄴ' 사이에 개재 자음이 있어야 하는 간접 동화로 해석하기도 했었다.

(24) 역행적 유음화의 적용 환경과 음운 변동

가. 신라 → [실라], 천리 → [철리], 혼란 → [홀:란]

나. 결단력 → [결딴녁], 의견란 → [의:견난], 입원료 → [이붠뇨]

다. 공권력 → [공꿘녁~공꿜력], 음운론 → [음운논~음울론]

(24)는 (23)과 달리 'ㄹ'이 'ㄴ'보다 뒤에 놓이는 환경에서 음운 변동이 어떻게 일어나는지를 보인 것이다. 고유어의 경우 'ㄴ'으로 끝나는 형태소 뒤에 'ㄹ'로 시작하는 형태소가 결합하는 경우가 없다. 그래서 'ㄴ'과 'ㄹ'의 결합은 한자어 또는 외래어에서 주로 나타난다.

'ㄴ'과 'ㄹ'이 결합할 때 항상 역행적 유음화만 나타나는 것은 아니다. (24가)와 같이 자립성이 없는 두 개의 한자가 결합된 2음절 한자어는 역행적 유음화만 적용되는 것이 일반적이다. 그러나 2음절 한자어에 다른 한자가 결합된 (24나, 다)에서는 역행적 유음화 대신 뒤에서 다룰 'ㄹ'의 비음화가 적용되든지, 또는 역행적 유음화가 적용된 형태와 'ㄹ'의 비음화가 적용된 형태가 공존하기도 한다.

4 'ㄹ'의 비음화

'ㄹ'의 비음화는 'ㄹ'을 제외한 자음 뒤에서 'ㄹ'이 'ㄴ'으로 바뀌는 음운 변동이다. 한국어에서 'ㄹ' 앞에 놓일 수 있는 자음은 'ㄹ'밖에 없다. 따라서 'ㄹ'이 아닌 자음이 'ㄹ' 앞에 오면 음운 변동이 일어나서 이러한 자음의 결합을 막게 되는데, 이러한 역할을 하는 것이 'ㄹ'의 비음화이다. 고유어의 경우 'ㄹ'을 제외한 자음 뒤에 'ㄹ'이 오는 경우가 없어서 이 음운 변동은 한자어나 외래어에서만 찾아볼 수 있다.

'ㄹ'의 비음화는 전통적으로 자음 동화에 속한다고 보아 왔다. 그러나 적용 환경에 해당하는 'ㄹ'을 제외한 자음들의 공통점이 전혀 없고 어떤 특징을 닮아서 'ㄹ'이 'ㄴ'으로 동화되었는지를 설명하기도 어렵다. 그래서 'ㄹ'의 비음화를 자음 동화로 속단할 수는 없다.

(25) 'ㄹ'의 비음화의 예

가. 침략 → [침냑], 공론 → [공논]

나. 독립 → (독닙) → [동닙], 협력 → (협녁) → [혐녁]

(25가)와 (25나)는 편의상 'ㄹ' 앞에 놓이는 자음의 종류에 따라 비음인 경우와 장애음인 경우로 구분한 것이다. 특히 (25가)와 달리 (25나)처럼 장애음 뒤에서 'ㄹ'의 비음화가 일어나면 반드시 비음화가 추가로 적용되어야 한다. 즉 (25나)는 인접한 두 자음이 모두 변동을 보이는 것이다. 그래서 (26나)를 상호 동화로 분류하는 경우도 적지 않다. 그러나 'ㄹ'의 비음화 자체가 동화로 보기 어려운 만큼 (25나)를 상호 동화라고 보기도 어렵다.

5 경음화

경음화는 평음이 경음으로 바뀌는 음운 변동이다. 한국어의 경음화는 그 성격에 따라 여러 가지 하위 현상들로 분류할 수 있다. 그중 조건에 충족되면 대체로 적용되는 규칙성을 인정할 수 있는 경음화는 크게 네 가지가 있다.

첫 번째 유형은 평파열음인 'ㅂ, ㄷ, ㄱ' 뒤에서 적용되는 경음화이다.

(26) 평파열음 뒤의 경음화 예

가. 밥 + 도 → [밥또], 믿 + 자 → [믿짜], 낟 + 과 → [낟꽈], 먹 + 소 → [먹쏘]

나. 덮 + 지 → (덥지) → [덥찌], 잎 + 과 → (입과) → [입꽈],

흩 + 다 → (흗다) → [흗따]

다. 읽 + 고 → (읽꼬) → [일꼬], 핥 + 다 → (핥다) → (핥따) → [할따]

(26가)는 경음화만 적용된 예이고 (26나)는 평파열음화가 적용된 후에 경음화가 적용된 예이다. 어떤 경우든 'ㅂ, ㄷ, ㄱ' 뒤에서는 경음화가 예외 없이 적용된다. (26다)는 표면에서 발음되는 형태를 보면 경음화가 일어난 자음 앞에 오는 자음이 평파열음에 속하지 않는 'ㄹ'이라는 점에서 특이하다. (26다)는 자음군 단순화가 일어나기 전에 평파열음에 의해 경음화가 일어났다고 보아야 한다.

두 번째 유형은 용언 어간의 비음 뒤에서 일어나는 경음화이다.

(27) 안 + 더라 → [안:떠라], 감 + 다 → [감:따], 젊 + 지 → (젊찌) → [점:찌]

(27)의 경음화는 (26)과 달리 비음운론적인 정보를 필요로 한다. 우선 비음이 '용언 어간'에 속해야만 한다. 그래서 체언 뒤에서는 이러한 경음화가 일어나지 않는다. 그뿐만 아니라 용언 어간 뒤에 오는 형태소는 '어미'로 제한된다. 파생 접미사가 결합하면 '안기다, 담기다'에서 보듯 경음화가 안 일어난다. 간혹 현실 발음에서는 '신기다[신끼다]'와 같이 경음화가 일어나는 경우도 있지만 표준 발음으로 인정되지는 않는다.

세 번째 유형은 한자어에서 보이는 'ㄹ' 뒤 'ㄷ, ㅅ, ㅈ'의 경음화이다.

(28) 골수骨髓 → [골쑤], 물질物質 → [물찔], 발달發達 → [발딸]

(28)의 경음화는 '한자어'라는 비음운론적 정보를 필요로 한다. 경음화의 적용이

양순음이나 연구개음과 같이 구강의 가장자리에서 발음되는 자음에서는 보이지 않고, 'ㄷ, ㅅ, ㅈ'과 같이 구강의 중앙에서 발음되는 자음에서만 보인다는 점이 특이하다.

마지막 네 번째 유형은 관형사형 어미 '-을' 뒤에서 일어나는 경음화이다.

(29) 먹을 것[껃], 갈 곳[꼳], 살 집[찝]

(29)의 경음화는 적용 환경이 다른 경음화에 비해 심하게 제한된다. 오로지 관형사형 어미 '-을' 뒤에서만 일어난다. 그뿐만 아니라 (29)와 같은 경음화는 필수적으로 적용되지도 않는다. 관형어와 후행 명사의 결합도가 높은 경우에는 경음화가 잘 일어나지만 그렇지 않은 경우에는 일어나지 않는다. 그런 점에서 규칙성이 가장 낮은 경음화라고 할 수 있다.

이상에서 살핀 네 가지 경음화 이외에 성격이 다소 구분되는 경음화가 있다.

(30) 봄비 → [봄삐], 물고기 → [물꼬기], 땀구멍 → [땀꾸멍], 밀가루 → [밀까루]

(30)의 경음화는 명사와 명사가 결합하여 합성 명사를 이룰 때 일어난다. 이러한 경음화는 순수한 음운 변동으로 보기 어렵기 때문에 다른 경음화와 구분할 필요가 있다. (30)과 같은 경음화는 소위 '사잇소리 현상'에 속한다. 사잇소리 현상으로서의 경음화는 합성어를 이루는 두 요소의 의미 관계가 '시간, 장소, 용도, 기원, 소유주' 등일 때 잘 일어난다.

6 구개음화

넓은 의미의 구개음화는 경구개음이 아닌 자음이 단모음 'ㅣ'나 반모음 'j' 앞에서 경구개음으로 바뀌는 음운 변동을 가리킨다. 그런데 한국어의 음운 변동으로서 존재하는 구개음화는 'ㄷ, ㅌ'이 단모음 'ㅣ' 앞에서 'ㅈ, ㅊ'으로 바뀌는 형태로 나타난다. 입력형이 치조 파열음으로 국한될 뿐만 아니라 그마저도 'ㄸ'은 제외된다. 또한 반모음 'j'가 적용 환경으로 작용하지도 않는다. 이러한 제한된 형태의 구개음화가 나타나는 것은 'ㄸ'으로 끝나는 형태소가 없으며 'j'로 시작하는 형태소가 'ㄷ, ㅌ' 뒤에 결합하지 못한다는 사정에서 비롯되었다.

(31) 구개음화의 예

가. 밑 + 이 → [미치], 밭 + 이다 → [바치다], 낟 + 이 → [나지]

나. 굳이 → [구지], 같이 → [가치], 굳히다 → [구치다]

(31가)는 체언 뒤에 조사가 결합할 때 일어나는 구개음화의 예이고 (31나)는 접미사가 결합할 때 일어나는 구개음화의 예이다. (31)에서 알 수 있듯이 구개음화의 적용 환경이 되는 단모음 'ㅣ'는 반드시 문법 형태소에 속해야 한다는 조건이 뒤따른다. 실질 형태소에 속하는 'ㅣ' 앞에서는 구개음화가 일어나지 않는다. 구개음화는 자음의 조음 위치가 단모음 'ㅣ'의 조음 위치에 닮아 가는 현상이므로 동화에 속하게 된다.

7 반모음화

반모음화는 단모음과 단모음이 인접할 때 그중 하나가 비슷한 성격의 반모음으로 바뀌는 음운 변동이다. 한국어의 경우 'ㅣ'는 'j'로, 'ㅜ, ㅗ'는 'w'로 바뀌게 된다. 전통적으로 반모음화는 단모음이 연속되는 것을 피하기 위한 모음 충돌 회피 현상의 일종으로 다루어져 왔다. 한국어의 반모음화는 용언 어간 뒤에 어미가 올 때 일어난다.

(32) 반모음화의 예

가. 기 + 어라 → [겨:라], 시 + 어서 → [셔:서], 치 + 어도 → (쳐도) → [처도],
보이 + 어 → [보여], 계시 + 어야 → [계셔야]

나. 보 + 아라 → [봐:라], 추 + 어서 → [춰:서], 오 + 아서 → [와서],
나누 + 어도 → [나눠도], 바꾸 + 어 → [바꿔], 싸우 + 어라 → [싸워라]

(32가)는 'ㅣ'가 'j'로 바뀌는 반모음화의 예이고, (32나)는 'ㅜ' 또는 'ㅗ'가 'w'로 바뀌는 반모음화의 예이다. 한국어의 반모음화는 필수적으로 적용되는 현상은 아니

다. 어간의 음절 수가 2음절 이상이거나 1음절 어간이라도 모음으로만 이루어진 경우에는 반모음화가 잘 일어나지만 그렇지 않은 경우에는 반모음화가 수의적으로 일어난다.

반모음화는 장단의 변동을 수반하는 경우가 있다. '오-, 지-, 치-, 찌-'를 제외하면 1음절 어간에 반모음화가 적용될 때 장음화가 함께 일어나게 된다. (32가)의 '기-, 시-'나 (32나)의 '보-, 추-'에 적용되는 반모음화에서 이러한 사실을 확인할 수 있다. 이러한 장음화는 반모음화에 의해 음절 수가 줄어드는 데에 대한 보상이라고 해석하는 경우가 많다. 음절의 숫자는 줄지만 원래의 시간을 그대로 유지하려면 장음화가 일어나야 한다는 것이다.

학교 문법에서는 예전부터 반모음화 현상을 음운의 대치가 아닌 음운의 축약으로 처리하는 경우가 많았다. 이것은 반모음화의 결과 음절의 수가 줄어드는 것을 고려한 조치이다. 그러나 음운의 축약은 두 개의 음운이 제삼의 음운으로 줄어드는 현상인데, 반모음화는 단모음이 반모음으로 바뀌었을 뿐 음운의 수는 그대로 유지하기 때문에 음운의 축약과는 성격이 다르다. 음운 변동의 차원에서 보자면 반모음화는 음운의 대치에 속해야 한다.

8 모음 조화

모음 조화는 한 단어를 이루는 모음들이 동일한 음운론적 특성을 공유하는 현상을 말한다. 즉 모음의 분류 기준에 있어 같은 부류에 속하는 모음들만이 같은 단어에 나타나는 현상이 모음 조화인 것이다. 한국어의 음운 변동으로 존재하는 모음 조화는 어간 뒤에 결합하는 어미의 첫 음을 '아' 또는 '어'로 실현시키는 것과 관련된다.

(33) 모음 조화의 예
가. 막아, 알아, 몰아, 쏘아서
나. 먹어, 얼어, 물어, 쑤어서

(33 가, 나)에서 보듯 어간의 모음 종류에 따라 어미의 첫 모음이 '아'인 경우도 있

고 '어'인 경우도 있는데, 이러한 선택을 결정지어 주는 음운 변동이 모음 조화이다. 역사적으로 보면 (33가)의 'ㅏ, ㅗ'는 혀를 움츠려 발음하는 양성 모음이고 (33나)의 'ㅓ, ㅜ'는 혀를 조금 움츠려 발음하는 음성 모음이기 때문에 한 단어 내에 나타나는 모음들이 공통점을 지니고 있었다. 그런데 현대에 와서는 이러한 공통점이 모두 사라졌을 뿐만 아니라 양성 모음(ㅏ, ㅗ)에 비해 음성 모음(ㅓ, ㅜ, ㅡ, ㅣ, ㅐ, ㅔ, ㅚ, ㅟ)의 수가 압도적으로 많아지면서 모음 조화가 제대로 작용하기 어려워졌다. 그래서 모음 조화를 음운 변동으로 인정하지 않는 입장도 존재한다.

2.4.2. 음운의 탈락

1 자음군 단순화

자음군 단순화는 음절 종성에 두 개의 자음이 놓일 때 이 중 하나가 탈락하는 음운 변동이다. 한국어의 음절 구조 제약으로 인해 종성에서는 최대 하나의 자음만 발음할 수 있을 뿐이다. 그런데 형태소의 결합 과정에서 종성에 자음이 두 개 오는 경우가 있는데, 이럴 때 자음군 단순화가 적용되어 한국어의 음절 구조 제약을 충족하게 한다.

자음군 단순화는 크게 겹받침을 가진 형태소에 적용되는 경우와 그렇지 않은 경우를 구분할 수 있다.

(34) 자음군 단순화의 예

가. 넋# → [넉], 앉+는 → [안는], 않+냐 → [안냐], 외곬# → [외골], 훑+고 → [훌꼬], 끓+는 → [끌른], 값# → [갑], 옮+는 → [옴:는], 읽+지 → [익찌], 넓+다 → [널따], 읊+고 → [읍꼬]

나. 알+은 → (앒) → [안:], 알+을 → (앑) → [알:], 알+음 → (앎) → [암:]

(34가)는 겹받침을 가진 형태소에 자음군 단순화가 적용된 경우이다. 이때 자음군 단순화가 적용되는 환경은 평파열음화의 경우와 일치한다. 단독으로 쓰이거나, 뒤에 자음으로 시작하는 형태소 또는 모음으로 시작하는 실질 형태소가 올 때 자음

군 단순화가 적용된다. 연음이 일어나는 환경, 즉 모음으로 시작하는 문법 형태소가 오지 않는 한 자음군 단순화는 일어난다.

(34가)에서 고려해야 할 점은 탈락 자음의 종류이다. (34가)에서 자음군 단순화에 의해 탈락하는 자음은 항상 일정한 경우와 그렇지 않은 경우가 구분된다. 겹받침이 'ㄺ, ㄼ, ㄿ'인 경우에는 앞 자음인 'ㄹ'이 탈락하기도 하고 'ㄹ' 뒤의 자음이 탈락하기도 한다. 이러한 차이는 주로 방언에 따라 결정된다. 이런 사정을 고려하여 표준 발음법에서는 어떤 자음이 탈락해야 표준 발음인지를 명확히 규정해 두었다. 그 이외의 겹받침은 언제나 탈락하는 자음이 일정하다.

(34나)는 'ㄹ'로 끝나는 용언 어간에서 일어나는 자음군 단순화이다. 원래 겹받침으로 끝나지는 않으나 'ㄹ' 뒤에서 단모음 'ㅡ'가 탈락한 후 음절 종성에 두 개의 자음이 놓임으로써 자음군 단순화가 적용된다. (34나)에 적용되는 자음군 단순화의 경우 탈락 자음은 항상 'ㄹ'로 일정하다.

학교 문법에서는 평파열음화와 자음군 단순화를 묶어서 '음절의 끝소리 규칙'이라는 단일한 음운 변동을 설정하기도 한다. 이러한 입장은 평파열음화와 자음군 단순화가 모두 종성에 대한 음절 구조 제약을 반영한다는 공통점을 중시한 것이다. 용어에서도 이러한 측면이 잘 드러난다. 그러나 평파열음화는 음운의 대치에 속하고 자음군 단순화는 음운의 탈락에 속한다. 이러한 이질성을 고려하여 최근에는 이 둘을 별개의 음운 변동으로 분리하는 것이 일반적이다.

한편 겹받침을 가진 명사의 경우 자음군 단순화가 일어나면 안 되는 환경에서 자음군 단순화가 일어난 것처럼 보이는 현상이 현실 발음에 많이 나타난다.

(35) 값 + 이 → [가비], 닭 + 을 → [다글], 여덟 + 이 → [여더리]

(35)와 같이 뒤에 모음으로 시작하는 문법 형태소가 오면 겹받침 중 후행하는 자음이 뒤 음절 초성으로 연음되어야 한다. 그러나 (35)에서 보듯 겹받침 중 하나가 탈락한 형태가 현실 발음에서 매우 많이 보인다. 이것은 자음군 단순화가 직접 적용된 형태라고 볼 수는 없고, 체언의 형태 자체가 겹받침을 가지지 않은 형태로 바뀐 결과로 보는 것이 합리적이다. 즉 (35)의 경우 '값, 닭, 여덟'은 표기상으로는 겹

받침을 가지고 있지만 현실 발음에서는 '갑, 닥, 여덜'과 같이 홑받침을 가지는 형태이다.

2 후음 탈락

후음 탈락은 'ㅎ'으로 끝나는 용언 어간 뒤에 모음으로 시작하는 문법 형태소가 결합할 때 'ㅎ'이 탈락하는 음운 변동이다. 원래 이런 조건에서는 'ㅎ'이 연음이 되어야 하지만 후음 탈락이 적용되어 'ㅎ'은 표면에 나타나지 않는다. 용언 어간을 제외하면 'ㅎ'으로 끝나는 형태소가 없기 때문에 후음 탈락은 용언에서만 찾을 수 있다.

(36) 후음 탈락의 예

가. 낳 + 은 → [나은], 놓 + 아 → [노아], 쌓이다 → [싸이다]

나. 닳 + 아 → [다라], 않 + 은 → [아는], 끓이다 → [끄리다]

(36가, 나)에서 보듯 후음 탈락이 일어나는 환경인 모음으로 시작하는 문법 형태소는 어미일 수도 있고 접미사일 수도 있다. 특히 (36나)의 경우 겹받침의 후행 자음인 'ㅎ'이 탈락했기 때문에 자음군 단순화로 해석할 여지가 있다. 그러나 (36나)는 자음군 단순화가 적용되는 환경과 완전히 다르기 때문에 후음 탈락으로 보는 것이 합리적이다.

3 유음 탈락

유음 탈락은 'ㄹ'이 조음 위치가 비슷한 자음들 앞에서 탈락하는 음운 변동이다. 유음 탈락은 용언의 활용형 및 복합어 형성에서 나타난다.

(37) 유음 탈락의 예

가. 알 + 는 → [아:는], 살 + 느냐 → [사:느냐], 알 + 시는 → [아:시는],
살 + 신다 → [사:신다]

나. 버들나무 → 버드나무, 활살 → 화살, 달달이 → 다달이, 바늘질 → 바느질

(37가)는 'ㄹ'로 끝나는 용언 어간에 적용되는 유음 탈락의 예이다. 이러한 유음 탈락은 'ㄴ, ㅅ' 앞에서 매우 규칙적으로 일어난다. (37나)는 복합어 형성 과정에서 일어나는 유음 탈락이다. (37가)와 비교하면 'ㄴ, ㅅ' 이외에 'ㄷ, ㅈ' 앞에서도 일어난다는 점에서 유음 탈락의 적용 환경이 더 넓다. 다만 (37가)와 달리 (37나)의 유음 탈락은 예외(불놀이, 물살, 돌도끼, 물질 등)가 매우 많아서 규칙성은 떨어진다.

용언 어간의 활용형에 적용되는 유음 탈락 중에는 특이한 현상도 존재한다.

(38) 유음 탈락의 특이한 예

가. 살 + 옵고 → [사:옵꼬], 살 + 오니 → [사:오니], 살 + 오 → [사:오]

나. 살 + 마 → [사:마], 팔 + 마 → [파마]

(38가)는 '오' 앞에서, (38나)는 '마' 앞에서 유음이 탈락한다는 점에서 (37가)와는 명확히 구분된다. (38가)는 '오'가 역사적으로 'ㅿ'을 음절 초성으로 지니고 있었을 것으로 추정되기 때문에 실제로는 'ㅿ' 앞에서 유음이 탈락한 경우이다. 따라서 (37가)의 'ㅅ' 앞에서 유음이 탈락한 것과 평행적이다. (38나)의 경우 유음 탈락이 일어나는 이유를 명확히 하기 어렵다. (38나)의 유음 탈락은 필수적으로 일어나지 않고 단어에 따라 수의적인 적용 양상을 보인다.

4 모음 탈락

모음 탈락은 단모음이 두 개 연속될 때 그중 하나를 탈락시키는 음운 변동이다. 반모음화를 설명할 때 언급했듯이 단모음의 연쇄는 그리 자연스러운 것이 아니기 때문에 모음 충돌을 피하기 위한 음운 변동이 적용되는 경우가 많은데, 모음 탈락은 그러한 음운 변동 중 대표적인 것이다. 한국어의 모음 탈락은 크게 세 가지를 구분할 수 있다. 이 세 가지는 각각을 별개의 음운 변동으로 분리하기도 하지만 여기서는 하나로 묶어서 설명하기로 한다.

(39) 모음 탈락의 예

가. 크 + 어서 → [커서], 쓰 + 어도 → [써도], 모으 + 아라 → [모아라]

나. 가 + 아서 → [가서], 차 + 아도 → [차도], 서 + 어라 → [서라]
다. 개 + 어서 → [개:서], 메 + 어라 → [메:라], 세 + 어도 → [세:도]

(39가)는 'ㅡ'로 끝나는 용언 어간 뒤에 '아/어'로 시작하는 어미가 올 때 'ㅡ'가 탈락하는 경우이다. 한때 (39가)는 불규칙적인 현상으로 분류하기도 했으나, 이런 환경에서 'ㅡ'는 항상 규칙적으로 탈락하기 때문에 지금은 불규칙적 현상으로 보는 경우가 별로 없다. 한편 '가니, 가면, 가니까' 등에서 용언 어간에 후행하는 어미의 기본형을 '-니, -면, -니까' 대신 '-으니, -으면, -으니까'로 설정하게 되면 여기서도 'ㅡ'의 탈락이 일어났다고 볼 수 있다. 이때의 'ㅡ' 탈락은 모음에 후행할 때 일어난다는 점, 모음 이외에 'ㄹ' 뒤에서도 일어난다는 점(알 + 으면 → [알:면] 등)에서 (39가)와는 차이가 난다.

(39나)는 동일 모음 탈락이라고 불리는 음운 변동이다. 'ㅏ, ㅓ'로 끝나는 용언 어간 뒤에 '아/어'로 시작하는 어미가 결합할 때 일어난다. 모음 조화에 의해 'ㅏ'로 끝나는 어간 뒤에는 '아', 'ㅓ'로 끝나는 어간 뒤에는 '어'로 시작하는 어미가 결합하게 된다. 그리하여 어간의 모음과 어미의 모음이 동일함으로써 그중 한 모음을 탈락시키게 된다.

(39다)의 경우 'ㅐ, ㅔ'로 끝나는 어간 뒤에서 어미의 첫 모음 '어'가 탈락하는 음운 변동이다. (39다)가 (39가, 나)와 비교해 특이한 점은 장음의 실현이다. (39가, 나)에서는 단모음이 탈락해도 그 결과 장음이 나타나지는 않음에 비해 (39다)에서는 단모음이 장음으로 실현되는 것이다. 이러한 차이를 (39가, 나)는 모음 탈락이 필수적으로 일어남에 비해 (39다)는 수의적으로 일어난다는 데에서 찾기도 하지만, 이러한 수의성과 장음 실현의 관계를 아직 명확히 규명했다고 보기는 어렵다. (39다)의 장음을 모음 탈락 대신 모음 동화가 적용된 결과로 설명하기도 한다. 모음 동화가 적용되어 동일한 모음이 두 개 연속되면 하나의 장모음과 다를 바가 없다는 것이다.

2.4.3. 음운의 첨가

1 'ㄴ' 첨가

'ㄴ' 첨가는 자음으로 끝나는 형태소 뒤에 'ㅣ'나 'j'로 시작하는 형태소가 결합할 때 그 사이에 'ㄴ'이 덧붙는 음운 변동이다. 선행하는 형태소는 접두사이든 실질 형태소이든 상관이 없지만 후행하는 형태소는 실질 형태소 또는 한자 계열의 접미사여야 한다는 특수성이 있다. 주격 조사 '이'나 서술격 조사 '이-' 앞에서 'ㄴ'이 첨가되지 않는 것은 이 때문이다. 고유어 문법 형태소 중 '요' 앞에서 'ㄴ'이 첨가되는 경우도 없지는 않으나 표준 발음으로 인정되지는 않는다.

'ㄴ' 첨가는 적용되는 환경이 상당히 다양한 편이다.

(40) 'ㄴ' 첨가의 예

가. 어근 + 어근: 솜이불 → [솜:니불], 색연필 → (색년필) → [생년필],
물약 → (물냑) → [물략]

나. 접두사 + 어근: 신여성 → [신녀성], 첫여름 → (첫녀름) → [천녀름],
헛일 → (헛닐) → [헌닐]

다. 어근 + 한자 접미사: 장식용 → (장식뇽) → [장싱뇽], 식용유 → [시굥뉴]

라. 단어 + 단어: 한 일 → [한닐], 한국 요리 → (한국뇨리) → [한:궁뇨리]

(40)에서 보듯 'ㄴ' 첨가는 결합하는 형태소의 유형에 따라 여러 가지가 구분된다. 이때 선행 형태소의 마지막 자음 종류에 따라 'ㄴ' 첨가가 일어난 후 다른 음운 변동이 더 일어나기도 한다. 가령 장애음으로 끝나는 형태소 뒤에 'ㄴ'이 첨가되면 평파열음화 및 비음화가 추가되며, 'ㄹ'로 끝나는 형태소 뒤에서는 첨가된 'ㄴ'에 순행적 유음화가 적용된다. 'ㄴ' 첨가는 필수적으로 일어나지는 않는다. 그래서 단어에 따라 'ㄴ'이 첨가되지 않기도 한다. 가령 '육이오, 삼일절, 첫인사, 월요일' 등과 같은 단어에서는 'ㄴ' 첨가가 잘 일어나지 않으며, 설령 현실 발음에서 일어난다고 하더라도 표준 발음으로 허용하지 않는다.

2 반모음 첨가

반모음 첨가는 단모음과 단모음이 직접 결합하는 것을 막기 위해 그 사이에 반모음이 덧붙는 음운 변동이다. 반모음 첨가는 반모음화, 모음 탈락과 더불어 모음 충돌 회피 현상 중 하나에 속한다. 한국어의 반모음 첨가는 단모음으로 끝나는 형태소 뒤에 단모음으로 시작하는 형태소가 결합할 때 일어난다.

(41) 반모음 첨가의 예
　가. 명수 + 아 → [명수야], 순희 + 아 → [순히야]
　나. 피 + 어도 → [피여도~피어도], 되 + 어 → [되여~되어],
　　뛰 + 어서 → [뛰여서~뛰어서]

(41가)는 호격 조사 '아'에 반모음 첨가가 일어난 경우이다. 호격 조사의 경우 반모음 'j'가 첨가된 '야'를 표기에 그대로 반영한다는 점이 특징이다. (41나)는 'ㅣ, ㅚ, ㅟ'로 끝나는 용언 어간 뒤에서 반모음 'j'가 첨가된 경우이다. 용언 어간 뒤에서 적용되는 반모음 'j'의 첨가는 수의적이어서 적용된 형태와 적용되지 않은 형태가 공존한다. 이 두 가지 형태는 모두 표준 발음으로 인정된다.

(41)에서는 'j'의 첨가만 제시되었지만 현실 발음에서는 'w' 첨가도 나타난다. 가령 '보-, 두-'와 같이 'ㅗ, ㅜ'로 끝나는 1음절 용언 어간 뒤에서는 '보아도[보와도], 두어서[두워서]'와 같이 반모음 'w'가 첨가되는 형태가 나타난다. 또한 'j'의 첨가 역시 (41)에 제시된 것보다 더 많은 환경에서 일어난다. 그러나 이러한 반모음 첨가는 모두 표준 발음으로 인정되지는 않는다.

2.4.4. 음운의 축약

음운의 축약은 두 개의 음운이 결합하여 제삼의 음운으로 줄어드는 음운 변동이다. 역사적으로는 여러 가지 음운 축약이 있어 왔지만, 현대 한국어에서 음운 변동으로서 인정할 수 있는 음운의 축약으로는 유기음화 현상밖에 없다. 유기음화는 'ㅎ'과 장애음이 인접할 때 이 두 자음이 하나의 유기음으로 줄어드는 음운 변동이다.

(42) 유기음화의 예

가. 놓 + 고 → [노코], 좋 + 지 → [조:치], 쌓 + 던 → [싸턴], 끊 + 다 → [끈타]

나. 잡히다 → [자피다], 맞히다 → [마치다], 맏형 → [마텽], 독학 → [도칵]

(42가)는 'ㅎ'이 장애음에 선행하는 경우이고 (42나)는 장애음이 'ㅎ'에 선행하는 경우이다. 이러한 순서를 고려하여 (42가)를 순행적 유기음화, (42나)를 역행적 유기음화로 부르기도 한다. 순행적 유기음화는 모든 방언에서 필수적으로 적용된다. 그러나 역행적 유기음화의 경우 몇몇 방언에서 유기음화 대신 'ㅎ'의 탈락을 겪기도 한다. 가령 서남 방언의 경우 '육학년, 떳떳하다'를 '[유캉년], [떧떠타다]'로 발음하지 않고 '[유강년], [떧떠다다]'로 발음하는 것이다.

2.5. 형태소의 교체

동일한 형태소라고 하더라도 다른 형태소와 결합하는 과정에서 형태가 바뀌는 경우가 많다. 가령 앞에서 살핀 여러 음운 변동이 적용되면 음운의 층위에서는 개별적인 음운들이 바뀌는 데 그치지만, 형태소의 층위에서는 변동하는 음운이 속한 형태소들의 모양이 달라지는 것이다. 음운 변동 이외에도 여러 가지 요인으로 하나의 형태소가 표면에서 복수의 서로 다른 형태로 실현되는 경우가 적지 않다. 이처럼 한 형태소가 조건에 따라 다른 모습으로 나타나는 것을 교체alternation라고 한다.

교체의 유무 또는 양상은 형태소에 따라 차이가 난다. 가령 체언 중에서 '우리, 무, 망' 등과 같은 형태소들은 교체를 전혀 하지 않는다. 또한 교체를 한다고 하더라도 형태소의 구조에 따라 교체하는 방식은 차이가 난다. 한국어는 교착어의 특성상 여러 형태소들이 결합하면서 다양한 형태소 교체가 나타난다. 음운 변동의 유형이 다양하고 복잡한 만큼 형태소의 교체 양상도 그에 비례하여 여러 가지로 나타나는 것이다.

(43) 꽃이[꼬치], 꽃도[꼳또], 꽃만[꼰만], 꽃에[꼬체]

(43)의 '꽃'은 비록 하나의 형태소이고 표기도 '꽃'으로 고정되어 있지만 뒤에 오는 형태소에 따라 그 형태는 다르다. 이때 교체에 의해 달리 실현된 각각의 형태들을 흔히 이형태 또는 교체형이라고 한다. '꽃'의 경우 '꽃, 꼳, 꼰'의 세 가지 이형태를 가진다. 이형태들은 나타나는 조건이 서로 달라서 상보적 분포를 지니는 것이 일반적이다. (43)에서 '꽃'은 모음으로 시작하는 조사 앞에, '꼰'은 비음 앞에, '꼳'은 그 밖의 경우에 나타남으로써 상보적 분포를 이룬다는 사실이 확인된다.

형태소가 교체를 하는 경우 형태소의 기본형을 정해 주어야 한다. 기본형은 표면에서 여러 가지로 실현되는 이형태들을 대표한다. 형태소를 대표하여 표시할 때에는 기본형을 제시한다. 교체를 하지 않는 형태소는 그 자체가 기본형이 되지만 교체를 할 경우에는 기본형을 따로 정하게 된다. 한글 맞춤법에서는 교체를 하는 상당수 형태소들에 대해 기본형을 밝혀 적고 있기 때문에 표기를 통해서 기본형을 어느 정도 추측할 수 있다. 그러나 항상 그런 것은 아니어서 기본형의 설정 방법을 따로 확인하지 않으면 안 된다.

기본형은 일부 예외를 제외하면 표면에 실현되는 이형태 중 하나를 설정하게 된다. 이때 가장 중요한 점은 기본형으로 설정된 형태가 나머지 이형태들의 출현을 얼마나 잘 설명해 줄 수 있는지에 달려 있다. 다른 이형태들로의 실현 과정을 가장 잘 해명해 주는 형태가 기본형으로 설정된다.

가령 (43)의 경우 표기와 동일하게 '꽃'이 기본형이다. '꽃'이 기본형이 되면 이형태 '꼳'은 평파열음화, 이형태 '꼰'은 평파열음화와 비음화로 설명할 수 있다. 그런데 만약 '꼳'이 기본형이 된다고 하면 이것이 모음으로 시작하는 조사와 결합할 때 '꽃'으로 바뀌는 것을 설명하기 어렵다. '꼰'이 기본형이 된다면 더 문제를 일으켜서 이형태 '꽃'은 물론이고 '꼳'으로의 실현도 전혀 설명할 방법이 없다. 다른 'ㄴ'으로 시작하는 체언들은 동일한 조건에서 그 말음이 'ㅊ' 또는 'ㄷ'으로 바뀌지 않기 때문이다.

형태소의 교체는 몇 가지 기준에 따라 하위 구분을 할 수 있다. 우선 교체의 동기에 따라 자동적 교체와 비자동적 교체를 나눈다. 자동적 교체는 교체가 일어나야 하는 필연적 이유가 있는 경우이다. 교체가 일어나지 않으면 한국어의 중요한 제약을 어기기 때문에 반드시 일어나야 하는 교체가 자동적 교체이다. 비자동적 교체는 그러한 필연적 이유가 없는 경우이다.

(44) 자동적 교체와 비자동적 교체의 예
가. 밥도[밥또], 붓도[붇또], 속도[속또]
나. 안다[안:따], 담다[담:따], 숨다[숨:따]

(44가)의 밑줄 친 조사 '도'가 '또'로 교체하는 것이나 (44나)의 밑줄 친 어미 '-다'가 '따'로 교체하는 것은 모두 경음화와 관련이 있다. 그러나 (44가)의 교체는 자동적임에 비해 (44나)의 교체는 비자동적이다. (44가)의 경우 평파열음 뒤에는 평음이 절대 오지 못한다는 한국어의 제약을 반영하기 위해 교체가 일어났다. 이처럼 필연적인 이유를 가진 것이 자동적 교체이다. 반면 (44나)의 경우 비음 뒤에 평음이 얼마든지 올 수 있음에도 불구하고 교체가 일어났기 때문에 비자동적 교체가 된다.

다음으로 교체의 규칙성 유무에 따라 규칙적 교체와 불규칙적 교체로 나눌 수 있다. 규칙적 교체는 교체 양상이 일관되며 동일하게 교체하는 형태소 부류를 일반화할 수 있다. 그래서 앞서 살펴본 음운 변동을 통한 설명이 가능하다. 반면 불규칙적 교체는 교체 양상이 일관되지 않으며 교체를 보이는 형태소들도 범주화할 수 없다. 그 결과 음운 변동으로는 교체가 일어나는 것을 설명하지 못한다.

(45) 규칙적 교체와 불규칙적 교체의 예
가. 굽다曲: 굽어, 굽으면, 굽고[굽꼬], 굽는[굼는]
나. 굽다灼: 구워, 구우니, 굽고[굽:꼬], 굽는[굼:는]

(45가)와 (45나)는 모두 'ㅂ'으로 끝나는 용언 어간이라는 공통점이 있지만 (45가)는 규칙적 교체를 보임에 반해 (45나)는 불규칙적 교체를 보인다. (45가)의 어간 '굽'은 '굽'과 '굼'이라는 이형태를 가지는데, 이 둘 사이의 관계는 비음화로 설명이 가능하다. 'ㅂ'으로 끝나는 형태소 뒤에 'ㄴ'으로 시작하는 형태소가 오면 모두가 일률적인 교체 양상을 보이기 때문이다. 반면 (45나)는 모음으로 시작하는 어미와 결합할 때 어간의 마지막 자음 'ㅂ'이 나타나지 않는 방향으로 교체가 일어나는데,

이것은 'ㅂ'으로 끝나는 모든 용언 어간에서 보이는 것도 아니며 음운 변동으로 설명할 수 있는 것도 아니다. 한국어의 경우 'ㅂ'으로 끝나는 형태소 뒤에 모음으로 시작하는 문법 형태소가 오면 연음이 되는 것이 원칙이라는 점을 고려해 보아도 (45나)의 특수성이 드러난다. 그래서 (45나)의 '굽-'이 모음으로 시작하는 어미와 결합할 때 보이는 교체는 불규칙적 교체가 된다.

마지막으로 형태소의 교체가 일어나는 환경 또는 조건의 성격에 따라 음운론적으로 조건 지어진 교체(이하 음운론적 교체)와 비음운론적으로 조건 지어진 교체(이하 비음운론적 교체)를 나눌 수 있다. 음운론적 교체는 말 그대로 교체의 조건이 음운, 음절 등과 같은 음운론적 정보에 국한되는 경우이다. 반면 비음운론적 교체는 품사, 문법 정보 등 음운론에 속하지 않는 정보를 필요로 하는 교체이다. 대부분의 교체는 음운론적 교체에 속한다. 비음운론적 교체의 예는 소수에 불과하다.

(46) 막<u>아라</u>, 쏘<u>아라</u>, 잡<u>아라</u> / 먹<u>어라</u>, 쑤<u>어라</u>, 접<u>어라</u> / 오<u>너라</u>

(46)은 해라체 명령형 어미의 교체와 관련된다. '-아라'와 '-어라' 사이의 교체는 음운론적 정보에 해당하는 모음 조화와 관련되므로 이 둘 사이의 교체는 음운론적 교체에 속한다고 볼 수 있다. 그러나 '-너라'는 어간 '오-' 또는 '오-'로 끝나는 복합어 뒤에서만 나타나며 이러한 조건은 특정 어휘에 대한 것이므로 음운론적이라고 볼 수 없다. 이런 경우가 비음운론 교체에 해당한다.[3]

---

3 최근에는 '-너라'를 '-아라/어라'와는 다른 예스러운 느낌을 가진 별개의 형태소로 분리하기도 한다. 그럴 경우에는 '-너라'가 비음운론적 교체의 예에서 제외된다.

제3장

형태론

3.1. 형태소와 단어

3.2. 단어 형성론

3.3. 품사론

제3장 형태론

3.1. 형태소와 단어

3.1.1. 형태소

3.1.1.1. 형태소의 정의

형태소形態素, morpheme는 '뜻을 가진 가장 작은 단위a minimal meaningful unit'이다. 언어 단위 중에는 소리로만 이루어진 소리 단위와 소리뿐만 아니라 뜻을 가진 문법 단위가 있는데, 형태소는 문법 단위 중에서 가장 작은 단위이므로 뜻을 가진 가장 작은 단위인 것이다. 예를 들어 '하늘'의 경우 '하'와 '늘'로 쪼갤 수는 있지만 '하'나 '늘'이 고유한 뜻을 가지지 못하므로 형태소가 아니고 '하늘' 전체가 하나의 형태소가 된다. '하늘빛'이 뜻을 가진 소리의 연결체이지만 형태소가 아닌 것은 최소 단위가 아니기 때문이다. 이 예에서 '하늘'과 '빛' 각각은 하나의 형태소이다.

형태소라는 개념은 단어를 비롯한 구나 문장 등의 통사 구성에 참여하는 요소가 의미를 가진 더 작은 단위로 쪼개어질 수 있다는 인식에서 출발하였다. 따라서 형태소는 본질적으로 언어를 분석하려는 생각에서 나온 단위이다. 그렇지만 분석에 의해 나온 단위는 새로운 단어를 만드는 데에 사용할 수 있다는 점에서 결합 내지 형성을 위한 단위가 되기도 한다. 그런데 형태소 중에는 '찾았다'의 '-았-'이나 '먹이'의 '-이'처럼 다른 형태소와의 결합이 자유로운 부류도 있고, '주검'의 '-엄'이나 '찾는다'의 '-는-'처럼 분석은 가능하지만 다른 형태소와의 결합은 자유롭지 못한 부류가 있다. '-는-'과 '-엄'이 결합에서 자유롭지 못하다는 것은 '-는-'은 주로 '-다'와 결합하여 '-는다'의 형태로 쓰이고, '-엄'은 주로 '죽-'과 결합하여 '주검'으로 나타난다는 것을 말한다. 그리하여 결합이 자유로운 부류를 형성소, 그렇지 못한 부류를 구성소로 나누기도 한다.

3.1.1.2. 형태소, 형태, 이형태와 기본형

이미 언급한 것처럼 형태소는 소리의 측면과 의미의 측면을 가지고 있다. 이 두 측면을 구분하여 부를 때, 추상적인 의미의 측면을 지칭하는 용어가 '형태소'이고 구체적인 소리의 측면을 지칭하는 용어가 '형태morph'이다. 이렇게 구분하는 이유는 하나의 형태소가 다음과 같이 여러 개의 형태, 즉 여러 가지 소리로 나타나는 경우가 있기 때문이다.

(1) 가. 형태소 /웃-/
　　나. 형태 [웃-] ~ [욷-] ~ [운-]

(1가)에 제시된 하나의 형태소 '/웃-/'은 (1나)에서 볼 수 있듯이 '[웃-](웃+어), [욷-](웃+고), [운-](웃+는)' 등의 여러 형태로 실현되기도 한다. 이때 형태들 간의 관계를 나타내기 위해 사용하는 용어가 이형태allomorph이다.

형태소가 주위 환경에 따라 각각 다른 형태, 즉 이형태로 실현되는 현상을 교체alternation라 한다. 교체에 의해 나타나는 다양한 형태들 중에서 어느 하나를 기본형basic form으로 정하기도 한다. 제2장에서 설명한 것처럼 기본형은 대체로 다음 몇 가지 기준에 의해 정한다. 첫째, 이형태 중 어느 하나를 기본형으로 잡았을 때 나머지 이형태의 도출을 자연스럽게 설명할 수 있다면 그 이형태를 기본형으로 잡는다. (1)에서 이형태 '[웃-], [욷-], [운-]' 중에서 '웃-'을 기본형으로 잡으면 비음을 제외한 자음 앞에서 받침이 'ㄷ'으로 바뀌어 '욷-'으로 나타나는 것과 비음 앞에서 '운-'으로 나타나는 것을 한국어의 음운 규칙에 의해 자연스럽게 설명할 수 있다. 하지만 '욷-'이나 '운-'을 기본형으로 잡으면 이를 한국어의 자연스러운 규칙으로 설명하기가 어렵다. 둘째, 주격 조사 '이~가'와 같이 어느 하나의 이형태를 기본형으로 잡더라도 자연스럽게 다른 이형태를 설명하기 어려운 경우도 있다. 이럴 경우 임의적으로 둘 중 어느 하나를 기본형으로 잡거나 둘 다를 기본형으로 잡기도 한다. 물론 이럴 경우에도 통계적으로 보아 빈도가 더 높은 것을 기본형으로 삼거나 역사적으로 먼저 쓰인 형태를 기본형으로 삼기도 한다.

기본형과 관련되는 개념으로 대표형이 있다. 기본형은 하나의 형태를 정하고 그 형태에서 다른 형태가 나타나는 것을 설명하기 적합한 용어라면, 대표형은 중립적으로 어느 하나를 대표로 잡았다는 것을 설명하기에 적합한 용어이다. 기본형이나 대표형과 관련이 있는 개념이 기저형underlying form이다. 앞의 기본형은 구조 언어학에서 형태소를 통일성 있게 기술하기 위해 도입한 개념으로 흔히 사전을 경제적으로 기술하기 위해 이형태 중에서 기본형만을 표제어로 싣는 것으로 활용된다. 이에 비해 기저형은 주로 음운론에서 논의된 개념으로 다양한 표면 형태를 하나의 기저 형태, 즉 기저형에서 도출된 것으로 설명하기 위해 사용된다.

3.1.1.3. 형태소의 하위 유형

형태소에 대해서 깊이 있게 이해하려면 형태소의 하위분류에 대해 살펴볼 필요가 있다. 우선 형태소는 문장에서 단독으로 쓰일 수 있는지에 따라 자립 형태소free morpheme와 의존 형태소bound morpheme로 나누어진다. 또한 형태소의 의미가 실질적인지 여부에 따라 실질 형태소full morpheme와 형식 형태소empty morpheme로 나누어진다. 실질 형태소를 어휘 형태소lexical morpheme, 형식 형태소를 문법 형태소grammatical morpheme라 부르기도 한다.

(2) 바람에 눈꽃이 휘날렸다.

(2)를 형태소로 분석해 보면 '바람, 에, 눈, 꽃, 이, 휘-, 날-, -리-, -었-, -다'이다.

명사, 대명사, 수사, 관형사, 부사, 감탄사 등은 복합어가 아닌 단일어이면 홀로 띄어 쓸 수 있어 자립 형태소이다. 복합어는 구성 요소 각각이 자립 형태소인지 의존 형태소인지 판단해야 한다. 동사와 형용사는 단일어라 하더라도 어간이 자립성이 없으므로 의존 형태소에 속하며, 어미, 파생 접사 등도 자립성이 없으므로 의존 형태소이다. (2)에서 '바람'은 단일어 명사이므로 자립 형태소이고, 복합어인 '눈꽃'은 구성 요소인 '눈'과 '꽃'이 각각 자립 형태소이고, 어근인 '날-', 조사인 '에, 이', 파생 접사인 '휘-, -리-', 어미인 '-었-, -다'는 의존 형태소이다.

실질 형태소에는 명사, 대명사, 수사, 관형사, 부사, 감탄사, 동사와 형용사의 어간 등이 포함되며, 형식 형태소에는 조사, 어미 등이 포함된다. (2)에서 '바람, 눈, 꽃, 날-'은 실질 형태소이고, '에, 이, 휘-, -리-, -었-, -다'는 형식 형태소이다. 하지만 실질 형태소와 형식 형태소를 구분하는 것이 쉽지만은 않다. '휘-'나 '-리-'와 같은 한국어의 파생 접사, 특히 파생 접두사의 경우는 실질적인 의미를 가지는지 형식적인 의미를 가지는지 판단이 어려워 실질 형태소인지 형식 형태소인지에 대해 견해 차이를 보이기도 한다. 흔히 새로운 단어를 만드는 문법적인 기능에 초점을 두어 형식 형태소에 포함하지만, 어느 한쪽으로 다루기 어려운 점이 있다. 또한 '먹어 보다', '먹어 버리다' 등의 '보-'나 '버리-'와 같은 보조 용언의 어간들도 문법적인 기능을 하면서 얼마간 실질적인 의미도 가지고 있어서 실질 형태소와 형식 형태소 어느 쪽에도 넣기 곤란한 점이 있다. 보조 용언 어간의 경우 형식적인 의미가 없는 것은 아니지만 본용언의 어간과 마찬가지로 실질 형태소에 포함하는 경우가 많다.

3.1.2. 단어

3.1.2.1. 단어의 정의

단어單語, word는 흔히 '최소의 자립 형식a minimal free form'으로 정의한다. 즉, 단어는 형태소와 마찬가지로 뜻을 가진 문법 단위이면서 형태소가 의존적인 것도 포함하는 것과 달리 자립성을 가진 단위라는 것이다. 단어는 발화 과정에서 규칙에 의해 새롭게 만들어지는 문장과 달리 머릿속 어휘부mental lexicon에 저장되어 있는 단위이다. 우리는 단어를 어휘부에 저장하고 있다가 말을 하거나 글을 쓸 때 의식적으로든 무의식적으로든 꺼내어 쓴다. 머릿속 사전인 어휘부와 마찬가지로 우리가 흔히 사용하는 종이 사전에서도 역시 표제어로 올리는 기본 단위는 단어이다.

또한 단어는 지시물이나 개념을 매개로 세계와 언어 기호를 연결하는 매개물이기도 하다. 프랑스어의 'parole', 스페인어의 'palabra'처럼 몇몇 언어에서는 '단어'를 뜻하는 표현이 '말'을 뜻하는 표현과 통용된다. 이처럼 단어는 말, 즉 언어에서 매우 중요한 단위이다. 단어는 형태론의 마지막 단위이자 통사론을 시작하는 단위이기도 하다. 또한 단어는 우리 머릿속에서 실재하는 단위로 가정되며, 아이가 태어나서 처음 배우는 단위이기도 하다. 아이는 처음부터 문장을 말하거나 형태소를 말하는 것이 아니라 단어를 말한다. 아이는 '엄마', '물', '가다'와 같은 '한 단어를 말하는 단계one-word stage'와 '엄마 물'이나 '빨리 가'와 같이 '두 단어를 말하는 단계two-word stage'를 거쳐 점차 완전한 문장을 말하는 단계로 나아간다.

단어는 가장 널리 쓰이는 문법 용어이지만 이를 엄격하게 정의하기는 매우 어렵다. 단어의 정의로 잘 알려진 것은 다음 몇 가지이다.

첫째, 앞에서 제시한 것처럼 문장에서 쓰이는 요소 중에서 '최소의 자립 형식'이라는 정의가 널리 사용된다. 이때 '자립'이란 흔히 띄어쓰기 등을 통해 드러나는 바와 같이 문장에서 혼자 쓰일 수 있는 특성을 고려한 말이다. 다음의 예에서 볼 수 있듯이 단어는 문장에서 자립적으로 쓰인다.

(3) 나는 눈꽃을 좋아한다.

(3)에서 '나는', '눈꽃을', '좋아한다' 등은 띄어 쓴 것에서 볼 수 있듯이 자립성을 가지므로 이들을 단어로 볼 수도 있다. 그런데 최소의 자립성을 가진 단위로 단어를 정의하게 되면 '눈꽃'은 분명 단어인데도 최소의 자립 형식이 아니라는 점이 문제가 된다. 즉, '눈꽃' 전체뿐만 아니라 '눈'과 '꽃'도 자립성을 가지는 것이다.[1] 단어와 단어가 모여 또 다른 단어가 될 수 있기 때문에 자립성만으로 단어 여부를 판단하기 어려운 것이다. 또한 뒤에서 논의하겠지만 조사를 단어로 보게 되면 '나는'의

1 '눈꽃'은 더 작은 자립 형식인 '눈'과 '꽃'으로 나누어지므로 최소 자립 형식은 아니다. 하지만 '눈꽃'의 의미가 '눈'과 '꽃'의 의미의 합이라기보다는 자신만의 고유한 의미를 가지고 있다고 보는 견해에서는 이런 고유한 의미로는 '눈꽃' 전체를 최소의 자립 형식으로 볼 수 있다.

'나'와 '는'이 각각이 단어인데, '는'은 자립 형식이 아니며 최소 자립 형식은 '나는'이라는 것이 문제가 된다. 학교 문법에서처럼 '는'과 같은 조사를 단어로 취급하게 되면, 자립성을 기준으로 단어를 정의하기 어렵다는 것이다. 자립성이 단어의 특성을 드러내는 데에 꽤 유용한 기준임에 틀림없지만 이처럼 한계를 지니기도 한다.

둘째, 단어를 '단일한 의미를 가지는 소리의 결합체'라고 하여 의미를 기준으로 정의하기도 한다. 그러나 '애국愛國'은 한 단어로 다루고 '나라 사랑'은 한 단어로 다루지 않는 이유를 '의미' 기준으로 설명하기는 어렵다. 실제로 국어사전에 '애국'은 단어로 등재되어 있고, '나라 사랑'은 등재되어 있지 않다. 또 '짓밟다'에 쓰이는 접두사 '짓-'과 '마구 밟다'에서의 '마구'가 비슷한 뜻을 가지는데, '마구'는 단어이고 '짓-'은 단어가 아니라는 점을 설명하기 어렵다.

셋째, 이런 어려움을 해결하기 위해서 '자리 이동transposition'이나 '휴지pause', '분리 불가능성isolability'을 단어 정의의 기준으로 사용하기도 한다. 곧 단어는 문장 안에서 자리 이동이 가능한 최소 단위여서 단어의 일부만으로 자리 이동이 되지는 않으며, 단어 내부에 휴지를 둘 수 없으며, 다른 단어를 넣어 분리할 수 없는 분리 불가능성을 갖는 문법 단위라는 것이다. 자리 이동, 휴지, 분리 불가능성의 기준을 적용하면 '눈꽃'은 하나의 단어로 볼 수 있다. 하지만 역시 '나'와 '는' 각각이 아니라 '나는' 전체가 자리 이동의 단위가 된다는 점이나 '나는'의 중간에 휴지를 두어 발음하지 않는다는 점에서는 하나의 단어처럼 행동하고, '나만은'처럼 다른 단어를 넣어 분리할 수 있다는 점에서는 '나'와 '는' 각각이 단어처럼 행동한다. 따라서 '자리 이동', '휴지', '분리 불가능성'을 기준으로 해도 '나는'이 하나의 단어인지 '나'와 '는'이 각각 단어인지 판단하기 어렵다.

이와 같이 어떤 기준으로도 만족스럽게 단어를 정의하기가 어렵기 때문에 여러 가지 기준을 적절하게 고려하기도 한다. 한편, 단어의 개념에 음운론적 기준과 문법론적인 기준이 섞여 있어 문법 기술의 정합성을 가지기 어렵다는 점을 고려하여 단어의 개념을 분리하여 음운론적 단어phonological word, 문법론적 단어grammatical word 등으로 필요에 따라 사용하기도 한다. 이때 음운론적 단어는 위에서 설명한 중간에 휴지를 둘 수 없다는 점을 포함하여 강세나 음운 규칙의 적용 범위가 된다는 점에서 사용되는 개념이고, 문법론적 단어는 위에서 언급한 자리 이동의 단위가 된다는 점을 포함하여 문장을 형성하는 단위가 된다는 점에 주목한 개념이다.

3.1.2.2. 단어의 구조

단어 중에는 단일한 구성을 가지는 경우도 있지만 복합 구성을 이루고 있는 경우도 있다. 단어의 구조를 살펴보는 것은 단어의 의미나 구성 방식이 일차적으로는 단어의 구조에 의해 결정되기 때문이다. 복합 구성을 이루고 있는 다음 단어의 구조를 살펴보자. 단어의 구조를 이해하기 쉽게 하기 위해서 흔히 수형도樹型圖, tree diagram나 대괄호를 사용한다.

(4) 가.

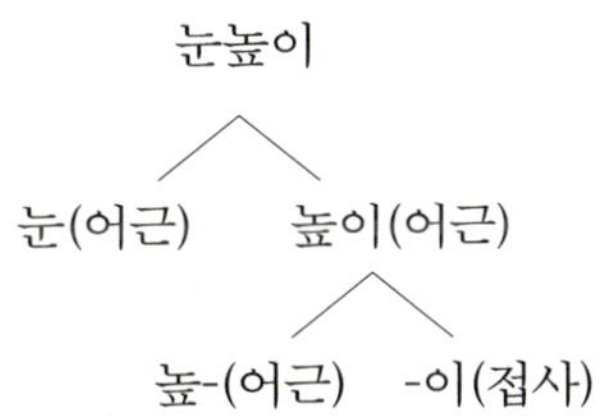

나. [[눈][[높-]-이]]

(4가, 나)에서 볼 수 있는 바와 같이 '눈높이'는 '눈'과 '높이'로 구성되어 있음을 알 수 있다. 또한 '눈높이'의 의미는 '눈'과 '높이'의 의미의 결합으로 이해된다. 뒤에서 자세하게 언급하겠지만 '눈높이'를 구성하는 '눈'과 '높이'가 모두 어근이므로 '눈높이'는 합성어가 된다. 물론 '높이'만을 고려한다면 '높-'이 어근이고 '-이'가 접사이므로 파생어가 된다. 어근과 접사 등 단어의 구조를 이루는 구성 요소의 개념에 대해서는 이어서 자세하게 설명하기로 한다.

3.1.2.3. 단어의 구성 요소

복합 구성의 단어를 이루는 구성 요소는 크게 어근語根, root과 접사接辭, affix로 나누어진다. 어근은 구성 요소 가운데 실질적 의미를 갖는 구성 요소로서 단어의 중심을 이룬다. 접사는 구성 요소 가운데 형식적 의미를 가지고 어근에 덧붙는 구성 요소이다. 예를 들어 '높이'를 구성하는 두 개의 구성 요소 가운데 '높-'은 주된 역할이 '높다'라는 실질적 의미를 나타내는 것이므로 어근이고, '-이'는 주된 역할이 '높(다)'와는 다른 새로운 단어를 만드는 데 참여하여 명사라는 형식적 의미를 가지게 하는 것이므로 접사이다. '강산'처럼 단어를 구성하는 두 개의 요소 '강'과 '산'이 모두 실질적 의미를 나타내는 어근인 경우도 있다.

(5) 어근과 접사

가. 어근: 복합어에서 실질적 의미를 갖는 요소.
예) '높이'의 '높-', '풋사랑의 '사랑', '강산'의 '강'과 '산'

나. 접사: 복합어에서 어근에 붙어 형식적 의미를 갖는 요소. 어근의 앞에 붙는 접두사와 뒤에 붙는 접미사가 있다.
예) '풋사랑'의 '풋-'(접두사), '높이'의 '-이'(접미사)

단어의 중심을 이루는 구성 요소는 어근이므로 단어는 하나 이상의 어근을 포함하게 된다. 따라서 구성 요소가 둘인 단어는 '어근+어근', '어근+접사', '접사+어근' 가운데 어느 하나의 구조를 갖는다. 셋 이상의 형태소로 구성된 단어는 각 단계에서 분석되는 직접 구성 요소直接 構成 要素, immediate constituent를 대상으로 그 역할에 따라 어근과 접사를 구분한다. (4)에서 살펴본 것처럼 '눈높이'는 궁극적으로는 직접 구성 요소가 '눈'과 '높이'로 '어근+어근'의 결합이므로 합성어이지만, '높이'는 직접 구성 요소가 '높-'과 '-이'로 '어근+접사'의 파생어이다.

어근과 접사에 대한 논의를 마무리하기 전에 이들과 관련되는 몇 가지 개념에 대해서도 언급해 두기로 하자. 어근과 관련되는 개념으로 어간語幹, stem이 있는데, 어간은 활용에서의 실질적 의미를 갖는 부분이다. 예를 들어 '높다, 높고, 높지' 등의 활용에서의 '높-'은 어간인 셈이다. (5)에서 언급한 것처럼 '높-'은 어근이기도 하므로 동일한 형태가 때에 따라 어근이 되기도 하고 어간이 되기도 하는 셈이다. 하지만 어근은 단어 구성과 관련되는 개념이고 어간은 단어의 활용과 관련되는 개념으로 양자는 분명히 구별된다. 한편 접사와 관련되는 개념이 어미語尾, ending이다. 접사를 단어 구성에 참여하는 파생 접사derivational affix와 단어의 활용에 참여하는 굴절 접사inflectional affix로 나누기도 하는데, 굴절 접사 중 어간의 뒤에 결합하는 접사가 어미이다. 예를 들어 '높다, 높고, 높지' 등의 활용에서의 '-다, -고, -지'는 어미이다. 파생 접사는 단어 구성에 참여하여 어근과 결합하게 되고, 굴절 접사 혹은 어미는 활용에 참여하여 어간과 결합하는 것이다.

3.1.2.4. 구조에 따른 단어의 유형

이제 구조에 따른 단어의 유형에 대해 조금 구체적으로 살펴보기로 하자. 단어는 앞에서 언급한 것처럼 그 구조가 단일할 수도 있고 복합적일 수도 있다. 다시 말해 단어는 하나의 형태소로 된 것도 있고 둘 이상이 모여 구성된 것도 있다는 것이다. 하나의 형태소로 되어 있어 구조가 단일한 단어를 단일어simple word라 하고, 둘 이상의 형태소로 되어 있어 구조가 복합적인 단어를 복합어complex word라 한다. 복합어는 다시 실질 의미를 강하게 띠는 요소끼리 결합한 합성어compound word와, 실질 의미를 가진 요소에 파생 접두사나 파생 접미사와 같이 형식 의미를 갖는 요소가 결합한 파생어derived word로 나눌 수 있다.[2] 이를 간략하게 나타내면 다음과 같다.

(6) 구조에 따른 단어의 유형

단어
- 단일어simple word: 바다, 먹다
- 복합어complex word
  - 합성어compound word: 강산, 높푸르다
  - 파생어derived word: 풋사랑, 웃음

(6)에서 '바다, 먹다'는 단일어이다. '먹다'와 같은 동사나 형용사의 경우 어미까지를 고려하면 언제나 하나 이상의 형태소로 이루어지므로 어간만을 가지고 단일어인지 복합어인지 판단하여 단일어로 판단한 것이다. '강산'과 '높푸르다'의 경우 '강(어근)+산(어근)', '높-(어근)+푸르-(어근)'가 모두 어근이므로 합성어이다. '풋사

2 'complex word'를 합성어, 'compound word'를 복합어로 번역하여 합성어를 더 상위 개념으로 놓는 학자들도 있다. 학교 문법 등에서는 대체로 우리 책과 같이 복합어를 더 상위 개념으로 둔다.

랑, 웃음'의 경우 '풋-(접사)+사랑(어근)', '웃-(어근)+-음(접사)'처럼 구성 요소 중 하나가 접사이므로 파생어이다.

단어를 이루는 형태소가 셋 이상일 경우 앞에서 언급한 것처럼 직접 구성 성분의 개념을 도입하여 합성어와 파생어를 구분한다. 이때 흔히 드는 예가 '코웃음'과 '비웃음'이다.

(7)

'코웃음'은 '코', '웃-', '-음'의 세 개의 형태소가 결합한 것인데, "*코웃-'이 존재하지 않고 '코'와 '웃음'만 존재하며 의미상으로도 '코+웃음'의 분석이 자연스럽다. 따라서 직접 구성 성분은 '코'와 '웃음'이며 이들이 모두 어휘 의미를 강하게 띠는 요소들이므로 합성어에 속한다. '비웃음' 역시 '비-', '웃-', '-음'의 세 개 형태소가 결합한 것인데, 이 경우는 '비웃-'이 존재하며 의미상으로도 '비웃-'에 파생 접사 '-음'이 결합한 것으로 이해할 수 있으므로 '비웃-+-음'의 분석이 자연스럽다. 따라서 직접 구성 성분은 '비웃-'과 '-음'이며 직접 구성 성분의 하나가 형식 의미를 가지는 요소이므로 파생어에 속한다.

그러나 '해돋이, 고기잡이'처럼 직접 구성 성분에 의한 분석으로도 합성어인지 파생어인지 판단하기 어려운 단어들도 있다. 형태상으로 보면 '해', '고기'가 쉽게 분석되어 나오므로 '해+돋이', '고기+잡이'로 분석할 수 있을 듯하지만 "*돋이'는 국어사전에 올라 있지 않고 "*잡이'의 경우는 국어사전에 올라 있지만 '고기+잡이'의 구성으로 보기에는 의미상 자연스럽지 못하다. 즉, 의미상으로는 '해(가) 돋-+-이', '고기(를) 잡-+-이'로 분석하는 것이 자연스럽다. 하지만 '해(가) 돋-', '고기(를) 잡-'이 단어가 아니라 구로 볼 수 있어 구가 어근이 되는 것은 일반적이지 않으므로 이런 분석을 어렵게 한다. 이런 예들은 문법가에 따라 합성어로 분석하기도 하고 파생어로 분석하기도 한다.

3.2. 단어 형성론

3.2.1. 단어 형성 방법과 유형

일반적으로 단어 형성 방법은 크게 합성과 파생으로 나누지만 최근에는 합성과 파생 외에도 다음과 같이 다양한 단어 형성 방법을 제시하기도 한다.

(8) 단어 형성 방법

- 합성: 강산, 높푸르다
- 파생: 풋사랑, 웃음
- 그 밖의 방법
  - 영 변화: 신-신다, 품-품다
  - 내적 변화: 졸졸-줄줄, 감감하다-깜깜하다-캄캄하다
  - 중첩: 송이송이, 울긋불긋
  - 통사 구성의 어휘화: 진실로, 이렇게
  - 혼성: 네티켓, 휴게텔
  - 축약: 훨(←훨씬), 거(←것), 갖가지(←가지가지)
  - 약어화[3]: 강추(강력 추천), 한은(한국은행)
  - 역형성: 점잔

(8)에서는 합성이나 파생의 범위를 비교적 좁게 보고 합성이나 파생 이외에도 다양한 단어 형성 방법을 따로 분류한 것이다. 그리하여 '신-신다'와 같은 영 변화, '졸졸-줄줄'과 같은 모음 교체와 '감감하다-깜깜하다-캄캄하다'와 같은 자음 교체를 포괄하는 내적 변화, '송이송이, 울긋불긋' 등의 중첩 등도 모두 별개의 단어 형성 방법으로 분류한다. 또한 체언에 조사가 결합한 '진실로'와 같은 예나, 용언 어간에 어미가 결합한 '이렇게'와 같은 예는 통사 구성이 형태 구성인 단어로 어휘화한 것으로 보아 따로 다루고, '네티즌'의 '네티'와 '에티켓'의 '켓'이 결합한 '네티켓'[4]

3 'acronymy'의 번역어로 '약어화' 이외에 '두자어 형성', '축약' 등을 사용하기도 한다. 우리 책에서는 '두자어 형성'은 표현이 다소 길어서 채택하지 않았고 '축약'은 (8)에서 제시한 것처럼 음절이나 음운이 줄어드는 과정을 통한 단어 형성을 나타내는 용어로 사용하였으므로 '약어화'를 사용하였다.

4 '네티즌'과 '에티켓'에 모두 '티'가 있어 '네티켓'의 '티'가 어디서 온 것인지 명확하게 말하기 어렵다. 혼성에서는 흔히 선행 요소가 더 많이 반영되므로 '네티즌'의 '티'가 반영된 것으로 설명하였다.

과 같은 혼성이나 '강추', '한은'과 같은 약어화도 별개의 단어 형성 방법으로 다룬다. 약어화는 특히 사이버 공간을 중심으로 만들어지는 신어 형성 방법으로 흔히 사용되고 있다. 여기에 더하여 '점잖다'에서 '점잔'이 형성되는 것과 같은 역형성도 단어 형성 방법의 하나로 보기도 한다. 역형성은 오분석에 의한 것으로 흔히 사용되는 단어 형성 방법은 아니다.

물론 (8)과 같이 다양한 단어 형성 방법을 인정하지 않고 합성과 파생으로 단순하게 분류할 수도 있다. 이럴 경우 중첩, 혼성, 약어화 등은 합성에 포함하고 영 변화, 내적 변화, 통사 구성의 어휘화 등은 파생에 포함하여, 단어 형성 방법을 두 가지로만 나누기도 한다. 이럴 경우에도 축약이나 역형성의 경우에는 어디에 넣기도 어려운 점이 있다.

다양한 단어 형성 방법이 있지만 가장 널리 사용되는 방법이 합성과 파생이며, 합성과 파생으로 만들어진 단어가 언중들의 공인을 얻어 새로운 단어로 사전에 오르기도 쉽다. 이를 고려하여 우리 책에서는 합성과 파생에 대해서는 조금 더 구체적으로 논의해 보고자 한다. 다만 한자어의 경우 단어 형성에 있어 고유어와 공통되는 점도 있지만 차이점도 두드러지므로 따로 자리를 만들어 다루기로 한다.

3.2.2. 파생

3.2.2.1. 파생어 형성과 파생 접사

파생과 파생 접사의 특성

파생은 합성과 함께 가장 보편적인 단어 형성 방법이다. 앞에서 언급한 것처럼 파생은 어근과 접사가 결합하여 단어가 만들어지는 과정이다. 즉, 어근의 앞에 접두사가 결합하거나 어근의 뒤에 접미사가 결합한다. 파생에 대해 자세하게 이해하기 위해서는 파생 접사에 대해 알아보아야 한다.

앞에서 잠깐 언급한 것처럼 파생 접사, 특히 파생 접미사는 어미와 유사한 점이 있어 구분이 어렵다. 파생 접미사와 어미의 차이에 대해 알아보기로 하자.

(9) 가. 파생 접미사는 새로운 단어의 형성에 참여하지만, 어미는 참여하지 않는다.
나. 파생 접미사는 어근에 결합할 때 제약이 심하지만, 어미는 제약이 심하지 않다.
다. 파생 접미사는 파생어 전체의 품사를 결정하기도 하지만, 어미는 결정하지 않는다.
라. 파생 접미사는 의미가 일정하지 않지만, 어미는 대체로 일정하다.
마. 파생 접미사는 대체로 단어 이하의 단위에 결합하지만, 어미는 대체로 단어보다 큰 단위에 결합한다.

파생 접미사와 어미의 가장 근본적인 차이점은 (9가)에서 언급한 것처럼 파생 접미사는 단어 형성에 참여하여 새로운 단어를 만들고 어미는 그렇지 않다는 점이다. 또한 (9나)에서 언급한 것처럼 파생 접미사는 어근과 결합할 때 제약이 심하고 어미는 어간과 결합할 때 제약이 심하지 않다. 예를 들어 부사형 어미 '-게'와 파생 접미사 '-이'를 비교할 수 있다. 부사형 어미인 '-게'는 '길게, 많게, 작게'처럼 제약 없이 결합하지만, 부사 파생 접사인 '-이'는 '길이, 많이'처럼 결합이 가능한 경우도 있고 '*작이'처럼 결합에 제약을 가지기도 하는 것이다. (9다)에서 언급한 것처럼 어미가 어간의 품사를 결정하지 않는 것과 달리 파생 접미사는 어근의 품사를 결정한다. 뒤에서 언급할 것인바 파생 접미사는 '먹이'의 '-이'나 '사랑스럽다'의 '-스럽-'처럼 어근과 다른 품사의 파생어를 만들기 때문에 파생어 전체의 품사를 결정하는 것으로 볼 수 있지만, 어미는 그렇지 않다. (9라)에서 언급한 것처럼 어미에 비해 파생 접미사는 의미가 불규칙적이다. 예를 들어 '봄맞이'의 '-이'는 '~하는 일', '옷걸이'의 '-이'는 '~하는 데 쓰는 도구', '신문팔이'의 '-이'는 '~하는 사람'을 의미하는 것에서 알 수 있듯이 하나의 파생 접미사가 여러 가지 의미로 사용된다. 이에 비해 어미는 대체로 일정한 의미나 기능을 담당한다. (9마)에서 언급한 것처럼 파생 접미사는 주로 단어 이하의 단위와 결합하지만, 어미는 그렇지 않다. 예를 들어 파생 접미사 '-이'는 단어 '곱-'에 결합하여 또 다른 단어 '고이'를 만들지만, 어미 '-게'는 '색깔이 곱게'처럼 단어보다 더 큰 단위에 결합하여 단어가 아니라 절을 만든다.

파생 접사의 생산성

단어 형성 방법에는 공시적으로 생산성生産性, productivity이 있는 경우와 그렇지 못한 경우가 있다. 합성에서도 생산성이 논의될 수 있지만 특히 파생에서의 생산성이 활발하게 논의되고 있다. 파생에서 파생 접사의 생산성이 널리 논의된 것은 접사가 파생에서 중요하고, 특히 파생 접사의 생산성 정도가 파생어나 접사의 표기, 이들의 사전 등재 등에 영향을 주기 때문이다. 파생 접사 중에는 많은 수의 어근과 결합하여 파생어 형성에 활발하게 참여하는 것이 있고, 소수의 어근과만 결합하는 것이 있다. 파생어 형성에 참여하는 정도를 파생 접사의 생산성 혹은 파생 규칙의 생산성이라고 부른다. 어떤 파생 접사가 많은 수의 파생어를 만들 때는 '생산적이다' 혹은 '생산성이 높다'라고 하고 그렇지 않은 경우에는 '비생산적이다' 혹은 '생산성이 낮다'라고 말한다.

생산성이 높고 낮음은 각각의 파생 접사의 특성을 논의하는 데에 매우 중요한 요소이다. 그렇지만 생산성을 측정할 객관적인 기준을 제시하기는 매우 어렵다. 생산성에 대한 초기 논의에서는 생산성을 그 접사가 첨가되어 만들어지는 파생어의 수를 세어 측정하였다. 그러나 얼마만큼의 수를 기준으로 '생산성이 높다' 혹은 '생산성이 낮다'라고 해야 할지 그 기준을 정하기가 어려웠다. 그리하여 해당 파생 접사에 의해 만들어질 수 있는 파생어의 수와 실제로 만들어진 파생어의 수를 비교하기도 하였다. 하지만 몇 개의 파생어를 만들면 생산적이라고 할지 정하기는 여전히 매우 어려웠다.

해당 파생 접사가 결합한 파생어의 수로 생산성을 측정하는 방식의 다른 문제점은 이미 만들어진 파생어의 수를 세는 방식은 공시적인 파생 접사의 생산성으로 보기 어렵다는 것이다. 이미 만들어진 파생어는 현재가 아닌 이전의 생산성을 말해 주는 것일 수 있다. 그리하여 최근에는 말뭉치 언어학의 발달과 함께 대규모 말뭉치에서 해당 파생 접사가 결합하여 만들어질 수 있는 파생어의 수와 단발어, 즉 단 한 번만 등장하는 파생어의 수를 비교하여 생산성을 측정하기도 한다. 단발어가 많다는 것은 공시적으로 새로운 단어를 만들 수 있는 가능성, 즉 생산성이 높다고 할 수 있기 때문이다.

다양한 방법으로 생산성을 측정하고 있으나 여전히 그리 명확한 기준을 제시하지는 못하고 있다. 생산성을 측정하기가 어렵지만 생산성은 그 접사가 얼마나 많이 사용되는지를 말해 주므로 여전히 파생법 논의에서 중요하다. 생산성의 차이는 다음에서 볼 수 있듯이 맞춤법에서의 표기 방식, 사전에서 표제어로 등재 여부 등에 영향을 주기도 하기 때문이다.

(10) 가. 죽음, 걸음, 묶음, 웃음
나. 주검, 마중

(10가)에 쓰인 파생 접사 '-(으)ㅁ'은 비교적 생산성이 높은 파생 접사로 볼 수 있는데, 이 경우 대체로 어근과 접사를 끊어 적는 방식으로 표기한다. (10나)에 쓰인 파생 접사 '-엄'이나 '-웅' 등은 생산성이 매우 낮은 파생 접사로 볼 수 있는데 이 경우 대체로 어근과 접사를 이어 적기를 하는 방식으로 표기한다. 또한 생산성이 높은 접사는 생산성이 낮은 접사와 달리 사전의 표제어로 실리는 경우가 더 일반적이라는 점에서도 차이가 난다. 파생어는 단어이므로 생산성이 높은 접사에 의한 것이든 생산성이 낮은 접사에 의한 것이든 원칙적으로는 사전의 표제어로 등재된다. 다만 생산적인 파생 접사에 의한 파생어 중 신조어의 경우는 아직 언중의 공인을 받지 못해 사전의 표제어로 올라 있지 않는 경우도 있다.

파생어 형성 규칙의 제약

아무 조건 없이 적용되는 언어 규칙이나 원리는 존재하기 어려우므로 대부분의 언어 규칙이나 원리는 일정한 조건이나 제약을 가지게 된다. 파생어 형성 규칙 역시 일정한 조건이나 제약을 가진다. 다음의 예를 통해 파생어 형성 규칙에 따르는 제약을 살펴보기로 하자.

(11) 가. 놀이, 먹이, 구이
나. 가위질, 부채질, 손가락질
다. 시꺼멓다, 시뻘겋다, 시퍼렇다
라. 길이, 넓이, 높이

(11가)의 '놀이', '먹이', '구이'는 어근에 파생 접사 '-이'가 결합하여 형성된 것이다. 그런데 이 '-이'는 어근이 자음으로 끝날 때만 결합하고 모음으로 끝날 때는 결합하지 않는 제약을 가지고 있다. 물론 '구이'의 경우는 표면적으로 모음 뒤에 '-이'가 결합한 것처럼 보이지만 '굽-'이 'ㅂ' 불규칙 용언이라는 특수한 사정 때문에 그런 것이다. 이처럼 파생 접사가 어근의 음운론적인 조건에 따라 결합이 제한되는 것을 음운론적 제약이라 부른다. (11나)의 '가위질', '부채질', '손가락질'은 어근에 파생 접사 '-질'이 결합하여 형성된 것이다. '-질'과 결합하는 어근의 품사는 대체로 명사이다. (11다)의 '시꺼멓다, 시뻘겋다, 시퍼렇다'는 강조의 의미를 가지는 파생 접사 '시-'가 결합한 파생어들인데, '*시검다, *시붉다, *시푸르다'가 만들어지지 않은 것에서 알 수 있듯이 '시-가 결합하는 파생 규칙은 '-엏-'을 가지는 '꺼멓다, 뻘겋다, 퍼렇다'와 같은 어근에만 적용된다. (11나, 다)처럼 어근이 특정한 품사나 특정한 형태를 가지는 경우에만 파생 규칙이 적용되는 제약을 형태·통사론적 제약이라 한다. (11라)의 '길이', '넓이', '높이'는 어근에 파생 접사 '-이'가 결합하여 척도 명사가 파생된 것이다. '*짧이, *좁이, *낮이'가 성립하지 않는 것에서 알 수 있듯이 척도 명사 파생에서는 일종의 비대칭성이 나타나 긍정적인 가치를 지니는 어근만이 사용된다. 이처럼 어근의 의미상의 특질에 따라 파생어의 형성이 허용되거나 제약되는 것을 의미론적 제약이라 부른다.

한편, 파생 규칙에 의해 만들어질 수 있는 단어가 실제로 존재하는 다른 단어 때문에 단어의 형성이 제약되기도 한다.

(12) *길기, *넓기, *높기

위에서 언급한 '-이'뿐 아니라 '-기'도 '밝기, 굵기, 크기'에서 볼 수 있듯이 척도 명사의 파생에 참여하므로 '길-, 넓-, 높-'에 '-기'가 결합한 파생어 형성이 가능하다. 그런데 (12)에서 볼 수 있듯이 실제로는 '*길기, *넓기, *높기'가 불가능한데, 이는 이미 '길이, 높이, 깊이'와 같은 단어가 존재하여 거의 동일한 의미로 쓰이기 때문이다. 어근과 파생 접사가 결합하여 파생어가 만들어질 수 있지만, 거의 유사한 다른 단어의 존재 때문에 실제로 사용되지 못하는 것을 저지blocking 현상이라고 부른다.

파생어 형성과 단일어화

파생어 형성 규칙에 의해 파생어가 형성되고 나면 그 파생어는 어근과는 별개의 독자적인 단어로 쓰이기 때문에 통시적으로 독자적인 변화를 경험하기도 한다. 이런 통시적인 변화에 의해 어근과 파생 접사의 파생 관계를 공시적으로 설명할 수 없게 되면 단일어처럼 이해되기도 하는데, 이런 현상을 단일어화lexicalization라고 부른다.[5] 단일어화는 다시 음운론적 단일어화, 형태론적 단일어화, 의미론적 단일어화 등으로 나눌 수 있다. 단일어화가 일어난 단어들은 표기법상으로도 끊어 적기보다 소리 나는 대로 이어 적기를 하는 경우가 많아서 파생어임을 알기가 더 어렵다.

다음의 예를 통해 단일어화에 대해 살펴보기로 하자.

(13) 가. 고프-(<곯-+-ᄇᆞ-), 아프-(<앓-+-ᄇᆞ-)
　　나. 기쁘-(깄-+-ᄇᆞ-), 부끄럽-(<붓그리-+-업-)
　　다. 노름(놀-+-음), 무녀리(문門 열-+-이)

(13가)의 '고프-', '아프-'는 각각 어근 '곯-, 앓-'과 접사 '-ᄇᆞ/브-'가 결합한 것인데, 'ㅎ'과 'ㅂ'이 결합하여 'ㅍ'이 되고 'ㅍ' 앞에서 'ㄹ'이 탈락하여 '고프(<고ᄑᆞ)-, 아프(<아ᄑᆞ)-'가 형성된 것이다. 그런데 'ㅍ' 앞에서 'ㄹ'이 탈락하는 음운 규칙은 이제 공시적으로 존재하지 않기 때문에 화자는 이를 단일어로 인식하기 쉽다. 이처럼 어근과 파생 접사가 결합하는 음운 규칙이 공시적으로 이해되지 않아 단일어로 인식되는 현상을 음운론적 단일어화라고 한다. (13나)의 '기쁘-, 부끄럽-'은 각각 '깄-+-ᄇᆞ-', '붓그리-+-업-'이 결합하여 형성된 파생어이다. 그런데 '깄-', '붓그리-'는 예전에는 동사 어간으로 존재했지만 이제 공시적으로는 존재하지 않기 때문에 화자들은 이를 단일어로 인식하기 쉽다. 이처럼 파생어 형성에 참여하는 어근이나 접사가 공시적으로 존재하지 않기 때문에 단일어로 인식되는 현상을 형태론적 단일어화라고 한다. (13다)의 '노름'과 '무녀리'는 각각 '놀-+-음', '문門(을) 열-+-이'가

5 합성어나 파생어가 시간이 흐름에 따라 단일어로 인식되는 현상을 어휘화라고 부르기도 한다. 하지만 어휘화는 단어가 아닌 것이 단어가 되는 현상을 가리키는 것으로도 쓰이므로 단일어가 아닌 것이 단일어로 인식되는 현상은 단일어화로 부르는 것이 정확한 것으로 생각된다.

결합하여 형성된 것이다. 그런데 이들 파생어의 의미가 어근 '놀-'과 '문 열-'에서 멀어졌기 때문에 단일어로 인식되기 쉽다. 이처럼 어근과 파생 접사의 원래 의미로부터 파생어의 의미가 멀어져 단일어로 인식되는 현상을 의미론적 단일어화라고 한다.

사실 파생 규칙에 의해 파생어가 만들어지고 나면 정도의 차이만 있을 뿐 필연적으로 단일어화가 일어나게 된다. 또한 단일어화는 한 가지 측면에서만 일어나지 않는다. 앞에서 예를 든 '고프-', '아프-'의 경우도 'ㅍ' 앞에서의 'ㄹ' 탈락 규칙이 공시적으로 존재하지 않는다는 측면에서 보면 음운론적 단일어화가 일어난 것이지만, 파생 접미사 '-ᄇᆞ/브-'가 공시적으로 생산성을 잃어버렸다는 측면에서 보면 형태론적 단일어화가 일어난 것으로 볼 수 있다. 이 경우 많건 적건 의미론적 단일어화도 동반되었음은 물론이다.

3.2.2.2. 접두 파생

접두 파생은 접두사가 어근과 결합하여 파생어를 만드는 과정이다. 접두 파생에 대해 논의하기 위해서는 먼저 접두사의 특성에 대해 알아보아야 한다. 접두사는 단어 형성 요소이므로 문장 형성에 직접 참여하지 않는다. 또한 어근과 비교할 때는 상대적으로 어휘적인 의미보다는 문법적인 의미를 많이 가지는 요소이며, 접미사와 비교할 때는 상대적으로 어휘적인 의미를 더 많이 가지는 요소이다. 또한 문법적인 핵이 뒤에 오는 한국어의 특성상 접미사와 달리 어근의 품사를 결정하지 않는다.

이제 생산적인 파생 접두사를 중심으로 이들 접두사가 사용된 파생어를 제시하고 이를 통해 접두 파생의 특성에 대해 구체적으로 논의해 보려 한다. 생산적인 접두사 파생에 대해 이해하는 것은 이들 접두사가 쓰인 파생어의 의미를 정확하게 아는 데에도 도움이 되고, 이런 접두사가 쓰인 단어가 처음 보는 신조어라도 의미를 알 수 있게 해 준다. 따라서 생산적인 접두사 파생에 대한 이해는 어휘 학습을 위해서도 중요하다.

먼저 명사를 어근으로 하는 접두 파생에 대해 살펴보자.

(14) 명사를 어근으로 하는 접두 파생 (Ⅰ)

가. 맏-: 맏딸, 맏며느리, 맏아들

나. 숫-: 숫보기, 숫처녀, 숫총각

다. 홀-: 홀몸, 홀어미, 홀시아버지

라. 참-: 참깨, 참나물, 참조기

마. 풋-: 풋고추, 풋과일, 풋사랑

바. 군-: 군기침, 군말, 군살

사. 알-: 알거지, 알건달, 알부자

(15) 명사를 어근으로 하는 접두 파생 (Ⅱ)

가. 암/암ㅎ-: 암노루, 암놈; 암컷, 암키와

나. 수/수ㅎ/숫-: 수꽃; 수탉, 수캐; 숫양, 숫쥐

다. 찰/차/찹-: 찰가난, 찰밥; 차조; 찹쌀

라. 메/멥-: 메조, 메밥; 멥쌀

마. 해/햇/햅-: 해콩; 햇곡식, 햇나물; 햅쌀

(14)의 접두사들은 (가~다)의 '맏-', '숫-', '홀-'과 같이 주로 사람을 나타내는 어근과 결합하는 것과, (라~마)의 '참-', '풋-'과 같이 주로 동식물을 나타내는 어근과 결합하는 것과, (바~사)의 '군-', '알-'과 같이 기타 어근과 결합하는 접두사로 나눌 수 있다. (15)는 다소 복잡한 이형태를 가지는 접두사에 의한 파생의 예이다. 이들 접두사가 복잡한 이형태를 가지게 된 것은 대부분 통시적 변화의 결과이다. '암ㅎ-'과 '수ㅎ-'의 'ㅎ'은 중세 한국어에 존재하던 체언 뒤의 'ㅎ' 자음의 흔적이고, '숫-'과 '햇'의 'ㅅ'은 체언과 체언 사이에 나타나는 사잇소리의 흔적이다. 이 사잇소리는 중세 한국어의 관형격 조사 'ㅅ'과도 관련이 있다. '찹-', '멥-', '햅-'의 'ㅂ'은 뒤에 오는 어근이 'ᄡᆞᆯ'처럼 단어 첫머리에 자음군子音群을 가졌던 통시적인 사실과 관련이 있고, '차-'의 경우는 '찰-'에서 'ㄹ'이 탈락한 결과이다. '암/암ㅎ-'과 '수/수ㅎ/숫-', '찰/차/찹-'과 '메/멥-'과 같이 대립적인 의미를 가지는 접두사가 짝을 이루는 것도 흥미롭다.

다음으로 형용사나 동사를 어근으로 하는 접두 파생에 대해 살펴보자.

(16) 용언(형용사나 동사)을 어근으로 하는 접두 파생 (Ⅰ)

가. 되-: 되감다, 되받다, 되묻다, 되사다

나. 뒤-: 뒤섞다, 뒤엎다, 뒤틀다, 뒤흔들다

다. 들-: 들까부르다, 들끓다, 들떠들다, 들볶다

(17) 용언(형용사나 동사)을 어근으로 하는 접두 파생 (Ⅱ)

가. 새/시/샛/싯-: 새빨갛다; 시뻘겋다; 샛노랗다; 싯누렇다

나. 휘/휩-: 휘갈기다, 휘감다, 휘날리다, 휘두르다; 휩싸다, 휩쓸다

(16)은 접두사의 이형태가 단순한 것들이고, (17)은 비교적 복잡한 것들이다. '되-'는 '다시'의 의미를 더해 주고, '뒤-', '들-', '새/시/샛/싯-', '휘/휩-' 등은 어간의 의미를 강화해 주는 기능을 한다. 이형태를 가지는 '새/시/샛/싯-'은 어근이 양성 모음인 경우 '새-'나 '샛-'이 오고, 음성 모음인 경우 '시-'나 '싯-'이 오며, 어근의 첫소리가 경음이나 유기음인 경우 '새-'나 '시-'가 오고, 나머지 자음인 경우 '샛-'이나 '싯-'이 온다. '휘/휩-'에서 '휩-'의 'ㅂ'은 뒤에 오는 어근이 중세 한국어에서 'ᄡᅩ-'나 'ᄡᅳᆯ-'처럼 단어의 첫머리에 자음군을 가졌던 통시적인 사실과 관련이 있다.

이제 둘 이상의 품사를 어근으로 하는 접두 파생에 대해 살펴보자. 이들은 앞에서 언급한바, 파생 접사는 대체로 하나의 품사와 결합하는 제약을 어긴다는 점에서 특이한 예들이다.

(18) 둘 이상의 품사를 어근으로 하는 접두 파생

가. 덧-: 덧니, 덧버선; 덧나다, 덧붙이다, 덧입다

나. 짓-: 짓고생, 짓망신; 짓누르다, 짓뭉개다, 짓밟다

다. 치-: 치사랑; 치닫다, 치받다, 치밀다, 치솟다

라. 헛-: 헛기침, 헛수고, 헛웃음; 헛되다, 헛디디다

마. 늦-: 늦가을, 늦공부, 늦장가; 늦되다, 늦심다

바. 올-: 올감자, 올벼, 올보리; 올되다

(18)의 예들은 '덧-'은 '거듭(된)'이나 '겹쳐(진)'의 의미, '짓-'은 '심한(마구)'의 의미, '치-'는 '위쪽으로(의)'의 의미, '헛-'은 '보람 없는(보람 없이)' 등의 의미를 지니며,

'늦-'과 '올-'은 짝을 이루어 각각 '늦은(늦게)'과 '빠른(빨리)'의 의미를 더한다. 접두 파생에서 어근의 품사가 하나라는 제약을 어기기도 하는 (18)과 같은 예가 많은 것은 접두사가 접미사에 비해 어휘 의미적 성격이 강해서 의미만 충족되면 나머지 제약을 어기기도 하는 것으로 이해할 수 있다.

3.2.2.3. 접미 파생

접미 파생은 접미사가 어근 뒤에 결합하여 파생어를 만드는 과정이다. 접두 파생을 이해하기 위해 접두사에 대해 알아보았듯이 접미 파생에 대해 이해하기 위해서는 먼저 접미사의 특성에 대해 알아보아야 한다. 접미사는 접두사와 마찬가지로 단어 형성 요소이므로 문장의 형성에 직접 참여하지 않는다. 또한 접미사는 어근은 물론 접두사보다 상대적으로 문법적인 의미를 많이 가지는 요소이다. 특히 접미사는 문법적인 핵이 뒤에 오는 국어의 특성상 접두사와 달리 어근의 품사를 결정한다. 따라서 우리 책에서는 생산적인 파생 접미사에 의한 접미 파생을 논의하되 먼저 파생어의 품사에 따라 명사 형성 파생, 형용사 형성 파생, 동사 형성 파생, 부사 형성 파생으로 나누고, 다음으로 각각에 대해 어근의 품사를 고려하여 다루기로 한다.

명사 파생

한국어 전체 어휘에서 명사가 차지하는 비중이 절대적이듯이 접미 파생에서도 명사를 형성하는 파생에 의한 파생어의 수가 매우 많다.

(19) 주로 사람이나 동물을 나타내는 명사 파생
가. -꾸러기: 말썽꾸러기, 욕심꾸러기, 잠꾸러기
나. -보: 겁보, 꾀보, 잠보, 털보; 먹보, 울보, 약보; 뚱뚱보
다. -장이(<匠-): 칠장이, 땜장이, 양복장이
-쟁이: 겁쟁이, 멋쟁이, 수다쟁이, 거짓말쟁이

(20) 주로 사물(특히 도구)을 나타내는 명사 파생
가. -개/게: 지우개, 지게, 집게

나. -애/에: 마개, 써레, 코뚜레, 우레

다. -짜: 생짜, 별짜, 민짜, 가짜, 진짜, 공짜, 알짜, 은근짜

(21) 주로 행위(상태)를 나타내는 명사 파생

가. -질: 가위질, 부채질, 싸움질, 곁눈질; 딸꾹질, 도리질, 버둥질

나. -이: 놀이, 해돋이, 신문팔이; 뻐꾸기, 개구리, 깜박이

다. -음: 웃음, 울음, 춤, 얼음; 기쁨, 부끄러움

라. -기: 달리기, 던지기, 누르기, 양치기; 크기, 밝기, 빠르기

(19)는 사람이나 동물을 나타내는 파생어를 만드는 파생, (20)은 사물을 나타내는 파생어를 만드는 파생, (21)은 행위(상태)를 나타내는 파생어를 만드는 파생이다. (19)의 예들은 어근의 품사가 주로 명사이지만, (20)의 경우 '-개/게'나 '-애/에'는 어근이 주로 동사이고 '-짜'는 명사나 관형사 비자립적인 어근 등으로 다양하고, (21)의 경우 '-질'은 어근이 주로 명사이지만 '-이, -음, -기' 등은 동사나 형용사를 어근으로 갖는다.

형용사 파생

다음으로 형용사를 형성하는 파생에 대해 살펴보기로 하자.

(22) 가. -롭-: 보배롭다, 슬기롭다, 자유롭다; 괴롭다, 까다롭다; 새롭다, 외롭다

나. -되-: 참되다, 복되다, 세련되다

다. -답$_1$-: 정답다, 참답다, 꽃답다

라. -답$_2$-: 어른답다, 학생답다, 신사답다

마. -스럽-: 어른스럽다, 바보스럽다, 고집스럽다, 걱정스럽다

바. -하-: 고요하다, 건강하다; 못하다, 가득하다; 미끈미끈하다, 반질반질하다

사. -다랗-: 가느다랗다, 기다랗다, 곱다랗다, 높다랗다, 좁다랗다

(22)에 제시한 접미사들은 형용사 파생 접미사로 많이 사용되는 것들이다. (22사)의 '-다랗-'을 제외하면 주로 명사에 결합하여 형용사를 파생시킨다.

(22가~다)의 '-롭-', '-되-', '-답$_1$-'은 명사나 명사성 어근과 결합하여 형용사를 만

드는 접미사들인데, 이들 접미사는 기원적으로 단일 형태소의 이형태였지만 통시적 변화의 결과 교체 조건을 설명하기 어렵게 되어 결과적으로 현대 한국어 화자들은 각각 다른 접미사로 인식하고 있다. 이들 접미사는 의미상으로는 '어근의 속성이 풍부히 있음' 정도로 유사하여, 대체로 '~의 자격을 갖추고 있다.'의 의미를 가지는 (22라)의 '-답$_2$-'와는 구별된다.[6] (22마)의 '-스럽-' 역시 명사나 명사성 어근과 결합하여 형용사를 만드는데, '-롭-', '-되-', '-답$_1$-'보다 생산성이 높고 '어근의 속성에 근접함' 정도로 의미도 약간 다르다. (22바)의 '-하-'는 '고요하다, 건강하다'에서처럼 명사나 명사성 어근뿐 아니라 '미끈미끈하다, 반질반질하다'에서처럼 부사와도 결합하여 형용사를 만드는 접미사이다. 접미사 '-하-'의 경우 상태성 어근과 결합하면 형용사를 파생하지만, 뒤에서 언급할 것인바 동작성 어근과 결합하면 동사를 파생한다. (22사)의 '-다랗-'은 형용사 어근에 결합하여 다시 형용사를 만든다.

동사 파생

이제 동사를 형성하는 파생에 대해 살펴보기로 하자.

(23) 가. -하-: 사랑하다, 공부하다; 잘하다, 못하다; 두근두근하다, 중얼중얼하다; 구하다, 망하다, 흥하다
나. -되-: 건설되다, 지배되다, 이룩되다
다. -거리-: 꿈지럭거리다, 머뭇거리다, 바삭거리다, 콜록거리다
라. -대-: 꿈지럭대다, 머뭇대다, 바삭대다, 콜록대다
마. -이-: 글썽이다, 깜박이다, 속삭이다, 훌쩍이다
바. -(어)뜨리-: 깨뜨리다, 떨어뜨리다, 밀어뜨리다; 밀뜨리다, 쏟뜨리다
-(어)트리-: 깨트리다, 떨어트리다, 망가트리다
사. 피동사 파생의 '-이/히/리/기-': 쌓이다, 먹히다, 팔리다, 안기다
아. 사동사 파생의 '-이/히/리/기-': 높이다, 굽히다, 돌리다, 남기다
자. 사동사 파생의 '-우/구/추-': 비우다, 돋구다, 낮추다

---

6 '-답$_2$-'에 대해 국어사전에서 파생 접사로 처리하는 경우가 많지만, '어른답다, 학생답다, 신사답다'가 국어사전에 올라 있지 않은 것에서 알 수 있듯이 파생 접사로 보지 않기도 한다.

(23가)의 '-하-'는 명사나 부사, (23나)의 '-되-'는 명사, (23다~바)의 '-거리-, -대-, -이-, -(어)뜨리/트리-'는 동작성을 가지는 의성어나 의태어 부사, (23사~자)의 '-이/히/리/기-'나 '-우/구/추-'는 동사나 형용사와 결합하여 동사를 파생한다.

(23가)의 '-하-'는 이미 언급한 것처럼 동작성을 가지는 어근과 결합하여 동사를 파생하는데, '건설하다-건설되다'처럼 (23나)의 '-되-'를 가지는 파생어와 '능동사-피동사' 짝을 이루기도 한다. (23다, 라)의 '-거리-'와 '-대-'는 기능이 거의 유사하여 이들 접사에 의한 파생어가 거의 같은 의미의 복수 표준어로 쓰인다. (23바)의 '-(어)뜨리-'와 '-(어)트리-'에 의한 파생어 역시 의미가 거의 같은 복수 표준어이다. (23사~자)의 접미사들은 다양한 이형태를 가지지만 모두 피동사나 사동사를 만든다.

부사 파생

마지막으로 부사를 형성하는 파생에 대해 살펴보기로 하자.

(24) 가. -이: 같이, 길이, 많이; 깨끗이, 높직이, 느긋이; 나날이, 집집이; 더욱이, 일찍이
나. -히: 가만히, 고요히, 조용히
다. -오/우: 도로, 너무, 자주

(24가)의 '-이'는 형용사나 형용사 어근, 명사의 반복, 부사 등 다양한 어근과 결합하고, (24나)의 '-히'는 'X하-' 형용사의 'X'와 결합하며, (24다)의 '-오/우'는 동사나 형용사 어근과 결합한다. (24나)의 '-히'는 통시적으로 보면 (24가)처럼 형용사 어근에 '-이'가 결합한 것인데, 특별히 'X하-(<Xᄒᆞ-)' 구성의 형용사에 결합하여 'ᄒᆞ'와 '이'가 '히'로 축약된 것이다. 공시적으로 '-히'를 별개의 접미사로 다룰 수도 있지만 통시적 사실을 고려하여 '-히'를 '-이'에 포함시켜 다룰 수도 있다.

3.2.3. 합성

3.2.3.1. 합성과 합성어

합성의 개념

합성合成, compounding은 어근과 어근이 결합하여 새로운 단어, 즉 합성어合成語, compound word를 만드는 과정이다. 합성은 앞에서 언급한 여러 가지 단어 형성 방법 중에서 가장 보편적인 단어 형성 방법이다. 합성에 참여하는 어근은 자립적인 단어일 수도 있고, 비자립적인 어근일 수도 있다. 합성의 가장 일반적인 방식은 '단어+단어'이지만 구성 요소가 독립적으로 단어로 쓰이지 않는 비자립적 어근인 '비자립적 어근+단어', '단어+비자립적 어근', 비자립적 어근+비자립적 어근'의 방식으로 합성이 이루어지기도 한다.

합성어와 구

합성어는 뒤에서 논의할 것인바 통사적 합성어와 비통사적 합성어로 나눌 수 있는데, 통사적 합성어와 구의 구별이 문제가 된다. 합성어는 구성 요소가 결합해 하나의 단어가 된 것이고, 구는 하나의 단어가 된 것이 아니다. 그렇기 때문에 합성어와 구를 구별하는 첫 번째 방법은 구성 요소 사이에 '서'와 같은 요소를 넣어 보는 것이다.

(25) 가. 나는 사과를 깎아 먹었다./나는 사과를 깎아서 먹었다.
  나. 그는 학문과 덕행이 뛰어나다./그는 학문과 덕행이 *뛰어서 나다.

(25가)의 '깎아 먹다'는 구이므로 구성 요소 사이에 '서'를 넣은 '깎아서 먹다'가 가능하지만, (25나)의 '뛰어나다'는 합성어이므로 구성 요소 사이에 '서'를 넣은 '*뛰어서 나다'가 성립하지 않는다.

합성어와 구를 구별하는 두 번째 방법은 형식과 의미의 순서를 고려하는 것이다. 즉, 구는 형식인 소리와 내용인 의미의 연결이 선조적線條的이라는 점에서 그렇지 않은 경우가 있는 합성어와 구별되는 것이다.

(26) 건너뛰다, 깨물다, 달아매다, 알아듣다, 캐묻다,…

(26)의 단어들은 소리와 의미의 순서가 반대로 구성되어 있다. 즉, '건너뛰다'의 의미는 '건너서 뛰다'가 아니라 '뛰어서 건너다'인 것이다. 구는 당연히 소리와 의미가 선조적이고, 합성어도 선조적으로 연결된 것이 대부분이지만 그렇지 않는 경우가 있다. 따라서 소리와 의미가 선조적일 경우 구일 수도 있고 합성어일 수도 있지만, (26)의 예들처럼 그렇지 않을 경우 구가 아니라 합성어라는 근거가 된다.

합성어와 구를 구별하는 세 번째 방법은 구성 요소의 의미와 합성어 전체의 의미의 관계를 고려하는 것이다. 합성어는 구성 요소끼리 결합하여 새로운 단어가 된 것이므로, 합성어의 의미는 구성 요소의 의미를 단순하게 합한 것이 아니라 많든 적든 새로운 의미를 가지게 된다. 모어 화자라면 대체로 의미를 기준으로 합성어인지 구인지를 판단할 수 있고 많은 경우 그 판단이 옳다. 그렇지만 판단이 쉽지 않은 경우도 있다.

(27) 가. 사과 값이 많이 올랐다.
나. 요즘은 책값도 꽤 비싸다.
다. 떡을 사고 떡값을 내었다.
라. 이번 추석에는 떡값을 얼마나 받을까?

(27라)의 경우 구성 요소인 '떡'과 '값'의 의미의 결합과는 다른 '특별 수당, 혹은 뇌물' 정도의 별도 의미로 파악되므로 쉽게 합성어로 판단할 수 있다. 그런데 (27가, 나, 다)는 전체 구성의 의미가 대체로는 구성 요소의 의미의 합과 크게 다르지 않아 구로 판단할 여지도 있다. 하지만 현행 국어사전류를 기준으로 보면 (27가)만 구이고 (27나, 다)는 (27라)와 함께 합성어이다. 이는 사전을 기준으로 한 합성어 여부 판단에는 의미뿐만 아니라 과거에서부터 누적된 사용 빈도 등 다른 요인이 영향을 준다는 것을 말해 준다. '책값'이 '사과 값'과 달리 합성어인 것은 의미의 차이라기보다는 사용 빈도 등이 영향을 미쳤을 것으로 생각된다. 구는 하나의 단어가 아니므로 사전에 표제어로 오르지 못하며 앞에서 보듯 구성 요소들 사이를 띄어서 쓴다. 이에 비해 합성어는 하나의 단어이므로 사전에 표제어로 오르며 붙여 쓴다.

3.2.3.2. 합성의 유형

합성은 기준에 따라 몇 가지 유형으로 나뉜다. 합성을 나누는 가장 일반적인 방법은 품사에 따라 명사 합성, 수사 합성, 형용사 합성, 동사 합성, 부사 합성 등으로 나누는 것이다. 그 밖에도 구성 방식의 통사 구성과의 일치 유무에 따라 통사적 합성과 비통사적 합성으로 나눌 수 있고, 구성 요소의 의미적인 관계에 따라 대등 합성과 종속 합성으로 나눌 수 있다. 품사에 따른 합성 유형에 대해서는 뒤에서 따로 다루고 여기에서는 통사적 합성과 비통사적 합성, 대등 합성과 종속 합성에 대해 살펴보기로 하자.

통사적 합성과 비통사적 합성

합성은 어근끼리의 결합 방식이 문장에서 단어들이 결합하는 방식과 같은 통사적 합성과 그렇지 않은 비통사적 합성으로 나누어진다.

(28) 가. 쌀밥, 파란색, 들어가다
　　나. 덮밥, 높푸르다, 부슬비

(28가)의 '쌀밥'은 '명사+명사', '파란색'은 '용언의 관형사형(ㄴ)+명사', '들어가다'는 '용언의 연결형(어)+용언 어간'으로 구성되어 있다. '명사+명사', '용언의 관형사형+명사', '용언의 연결형+용언 어간'은 한국어 문장에서 흔히 나타나는 단어 배열법이므로 이런 결합 방식은 통사적 합성이다. (28나)의 '덮밥'은 '용언 어간+명사', '높푸르다'는 '용언 어간+용언 어간', '부슬비'는 '비자립적 어근+명사'로 구성되어 있다. 어간이 어미 없이 바로 명사나 다른 용언 어간에 연결되는 '용언 어간+명사'나 '용언 어간+용언 어간'은 한국어의 문장에 나타나는 단어 배열법이 아니다. 또한 '부슬비'와 같은 '비자립적 어근+명사' 구성도 한국어의 문장에는 나타나지 않는다. 따라서 (28나)와 같은 결합 방식은 비통사적 합성이다.

종속 합성어, 대등 합성어, 융합 합성어

합성은 구성 요소인 어근들의 의미 관계에 따라 종속 합성과 대등 합성으로 나뉜다.

(29) 가. 돌다리, 함박눈, 할미꽃
　　나. 논밭, 마소, 높푸르다

(30) 가. 밤낮('늘'), 갈등, 세월, 돌아가다('죽다')
　　나. 쥐꼬리, 나무거울, 종이호랑이

(29가)의 '돌다리, 함박눈, 할미꽃'은 앞 성분이 뒤 성분을 수식하므로 종속 합성이다. 이에 비해 (29나)의 '논밭, 마소, 높푸르다'는 두 성분의 관계가 대등하므로 대등 합성이다. 종속 합성, 대등 합성 이외에 (30)과 같은 융합 합성을 따로 두기도 한다. 융합 합성이란 구성 요소 각각이 원래 의미를 잃어버리는 것으로서 합성어 전체의 의미가 구성 요소들의 의미를 벗어나 새로운 의미를 획득한 것이다. (30가)는 대등 합성에서, (30나)는 종속 합성에서 의미가 변한 것으로 볼 수 있다. '밤낮'처럼 '밤과 낮을 아울러 이르는 말'의 대등 합성어 용법과 '항상, 늘'의 융합 합성어 용법을 동시에 가지고 있는 단어도 제법 많다.

3.2.3.3. 품사별 합성

명사 합성

어근과 어근이 결합하여 합성 명사를 만드는 단어 형성법을 명사 합성이라고 한다. 이때 앞에 오는 어근은 명사, 관형사, 용언, 부사, 불규칙 어근 등으로 다양하다. 뒤에 오는 어근은 명사인 것이 보통인데 '잘못'과 같이 부사인 것도 있다. 명사 합성을 어근의 품사에 따라 나누면 다음과 같다.

(31) 명사 합성의 유형
　　가. 명사+명사: 논밭, 창문, 고무신

나. 명사+ㅅ+명사: 콧물, 바닷가; 봄비, 물고기

다. 명사+파생 명사(혹은 명사형): 말다툼, 몸가짐

라. 용언의 관형사형+명사: 건널목, 어린이, 뜬소문

마. 용언의 명사형+명사: 갈림길, 깎기끌, 보기신경

바. 용언의 연결형+명사: 살아생전, 섞어찌개

사. 용언 어간+명사: 덮밥, 묵밭, 접칼

아. 관형사+명사: 헌책, 새신랑, 첫사랑

자. 부사+명사: 뾰족구두, 척척박사

차. 비자립적 어근+명사: 부슬비, 얼룩소, 곱슬머리, 산들바람

카. 부사+부사: 잘못

(31가~다)는 선행 요소로 명사가 오는 유형이다. 이들 중 (31나)와 같이 명사와 명사 사이에 사잇소리 현상이 나타나는 유형은 뒤에서 따로 설명하기로 한다.[7] (31라~사)는 선행 요소로 용언이나 용언의 활용형이 오는 유형이다. (31아)는 선행 요소로 관형사가 오는 유형이다. (31자)는 선행 요소로 부사가 오는 경우인데, 문장 형성에서 부사가 명사를 수식하는 것이 일반적이지 않다는 점을 고려하면 이런 구성은 매우 특이한 것으로 생각된다. (31차)는 선행 요소로 첩어성을 상실한 의성어나 의태어 부사의 일부, 즉 비자립적 어근이 오는 유형이다. (31카)는 후행 요소가 명사가 아닌 부사이면서 합성 명사가 된 것으로 합성 명사의 후행 요소가 명사라는 일반적인 특성에서 벗어나는 유형이다. 이는 한국어에서 흔히 명사가 부사와 통용되는 현상과 관련이 있는 것으로 보인다.

특히 명사 합성에서 두 어근 사이에 사잇소리 현상이 나타나는 경우가 있다. 사잇소리 현상이 있을 경우 선행 요소가 모음으로 끝나면 'ㅅ'을 표기하며, 모음으로 끝나지 않은 경우는 표기상 드러나지 않지만 '봄비[봄삐]'처럼 된소리 현상으로 드러나기도 한다. 사잇소리 현상은 선행 요소가 무정물이면서 모음이나 'ㄴ, ㄹ, ㅁ, ㅇ' 등 공명음일 때 나타난다.[8] 또한 의미론적으로 다음과 같은 조건에서 일어난다.

---

7 사잇소리 현상을 순수하게 음운론적인 현상으로 보아 '명사+ㅅ+명사'를 별도의 유형으로 보지 않고, '명사+명사' 유형에 포함시켜 다루기도 한다.

8 사잇소리 현상이 'ㄴ, ㄹ, ㅁ, ㅇ'뿐만 아니라 'ㄱ, ㄷ, ㅂ' 뒤에서도 실현된다고 보기도 한다. 이런 관점에서는 'ㄱ, ㄷ, ㅂ'에서도 사잇소리 현상이 일어나지만, 이 환경에서는 원래 된소리 현상이 일어나므로 사잇소

(32) 사잇소리 현상이 나타나는 경우

가. 선행 요소가 후행 요소의 시간인 경우: 어젯밤, 봄비, 겨울잠

나. 선행 요소가 후행 요소의 장소인 경우: 뒷집, 안방, 물고기, 산돼지

다. 선행 요소(무정물)가 후행 요소의 기원이나 출처인 경우: 나뭇잎, 촛불, 솔방울

라. 선행 요소가 후행 요소의 용도나 목적인 경우: 고깃배, 담뱃가게, 잠자리, 술잔

(33) 사잇소리 현상이 나타나지 않는 경우

가. 선행 요소와 후행 요소가 대등한 관계인 경우: 강산, 논밭, 눈비

나. 선행 요소가 후행 요소의 형상인 경우: 반달, 실비, 소나기밥

다. 선행 요소가 후행 요소의 재료인 경우: 나무배, 금가락지, 도토리묵

라. 선행 요소가 후행 요소의 수단이나 방법인 경우: 불고기, 칼국수, 전기다리미

마. 선행 요소(유정물)가 후행 요소의 소유주나 주체인 경우: 개다리, 새우등, 오리걸음

사잇소리 현상의 개입 여부는 선행 요소와 후행 요소의 의미 관계에 의해 짐작할 수 있기는 하지만 방언이나 세대에 따라 개입 여부가 차이를 보이기도 한다. 흔히 위의 조건에 따르면 '김밥'은 [김밥]으로 발음하여야 하지만, 방언에 따라 사잇소리를 넣어 [김빱]으로 발음하기도 하였다. 최근에는 『표준국어대사전』에도 [김밥]과 [김빱]을 복수 표준 발음으로 인정하고 있다. 또한 '가을고치'(선행 요소가 시간), '코감기'(선행 요소가 장소), '콩기름'[선행 요소(무정물)가 기원이나 출처], '노래방'(선행 요소가 용도)처럼 사잇소리 현상이 나타날 것이 기대되는 경우에도 대부분의 사람들이 실제로 사잇소리 현상을 반영하지 않는 경우도 있다. 이와는 달리 의미 관계를 고려하면 나타나지 않을 것으로 기대되는 경우에 사잇소리 현상이 나타나기도 한다. 선행 요소가 후행 요소의 재료로 볼 수 있어 사잇소리 현상이 나타나지 않을 것으로 기대되는 '고깃국', '자갈길'의 경우 한국어 화자들은 사잇소리를 넣어 발음하고 『표준국어대사전』에도 '고깃국'처럼 사잇소리가 반영된 표기로 등재되거나 '자갈길[자갈낄]'처럼 발음에 반영되어 있다.

리 현상의 적용 여부를 확인하기 어렵다고 본다.

형용사 합성

어근과 어근이 결합하여 합성 형용사를 만드는 단어 형성법을 형용사 합성이라고 한다. 이때 앞에 오는 어근은 명사, 형용사, 동사, 부사 등으로 다양하지만 뒤에 오는 어근은 형용사인 것이 보통이다.

(34) 형용사 합성의 유형

가. 명사+형용사(혹은 동사) 어간: 낯설다, 남부끄럽다, 남다르다; 힘들다, 속상하다

나. 형용사 어간+형용사 어간: 굳세다, 희붉다, 검푸르다, 높푸르다

다. 형용사(혹은 동사) 연결형(-어/아)+형용사(혹은 동사) 어간: 뛰어나다, 깎아지르다, 게을러빠지다

라. 형용사 연결형(-고)+형용사 어간: 하고많다, 하고하다

마. 형용사 연결형(-디, -나)+형용사 어간: 검디검다, 희디희다, 쓰디쓰다, 머나멀다, 기나길다

바. 부사+형용사(혹은 동사) 어간: 더하다, 덜하다, 못나다, 잘나다, 다시없다

(34가)는 선행 요소로 명사가 오는 유형인데, 명사와 뒤에 오는 형용사(동사)의 통사적인 관계에 따라 다시 구분할 수도 있다. '낯설다'의 경우는 명사가 뒤에 오는 형용사의 주어로, '남부끄럽다'의 경우는 '낙착점 처소'의 부사어로, '남다르다'의 경우는 '비교'의 부사어로 해석된다. 이런 유형에서 후행 요소는 형용사가 오는 것이 보통인데, '힘들다, 속상하다'처럼 동사가 오기도 한다. (34나)는 형용사 어간이 어미 없이 바로 결합된 비통사적 합성이다. (34다~마)는 형용사 어간에 '-어/아', '-고', '-디', '-나' 등이 이어지고 다시 형용사(혹은 동사) 어간이 결합한 유형이다. '-어/아'가 연결된 예는 제법 많으나 '-고', '-디', '-나'가 연결된 예는 드물다. '-디'나 '-나'가 결합된 형용사 합성은 제시된 예에서 알 수 있듯이 반복 합성을 이룬다는 점이 특징적이다. (34바)는 선행 요소로 부사가 오는 유형이다.

동사 합성

어근과 어근이 결합하여 합성 동사를 만드는 단어 형성법을 동사 합성이라고 한

다. 이때 앞에 오는 어근은 명사, 동사, 부사 등으로 다양하지만 뒤에 오는 어근은 동사인 것이 보통이다.

(35) 동사 합성의 유형

가. 명사+동사 어간: 빛나다, 철들다; 본받다, 애쓰다; 앞서다, 거울삼다

나. 동사 어간+동사 어간: 감싸다, 뛰놀다, 오가다, 얽매다, 굶주리다

다. 동사 연결형(-어/아)+동사 어간: 갈아입다, 들어가다, 뛰어가다, 잡아먹다

라. 동사 연결형(-어/아다)+동사 어간: 내려다보다, 넘어다보다, 돌아다보다

마. 동사 연결형(-고)+동사 어간: 들고나다, 싸고돌다, 파고들다, 타고나다

바. 부사+동사 어간: 잘살다, 그만두다, 바로잡다

(35가)는 선행 요소로 명사가 온 유형이다. 명사와 후행하는 동사의 관계에 따라 '빛나다, 힘들다'의 경우는 명사가 뒤에 오는 동사(서술어)의 주어로, '본받다, 애쓰다'는 목적어로, '앞서다, 거울삼다'는 부사어로 해석된다. (35나)는 동사 어간끼리 결합한 비통사적 합성이다. (35다~마)는 동사 어간에 연결 어미 '-어/아', '-어/아다', '-고' 등이 이어지고 다시 동사 어간이 결합한 유형이다. 이들 중 (35다)의 연결 어미 '-어/아'가 결합한 합성은 그 수가 매우 많지만 나머지는 그렇지 못하다. (35바)는 선행 요소로 부사가 오는 유형이다.

부사 합성

어근과 어근이 결합하여 합성 부사를 만드는 단어 형성법을 부사 합성이라고 한다. 이때 앞에 오는 어근은 명사, 관형사, 동사, 부사 등으로 다양하지만 뒤에 오는 어근은 부사나 명사인 것이 보통이다. 의성어나 의태어 그리고 반복 합성이 많다는 것과 후행 요소로 부사가 아닌 명사나 의존 명사가 많다는 것이 부사 합성의 특징이다.

(36) 부사 합성의 유형

가. 부사+부사: 곧잘, 잘못, 곧바로, 또다시, 이리저리

가'. 부사(혹은 부사성 비자립적 어근)의 반복: 길이길이, 너무너무, 두근두근

나. 명사+명사: 밤낮, 어제오늘
나′. 명사(혹은 수사)의 반복: 갈래갈래, 하나하나
다. 관형사+명사: 한층, 어느새, 온종일
라. 동사(혹은 형용사) 관형사형+명사: 된통, 이른바

(36가)는 부사끼리 결합한 유형이고, (36가′)는 부사(혹은 부사성 비자립적 어근)가 반복된 유형이다. (36나~라)는 후행 요소가 부사가 아니라 명사, 수사로 이루어진 유형이다. (36나)는 명사와 명사의 결합, (36나′)는 명사(혹은 수사)의 반복, (36다)는 관형사와 명사, (36라)는 동사(혹은 형용사)의 관형사형이 명사(주로 의존 명사)와 결합한 유형이다.

기타 품사 합성

품사별 합성의 유형으로는 이른바 주요 품사인 명사, 형용사, 동사, 부사 등이 대부분이지만 대명사, 수사, 관형사 합성도 나타난다.

(37) 대명사, 수사, 관형사 합성
가. 대명사 합성: 이것, 저것, 그것, 이분, 그분, 저분, 이곳, 저곳, 그곳
나. 수사 합성: 하나둘/한둘, 두셋, 서넛, 네다섯/네댓, 대여섯, 예닐곱, 몇몇, 여남은
다. 관형사 합성: 한두, 두세, 서너, 두서너, 네다섯/네댓, 대여섯, 예닐곱, 몇몇, 여남은

(37가)는 대명사 합성으로 주로 '관형사+명사'가 결합된 유형이다. (37나)는 수사 합성으로 주로 '여남은'을 제외하면 '수사(혹은 수 관형사)+수사'가 결합된 유형이다. (37다)는 관형사 합성으로 역시 '여남은'을 제외하면 '수 관형사+수 관형사'가 결합된 유형이다. (37나, 다)에서 볼 수 있듯이 '네다섯/네댓, 대여섯, 예닐곱, 몇몇, 여남은' 등은 수사와 관형사 두 가지 품사로 쓰이는 예들이다.

3.2.4. 한자어 단어 형성

3.2.4.1. 한자어 단어 형성의 특징

한국어 어휘에는 한자어가 높은 비중을 차지한다. 한자어는 한문을 바탕으로 형성된 것이므로 중국어적인 특성을 가지고 있을 뿐만 아니라, 한국식 한자음으로 읽고 한국어에서 사용되는 과정에서 한국어에 동화된 특성도 가지게 되었다. 한자어 단어 형성의 특징으로는 한자어의 어순이 고유어와 다른 경우가 있다는 점과 고유어와 어울려 합성어나 파생어를 이룬다는 점 등을 지적할 수 있는데, 전자는 중국어적인 특성이고 후자는 고유어에 동화된 특성으로 볼 수 있다.

한자어를 구성하는 요소들인 어근이나 접사들은 아래의 예에서 알 수 있듯이 고유어에 비해 매우 쉽게 단어를 만들며, 다양한 방식으로 단어 형성에 참여한다.

(38) 한자어의 단어 형성 양상

가. 독서讀書, 애연가愛煙家

나. 등산登山, 애국愛國, 입학入學

다. 호감好感, 호기심好奇心, 호오好惡

라. 인간人間, 인정人情; 위인偉人, 미인美人; 한국인韓國人, 영국인英國人

(38가)는 고유어로 표현하기에는 다소 길어질 수 있는 개념이 한자어로는 간단한 단어로 표현될 수 있음을 보여 준다. 이때 구성 요소의 순서는 고유어와 같은 경우도 있지만 (38나)의 '등산, 애국, 입학'처럼 다른 경우도 있다. 고유어라면 '산에 오르다, 나라를 사랑하다, 학교에 들어가다'로 반대가 되어야 한다. 또한 (38다)에서 볼 수 있듯이 '호好'가 '호감好感'에서는 형용사적으로, '호기심好奇心'에서는 동사적으로, '호오好惡'에서는 명사적으로 쓰이는 등 다양한 용법으로 쓰이는 것을 보여 준다. 아울러 (38라)에서 알 수 있듯이 하나의 한자어 요소인 '인人'이 '인간, 인정'처럼 전체 단어의 앞부분에 나타나도 하고, '위인, 미인'처럼 뒷부분에 나타나기도 하며, '한국인, 영국인'처럼 어근이 아닌 접미사로 사용되기도 한다.

3.2.4.2. 한자어 파생

어떤 언어에서 외래적인 요소를 받아들일 때 문법적인 요소를 받아들이는 경우는 매우 드물고, 주로 어휘적인 요소를 받아들인다. 한자어 역시 한국어에 어휘적인 요소가 들어온 것이다. 그런데 한자어가 한국어에 들어와 오랫동안 사용되면서 동화되는 과정에서 일부가 문법적인 요소로 볼 수 있는 접사로 발달하기도 한다. 물론 접사로 사용되는 한자들은 대부분 앞에서 언급한 '인人'이 '인간人間'이나 '미인美人'에서처럼 어근으로 쓰이기도 하고, '한국인韓國人'에서처럼 접사로도 사용된다. 곧 이어 언급하게 될 '외外', '친親', '생生' 등도 어근과 접사로 사용된다.

한자어 접사가 파생어를 형성할 때, 고유어 접사에 못지않게 높은 생산성을 보여 주는 유형도 있다. 먼저 접두 파생을 살펴보자. 한자어 접두사 중에는 고유어와 구별이 없어져서 고유어처럼 인식되는 것들도 있고 그렇지 않은 것들도 있다. 한자어 접두 파생의 예들 중에서 비교적 생산적인 것을 제시해 보자.

(39) 가. 시媤-: 시댁, 시동생, 시아버지, 시어머니
나. 외外-: 외사촌, 외삼촌, 외숙모, 외할머니
다. 친親-: 친딸, 친아들, 친아우, 친아버지, 친어머니
라. 의붓(<義父+ㅅ)-[9]: 의붓딸, 의붓아들, 의붓아버지, 의붓어머니

(40) 가. 생生-: 생머리, 생고기, 생마늘
나. 왕王-: 왕벌, 왕개미, 왕새우
다. 최最-: 최고위, 최우수, 최전방
라. 준準-: 준우승, 준결승, 준교사

(39)는 주로 친족 관련 어휘들에 나타나는 접두사들이다. '시媤-'와 '외外-', '친親-'과 '의붓-'은 짝을 이루어 상대되는 뜻을 나타낸다. 이 중 '의붓-'은 한자어 '의부義父'에 사이시옷이 결합하여 형성된 접두사이다. (40)은 친족 관련 어휘를 만드는 접두사를 제외하고도 제법 많은 한자어 접두사들이 생산적으로 단어 형성에 참여한다는 것을 보여 준다.

9 '의붓-'은 사전에 따라서는 접미사로 등재하지 않는 경우도 있다.

다음으로 접미 파생에 대해서 살펴보자. 고유어에서도 접두 파생에 비해 접미 파생이 다양하게 나타나는 것처럼 한자어에서도 접미 파생은 접두 파생에 비해 매우 다양하다. 한자어 접미 파생의 예들 중에서 비교적 생산적인 것을 제시해 보자.

(41) 가. -자者: 기술자, 과학자, 참가자
　　나. -가家: 소설가, 예술가, 전문가
　　다. -사師: 사진사, 미용사, 간호사
　　라. -수手: 소방수, 소총수, 조타수

(42) 가. -적的: 과학적, 신사적, 인간적
　　나. -성性: 순수성, 신축성, 양면성
　　다. -화化: 과학화, 도시화, 민주화

(41)은 사람을 나타내는 접미사가 참여하는 파생의 예들이다. 각각의 파생에 참여하는 접미사가 약간의 어감 차이를 가지는 듯하지만, 그 차이가 명확하지 않은 경우도 있다. (42)는 사람을 나타내는 접미사를 제외한 나머지 한자어 접미사가 참여하는 파생 중 생산적인 것들이다.

3.2.4.3. 한자어 합성

한자어 합성은 이미 언급한 것처럼 구성 요소의 결합 순서 등에서 고유어와 다소 차이 나는 점을 보이기도 한다. 먼저 한자어 합성의 유형을 구성 요소의 통사적인 관계와 관련하여 분류해 보기로 하자.

(43) 가. 주어+서술어: 가빈家貧, 야심夜深, 일출日出
　　나. 부사어+서술어: 남하南下, 북송北送, 전진前進
　　다. 서술어+부사어: 낙하落下, 연장延長, 하산下山
　　라. 서술어+목적어: 구직求職, 독서讀書, 문병問病
　　마. 관형어+피관형어: 성인成人, 심야深夜, 청천靑天

(43)은 한자어 합성의 구조를 한문의 통사 관계를 고려하여 분석해 본 것이다. 이

미 언급했듯이 한자어는 중국어 내지 한문의 특성을 가지고 있으므로, (43다, 라)처럼 한국어와 다른 중국어나 한문의 어순을 보여 주기도 한다.

고유어보다 훨씬 활발하게 나타나는 한자어 합성 유형의 하나로 약어화를 들 수 있다. 약어화는 한자어 단어 형성 방법 중에서 매우 생산적인 방법에 속한다.

(44) 가. 노동조합勞動組合 → 노조勞組
나. 대한민국大韓民國 → 한국韓國
다. 공업진흥청工業振興廳 → 공진청工振廳
라. 기능 공원技能工員 → 기능공技能工
마. 남한 북한南韓北韓 → 남북한南北韓

한자어 축약은 (44가)의 경우처럼 각 어휘소의 앞 음절을 취하기도 하고, (44나)처럼 뒤 음절을 취하기도 하고 (44다~마)처럼 불규칙적인 모습을 보이기도 한다. 이렇게 형성된 어휘들 중에서 일부는 원말과 약어가 모두 활발하게 쓰여 사전에 올라 있는 경우도 있고, 원말과 약어 중 어느 한쪽만 사전에 올라 있는 경우도 있다. 고유어에 비해 한자어에서 약어화가 잘 일어나는 이유는 한자어를 이루는 구성 요소가 뚜렷한 의미를 가지고 있기 때문이다.

한자어 합성의 특성 중 하나는 반복 합성어가 형성되는 과정에서 어순 등이 고유어와 다른 특성을 보인다는 점이다.

(45) 가. 사사건건事事件件, 시시각각時時刻刻, 명명백백明明白白
나. 순간순간瞬間瞬間, 요소요소要所要所, 조목조목條目條目

(45가)의 예들은 '사건事件, 시각時刻, 명백明白' 등의 반복이므로 고유어라면 '사건사건事件事件, 시각시각時刻時刻, 명백명백明白明白'과 같이 나타나는 것이 일반적이나, 실제로는 '사사건건事事件件, 시시각각時時刻刻, 명명백백明明白白'식으로 나타난다. 이는 한국어, 특히 고유어의 일반적인 반복 합성어 구성 방식과 다른 것이다. 물론 이와 달리 (45나)와 같이 고유어와 같은 방식의 반복 합성어가 나타나기도 한다. (45가)와 같이 음절이 반복되는 것은 중국어나 한문에서 하나하나의 음절이 단어로 쓰이는 것과 관련이 있는 것으로 생각된다.

3.3. 품사론

3.3.1. 품사 분류

3.3.1.1. 품사의 정의와 품사 분류

품사品詞, word class란 '단어를 문법적인 성질의 공통성에 따라 나눈 부류class'이다. 이때 문법적인 성질이란 주로 형태form 및 기능function을 말한다. 뒤에서 언급하겠지만 품사 분류의 기준으로는 형태와 기능 외에 의미meaning를 추가하기도 한다. 품사 분류의 기준이 되는 단어의 문법적인 성질은 단어에 내재한 특성이다. 따라서 우리가 문장을 발화하거나 다른 사람이 발화한 문장을 이해할 때 품사가 영향을 미치는 경우가 많다.

품사를 분류하는 이유는 수만 내지 수십만 개에 달하는 단어들을 몇 가지 부류로 나누어 문법을 효율적으로 기술하고 사전의 편찬이나 언어 교육 등에 활용하는 데에 도움을 주기 위한 것이다. 국어사전에서의 품사 표시 양상을 살펴보자.

(46) 사전의 품사 표시 양상

미쁘다〔미뻐, 미쁘니〕**「형용사」** 【…이】믿음성이 있다.

위에서 볼 수 있듯이 대부분의 언어 사전은 품사를 표시하고 있다. '미쁘다'의 품사가 형용사라는 사실을 통해 이 단어가 문장에서 서술어로 쓰임을 알 수 있다. 그뿐만 아니라 이 단어의 품사가 형용사이므로 동사와 달리 '*미쁜다, *미쁘는, *미쁘느냐'와 같은 활용이 가능하지 않고, '*미뻐라, *미쁘자'와 같은 명령형이나 청유형으로도 쓰이지 않는다는 사실을 짐작할 수 있다. 그러므로 이 단어를 잘 모르는 사람이나 한국어를 처음 배우는 외국인이라도 이 단어가 '형용사'라는 점을 알면 문장에서 쓰일 때의 대략적인 쓰임을 알 수 있는 것이다. 이렇기 때문에 품사 분류는 사전 편찬이나 언어 교육과 같은 실용적인 목적으로 널리 사용된다.

3.3.1.2. 품사 분류의 기준과 분류의 실제

흔히 품사 분류의 기준으로 드는 것에는 '형태(혹은 형식)form', '기능function', '의미meaning'가 있다. 위에서 언급했듯이 품사란 단어를 문법적인 성질에 따라 나눈 것이므로 '형태'와 '기능'이 중요한 기준이 되며 보조적인 기준으로 '의미'가 사용된다.

(47) 이 무늬가 매우 예쁘다.

품사 분류 기준으로서 '형태'란 단어의 형태 변화의 특징을 말한다. 체언에 조사가 결합하는 양상을 포함하기도 하지만 주로 어미에 의한 활용의 양상을 말한다. '예쁘다'는 '예쁘고', '예뻐', '예쁘니'처럼 어미에 따라 끝이 변화하지만 '이', '무늬', '가', '매우' 등은 그렇지 않다.

품사 분류 기준으로서 '기능'이란 한 단어가 문장 안에서 다른 단어들과 맺는 문법적인 관계를 말한다. '예쁘다'는 사태를 진술해 주며, '무늬'는 서술어 '예쁘다'와 관련을 맺으면서 문장의 주어 역할을 한다. '가'는 앞에 오는 말의 문장 성분을 확실하게 해 주며, '이'나 '매우'는 뒤에 오는 말을 꾸며 준다.

품사 분류 기준의 하나로 '의미'를 들기도 한다. 이때 의미란 개별 단어의 차별적이고 실질적인 의미가 아니라 품사를 구성하는 부류 전체의 범주적 의미를 말한다. 곧, '사람이나 사물 따위의 이름을 나타내는 말', '사람이나 사물 따위의 상태를 나타내는 말' 등이 여기서 말하는 의미이다. 예를 들어 '깊다'와 의미적으로 같은 부류에 속하는 단어는 '깊이'가 아니라, 사물의 상태를 나타낸다는 점에서 공통점을 가지는 '높다'이다.

품사 분류의 기준으로 형태, 기능, 의미 이외에 다른 것을 제시하기도 한다. 우선, '기능'과 별개로 '분포'를 중요한 기준으로 들기도 한다. 이때 '분포'는 '이'가 '무늬'와 같은 체언의 앞에 온다든지, '가'가 체언의 뒤에 온다든지 하는 문장에서의 위치를 말한다. 또한, 북한 문법서들에서처럼 단어가 만들어지는 방식 곧, '단어 조성적 특징'을 품사 분류의 기준으로 중요하게 고려하기도 한다. 하지만 분포의 경우 대체로 기능이나 형태에 포함해서 다룰 수 있으므로 따로 기준으로 제시하지 않는 것이 보통이며, 단어 조성적 특징은 단어가 문장에서 사용될 때의 문법적 성질이 아니라는 점에서 기준으로 삼지 않는 것이 보통이다. 우리 책에서도 형태, 기능, 의미를 기준으로 삼아서 논의하기로 한다.

이제 이런 품사 분류 기준을 적용하여 실제로 한국어의 품사를 분류해 보기로 하자. 품사 분류의 기준을 활용하여 실제 한국어의 품사를 분류할 때, 품사 분류 기준은 대체로 형태, 기능, 의미의 순서로 적용하는 것이 가장 자연스럽다. 먼저, 한국어 단어 전체에 대해 형태 기준을 적용하여, 활용을 하는 단어와 그렇지 않은 단어로 나누어 각각을 가변어와 불변어로 지칭할 수 있다. 다음으로 기능에 따라 불변어는 체언, 수식언, 독립언, 관계언으로, 가변어는 용언으로 나눌 수 있다. 체언에 조사가 결합하는 것을 형태의 변화로 보지 않으면 이처럼 가변어에는 용언만 속하게 된다. 마지막으로 의미에 따라 체언은 '명사, 대명사, 수사'로, 수식언은 '관형사, 부사'로, 용언은 다시 '동사와 형용사'로 나눌 수 있다. 독립언에는 감탄사 한 종류가, 관계언에는 조사 한 종류가 포함된다. 마지막 단계에서는 '의미'뿐만 아니라 '형태'와 '기능'도 같이 고려한다. 이처럼 단계에 따라 한국어의 품사를 분류해 보면 다음과 같다.

(48) 단계를 고려한 한국인의 품사 분류

<table>
<tr><th>1단계('형태' 기준)</th><th>2단계('기능' 기준)</th><th>3단계('의미'를 중심으로
'형태', '기능' 기준도 고려)</th></tr>
<tr><td rowspan="7">불변어
(형태가 변하지 않는 부류)</td><td rowspan="3">체언</td><td>명사</td></tr>
<tr><td>대명사</td></tr>
<tr><td>수사</td></tr>
<tr><td rowspan="2">수식언</td><td>관형사</td></tr>
<tr><td>부사</td></tr>
<tr><td>독립언</td><td>감탄사</td></tr>
<tr><td>관계언</td><td>조사</td></tr>
<tr><td rowspan="2">가변어
(형태가 변하는 부류)</td><td rowspan="2">용언</td><td>동사</td></tr>
<tr><td>형용사</td></tr>
</table>

품사 분류에 대해서는 다양한 이견이 존재한다. 학교 문법을 비롯한 한국어 규범 문법에서는 흔히 품사를 (48)에서처럼 9품사로 분류하지만, 적게는 5품사에서

많게는 13품사로 분류하기도 한다. 품사 분류에 대해 이견이 존재하는 것은 다음과 같이 합의하기 어려운 문제들이 존재하기 때문이다.

첫째, 한국어의 조사를 품사의 하나로 보아야 하는지에 관한 문제이다. 앞에서 단어의 정의를 논의하면서 언급했듯이 조사는 단어로 보기 어려운 점이 있는데, 조사를 단어로 보지 않는다면 품사 분류 논의에서도 제외되어야 한다. 특히 이른바 서술격 조사 '이다'까지 조사에 포함시키는 경우 조사를 품사의 하나로 보는 데에는 더 큰 어려움이 있을 수 있다.

둘째, 한국어에서 동사와 형용사를 다른 품사로 설정할 필요가 있는지에 관한 것이다. 한국어 형용사는 뒤에서 설명할 것인바, 언어 유형론적으로 볼 때 동사형 형용사로서 명사형 형용사인 영어와 달리 동사의 도움이 없이도 문장에서 서술어로 쓰일 수 있으므로 기능 면에서는 동사와 크게 다르지 않다. 따라서 문법서에 따라서는 동사와 형용사를 분리하지 않고 동사로 포괄하고 형용사를 '상태 동사', 동사를 '동작 동사'로 하위분류하기도 한다. 그 밖에도 이미 언급한 서술격 조사 '이다'를 용언의 일종으로 보아 지정사와 같은 별개의 품사로 설정하는 문제, '있다', '없다', '계시다' 등 동사와 형용사의 중간적인 활용을 보이는 단어들을 존재사로 따로 설정하는 문제 등에 대해서도 여러 가지 이견이 존재한다.

셋째, 명사, 대명사, 수사를 독립된 품사로 다루지 않고 모두 명사로 포괄하기도 한다. 그런 다음 본명사, 대명사, 수사로 하위분류하는 것이다. 사실 명사, 대명사, 수사는 형식이나 기능 면에서는 차이가 크지 않고 주로 의미에 의해 분류된 것이다. 의미가 품사 분류의 주요 기준이 될 수 없다는 점에서 굳이 다른 품사로 분류할 근거를 찾기가 쉽지 않다.

3.3.1.3. 품사 통용

대체로 하나의 단어는 하나의 품사 부류에 소속되는 것이 보통이지만, 다음의 경우처럼 하나의 단어가 둘 이상의 품사에 소속되어, 사전에서 둘 이상의 품사로 처리되는 경우도 있다.

(49) '밝다'의 품사

밝다 [I] **「동사」** 밤이 지나고 환해지며 새날이 오다. [Ⅱ] **「형용사」** [1] 「1」 불빛 따위가 환하다. 「2」 빛깔의 느낌이 환하고 산뜻하다.

이처럼 하나의 단어가 둘 이상의 품사로 처리되는 경우를 학교 문법 등에서 흔히 품사의 통용으로 다루어 왔다.[10]

품사 통용은 다음과 같이 다양한 유형으로 나눌 수 있다.

(50) 품사 통용의 유형들

가. 오늘은 월요일이다. <명사>/ 오늘 할 일을 내일로 미루지 마라. <부사>

나. 각자 먹을 만큼 먹어라. <명사>/ 나도 너만큼 잘할 수 있다. <조사>

다. 그 아이는 열을 배우면 백을 안다. <수사>/ 열 사람이 백 말을 한다. <관형사>

라. 밝은 곳에서 책을 읽었다. <형용사>/ 서서히 날이 밝았다. <동사>

마. 3월 1일에 만세를 불렀다. <명사>/ 대한 독립 만세<감탄사>

바. 손이 저리다. 아니, 아프다. <부사>/ 아니, 이게 어떻게 된 거냐?<감탄사>

사. 내가 너보다 크다. <조사>/ 보다 나은 내일을 위해 노력해라. <부사>

아. 그는 비교적인 관점에서 연구했다. <명사>/ 한국어와 영어의 비교적 고찰 <관형사>/ 그곳은 비교적 교통이 편리하다. <부사>

(50가)는 명사와 부사, (50나)는 명사와 조사, (50다)는 수사와 관형사, (50라)는 형용사와 동사, (50마)는 명사와 감탄사, (50바)는 부사와 감탄사, (50사)는 조사와 부사의 두 가지 품사로 쓰였다. 한편, (50아)처럼 '명사', '관형사', '부사'의 세 가지 품사로 쓰이기도 한다. 품사 통용은 사전에 하나의 표제어로 처리되는 것을 말하지만 사전에 따라 차이를 보이기도 한다. 예를 들어 『표준국어대사전』의 경우 부

10 하나의 단어가 둘 이상의 품사로 표시되는 것을 지칭하는 용어로 품사 통용 외에 '품사 전성(conversion)', '영 파생(zero-derivation)' 등도 있다. 품사 통용이나 품사 전성은 품사론에 가까운 용어이고, 영 파생은 단어 형성론에 가까운 용어이다. 품사 통용은 하나의 형태가 둘 이상의 품사로 쓰이는 것에 대한 중립적인 처리이지만, 품사 전성이나 영 파생은 기본 품사가 있고 이를 바탕으로 다른 품사로 쓰인다고 보는 관점이다.

사 용법의 '아니'와 감탄사 용법의 '아니'를 각각 다른 표제어로 처리하기도 한다.

품사 통용 현상이 나타나는 원인에 대해서도 다양한 논의가 있었다. 먼저 의미상의 특성 때문에 두 가지 품사로 처리되는 경우이다. '오늘'이 명사와 부사로 쓰이는 것은 시간 표현이라는 의미 특성과 관련이 있다. 둘째, 품사 분류가 임의적이기 때문에 품사 통용으로 처리되는 경우이다. 이 경우 품사 분류를 달리하면 통용이 아닌 것으로 볼 수 있다. 예를 들어 형용사를 동사에 포함시킨다면 '밝다'의 경우 품사 통용에서 제외될 수 있을 것이다. 셋째, 통시적인 변화 과정에 있기 때문에 공시적으로 두 가지 품사의 기능을 보여 품사 통용으로 처리되는 경우이다. '만큼'의 경우 의존 명사에서 조사로의 통시적인 변화 과정에서 두 가지 기능을 가지게 된 것으로 보인다. 그러나 품사 통용을 보이는 모든 단어들을 이런 몇 가지 원인으로 설명하기는 어렵다.

3.3.2. 특징적인 한국어 품사

앞에서 언급한 것처럼 한국어 규범 문법에서는 품사를 9가지로 나눈다. 이 자리에서는 다른 언어와 비교할 때 특징적인 한국어 품사 몇 가지에 대해 언급해 두려 한다.

3.3.2.1. 관형사와 형용사

관형사는 '체언 앞에 놓여서, 그 체언을 자세히 꾸며 주는 말'로 정의된다. 관형사에 속하는 구성원이 매우 적으며, 한국어를 제외한 다른 언어에서는 잘 설정하지 않는 독특한 품사이다.

(51) 가. 철수는 <u>헌</u> 옷을 벗고, <u>새</u> 옷으로 갈아입었다.
나. <u>이</u> 학생과 <u>저</u> 학생은 둘 다 중국인이다.
다. <u>한</u> 사람이 가고 나서, <u>두</u> 사람이 왔다.

관형사는 (51가)처럼 체언(구)의 성질이나 상태를 분명하게 해 주기도 하고, (51나)

처럼 구체적인 지시 대상을 정해 주기도 하며, (51다)처럼 수량을 정해 주기도 한다. 이처럼 관형사는 '체언(구) 앞에서 그 체언(구)의 뜻이 분명해지도록 제한해 준다. 관형사는 격 조사뿐만 아니라 보조사와도 결합하지 않으며, 어미도 취하지 않는다.

한국어의 형용사는 서술어로 쓰이지 않는 영어 형용사와 달리 마치 동사처럼 문장의 서술어로 쓰인다는 점에서 특징적이다. 이런 차이는 언어 유형론적으로 영어의 형용사는 명사형 형용사이고, 한국어 형용사는 동사형 형용사인 것으로 설명된다. 한국어의 형용사가 문장에서의 기능이 영어와 차이가 나지만 의미 면에서는 '사람이나 사물 따위의 성질이나 상태를 나타내는 말'로 영어와 비슷하다. 한국어 형용사의 이런 특성을 분명히 하기 위해 동사와 비교해 보기로 하자.

(52) 가. 그는 지금 매우 슬프다.
나. 나는 갑자기 슬퍼졌다.

(52가)의 '슬프다'는 상태를 나타내므로 형용사이지만 (52나)의 '슬퍼지다'는 상태의 변화를 나타내므로 동사이다. 즉, 동사는 상태를 나타내는 경우가 있더라도 상태의 변화를 나타내는 것과 달리, 형용사는 상태의 변화에 주목하는 것이 아니라 특정 시점에서 상태를 파악하는 경우에 사용한다는 것을 알 수 있다.

3.3.2.2. 조사와 어미

조사와 어미는 한국어의 교착어적 특성을 잘 보여 주는 요소로서 격, 시제, 높임 표현 등 문법 범주를 실현하는 데에 중요한 역할을 한다. 앞에서 언급했듯이 학교 문법에서는 조사는 그 자체로 단어이므로 품사론의 대상이 되지만 어미는 단어가 아니라 용언 어간에 결합되어 단어를 이루는 것으로 다루어 왔으므로 어미만으로는 품사론의 대상이 되지 않는다. 그렇지만 조사와 어미는 한국어에서 문법 기능을 담당하는 요소로서 형태와 기능에서 공통점이 많으므로 같이 묶어 이 자리에서 다루기로 한다.

조사

조사는 '자립성이 있는 말, 즉 체언(구, 절)에 붙어 그 말과 다른 말과의 관계를 표시하거나 특수한 뜻을 더해 주는 말'로 정의된다. 조사는 주로 체언(구, 절)에 결합하여 격case을 나타내는 것으로 알려져 있다. 하지만 조사가 자기 고유의 의미를 더해 주기도 한다.

(53) 가. 철수가 사과를 좋아한다.
　　나. 영희는 얼굴만 예쁜 것이 아니라 마음씨도 곱다.

(53가)의 '가'는 선행 체언에 주어의 자격을, '를'은 목적어의 자격을 부여하는 것으로 볼 수 있다. 그렇지만 (53나)의 '만'이나 '도'는 선행 체언에 어떤 자격을 부여하는 것이 아니라 자기만의 특수한 뜻을 더해 준다.

한국어의 조사는 흔히 격 조사, 보조사, 접속 조사로 분류된다. 이미 언급했듯이 격 조사는 문장에서 격을 나타내는 기능을 하고, 보조사는 자기 고유의 의미를 더해 준다. 한편, 접속 조사는 '나는 사과와 배를 좋아한다.'의 '와/과'처럼 둘 이상의 체언(구, 절)을 같은 자격으로 이어 주는 기능을 하는 조사이다. 학교 문법에서의 조사 유형을 제시하면 다음 (54)와 같다.

(54) 한국어 조사의 유형

<table>
<tr><td rowspan="9">조사</td><td rowspan="7">격 조사</td><td>주격 조사</td><td>이/가, 에서, 께서</td></tr>
<tr><td>보격 조사</td><td>이/가('되다', '아니다' 앞)</td></tr>
<tr><td>목적격 조사</td><td>을/를/ㄹ</td></tr>
<tr><td>서술격 조사</td><td>이다</td></tr>
<tr><td>관형격 조사</td><td>의</td></tr>
<tr><td>부사격 조사</td><td>에, 에서, 에게, 으로/로 등</td></tr>
<tr><td>호격 조사</td><td>아/야</td></tr>
<tr><td>보조사</td><td colspan="2">은/는/ㄴ, 만, 도, 조차, 부터, 까지, 이나/나, 이나마/나마 등</td></tr>
<tr><td>접속 조사</td><td colspan="2">와/과, 하고, 이랑/랑 등</td></tr>
</table>

(54)의 분류는 학교 문법 등에서 흔히 받아들여지는 것이다. 하지만 앞에서 언급한

것처럼 서술격 조사의 경우 많은 논의에서는 조사에서 제외하기도 한다.

이 자리에서 '이다'에 대해 간략하게 살펴보자. 활용을 하는 것에는 동사와 형용사 외에 학교 문법 등 규범 문법에서 서술격 조사로 분류해 온 '이다'가 있다.

(55) 가. 이것이 호랑가시나무(이)다.
　　나. 이것이 호랑가시나무가 아니다.

'이다'를 서술격 조사로 본 것은 (55가)에서 볼 수 있듯이 '이다'가 결합한 어절 전체가 문장에서 서술어로 쓰이기 때문이다. 이는 '철수가 밥을 먹는다.'라는 문장에서 '가'가 결합한 어절이 주어, '을'이 결합한 어절이 목적어로 쓰이므로 각각을 주격 조사, 목적격 조사로 보는 것과 마찬가지 논리이다. 하지만 '이다'는 '이었다, 이겠다, 이고…'처럼 활용을 하므로 조사가 아니라 용언의 일종으로 보는 것이 설득력이 있다. 용언 중에서도 '-ㄴ/는다, -는구나, -느냐, -는, -아라/어라, -자'와의 결합이 가능하지 않다는 점을 고려하면 동사보다는 형용사에 가깝다는 것을 알 수 있다. 또한 '이다'의 반의어로 볼 수 있는 '아니다'가 (55나)에서 볼 수 있듯이 형용사라는 점도 '이다'를 형용사로 보는 형용사설의 근거가 된다.

어미는 '용언 어간에 붙어서 여러 가지 문법적인 기능을 담당하는 말'이다. 한국어는 어미가 매우 발달한 언어이어서 문법의 많은 부분 곧, 높임법, 시제, 양태, 문장의 유형, 문장의 확대 등이 주로 어미에 의해 실현된다. 한국어에서 어미가 차지하는 비중이 매우 크지만 조사와 달리 어미를 별개의 품사로 다루지 않은 것은 어미가 조사보다도 자립성이 떨어지기 때문이다. 단어는 전형적으로는 자립성을 가진 단위이고 품사는 이런 단어를 분류한 것이다. 그런데 조사 앞에 오는 말은 조사 없이 자립적으로 쓰일 수 있어 조사 역시 어느 정도 자립성을 가지는 것으로 볼 수 있지만, 어미는 앞에 오는 어간이 자립성이 없어 어미 역시 자립성을 논하기가 더 어렵다. 따라서 조사는 단어로 보아 별개의 품사를 부여하지만 어미는 그렇지 않는 것이다. 어미가 사용되는 양상을 살펴보자.

(56) 가. 철수는 어제 모란을 [[보][았][다]].
　　나. [[[철수는 어제 모란을 보]았]다].

(56)을 보면 어미 '-았-'은 시제를 나타내 주고, '-다'는 문장의 유형과 상대 높임법의 등분을 나타내 준다. 이처럼 어미는 문장에서 용언 어간 뒤에 나타나 여러 가지 문법적인 기능을 더해 준다. (56가)에서 볼 수 있듯이 과거를 나타내는 형태소는 선행하는 어간의 모음에 따라 이형태 '-았-'이나 '-었-'이 선택되는 것으로 보아 어미는 형태적으로 보면 어간에 결합하는 것으로 볼 수 있다. 하지만 통사·의미론적인 관점에서 보면 (56나)에서 볼 수 있듯이 '-았-'이 '어제' 등의 부사와 호응하여 문장이 나타내는 명제 자체를 과거로 만들어 주므로 문장(절) 전체에 결합하는 것으로 볼 수 있다.

한국어 어미는 위치에 따라 어절의 끝에 오는 어말 어미와, 어말 어미 앞에 오는 선어말 어미로 나누어진다. 이 중 어말 어미는 다시 문장의 끝에 오는 종결 어미와 그렇지 않은 비종결 어미로 나누어진다. 비종결 어미는 접속문(이어진문장)을 만들어 주는 연결 어미와 포유문(안은문장)을 만들어 주는 전성 어미로 나누어진다.

(57) 한국어의 어미의 유형

<table>
<tr><td rowspan="8">어미</td><td colspan="4">선어말 어미: -(으)시-, -았/었/였- 등</td></tr>
<tr><td rowspan="7">어말 어미</td><td colspan="3">종결 어미: -다, -니, -자 등</td></tr>
<tr><td rowspan="6">비종결 어미</td><td rowspan="3">연결 어미</td><td>대등적 연결 어미: -고, -(으)며, -자, -지만, -(으)나, -거나 등</td></tr>
<tr><td>종속적 연결 어미: -(으)니까, -아서/어서, -(으)ㄹ수록, -거니와 등</td></tr>
<tr><td>보조적 연결 어미: -게, -고(야), -아(야)/어(야), -지</td></tr>
<tr><td rowspan="3">전성 어미</td><td>명사형 전성 어미: -(으)ㅁ, -기</td></tr>
<tr><td>관형사형 전성 어미: -(으)ㄴ, -는, -(으)ㄹ, -던</td></tr>
<tr><td>부사형 전성 어미: -게, -아서/어서, -(으)려고, -(으)니까, -다고 등</td></tr>
</table>

(57)은 한국어의 어미를 유형으로 나누고 대표적인 예를 제시해 본 것이다. 어미의 분류에 대해서도 문법서에 따라 차이를 보이기도 한다. 예를 들어 앞에서 제시한 분류와 달리 종속적 연결 어미와 부사형 전성 어미가 형태나 기능에서 구별이 어렵다는 점을 고려하여 종속적 연결 어미를 모두 부사형 전성 어미에 포함시키기도 한다.[11]

11 종속적 연결 어미를 따로 분류하느냐의 문제는 통사론에서 종속적 접속문(종속적으로 이어진 문장)을 인정하느냐의 여부와도 관련이 있다. 우리 책에서는 4.4.2.에서 종속적 접속문에 대해서는 적극적으로 인정하지 않는 입장을 취했지만, 어미의 분류에서는 일단 종속적 연결 어미를 분류해 두었다.

제4장

통사론(1): 문장 구조론

제4장 통사론(1): 문장 구조론

4.1. 문장 구조와 어순

4.1.1. 통사론의 단위

통사론syntax은 둘 이상의 단어word가 결합하여 구phrase, 절clause, 문장sentence을 형성하는 원리를 탐구하는 분야이다. 이때 '단어, 구, 절, 문장'을 통사 단위라고 한다. 통사론의 최소 단위는 단어이고 최대 단위는 문장이다.

구는 일반적으로 두 단어 이상이 모여서 이루어진 구성으로서 그 내부에 주어와 서술어의 관계를 갖고 있지 않은 것으로 정의된다. 그런데 한 단어가 구와 동일한 통사적 기능을 하는 경우가 많다.

(1) 가. 민수가 학교에 갔다.
  나. [내 친구 민수]-가 학교에 갔다.

(1가)의 '민수'와 (1나)의 '내 친구 민수'는 둘 다 주격 조사 '가'가 붙어 주어 기능을 한다. 따라서 통사 기능 면에서 볼 때에는 (1가)의 '민수'도 (1나)의 '내 친구 민수'처럼 확장될 수 있으므로 구와 동일하게 처리된다.

(2) 가. 민수가 학교에 갔다.
  나. 민수가 학교에 가면 엄마는 청소를 한다.

다. 오늘은 민수가 학교에 가는 날이다.

(2)의 세 문장에서는 주어와 서술어가 함께 나타나고 있는데, '주어+서술어'로 이루어진 구성을 절이라고 한다. (2가)와 같이 하나의 절이 바로 하나의 문장이 되는 경우도 있고 (2나, 다)와 같이 두 개 이상의 절이 하나의 문장을 이루는 경우도 있다. 절에서 주어는 종종 생략된다.

(3) 가. 민수가 빵을 먹으면서 음악을 듣는다.
나. A: 철수는 밥을 먹었니?
B: 응, 먹었어.

(3가)에서 서술어 '먹으면서'의 주어는 '민수가'로 나와 있으나 '듣는다'의 주어는 나와 있지 않다. 앞에 나온 '민수가'와 같으므로 생략된 것이다. (3나)-B의 대답에서도 맥락상 분명히 알 수 있는 주어인 '철수가'가 생략되어 있다.

구와 절 외에 어절word group이라는 말도 자주 사용된다. 어절은 원래 '호흡 단위'로 정의된 것으로서 띄어쓰기로 반영되는데, 이것이 통사 단위와 일치하지 않는 경우도 간혹 있고 심지어는 호흡 단위와 정서법상의 띄어쓰기가 일치하지 않는 경우도 간혹 있다.

(4) 가. [내 친구 민수]-가 학교에 갔다.
나. 숨이 막혀서 말할 수조차 없다.

(4가)를 보면 어절 단위 '민수가'가 주어가 아니라 '내 친구 민수가'가 주어임을 알 수 있다. 따라서 통사 분석에서는 주어 기능을 하는 구 '내 친구 민수(가)'가 중요한 것이지 '민수가'가 중요한 것이 아니다. 또 (4나)는 한국인의 일반적인 호흡 단위인 '말할수 조차'나 '말할수조차'와 잘 맞지 않는다. 한국어 문법에서 어절은 엄밀한 통사 분석의 단위라기보다는 인위적 정서법의 단위로 볼 수 있다.

통사적으로 문장은 정의하기 쉽지 않다. 문장 단위는 토박이 화자의 직관에 따라 성립하는데, 대체로 음성적으로는 특정 문말 억양으로 알 수 있고 문자적으로는 문장 부호의 쓰임으로 알 수 있다.

(5) 가. 형이 그 누나하고 결혼하기로 했대. ↘
　　나. 그 사람이 떠났단 말이야? ↗ 그게 정말이야? ↗

(5)는 어떤 억양이 문장 끝에서 성립함을 보인 것인데, 이를 문말 억양이라고 하고 문장 판단의 중요한 근거가 된다. (5나)가 두 문장으로 이루어진 것은 문말 억양이 두 번 성립하기 때문이다. 물론 문장 부호 마침표(.)나 물음표(?)로써도 문장의 성립을 알 수 있다. 그러나 그것은 음성 언어로는 확인할 수 없기 때문에 문말 억양이 더 중요한 특징이라고 할 수 있다.

4.1.2. 문장 구조

일반적으로 문장 구조sentence structure라고 하면 통사 구조syntactic structure를 가리킨다. 통사 구조는 서술어가 요구하는 성분의 수와 종류의 정보에 따라 구축된 문형과 여러 통사적 원리에 따라 부가된 성분이 형성한 구조 전체를 가리킨다.

(6) 가. 철수가 밥을 먹는다.
　　나. 내 친구 철수가 밥을 맛있게 먹는다.

(6가)는 서술어 '먹다'가 요구하는 행위의 주체가 주어로 표현되고 행위의 대상이 목적어로 표현된 문장이다. 문장의 뼈대를 완전하게 갖추었다. 그런데 (6나)에서는 '내 친구'가 '철수'를 꾸며 주고 '맛있게'가 '먹는다'를 꾸며 준다. 꾸며 주는 말은 부가된 성분으로서 문장을 구성하는 데 반드시 필요한 것은 아니지만 그 역시 통사 구조의 일부를 이루고 있다. 이렇게 파악한 통사 구조는 일반적으로 나무그림이나 각괄호를 통해 표상한다. (6가)를 나무그림과 각괄호로 각각 나타내어 보면 다음과 같다. 두 표상 수단은 결국 같은 정보를 담고 있기 때문에 아무것이나 편리에 따라 사용하면 된다. (N: 명사, NP: 명사구, K: 격 조사, KP: 격 조사구, V: 동사, VP: 동사구)

(7) 가.

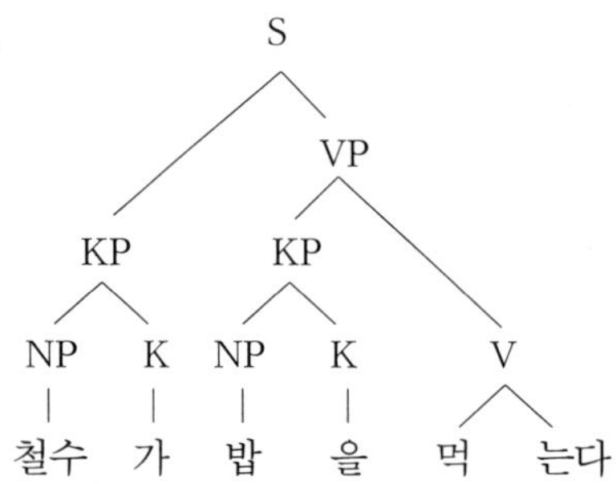

나. [$_{S}$[$_{KP}$[$_{NP}$철수][$_{K}$가]] [$_{VP}$[$_{KP}$[$_{NP}$밥][$_{K}$을]] [$_{V}$먹-는다]]].

통사 구조는 통사 분석을 하는 데 필수적으로 파악해야 하는 것이기는 하지만 문장 성분들의 문법적 기능이라든지 문장에 들어가는 화자의 여러 가지 의향을 담아내지는 못한다. 가령 (7)에서 보듯이 주어 '철수가'나 목적어 '밥을'이 구분되지 않고 모두 조사구 'KP'로 표시되어 있다. 문장 성분의 문법적 기능이 표시되지 않은 것이다.

(8) 가. 철수가 밥을 먹니?

나. [$_{KP}$[$_{NP}$철수][$_{K}$가]] [$_{VP}$[$_{KP}$[$_{NP}$밥][$_{K}$을]] [$_{V}$먹-니]]?

또한 (6가)와 (8가)를 비교해 보면 어떤 사실을 서술하는 문장과 무엇인가를 묻는 문장으로 화자의 의향이 대조됨을 알 수 있다. 그러나 (7나)와 (8나)의 통사 구조 표상 방식은 동일하다. 통사 구조의 범주는 동일하고 의미 기능만 달리하는 어미를 대치하였기 때문이다. 요컨대 통사 구조 표상은 통사적 현상을 이해하는 데에 매우 중요한 역할을 하지만 그것만 가지고서 모든 통사적 현상을 이해할 수는 없다.

문장 구조는 정보 구조information structure로 파악할 수도 있다. 정보 구조란 문장의 정보 전달 방식을 구조화한 것인데, 일반적으로는 문장에서 어떤 대상에 대해 전달하는 정보(내용)가 실현되는 방식을 의미한다. 이때 정보 전달의 대상을 '주제topic'라고 하고 전달되는 정보를 '언급comment'이라고 한다.[1] 이를 의미적으로 풀어

1 '주제'를 '화제'라고 하기도 하고 '언급'은 '설명', '평언'이라고 하기도 한다.

쓰면 '…(주제)에 대해 말하자면 …(언급)'이 된다. 이처럼 문장의 통사 구조와는 별도로 순전히 정보 전달의 관점에서 문장 구조를 분석한 것이 정보 구조이다.

(9) 가. 진수는 아침에 신문을 읽는다.
　　나. 영수는 머리가 크다.

(9)는 화자가 '진수'라는 대상에 대해 어떤 정보를 전달하는 문장이다. '아침에 신문을 읽는다'는 전달되는 정보에 해당한다. 한국어에서 주제를 나타내는 데 전형적으로 쓰이는 표지marker는 보조사 '은/는'이다. (9)에서도 주제가 되는 대상들에 '는'이 붙어 주제임이 표시되었다. 그러나 화자가 어떤 대상에 대해 어떤 사실을 언급하려고 한다면, 정보 구조 파악의 관점에서 그 대상은 모두 주제라고 말할 수 있다.

주제와 주어가 일치하는 (9가)와 달리 (9나)에서는 주제 '영수는'과 주어 '머리가'가 일치하지 않는다. 학교 문법에서는 정보 구조를 다루지 않기 때문에 (9나)를 '주제+주어+서술어' 구조의 단문으로 다루지 않고, '주어+서술절(주어+서술어)' 구조의 복문으로 다루고 있다. 이 책에서는 학교 문법에 따르도록 한다.

4.1.3. 어순

한국어 어순은 일반적으로 문장 성분의 순서로 나타내는데, 그 유형은 다음과 같다.

(10) 가. 주어+서술어
　　나. 주어+보어+서술어
　　다. 주어+목적어+서술어
　　라. 주어+부사어+서술어
　　마. 주어+목적어+부사어+서술어 ≒ 주어+부사어+목적어+서술어
　　바. 주어+목적어+부사어+서술어

(10가)는 가장 기본적인 어순으로서 이 어순이 유지된 채, 다른 문장 성분이 주어와 서술어 사이에 추가되어 (10나~바)의 어순이 성립하게 된다. 이에 대해 하나씩 살펴보기로 한다.

(11) 가. 아기가 잡니다.
　　나. 잡니다, 아기가.

(11가)에서 보듯이 주어는 서술어 앞에 나오는 것이 원칙이며 만약 강조 등의 문체적 효과를 주기 위해 서술어를 주어 앞에 쓸 때에는 서술어 뒤에 약간의 휴지pause를 두는 경우가 많은데, 문자 언어에서는 (11나)에서처럼 서술어 뒤에 쉼표(,)를 씀으로써 이를 반영한다.

(12) 가. 여기는 덕수궁이 아니다. ('여기'를 주어로 쓴 문장)
　　나. 철수가 의사가 되었다.

(13) 가. 덕수궁은 여기가 아니다. ('덕수궁'을 주어로 쓴 문장)
　　나. *의사가 철수가 되었다.

(14) 아니다, 여기는 덕수궁이.

(12)는 보어가 주어 뒤, 서술어 앞에 쓰임을 보인 것이다. 그런데 (13)에서 보듯이 만약 보어와 주어의 순서가 바뀌면 주어와 보어의 해석 역시 바뀌게 되어 뜻이 다른 문장이 되거나 비문이 된다. (14)에서처럼 이 역시 서술어를 앞에 쓰면 쉼표를 써 주어야 한다.

(15) 톰이 제리를 좋아한다.

(16) 제리를 톰이 좋아한다.

(17) 가. 톰이 좋아한다, 제리를.
　　나. 좋아한다, 톰이 제리를.
　　다. 제리를 좋아한다, 톰이.

라. 좋아한다, 제리를 톰이.

(15)는 목적어가 주어 뒤, 서술어 앞에 쓰임을 보인 것이다. 그런데 (16)에서 보듯이 목적어에 서술의 초점을 두어 주어와 목적어의 순서를 바꿀 수 있다. 이는 일반적으로 주어와 목적어의 기능이 뚜렷이 구분되고 격 조사의 형태도 뚜렷이 구분되기 때문에 가능한 것이다. 그러므로 (17)에서 보듯이 서술어의 순서까지 바뀌면 어순이 바뀐 문장이 여럿 존재하게 된다.

(18) 이 지역 기후는 벼농사에 적합하다.

(19) 가. 벼농사에 이 지역 기후는 적합하다.
나. 적합하다, 이 지역 기후는 벼농사에.

(18)은 부사어가 주어 뒤, 서술어 앞에 놓임을 나타낸 것이다. (19)에서 보듯이 이때의 부사어도 의미 강조를 위해 주어와 자리를 바꿀 수 있다. 또 서술어까지 도치한 (19)와 같은 문장도 만들어 낼 수 있다.

(20) 선희가 {나에게 선물을, 선물을 나에게} 주었다.

(20)은 부사어가 '목적어' 앞이나 뒤, 둘 중 아무 위치나 올 수 있는 경우를 보인 것이다. 물론 미세하게 보면 '나에게 선물을'이 더 일반적인 어순이고 '선물을 나에게'는 '선물을'을 초점화한 문장이라고 할 수 있다. 그러나 그 어순 바꿈이 주어와 목적어의 어순 바꿈만큼 큰 차이를 나타내는 것은 아니다.

(21) 가. 임꺽정 씨가 나를 꽃에 비유했다.
나. 그분이 백동수를 사위로 삼았다.
다. 우리는 홍길동 씨를 천재로 여긴다.
라. 그들이 황무지를 녹지로 만들었다.

(21)은 부사어를 목적어 뒤에 놓아야 하는 어순이다. 만약 순서가 바뀌면 어색하

거나 부적격한 문장이 된다. 이는 자연스러운 인식의 방향을 반영한 어순이다. 곧 원관념이 주어져야 보조 관념을 제시할 수 있다는 점에서 (21가)가 '나를'이 '꽃에' 보다 먼저 나오는 것이 자연스럽고, 어떤 대상이 주어져야 그것을 변화시킬 수 있다는 점에서 (21나~라)에서 '백동수를, 홍길동 씨를, 황무지를'이 먼저 나오는 것이 자연스럽다.

어순을 꾸며 주는 말과 꾸밈을 받는 말의 순서로 파악하는 경우도 있다. 한국어에서는 꾸며 주는 말이 꾸밈을 받는 말 앞에 오는 것이 기본 어순이다.

(22) 가. 나는 새 책을 좋아한다.
　　나. 호랑이가 빨리 달린다.

(23) 호랑이가 달린다, 빨리.

특수한 경우를 제외하면 (22)에서처럼 한국어의 관형어와 부사어는 꾸밈을 받는 말 앞에 오는 것이 원칙이다. (23)처럼 문체 효과를 위해 도치하는 경우도 있으나, 이는 부사어에서 간혹 일어나고 관형어에서는 일어나지 않는다.

4.2. 문장 성분

문장 성분sentence component이란 해당 문장에서 특정한 통사·의미적 기능을 하는 문장의 구성 요소들을 가리킨다. 하나의 문장 성분으로 기능할 수 있는 것은 단어, 구, 절 등 다양하다.

(24) 가. 철수 밥 먹는다.
　　나. 철수가 밥을 먹는다.
　　다. 착한 철수가 그런 심한 말을 하다니.
　　라. 오늘 네가 본 경치는 세계 10대 절경에 속한다.

(24가)에서 '철수, 밥'이 단어이자 어절로서 각각 주어, 목적어의 문법적 기능을 수행하고 있음을 볼 수 있고 (24나)에서 '철수가, 밥을'은 조사가 결합된 구로서 각각 '철수, 밥'과 같은 문법적 기능을 수행함을 볼 수 있다. (24다)에서 '착한 철수가, 그런 심한 말을'은 주어, 목적어 성분이 구로 실현된 것이다. (24라)에서 '오늘 네가 본'은 경치'를 꾸며 주는 관형어 기능을 하는 성분인데 절로 실현되어 있다.

학교 문법에서 문장 성분은 주어, 목적어, 보어, 서술어, 관형어, 부사어, 독립어의 7가지로 분류된다. 주어, 목적어, 보어, 서술어는 문장의 골격 역할을 하므로 주성분이라고 한다. 관형어, 부사어는 본질적으로 그 기능이 다른 말을 수식하는 것이므로 부속 성분이라 한다. 독립어는 독립 성분이다.

4.2.1. 주어

주어는 '무엇이 어찌하다/어떠하다/무엇이다'와 같은 문장에서 '무엇이'에 해당하는 것이다. 이때의 '무엇'은 의미적으로 대개 문장이 나타내는 행위/작용의 주체, 상태/성질이나 정체 규정의 대상이 된다. 주어는 일반적으로 주격 조사 '이/가'가 붙어 표시된다.

(25) 가. 아기가 잡니다.
　　나. 하늘이 파랗습니다.
　　다. 이것이 막걸리입니다.

(25가)에서 '아기'는 '자다'라는 행위의 주체이고 (24나)에서 '하늘'은 '파랗다'라는 상태의 대상이며 (25다)에서 '이것'은 '막걸리이다'라는 정체 규정의 대상이다. 곧 '민수가', '하늘이', '이것이'가 주어이다.

(26) 가. 형님께서 저에게 선물을 주셨습니다.
　　나. 군청에서 위문품을 전달해 왔어요.

(26가)에서는 주격 조사 '께서'가 쓰였는데 이는 높임의 대상인 '형님'이 주체로 쓰

였기 때문이다. 그러나 '께서'의 사용은 필수적이지는 않아서 서술어에 '-(으)시-'가 결합해 있다면 '께서'를 쓰지 않고 '이/가'를 써도 존대하는 의미를 나타낼 수 있다. (26나)에서처럼 '에서'도 주어를 표시하는 조사로 사용되는 경우가 있다. '에서'는 크고 작은 기관, 단체 등 인간 집단을 뜻하는 명사 뒤에서 그것이 주어임을 나타내는데, 이 역시 주격 조사 '이/가'로 바꿔 쓸 수 있다. 이 경우 서술어는 어떤 행위를 의미해야 한다는 제약이 있다.

4.2.2. 목적어

목적어는 목적격 조사 '을/를'이 결합되었거나 격 조사 없이 나타났더라도 목적격 조사 '을/를'이 결합될 수 있는 말로 규정된다. 목적어 대상은 의미적으로 서술어의 행위나 작용의 대상 혹은 목적이나 결과를 나타내는 것이 일반적이다.

(27) 가. 엄마가 물을 끓인다.
나. 그가 삽으로 땅을 팠다.
다. 순희는 엄마를 닮았다.
라. 영수가 낚시를 간다.
마. 누나가 봉사를 나간다.

(28) 가. 엄마가 라면을 끓였다.
나. 두더지가 굴을 팠다.

(27가, 나)에서는 '물'과 '땅'이 각각 '끓이다', '파다'라는 행위의 대상이고 (27다)에서는 '엄마'가 '닮다'는 작용의 대상이다. (27라)에서는 '낚시'가 '가다'라는 행위의 목적이고 (27마)에서는 '봉사'가 '나가다'라는 행위의 목적이다. 행위의 목적이 목적어로 쓰이는 경우는 주로 서술어가 공간 이동의 의미를 지니고 있을 때이다.

(28가, 나)에서는 '라면'과 '굴'이 각각 '끓이다'와 '파다'의 목적 혹은 결과가 대상화한 것으로 이해할 수 있다. 곧 '끓이다'라는 행위는 '라면'을 목적으로 하여 이루어져 결과물로서 '라면'이라는 대상을 만들어 내었다고 해석할 수 있고 '파다'라는

행위는 '굴'을 목적으로 하여 이루어져 그 결과물로서 '굴'이라는 대상을 만들어 내었다고 해석할 수 있는 것이다. (27가, 나)와 (28가, 나)를 대비해 볼 때, 같은 동사라도 순수한 대상 의미의 목적어와 결과적 대상 의미의 목적어를 다 취하는 경우가 있음을 알 수 있다.

목적어로서의 의미보다 부사어로서의 의미를 더 드러낼 때에는 목적어 대신에 부사격 조사가 결합된 부사어가 나타날 수 있다. 이때 서술어는 목적어를 가졌을 때에는 타동사, 목적어를 가지지 않았을 때에는 자동사로 볼 수 있다.

(29) 가. 민기는 어제 {친구를, 친구와} 만났다.
나. 우리는 {교회를, 교회에} 다닌다.
다. 우주선이 {궤도를, 궤도에서} 이탈했다.

(30) 철수는 {깡패를, *깡패와} 만나 돈을 다 털렸다.

(29가~다)에서 목적어는 모두 대상이나 목적으로 해석할 수 있다. 그런데 (29가)에서는 '친구를' 대신에 동반 대상을 뜻하는 부사격 조사 '와'가 결합된 부사어 '친구와'를 쓸 수 있다. (29나)에서는 '교회를' 대신에 지향점을 뜻하는 부사격 조사 '에'가 결합된 부사어 '교회에'를 쓸 수 있고 (29다)에서는 '궤도를' 대신에 출발점을 뜻하는 부사격 조사 '에서'가 결합된 부사어 '궤도에서'를 쓸 수 있다. 이 경우 목적어와 부사어는 의미 차이가 크지 않다.

그러나 내포적 의미에 다소 차이가 있을 수 있다. 목적격 조사를 쓰면 목적어가 지닌 대상성이나 목적성이 더 부각되고 부사격 조사를 쓰면 부사어가 지닌 출발점, 지향점의 의미가 더 부각된다. 그러한 작은 의미 차이 때문에 문법에서 큰 차이가 발생하는 경우가 있다. 예컨대 (29가)의 서술어 '만나다'는 보통의 경우에 목적어와도 쓸 수 있고 부사어와도 쓸 수 있으나 (30)에서처럼 목적어와만 쓰는 경우가 있다. (30)에서는 목적어 '깡패'에 '와'를 결합시키지 못함을 알 수 있다. '깡패'가 '만나다'라는 행위의 공동 참여자라는 뜻을 가지기 어렵고 단지 대상의 뜻만을 가지기 때문이다.

4.2.3. 보어[2]

학교 문법에서는 '되다'와 '아니다' 바로 앞의 필수 성분을 보어로 규정하고 있다.

(31) 가. 그 사람이 장관이 되었다.
  나. 고래는 물고기가 아니다.

(31가) '되었다' 앞의 '장관이'와 (31나) '아니다' 앞의 '물고기가'가 학교 문법에서 보어로 처리되는 것이다. 보어에 붙는 격 조사는 따로 있지 않다. 주격 조사와 같은 형태의 '이/가'가 보어 표시에도 사용된다. 보어는 통사 · 의미적으로 주어의 정체를 규정하는 기능을 한다.

그런데 '되다, 아니다' 앞에만 '이/가' 결합 성분이 나오는 것이 아니다. 일상적으로 쓰이는 다른 문장에서도 이와 유사한 '이/가' 결합 성분이 간혹 존재하는데, 이들 역시 보어로 볼 수 있다.

(32) 가. 민수는 가수가 {틀림없다, 맞다}.
  나. 희주는 가수 같다.

(33) 이분이 저희 {할아버지가, *할아버지께서} 아닙니다.

(32가, 나)에서 '틀림없다, 맞다, 같다' 바로 앞의 '가수가'는 주어의 정체를 밝혀 주는 의미를 가지고 있다. 이런 경우의 '가수가'나 '가수' 역시 보어로 보는 것이 합리적이다. 보어에 붙는 '이/가'는 보어의 대상이 높임의 대상이어도 '께서'를 쓰지 않는다. '께서'는 주어를 높일 때 쓰는 조사이기 때문이다. (33)에서는 보어에 '께서'를 붙이지 못함을 보이고 있다.

---

2 한국어 보어의 개념과 범위에 대해서는 문법학계에서 이견이 매우 심하다. '되다, 아니다' 바로 앞의 NP2만 보어라고 하는 학교 문법의 설명은 문장 성분을 어휘 특정적으로 설정했다는 점에서 학문 문법에서는 거의 받아들여지지 않고 있다. 이 책의 견해 외에도 서술어의 필수 성분인 NP1과 NP2가 'NP1-이/가 NP2-이/가 서술어' 구조로 나타날 때, 모든 'NP2(-이/가)'를 보어로 보는 견해도 있다. 보어에 대한 다양한 학설은 이선웅(2019)에 잘 소개되어 있다.

4.2.4. 서술어

서술어는 일반적으로 주어의 행위/작용, 상태/성질 따위를 풀이하거나 주어의 정체를 규정하는 기능을 하는 문장 성분이다. 다시 말해 '무엇이 어찌하다', '무엇이 어떠하다', '무엇이 무엇이다'와 같은 문장에서 '어찌하다, 어떠하다, 무엇이다'에 해당하는 말이 서술어이다.

(34) 가. 해가 뜬다.
　　나. 순희가 책을 읽는다.
　　다. 꽃이 아름답다.
　　라. 누나는 학생이다.

(34가, 나)는 '무엇이 어찌하다'의 예이고 (34다)는 '무엇이 어떠하다'의 예이며 (34라)는 '무엇이 무엇이다'의 예이다. 각각의 예에서 '뜬다, 읽는다, 아름답다, 학생이다'가 서술어에 해당한다. 서술어의 종류에 따라 (34가)는 자동사문, (34나)는 타동사문, (34다)는 형용사문, (34라)는 명사문이라고 부른다.

서술어는 일반적으로 하나의 용언 혹은 '체언+이다'로 이루어지나 둘 이상의 용언이 결합하여 이루어지는 경우도 있다. 이때 가장 앞에 있는 용언을 본용언, 뒤따르는 용언을 보조 용언이라 한다. 가장 앞의 용언이 문장의 명제적 의미에 핵심적이고 뒤따르는 용언(들)이 상이나 양태 등의 특수한 의미를 덧붙이는 역할을 하기 때문이다.

(35) 가. 민수가 밥을 <u>먹어 보았다</u>.
　　나. 순희가 영화를 <u>보고 있다</u>.
　　다. 아이가 통 밥을 <u>먹지 않는다</u>.
　　라. 그가 <u>떠나고야 말았습니다</u>.

(35)의 밑줄 부분은 모두 '본용언+보조 용언' 구성이다. 본용언과 보조 용언을 매개하는 어미는 '-아/어'가 가장 많이 쓰이고 '-게, -고, -지, -고야, -어야' 등도 쓰인다.

보조 용언에는 '(-아/어) 가다, 놓다, 대다, 두다, 버리다, 보다, 오다, 있다, 주다', '(-게) 되다, 생기다', '(-고) 말다, 싶다, 있다', '(-지) 않다', '(-고야) 말다' 등이 있다.[3]

(36) A: 어제 모임에 철수가 왔니?
  B: 응, 왔어.

(37) 가. 도둑이야.
  나. 불이야
  다. 비다.
  라. 윷이다.

이제 서술어만으로 이루어진 문장, 보통 '무주어문'으로 불리는 문장에 대해 살펴보기로 한다. 일반적으로 주어가 없는 문장은 (36)과 같이 문맥상 바로 그 주어를 확인할 수 있는 경우에 사용한다. 그러나 이는 본래적인 무주어문이라고 볼 수 없고 주어가 생략된 것이다. (37)은 본래적으로 주어를 생각하기 어려운 무주어문이다. 새롭게 어떤 사물을 발화 장면 속으로 도입하는 기능을 가진 문장, 즉 도입문presentational sentence이다.

(38) 가. 셋에서 둘을 빼면 하나다.
  나. 비가 오면 큰일이다.
  다. 급한 불은 껐지만, 아직도 산 너머 산이다.
  라. A: 아저씨 잃어버린 개 찾으셨어요?
    B: 아직 오리무중五里霧中이야.

(38)에서도 서술어 '하나다', '큰일이다', '산 너머 산이다', '오리무중이야'의 주어가 무엇이라고 말하기가 매우 어렵다. 가령 (38가)의 주어는 '나오는 숫자가/수가/수

3 보조 용언은 실질적 의미가 문법적 의미로 변하는 과정에 있는 용언들이므로, 그 변한 정도를 어떻게 파악하느냐에 따라 목록에 대한 이견의 차이가 심하다. 전통적으로는 보조 용언의 개념을 넓게 설정하는 경향이 있어 「우리말샘」에서도 보조 용언 항목들이 매우 많으나 학문 문법에서는 그 목록을 엄격히 제한하는 경향이 있다. 예를 들어 사동 '-게 하다'에서의 '하다'나 '-나/-(으)ㄴ가 보다/싶다, -(으)ㄹ까 하다'와 같은 '종결 어미+보다/싶다/하다'에서의 '보다, 싶다, 하다' 등은 보조 용언 목록에서 제외되는 경우가 많다.

효가/것이' 정도의 주어를 생각해 볼 수 있는데, 그것은 해석상 그러할 뿐 실제 그러한 말을 쓰는 일은 없다는 점에서 원래 있던 주어라고 하기는 어렵다.

(39) 가. 비가 올 것 같다.
가′. [e [[비가 올] 것] 같다]. (e: 비어 있는 범주를 나타냄. 여기에서는 주어)
가″. [비가 [[오-][-ㄹ 것 같다]]].
나. 형은 다른 사람보다 일찍 회복할 것이다.
다. 영미가 곧 돌아올 듯싶다.

한편 (39가~다) 역시 학문 문법적으로는 무주어문이다. 통사 구조적으로 '같다, 것이다, 듯싶다'의 주어가 없기 때문이다. 가령 (39가)는 엄밀히 보면 (39가′)의 구조로 이해된다. 관형사절 '비가 올'이 '것'을 꾸며 주고 서술어 '같다'가 '비가 올 것'을 보어로 취하는데 주어가 없는 것이다. (39나, 다)도 마찬가지이다.

그러나 학교 문법적 관점에서는 이를 무주어 문장으로 이해하기보다는 (39가″)과 같이 '비가'가 주어인 구조로 이해하는 것이 훨씬 실용적이다. 이때 '올, 회복할, 돌아올'은 본용언이고 '것 같다, 것이다, 듯싶다'는 보조 용언으로 기능한다고 생각할 수 있다. 그럴 경우 (39가~다)에서 각각 '비가, 형은, 영미가'를 주어로 분석하고 '올 것 같다, 회복할 것이다, 돌아올 듯싶다'를 서술어로 분석하는 것이 교육적으로는 더 간명하다.

4.2.5. 관형어

관형어는 체언을 수식하는 성분이다. 관형어가 체언을 수식하는 경우는 다음 네 가지로 나눌 수 있다.

(40) 가. 새 학기가 되었으니 심기일전하자.
나. 동생 물건을 빼앗으면 안 돼요.
다. 할아버지의 말씀이 기억에 생생하다.
라. 넓은 바다를 보니 기분이 상쾌하다.

(40가)는 관형사 '새'가 명사 '학기'를 꾸며 주고 있다. 관형사는 언제나 관형어로 쓰인다. (40나)에서는 명사(체언) '동생'이 명사(체언) '물건'을 꾸며 주고 있다. (40다)에서는 체언에 관형격 조사 '의'가 결합한 '할아버지의'가 '말씀'을 꾸며 주고 있다. (40라)에서는 용언 '넓다'에 관형사형 어미 '-은'이 결합하여 만들어진 '넓은'이 '바다'를 꾸며 주고 있다. 관형어의 형식은 극히 일부의 예를 제외하면 이 네 가지 중 하나가 된다.

(41) <u>내가 살던</u> 동네에는 작은 호수가 있었다.

관형어는 (41)의 밑줄 부분과 같이 주어, 서술어를 갖춘 형식으로 나타나는 경우도 있다. 이를 관형사절이라 한다. 곧 '내가 살던' 전체가 관형사절로서의 관형어이고 '살던'은 관형사절 속의 서술어이다. 거의 모든 '용언 어간+관형사형 어미'는 관형사절 속의 서술어인데, 예컨대 (40라)에서도 '넓은'은 그 앞에 주어가 생략된 한 어절짜리 관형사절이라고 할 수 있다. 이것이 '바다'를 꾸며 주므로 '바다'와 관련해서는 관형어로 분석되는 것이다.

(42) 가. 언니(의) 모자: 소유주
　　나. 나의 연구: 주체
　　다. 향가(의) 연구: 대상
　　라. 한국의 사찰: 소속처
　　마. 평화의 종소리: 속성

(43) 가. 언니(의) 사진
　　나. 언니가 소유한 사진
　　다. 언니가 찍은 사진
　　라. 언니를 찍은 사진

'체언+(의)'는 뒤의 체언에 대하여 상황 맥락에 따라 매우 다양한 의미로 해석할 수 있다. 곧 '체언+(의)'는 뒤의 체언에 대한 수식 기능을 한다는 본질적 특성에 따라 '관형어'라는 문장 성분 이름을 붙이는 것이지만, (42)에서 보듯이 그 심층적 의미 기능은 매우 다양하다는 것이다. 또한 어떤 '체언+(의)+체언' 구성이 여러 가지 뜻으로 해석되는 경우도 많다. (43가)는 (43나, 다, 라)와 같이 여러 의미를 지닌 중의적 표현이 된다.

4.2.6. 부사어

부사어도 관형어와 같은 수식 성분으로서 부속 성분에 해당한다. 관형어가 일관되게 체언만을 꾸미는 반면, 부사어의 수식 대상은 매우 다양하다.

(44) 가. 날씨가 너무 덥다.
나. 치타가 빨리 달린다.
다. 그는 아주 새 사람이 되었다.
라. 준현이가 정말 많이 먹는다.

(44가)의 '너무'와 (44나)의 '빨리'는 각각 용언 '덥다(형용사)', '달린다(동사)'를 꾸미고 (44다)의 '아주'는 관형어 '새'를 꾸미고 (44라)의 '정말'은 부사어 '많이'를 꾸민다. 이렇게 다양한 대상을 꾸미지만 그 대상은 어떤 성분으로 국한되어 있다. 그래서 이와 같은 부사어를 '성분 부사어'라고 부른다.

(45) 가. <u>설마</u> 그 사람이 우리를 배신하겠어?
나. <u>비록</u> 반대가 있더라도 할 말은 할 것입니다.

어떤 부사어는 절 전체의 의미와 연결되어 절 전체를 꾸민다. 이러한 부사어를 '절 부사어'라고 할 수 있다. (45가)에서 '설마'는 뒤따르는 절 전체를 꾸며 주는 역할을 하고 있다. (45가)는 하나의 절로 이루어진 단문이므로 결과적으로 문장 전체를 꾸며 주는 것이다. (45나)의 '비록'은 '반대가 있더라도'라는 부사절을 꾸며 주고 있다. 그러므로 (45)의 밑줄 친 부사를 모두 '절 부사어'라고 할 수 있다.[4]

---

4 학교 문법에서는 '절' 개념을 자세히 다루지 않으므로 '절 부사어'를 '문장 부사어'라고 하고, 학문 문법에서도 일반적으로 이 용어를 사용하고 있다.

(46) 가. 봄에는 꽃이 핀다. 그리고 여름에는 녹음이 우거진다.
나. 그가 일을 망쳐 놓았다. 그러나 아직도 희망은 있다.
다. 너는 사과 혹은 배를 가져오는 것이 좋겠다.

부사어 중에는 그 부사어가 쓰인 문장과 앞 문장의 의미적 관계에 따라 접속해 주는 부사어가 있다. (46가, 나)의 '그리고', '그러나'는 각각 뒤 문장에 속해 있으면서 앞 문장과 뒤 문장의 의미적 관계에 따라 쓰인 접속 부사어이다. (46다)의 '혹은'은 명사구 '사과'와 '배'를 접속해 주고 있다. 이처럼 명사구를 접속해 주는 단어도 일반적으로 부사어로 처리하는데, 이러한 부사어로서 '및, 혹은' 등이 더 있다.

(47) 가. 이 공을 멀리 던져 보아라.
나. 우리는 지하철역에서 만나기로 했다.
다. 꽃이 아주 예쁘게 피었다.
라. 네가 나를 좋아하는 만큼 나도 너를 좋아한다.

부사어 역시 관형어처럼 다양한 형식으로 성립된다. (47가)에서 '멀리'라는 부사가 그대로 부사어로 쓰였다. 부사는 관형어로 쓰이는 극히 드문 예를 제외하면 모두 부사어로 쓰인다. (47나)는 '지하철역에서'가 체언에 부사격 조사 '에서'가 결합한 부사어이고 (47다)는 '예쁘게'가 용언에 부사형 어미 '-게'가 결합한 부사어이다. (47라)는 '관형사절+의존 명사'가 부사어 기능을 하고 있다.

4.2.7. 독립어

독립어는 문장의 어느 성분과도 문법적 관련이 없는 문장 성분이다.

(48) 가. 예, 철수가 학생회장 후보입니다.
나. 할머니, 안방 불 꼭 끄고 나오세요.
다. 영숙아, 우리 오늘 소풍 가자.
라. 청춘, 이는 듣기만 해도 피가 끓는 말이다.

(48가)에서는 감탄사가 독립어로 쓰였다. 감탄사는 모두 독립어로 쓰인다. (48나, 다)에서는 호격어가 쓰였다. (48나)에서는 호격 조사가 결합되지 않은 호격어가 쓰였고 (48다)에서는 호격 조사가 결합된 호격어가 쓰였다. 모두 독립어이다. (48라)는 제시어가 독립어로 쓰였다. 아무런 표지 없는 명사구를 먼저 보이고 그와 관련 있는 서술이 뒤따를 때 선행 명사구를 '제시어'라고 한다. 일반적으로 제시어는 청자/독자로 하여금 주의를 집중하도록 하기 위해 쓰인다.

독립어가 문장의 어느 성분과도 문법적 관련이 없다는 것은 문법 기능적인 관련이 없다는 뜻이지 의미 · 화용적인 관련까지 없다는 뜻이 아니다.

(49) 가. 선생님, 이쪽으로 오십시오.
나. 여보, 이쪽으로 와요.
다. 형, 이쪽으로 와.
라. 야, 이쪽으로 와라.

(49)에서 부르는 대상과 화자 자신의 높낮이를 비교한 결과가 여러 등급의 상대 높임법의 종결 어미로 반영되었는데, 그것으로써 상대 높임법의 종결 어미를 문법적으로 결정한다고 볼 수도 있다. 그러나 이때 독립어인 호격어를 생략해도 상대 높임의 어미는 그대로 유지된다. 이는 상대 높임의 어미가 독립어를 비롯한 문장의 다른 성분과 문법적으로 관련되는 것이 아니라 언어 밖 세계의 객관적 대상과 의미 · 화용적으로 관련됨을 보여 준다. 곧 부름말은 독립어의 일종이다.

(50) 가. 형, 이 일이 잘될지는 모르겠네요.
나. 그게, 음, 쉬울 것 같지는 않습니다.
다. 그렇게 하지요, 뭐.

독립어는 일반적으로 문장 맨 앞에 위치하지만 문장의 중간 혹은 끝에 오는 경우도 적지 않다. (50가)와 같이 문장 맨 앞에 독립어가 쓰이는 일반적인 경우와는 달리 (50나)에서는 문장 중간에, (50다)에서는 문장 끝에 독립어가 쓰이고 있다.

4.3. 서술어의 자릿수와 문형

문장에서 필수적으로 쓰여야 하는 성분의 개수와 종류는 서술어의 의미에 따라서 정해진다. 이는 바꿔 말해 서술어가 문장의 기본적 형상을 결정하는 요소라는 뜻이다. 서술어가 필수적으로 요구하는 문장 성분의 개수를 서술어의 '자릿수 valency'라고 한다.

(51) 가. 하늘이 (정말) 파랗다.
　　나. 톰이 제리를 (10시에) 만났다.
　　다. 톰이 제리를 영국에 보냈다.

(51가)에서 서술어 '파랗다'가 그 의미를 나타내기 위해서는 최소한 파란 성질을 지니는 대상이 문장에 나타나야 어떤 상태의 장면이 성립되고, (51나)에서 서술어 '만나다'가 그 의미를 나타내기 위해서는 최소한 만나는 행위를 하는 주체, 만나는 행위의 대상이 문장에 나타나야 어떤 사건의 장면이 성립된다. 곧 (51가)에서의 성질의 대상과 (51나)에서의 행위의 주체, 대상은 각각 '파랗다'와 '만나다'가 의미적으로 요구하는 말이다.

그에 반해 괄호로 친 '정말'과 '10시에'는 반드시 나와야 하는 말은 아니다. 서술어를 포함하여 서술어의 요구에 따라 반드시 나와야 하는 성분을 필수 성분이라 하고 나오지 않아도 무방한 성분을 수의 성분이라고 하는데, 한국어에서 주어, 목적어, 보어, 서술어는 필수 성분이고 관형어, 독립어는 수의 성분이다. 필수 성분이라도 특정 맥락 속에서 생략되는 경우는 있다. 그러나 아무 맥락이 없을 경우 수의 성분은 생략되어도 무방하지만, 필수 성분이 없으면 토박이 화자는 무언가 정보가 빠진 느낌을 받는다.

한편, 부사어는 서술어가 무엇이냐에 따라 필수적인 경우도 있고 수의적인 경우도 있다. (51나)에서 '10시에'는 없어도 무방한 시간 정보인 반면, (51다)에서의 '영국에'는 서술어 '보내다'의 도달점이 반드시 필요해 나온 말이다. 그러므로 (51나)의 '10시에'는 수의 부사어이고 (51다)의 '영국에'는 필수 부사어이다.

서술어가 자신의 고유한 필수 성분의 개수와 종류에 근거하여 만들어 내는 문장의 기본적 형상을 '문형sentence pattern'이라 한다. 문형을 설정하는 방법은 여러 가지 관점이 있을 수 있으나, 이 책에서는 (52)~(58)과 같이 필수적 문장 성분의 종류를 기준으로 삼아 일곱 가지로 분류한다. 문장 성분과 연관을 맺는다는 사실이 통사적 형식의 대표성을 드러내기에 좋을 것이기 때문이다.

(52) 가. 주어+서술어
나. 아기가 잔다.

(53) 가. 주어+목적어+서술어
나. 학생들이 책을 읽는다.

(54) 가. 주어+보어+서술어
나. 오늘은 일요일이 아닙니다.

(55) 가. 주어+필수 부사어+서술어
나. 우리는 너희와 다르다.

(56) 가. 주어+필수 부사어+목적어+서술어 (주어+목적어+필수 부사어+서술어)
나. 나는 친구에게 편지를 보냈다.
다. 반대 측은 그 사실을 논거로 삼았다.

(57) 가. 주어+필수 부사어+필수 부사어+서술어
나. 그는 우리에게 집에 가라고 부탁했다.

(58) 가. 서술어
나. 불이야!

(52)는 주어 하나만 필수적으로 요구하는 한 자리 서술어가 만드는 문형이다. (53)은 목적어를 필수 성분으로 갖는 두 자리 서술어가 만드는 문형이다. (54)는 보어를 필수 성분으로 갖는 두 자리 서술어가 만드는 문형이다. (55)는 부사어를 필수 성분으로 갖는 두 자리 서술어가 만드는 문형이다. (56)과 (57)은 세 자리 서술어가 만드는 문형이다. (56나)는 필수 부사어와 목적어의 어순을 바꿀 수 있으나,

(56다)는 어순 바꿈이 불가능하다. (57)의 서술어는 발화나 사유의 의미를 가지는 동사들인데, 두 개의 필수 부사어 중 하나는 발화나 사유의 내용을 인용한 인용절이다. (58)은 서술어만으로 문장이 성립되는 특수한 문형이다.

한국어와 같이 '주제'의 비중이 큰 언어에서는 위의 문형에 주제를 추가할 수 있다. 주어조차 쓰이지 않은 (58)을 제외한 (52)~(57)의 모든 문형이 주제를 동반해 쓰일 수 있다. 가령, (52나)와 같은 문장에 주제를 추가하여 다음과 같이 쓸 수도 있다.

(59) 나는 아기가 잔다.

(59)는 내가 인식의 출발점이 되는 것으로 해석되는 문장으로서 성립할 수 있다. (59)는 필수 성분의 개수와 종류에 대한 인식을 바탕으로 한 문법적 시각에서는 이해하기 어려운 문장이지만, 예컨대 산부인과의 간호사가 여러 아기들 중 자기가 배정받은 한 아기의 행동을 관찰하면서 발화하는 맥락에서는 정상적으로 쓰일 수 있는 문장이다. 이러한 까닭에 주제를 문형 설정의 변수로 삼으면 문형의 종류가 기하급수적으로 늘어나서 문형 분류의 효과가 급격히 떨어진다. 주제는 정보 구조상의 필요에 따라 언제라도 들어갈 수도 있고 빠질 수도 있는 요소이다. 따라서 문형의 설정은 통사 구조만을 고려해야지 정보 구조를 함께 고려해서는 그 분류 기준에서 일관성을 잃게 된다.

4.4. 문장의 확장

문장은 일반적으로 절로 구성된다. 문장에 포함된 절의 개수와 종류 등에 따라 문장의 구조는 여러 유형으로 하위 분류된다.

4.4.1. 단문과 복문

(60)처럼 하나의 절로 이루어진 문장을 '단문(홑문장)'이라 하고 (61)처럼 둘 이상의 절로 이루어진 문장을 '복문(겹문장)'이라 한다.

(60) 가. 아기가 잔다.
나. 그 아기가 이제야 잔다.
다. 철수와 영희가 밥을 먹는다.[5]
라. 우리 집 셋째가 집에서 숙제를 한다.

(61) 가. 인생은 짧고 예술은 길다.
나. 나는 봄이 왔음을 오늘에서야 깨달았다.

문장을 단문과 복문으로 구별하는 것은 문장의 길이에 근거하는 것이 아니다. (60가~라)에서 보듯이 문장의 길이와는 관계없이 '주어+서술어' 관계, 곧 주술 관계가 한 번만 나타나면 단문인 것이다. (60라)에서는 주어 명사구 '셋째'를 '우리 집'이 꾸며 주고 '숙제를 한다'를 '집에서'가 꾸며 주지만 절로 구성된 수식어들이 아니다. 그러므로 (60라)는 여전히 단문인 것이다. 그러나 (61가)는 비록 (60다, 라)보다 길이는 짧지만 확실히 복문이다. 두 개의 절 '인생은 짧고'와 '예술은 길다'가 이어진 문장이다. (61나) 역시 '봄이 왔음'이라는 절이 '나는 오늘에서야 깨달았다'라는 절의 목적어로서 안긴 듯이 들어가 있다. 따라서 (61)의 문장들은 모두 복문인 것이다.

복문에는 (61가)와 같이 두 개의 절이 대등한 자격으로 이어진 문장이 있기도 하고 (61나)와 같이 두 개의 절 중 하나가 마치 어머니 역할을 하고 다른 하나가 마치 아기 역할을 하여 하나가 하나를 안고 있는 형식으로 이루어진 문장이 있기도 하다. 전자를 접속문(이어진문장), 후자를 포유문(안은문장)이라고 한다. 이제 접속문과 포유문의 특성에 대해 알아보기로 한다.

---

5 서양 문법 이론인 생성 문법의 영향을 받아 이러한 예를 '철수가 밥을 먹는다.'와 '영희가 밥을 먹는다.'가 결합된 복문으로 처리하기도 하였으나 최근에는 대체로 단문으로 보고 있다.

4.4.2. 접속문(이어진문장)

접속문은 두 절이 대등하게 이어진 문장을 뜻한다.[6] 그런데 접속문의 선행절과 후행절이 대등하게 이어졌다는 데에는 두 가지 뜻이 있다. 첫째, 그 대등성이 의미적이라는 것이다. 두 절이 의미상 각각 독립적이어서 한쪽이 다른 한쪽에 의존적이지 않다는 것이다. 둘째, 선행절이 후행절의 특정 문장 성분으로 기능하는 것이 아니라 두 절이 문법적으로 서로 연관되지 않는 채 대등하게 별개의 절로 독립해 있다는 것이다.

(62) 가. 지금 서울은 바람이 불고 비가 오겠다.
　　나. [[[지금 서울은][[바람이 불]-고 [비가 오]]]-겠]-다].

(62가)에서 추측 선어말 어미 '-겠-'의 의미 해석은 '바람이 불고 비가 오-' 전체에 걸리는 것이지 '비가 오-'에만 걸리는 것이 아니다. 그러므로 (62가)의 구조는 (62나)처럼 기술하는 것이 타당하다. 결국 (62나)는 '바람이 불-'이라는 절이 '비가 오-'라는 절과 대등하게 이어졌는데 그 둘을 이어 주는 연결 어미로 '-고'가 쓰인 문장이다. 접속문을 이루는 연결 어미에는 열거의 의미를 나타내는 '-고, -요, -(으)며, -(으)면서, -자', 대조의 의미를 나타내는 '-(으)나, -지만, -는데', 선택의 의미를 나타내는 '-거나, -든지' 등이 있다.

(63) 가. 철수는 키가 크다. + 철수는 잘생겼다.
　　나. 철수는 키가 크고, {Ø, *철수는} 잘생겼다.

(64) 가. 철수가 갔다. + 영희가 갔다.
　　가′. 철수가 {가거나, 갔거나} 영희가 갔습니다.

---

6 학교 문법에서는 전통적인 시각에 따라 접속문을 '대등하게 연결된 이어진문장'과 '종속적으로 연결된 이어진문장'으로 나누고, 전자를 이끄는 어미를 대등적 연결 어미, 후자를 이끄는 어미를 종속적 연결 어미라고 한다. 3장에서의 어미 분류는 이를 반영한 것이다. 그런데 통사적 현상들을 살펴보면 종속적으로 연결된 이어진문장은 부사절을 가진 안은문장과는 사소한 차이를 보이고 대등하게 연결된 이어진문장과는 큰 차이를 보이기 때문에 통사론에서는 종속절을 부사절의 일종으로 보는 의견이 다소 우세하다. 그러나 최근 부사절과 종속절의 차별성이 과소평가되었다는 주장도 제기되고 있기 때문에 향후 통설이 재조정될 가능성은 남아 있다.

나. 영수는 시인이다. + 영수는 화가이다.

나′. 영수는 {시인이자, 시인이며, 시인이면서} 화가이다.

(63)에서 보듯이 접속문에서는 후행절 주어가 선행절 주어와 같으면 후행절 주어를 반드시 탈락시켜야 한다. 또한 (64)에서 보듯이 접속문은 대체로 선행절에 시제, 상, 높임, 양태 요소의 선어말 어미를 결합시켜 쓸 수 있다.

(65) 가. 나는 밥을 먹<u>고</u> 학교에 갔다.

나. 동생이 학교에 가{<u>며, 면서</u>} 노래를 부른다.

다. 까마귀 날<u>자</u> 배 떨어진다.

라. 내가 집에 가<u>는데</u> 소나기가 내렸다.

연결 어미 중 일부는 내포 어미로 쓰이는 경우도 있다. 다시 말해 같은 형태라도 연결 어미와 내포 어미(전성 어미)의 다의어로 쓰이는 경우가 있다는 뜻이다. (65)에서 밑줄 친 어미들은 모두 부사형 어미로 쓰인 것이다. (65가)의 '-고'는 선행절의 사건과 후행절의 사건이 계기적繼起的으로 일어남을 나타낸다. 이때의 '-고'는 대등적 연결 어미 (63나)의 '-고'와는 달리 '-고서'로 바꿀 수 있다. 그러나 (63나)에서의 '-고'는 '-고서'로 바꾸어 쓰지 못한다. (65나)의 '-(으)며, -(으)면서'는 모두 선행절의 사건이 후행절의 사건과 동시에 일어남을 나타낸다. (65다)의 '-자'는 선행절의 사건 바로 뒤에 후행절의 사건이 뒤따름을 나타내는데 '-고'보다 더욱 강한 의미의 계기성을 나타내고 있다. (65라)의 '-는데'는 후행절 사건의 배경 상황을 제시하는 기능을 지니고 있다. 이러한 경우의 어미들은 모두 부사형 어미의 의미적 특성을 가지고 있을 뿐 아니라 통사적으로도 다른 부사형 어미와 유사한 모습으로 나타난다.

4.4.3. 포유문(안은문장)

포유문은 한 절이 다른 절을 문장 성분의 일부로서 안고 있는 문장이다. 학교 문법에서는 안은문장이라고 한다. 이때 안고 있는 절을 모절matrix clause 혹은 안은절이라 하고 안겨 있는 절을 내포절embedded clause 혹은 안긴절이라고 한다. 내포절을 만드는 데 쓰이는 어미를 내포 어미라고 한다. 내포 어미는 특정 범주나 기능으로 절의 성격을 결정하는 기능을 하기 때문에 전성 어미라고도 한다. 포유문을 구성하는 방법은 여러 가지가 있다. 내포절이 모절 속에 안길 적에 명사절, 관형사절, 부사절로 안길 경우에는 각각 명사형 전성 어미, 관형사형 전성 어미, 부사형 전성 어미를 사용하는 반면, 서술절로 안기는 경우는 아무런 형태도 필요하지 않다. 이제 각각의 포유문을 살펴보기로 한다.

4.4.3.1. 명사절을 가진 안은문장

절이 명사화되어 문장 성분의 일부로서 쓰이게 되면 그 절을 명사절이라고 부른다.

(66) 가. 사실이 밝혀졌다.
　　나. <u>그가 범인임</u>이 밝혀졌다.

(66나)에서 밑줄 친 '그가 범인임'은 주술 관계가 이루어진 절인데, (66가)의 명사 '사실'과 동일한 자격을 갖고 주어의 일부로 쓰이고 있다. 곧 절이 명사 자격을 가지는 것이다. 명사절이 이루어지는 방법은 몇 가지가 있으나, 여기에서는 (67)을 통해 가장 보편적인 방법 하나만을 보기로 한다.

(67) 가. <u>그가 범행을 저질렀음</u>이 밝혀졌다.
　　나. 공명은 <u>바람이 불기</u>를 기다렸다.
　　다. 병이 나으려면 <u>이 약을 먹는 것</u>이 좋다.

명사절은 명사형 어미 '-(으)ㅁ', '-기'가 결합되어 이루어진다. (67가)의 밑줄 부분은 주술 관계가 성립된 '그가 범행을 저질렀-'에 명사형 어미 '-음'이 붙어 형성된 명사절이다. (67나)의 밑줄 부분 역시 주술 관계가 성립된 '바람이 불-'에 명사형 어미 '-기'가 붙어 형성된 명사절이다. (67다)의 밑줄 부분은 형식적으로 보면 관형사절 '이 약을 먹는'이 의존 명사 '것'을 꾸며 주는 것이므로 명사절이 아니지만, 기능적으로 보면 명사와 같은 역할을 하는 명사절로 볼 수 있으므로 '-는 것'을 명사형 어미로 처리할 수도 있다.

4.4.3.2. 관형사절을 가진 안은문장

절이 관형사화되어 관형어로서 쓰이게 되면 그 절을 관형사절이라고 부른다. 관형사절은 관형사형 어미 '-(으)ㄴ', '-는', '-(으)ㄹ', '-던'에 의해 만들어진다.

(68) 가. 이것은 내가 {읽은, 읽는, 읽을} 책이다.
　　나. 저기 있는 {큰, 작은} 책상을 보아라.

관형사형 어미는 결합 어간이 동사인지 형용사인지에 따라, 자음으로 끝나는지 모음으로 끝나는지에 따라, 그리고 시제에 따라 구별되어 사용된다. 동사에서는 현재를 나타내기 위해 '-는'을 쓰지만 형용사에서는 '-(으)ㄴ'을 쓴다. 또 (68가)에서 보듯이 시제에 따라 관형사형 어미가 구별되어 쓰인다.

(69) 가. 저는 <u>그 선생님을 만난</u> 기억이 없습니다.
　　나. <u>이순신 장군이 만든</u> 거북선은 세계 최초의 철갑선입니다.

일반적으로 관형사절은 동격 관형사절과 관계 관형사절로 분류된다. 동격 관형사절이란 한 문장의 모든 필수 성분을 완전하게 갖추고 있는 관형사절이고 관계 관형사절이란 수식하는 명사와 동일한 성분이 관형사절 속에서 생략되어 있는 관형사절로서 각각 동격절, 관계절로 줄여 이르기도 한다. (69가)의 밑줄 부분은 동격

절이고 (69나)의 밑줄 부분은 관계절이다.

(70) 가. [e 쥐를 잡은] 고양이가 낮잠을 잔다.
나. [그 고양이가 e 잡은] 쥐가 많다.
다. [내가 어제 e 간] 서점은 이 지역의 명물이다.

(71) [e 넓은] 밭이 펼쳐져 있다.

관계절은 그것이 수식하는 명사구와 동일한 명사구가 빠져 있는 관형사절이다. 그 생략되어 있는 명사구는 관계절 속에서 주어, 목적어, 부사어로 해석된다. (70가)에서는 관계절 [ ]에서 주어로 해석되는 '고양이가'가 생략되어 있다. (70나)에서는 목적어로 해석되는 '쥐를'이 생략되어 있다. (70다)에서는 부사어로 해석되는 '서점에'가 생략되어 있다. 이처럼 관형사절 속의 빠진 문장 성분 중 하나가 그 관형사절이 꾸며 주는 명사와 동일한 것이 관계절의 특징이다. (71)에서 '넓은'은 주어가 생략된 관계절이다. '밭이 넓다'로 해석할 수 있기 때문이다.

4.4.3.3. 부사절을 가진 안은문장

절이 부사화되어 부사어로서 쓰이게 되면 그 절을 부사절이라고 부른다. 부사절을 만드는 것은 부사형 어미에 의존하는데, 학교 문법에서는 '-이, -게, -도록, -듯(이), -(으)ㄹ수록' 정도만을 부사형 어미로 제시하고 있으나, 종속적 연결 어미를 부사형 어미에 포함하는 것이 보통이다. 부사절은 접속절과 마찬가지로 부사형 어미의 의미 범주에 따라 여러 가지 유형으로 나누어 볼 수 있다. 부사형 어미의 종류를 먼저 보이고 그 예문을 일부만 제시하도록 한다.

(72) 가. 동시적 사건: -(으)면서/-(으)며
가′. 철수가 <u>노래를 {들으면서, 들으며}</u> 밥을 먹는다.
나. 계기적 사건: -자, -자마자, -고(서), -아(서)/어(서)
나′. 준호는 <u>집에 {가서, 가자마자}</u> 손을 씻었다.

다. 사건의 전환: -다가

라. 이유 · 원인: -아(서)/어(서), -(으)니까, -느라(고), -다가, -기에, -길래

라′. 나는 배가 아파서 일찍 집에 왔다.

마. 조건 · 가정: -(으)면, -거든, -아야/어야

바. 인정 · 양보: -아도/어도, -(으)ㄹ지라도, -더라도, -ㄴ데, -아야/어야, -(으)ㄴ들

사. 목적 · 의도: -(으)러, -(으)려고, -고자

이제 예전부터 부사형 어미로 보아 왔던 예 중 가장 자주 쓰이는 '-게'를 살펴보기로 한다. 우선 부사형 어미 '-게'는 가장 일반적으로 쓰이는 것인데, 부사절의 주어가 생략되어 성질, 상태 등을 나타내는 보통의 부사어처럼 쓰이는 대표적인 어미이다.

(73) 꽃$_i$이 [e$_i$ 아름답게] 피었다.

관형사절을 가진 안은문장에서처럼 이 문장 역시 '아름답게'의 주어인 '꽃이'가 생략되어 있는 것으로 볼 수 있다. '형용사 어간+-게'는 이처럼 단순히 한 단어처럼 쓰이는 것이 아주 자연스러운데 이는 다른 부사형 어미와 차별되는 특성이다. '-게'가 다른 부사형 어미처럼 주어와 다른 성분을 갖춘 부사절에 쓰인 예문은 다시 아래에서 살펴볼 것이다.

(74) 가. 준호는 나에게 "나는 영희를 좋아해."라고 말했다.

나. 동수는 '이건 너무 부당해.'라고 속으로 되뇌었다.

인용 부사절, 곧 인용절은 부사격 조사 '(이)라고'와 부사형 어미 '-다고, -냐고, -(으)라고, -자고'가 붙는 경우가 많다.[7] 인용절이란 어떤 말이나 글, 생각 따위가 따오듯이 표현되어 상위문에 안긴 절을 가리킨다. 인용절은 직접 인용절과 간접 인

7 학교 문법에서는 의미적 이질성에 근거하여 '인용절을 가진 안은문장'을 '부사절을 안은 안은문장'에서 분리하여 '인용절'을 '부사절'과 구별되는 안긴절의 한 유형으로 제시하고 있다. 그런데 이는 교육적으로 안은문장의 유형을 쉽게 설명하는 데 도움이 될 수 있으나, 통사적 기준에 의한 분류에 의미적 기준에 의한 분류가 끼어들어 온 것으로서 학문 문법적 시각에서는 엄밀성이 떨어진다.

용절로 나뉜다. (74)에서처럼 직접 인용절에는 따옴표가 앞뒤에 붙는 것이 원칙이다. 직접 인용절은 실제 발화한 말이나 쓴 글을 따온 것이다.

(75) 가. 피터 씨는 다음 주 발표를 자기가 하겠다고 합니다.
나. 선생님이 학생들에게 숙제를 다 해 왔(느)냐고 물었습니다.
다. 의사가 환자에게 담배를 끊으라고 충고했습니다.
라. 철수가 공원에 놀러 가자고 했지만 저는 가지 않았습니다.

(75)는 간접 인용절이 내포된 예문들이다. 간접 인용절은 말한 그대로를 따오지 않고 화자의 관점에 따라 변형하여 따온 것이다. (75가)는 평서문을 인용한 것이고 (75나)는 의문문을 인용한 것이다. (75다)는 명령문을 인용한 것이고 (75라)는 청유문을 인용한 것이다.

인용절을 가진 안은문장에는 몇 가지 특징이 있다. 첫째, 간접 인용절로 내포될 경우 상대 높임법은 별로 중요하지 않은 요소가 되므로, 단지 문장의 종류에 따라서만 어미 선택이 달라진다. 예컨대 종결형의 평서문에서는 '-ㅂ니다/습니다', '-아/어(요)', '-다' 등을 골고루 사용하지만 간접 인용절에서는 모두 '-다고'로 통합되어 표현된다. 의문문은 동사 서술어의 경우 '-(느)냐고', 형용사 서술어의 경우 '-(으)냐고'로 통합되어 표현된다. 명령문은 '-(으)라고', 청유문은 '-자고'로 통합되어 표현된다.

(76) 가. 저는 그 호랑이가 사자라고 생각했습니다.
나. 저는 그 탁자를 책상이라고 착각했습니다.

(77) 가. 나는 민수에게 "영미가 너를 좋아해."라고 말했다.
가′. 나는 민수에게 영미가 그를 좋아한다고 말했다.
나. 저는 어제 민수에게 "내일 갈 거니?" 하고 물었습니다.
나′. 저는 어제 민수에게 오늘 갈 거냐고 물었습니다.

둘째, 평서문이 '이다'로 끝나는 경우에는 간접 인용절이 '-(이)라고'와 같은 형식이 된다. 이는 (76)에서 확인할 수 있다. 셋째, 간접 인용절은 화자의 현재 관점에서 기술되기 때문에 인칭 대명사, 높임 표현, 시간/공간 표현 등이 직접 인용절과 달라진다. 이는 (77)에서 확인할 수 있다.

4.4.3.4. 서술절을 가진 안은문장

한국어에는 주어가 둘 이상 있는 듯이 보이는 문장이 있다. 흔히 '이중 주어문' 혹은 '주격 중출문'이라고 하는 문장이 그러하다.[8]

(78) 가. 민수가 눈이 크다.
가′. [민수가 [눈이 크다]].
나. 나는 호랑이가 무섭다.
다. 생선은 도미가 최고이다.
라. 학생이 {셋, 세 명}(이) 간다.
마. 저 사람은 아들이 아주 공부를 잘한다.
바. 그 전공은 취직이 가장 쉽다.
사. 서울이 그 백화점이 양복이 값이 5만 원이 싸.

(78)의 예문들을 설명하기는 쉽지 않으나, 학교 문법에서는 서술절을 가진 안은문장으로 설명한다. 예컨대 (78가)를 (78가′)의 구조를 지녔다고 설명하는 것이다. 이때 전체 문장의 주어는 '민수가', 그것의 서술어는 '눈이 크다'라는 절 형식이고, 문장 '눈이 크다'에서의 주어는 '눈이'이고 그것의 서술어는 '크다'라고 설명한다.

(78사)는 이중 주어문을 넘어서 다중 주어문이라고 할 수 있다. 이와 같은 문장은 서술절을 가진 안은문장이라고만 보아서는 문법적으로 설명하기 어렵다. 이러한 문장은 4.1.2.에서 다룬 문장을 보는 두 가지 관점, 곧 통사 구조적 관점과 정보

---

8 (78나)는 현행 학교 문법의 시각에서 말하면 서술절을 가진 안은문장으로 보아야 하고, 일부의 학문 문법 연구자들도 이 견해를 취하고 있다. 그런데 이러한 예는 학문 문법에서 '주어+보어+서술어'로 보는 견해도 상당한데, 이 학설에는 이론적 문제점이 적지 않아 보어를 설명한 4.2.3.에서도 언급하지 않았다. 학계에서 이러한 예는 '주어+보어+서술어'로 보는 견해와 '주제어+주어+서술어'로 보는 견해가 팽팽히 대립하고 있으며, 어느 학설이 다른 학설보다 확실하게 우위를 점하지 못하고 있다. 후자는 통사 현상 분석의 과학적 방법론에 좀 더 가깝다는 장점이 있지만 문장 성분으로서 주제어를 설정하지 않은 전통과 단절되는 단점이 있는 반면, 전자는 이미 알려져 있는 문장 성분인 보어의 개념을 약정적으로 확장함으로써 좀 더 쉽게 받아들여질 수 있는 장점이 있는 반면, 보어라는 문장 성분의 문법적 의미와 기능을 일관되게 설명하지 못하는 단점이 있다.

구조적 관점을 종합적으로 적용하여 해석하여야 이해할 수 있다. 그럼에도 불구하고 (78라)와 같이 수량 명사구가 나타난 이중 주어 현상은 아직 분명하게 설명되지 못한 채로 남아 있다.

4.4.4. 복문의 문법적 특성

복문은 둘 이상의 절이 존재하는 문장이므로 두 절이 어떤 문법적 특성을 드러내며 상호 관계를 맺고 있느냐, 어떤 절에서 어떠한 문법적 특성을 가지고 있느냐를 살펴보아야 한다. (79)는 그러한 문법적 특성을 살피는 기준을 정리한 것이다.

(79) 가. 한 절이 다른 한 절 속으로 이동할 수 있는가?
나. 접속절, 내포절의 어미에 시제, 상, 양태의 선어말 어미가 결합될 수 있는가?
다. 한 절과 다른 한 절의 주어가 같아야/달라야 하는가?
라. 내포절에 사용된 어미가 결합되는 서술어가 특정 부류로 제약되는가?
마. 모절의 문장 유형이 특정 문장 유형이어야 하는가?
바. 내포절에 부정 표현이 쓰일 수 있는가?
사. 연결 어미나 내포 어미에 보조사가 결합할 수 있는가?

예문을 통해 위 특성을 하나씩 살펴보고자 한다.

(80) 가. <u>산은 높고</u> 물은 깊다.
나. *물은 <u>산은 높고</u> 깊다.

(81) 가. <u>내일 날씨가 맑으면</u> 우리는 소풍을 갈 것이다.
나. 우리는 <u>내일 날씨가 맑으면</u> 소풍을 갈 것이다.

(79가)는 이동 제약이다. (80), (81)의 대조에서 확인할 수 있듯이 안은문장은 이동 제약이 없거나 적은 반면 이어진문장은 이동 제약이 매우 강하다.

(82) 가. 지난 주말에는 독감에 {걸려서, *걸렸어서} 집에만 있었어요.

나. 비가 {오다가, *오겠다가} 그칠 것 같습니다.

다. 집에 {가면서, *가더면서} 그 가게에 들러 음반을 사곤 했어요.

(79나)는 시제, 상, 양태 선어말 어미의 결합 제약이다. (82)에서 보듯 아무리 과거 일에 대해서 이야기하는 경우라도 '-아/어서' 앞에는 '-았/었-'을 쓸 수 없고, 아무리 미래에 이루려고 하는 일이라도 '-다가' 앞에는 '-겠-'을 쓸 수 없으며, 아무리 과거 일을 회상하듯이 말하는 상황이라도 '-(으)면서' 앞에는 '-더-'를 쓸 수 없다.

(83) 가. *철수는 유학을 떠나고자 엄마는 열심히 저축하고 있다.

나. 철수는 유학을 떠나고자 열심히 저축하고 있다.

(84) 가. 철수가 늦게 들어가자 선생님은 화를 내셨다.

나. *철수가 늦게 들어가자 철수는 피곤했다.

(79다)는 주어 일치/불일치 제약이다. 이어진문장의 선행절과 후행절은 주어가 같을 수도 있고 다를 수도 있는데, 부사절을 가진 안은문장에서도 보통 내포된 부사절의 주어와 모절의 주어가 같을 수도 있고 다를 수도 있다. 그러나 어떤 어미는 그것이 이끄는 내포절의 주어가 모절의 주어와 같거나 달라야 한다는 제약을 갖고 있다. (83가)처럼 내포절의 주어와 모절의 주어가 다르면 비문법적인 문장이 됨을 확인할 수 있다. 모두 (83나)처럼 주어를 일치시켜야 한다. 이때 일치된 주어 중 뒤의 것은 생략된다. 주어가 반드시 달라야 하는 어미도 있다. (84)에서 보듯이 '-자'는 내포절과 모절의 주어가 달라야 한다.

(85) 가. 열심히 공부하면 꼭 성공할 거예요.

나. 이게 맛있으면 또 만들어 드릴게요.

다. 그가 우리 학교 학생이면 한번 사귀어 봐.

(86) 가. 첨단 과학을 연구하려고 그 나라에 갔다.

나. *기분이 좋으려고 노력해 보세요.

다. *민수는 훌륭한 학생이려고 착한 일을 많이 했다.

(79라)는 어미와 결합하는 서술어 종류의 제약이다. 일반적으로 어미는 그 앞에 결합하는 서술어의 품사를 가리지 않으나 어떤 내포 어미는 서술어가 동사여야만 하는 특성이 있다. (85)는 '-(으)면'이 쓰인 문장들이다 '-(으)면'은 동사, 형용사, '체언+이다' 모두에 자연스럽게 결합되어 있다. 반면 (86)은 '-(으)려고'가 쓰인 문장들이다. '-(으)려고'는 (86가)에서처럼 동사와만 결합할 뿐 (86나, 다)에서처럼 형용사나 '체언+이다'와는 결합하지 않음을 알 수 있다. '-고자, -(으)러' 역시 마찬가지 특성을 가지고 있다.

(87) 가. *수미 씨는 공부도 잘하거니와 운동도 잘합니까?
나. *비가 올 것 같아서 우산을 꼭 가져가십시오.
다. *피터 씨는 한국에 오거든 수미 씨에게 꼭 전화합니다.

(79마)는 안은문장에서 모절이 가지는 문장 유형 제약을 말한다. 예를 들어 (87가)에서 보듯 '-거니와'는 모절이 의문문이 될 수 없고(명령문, 청유문도 될 수 없음), (87나)에서 보듯 '-아서/어서'는 모절이 명령문이 될 수 없으며(청유문도 될 수 없음), (87다)에서 보듯 '-거든'은 모절이 평서문이 될 수 없다(의문문도 되기 어려움). 거꾸로 말하면 '-거니와'는 평서문에서만 쓰이고 '-아서/어서'는 평서문과 의문문에서만 쓰이며 '-거든'은 명령문과 청유문에서만 쓰이는 것이다.

(88) 가. 그는 TV를 {보느라, *안 보느라} 내가 부르는 소리를 못 들었다.
나. 그는 나를 안 {*만나러, 만나려고} 서울로 갔다.

(79바)는 내포절의 부정 표현 관련 제약이다. 어떤 내포 어미는 '안/아니', '못', '-지 않다/못하다'와 결합하지 못한다. (88가)에서 보듯이 '-느라'는 부정 표현과 함께 쓰이지 못한다. 또 (88나)의 대조에서 보듯이 '-(으)러' 역시 부정 표현과 함께 쓰이지 못한다. 부정 표현과 함께 쓰려면 '-(으)려고'를 사용하여야 한다.

(89) 가. 설득은 해 보겠지만 가시게는 못할 것 같아.
나. *많이 먹을수록도 살이 찌지만 운동을 안 해도 살이 찐다.

(79사)는 어미의 보조사 결합 제약이다. (89가)의 부사형 어미 '-게'에는 보조사 '는'이 붙었으나 (89나)의 부사형 어미 '-(으)ㄹ수록'에는 보조사 '-도'가 붙지 못함을 확인할 수 있다.

제5장

통사론(2): 문법 요소론

제5장 통사론(2): 문법 요소론

문법 요소란 통사적으로 특정한 의미를 가지는 말을 가리킨다. 한국어에서 문법 요소는 문법 형태소인 경우가 대부분이나, 좀 더 넓게는 보조 용언 구성이나 의존 명사 구성과 같은 준 문법 형식까지도 포함한다. 문법 요소를 통해 시제, 상, 양태, 태, 높임 및 겸양, 문장의 유형, 부정과 같은 문법 범주grammatical category가 성립하는데, 학교 문법에서는 문법 형태소와 문법 범주를 아우르는 포괄적인 개념으로서 문법 요소를 사용하고 있다.

5.1. 문장의 유형

'문장의 유형sentence type'은 화자가 자신의 생각이나 느낌을 표현하기 위해 사용하는 특정의 문장 형식을 가리키는 문법 범주이다.[1] '문장 유형'이라고 줄여 이르기도 한다. 한국어 문장 유형은 종결 어미 혹은 문말의 억양에 따라 평서문, 의문문, 명령문, 청유문, 감탄문의 다섯 범주로 나누는 것이 일반적이다.

1 '문장의 유형'은 학자에 따라 '문장의 종류'라고 하기도 하고 좀 더 형식적으로 '문장 종결법'이라고 하기도 한다. '문장의 종류'는 일상어와 너무 가까워 그 범위가 혼동되는 사용례가 있을 수 있다. 예를 들어 7.4.2.에 나오는 '수행문'도 '문장의 종류' 중 하나라고 말할 수 있다. 한편 '문장 종결법'은 한국어와 같이 종결 부분에서 문장의 유형이 결정되는 언어의 문법에만 국한되는 용어가 되어 다른 언어의 문법과 비교·대조할 때 쓰기에 적절하지 않다. 따라서 이 책에서는 '문장의 유형'을 사용하도록 한다.

5.1.1. 평서문

평서문declarative sentence은 일반적으로 화자가 청자에게 특별히 요구하는 바 없이 어떤 정보를 전달하고자 하는 문장으로서 '서술문'이라고도 한다. 평서문은 평서형 종결 어미 혹은 문말 억양에 의해 실현된다.

(1) 가. 동수가 그림을 그립니다.
 나. 어느새 날씨가 개어 있다.
 다. 내가 그 일을 맡아서 하마.

(1)은 모두 평서형 종결 어미가 쓰인 문장이다. (1가)의 '-ㅂ니다'와 (1나)의 '-다'는 청자를 높이는 정도만 다를 뿐, 평범한 서술을 주 기능으로 하는 종결 어미이다. (1다)는 약속의 의미를 드러내는 데에만 특별히 쓰는 '-(으)마'가 나타난 예이다. 평서형 종결 어미들은 대체로 상대 높임의 등급에 따라 구별되어 쓰인다.

(2) 가. 민희가 지금 밥을 먹어(요).
 나. 정수가 이번에 상을 받았지(요).

(2)에 쓰인 '-아/어, -지'는 해체 종결 어미이고 거기에 '요'를 붙인 '-아요/어요, -지요'는 해요체 종결 어미인데, 이들은 문장의 의미 혹은 문말 억양에 따라 어떤 문장 유형의 어미인지가 결정된다. (2)를 평서문으로 말할 때는 문말 억양을 약간 내리게 된다.

(3) 가. 월드컵, 드디어 대단원의 막이 내리다.
 나. 오늘 친구와 북한산에 등산을 가다.

평서문 중에서는 동사에 아무런 선어말 어미나 어말 어미가 첨가되지 않고 오로지 사전에 실린 기본형인 '어간+-다'의 형태가 그대로 사용된 문장이 있다. (3가)와 같이 신문 기사 따위의 제목에서나 (3나)와 같이 일기 따위의 제목에서 흔히 쓰이는데, 이러한 문장은 현장감을 드러내고자 할 때 쓰인다.

5.1.2. 의문문

의문문interrogative sentence은 일반적으로 화자가 청자에게 질문하여 대답을 요구하는 문장이다. 의문문은 의문형 종결 어미 혹은 문말 억양에 의해 실현된다.

(4) 가. 민희가 피자를 먹습니까?
    나. 자네 요즘 몸이 좀 불편한가?
    다. 그 집이 {작(으)니, 작(으)냐}?
    라. 이거 먹어 봤어(요)?

(4)는 의문형 종결 어미가 쓰인 문장들이다. (4가)에는 하십시오체의 의문형 어미 '-ㅂ니까/-습니까'가 쓰였고, (4나)에는 하게체 의문형 어미 '-(으)ㄴ가'가 쓰였고, (4다)에는 해라체 의문형 어미 '-니'와 '-냐'가 쓰였다. 형용사는 '-니'가 수의적으로 '-으니'로 쓰일 수 있고 '-냐'도 수의적으로 '-으냐'로 쓰일 수 있다. (4라)에는 해(요)체 의문형 어미 '-어(요)'가 쓰였다. 이처럼 의문형 종결 어미들 역시 상대 높임의 등급에 따라 구별되어 쓰인다.

의문문에는 몇 가지 종류가 있으나 엄격한 기준에 따라 체계적으로 분류하기는 쉽지 않다. 질문 목적 이외의 발화 의도가 중요성을 띠는 수사 의문문, 요청 의문문은 5.1.6.에서 살펴보기로 하고 여기에서는 판정 의문문, 설명 의문문, 선택 의문문, 메아리 의문문, 자문自問을 차례로 살펴본다.

(5) 가. A: 이 아이가 네 동생이니?
        B: 예, 제 동생이에요. / 아니요, 제 동생이 아니에요.
    나. A: 너 어제 약속에 안 늦었어?
        B: 응, 안 늦었어. / 아니, 늦었어.

판정 의문문은 가부可否 의문문이라고도 한다. 평서형 어미가 쓰였다면 평서문으로 될 만한 문장 끝에 의문형 어미를 결합시켜 의문문으로 만든 것이다. 화자의 질문에 대해 그렇거나 그렇지 않다는 대답을 요구하는 의문문이다. (5가)의 물음 A에 대한 대답이 '예/아니요'로 되어 있어 판정 의문문임을 알 수 있다. 이때 문말의 억양은 올라간다. 그런데 (5나)에서처럼 부정否定 물음에 대한 대답이라도 화자의 물음에 긍정하는 대답이면 '응'을 쓰고 부정하는 대답이면 '아니'를 쓴다.

(6) 가. 누가 이 밥상을 차렸나요?
　　나. 요즘 무슨 일로 바쁘십니까?
　　다. 지희는 왜 그렇게 화가 났어요?

설명 의문문은 의문 대명사/관형사/부사 등의 의문사가 사용되어 그 의문사가 가리키는 부분에 대해 그 내용을 설명해 주기를 요구하는 의문문이다. (6가)는 '누구', (6나)는 '무슨', (6다)는 '왜'가 쓰인 의문문이다. 모두 설명 의문문으로서 문말 억양이 약간 내려가게 된다.

(7) A: 짜장면이 좋아, 우동이 좋아?
　　B: 짜장면이 좋아요.

(7)은 선택 의문문의 예이다. 선택 의문문은 둘 또는 그 이상의 선택항 중에서 하나를 골라 응답하기를 요구하는 의문문이다. 대답의 내용을 말해야 한다는 점에서는 설명 의문문과 유사하고 그 내용의 범위가 매우 한정된다는 점에서는 판정 의문문과 유사하다. 선택항 교체 부분의 억양은 올라가지도 않고 내려가지도 않으면서 문말 억양은 약간 내려간다.

(8) A: 이 집 음식 맛이 없네.
　　B: 음식이 맛이 {없다고, 없어}?

(8)과 같은 메아리 의문문은 상대방의 말을 확인하기 위해 그 말을 되풀이해서 묻는 의문문이다. 상대방의 말이 메아리처럼 되돌아온다고 해서 '메아리'라는 이름을 붙인 것이다. 상대방의 말을 확인하려는 이유는 그 내용을 잘 듣지 못해서인 경우도 있으나 대개는 그 내용에 동의하기 어려움을 표현하거나 그 내용이 의외의 사실임을 표현하기 위해서이다. 메아리 의문문의 문말 억양은 강하게 올라간다.

(9) 가. 이 옷이 나에게 어울릴까?
    나. 전지현이 그렇게 예쁜가?
    다. 이번에는 그이가 가나?

(10) 가. 인생이란 무엇인가?
    다. 집값 다시 하락 시작하나?

(9), (10)은 자문의 예이다. 자문은 근본적으로 남에게 묻기 위한 것이 아닌 화자 자신의 의구심을 표현한 것이다. 자문을 위한 의문형 어미로는 '-(으)ㄹ까, -(으)ㄴ가, -나' 등이 사용된다. 자문이 기본적으로 혼잣말의 성격을 지니고 있기는 하지만 다른 사람에게 말을 걸 때에도 사용할 수 있다. 이때의 상대 높임법 등급은 해체이다. (9)은 모두 자문의 형식을 빌려 청자에게 질문할 때도 사용된다고 할 수 있다. 그에 따라 (9)의 모든 예에서 종결 어미에 '요'를 붙여 해요체를 만들 수 있다. (10)의 '-(으)ㄴ가, -나'는 문어에서 쓰인 자문이다. 문어에서는 보통 구체적인 청자에게 말을 거는 맥락이 상정되지 않으므로 (10)을 해요체로 바꾸면 어색한 문장이 된다.

5.1.3. 명령문

명령문imperative sentence은 화자가 청자에게 어떤 행동을 하도록 요구하는 문장이다. 명령문은 명령형 종결 어미 혹은 문말 억양에 의해 실현된다. 명령문은 청자에게 행위를 요구하는 문장이기 때문에 자동적으로 청자가 주어가 되므로 주어를 굳이 밝혀 주지 않는 경우가 많다.

(11) 가. 이쪽으로 와 보십시오.
    나. 자네가 그 일을 하게.
    다. 이 밧줄을 잡아라.
    라. 이 죽 좀 드시구려.
    마. 빨리 밥 먹어(요).

(11)에서 여러 가지 명령형 종결 어미를 확인할 수 있다. (11가)에는 '-(으)십시오', (11나)에는 '-게', (11다)에는 '-아라', (11라)에는 '-구려'가 사용되었다. 이들은 상대 높임의 등급에 따라 구별되어 쓰인다. (11마)는 해(요)체 종결 어미 '-어(요)'를 사용한 예이다.

종결 어미 '-(으)라'를 사용하는 하라체 명령은 대면하지 않는 불특정 다수에게 명령할 때 주로 쓰이고, 설령 대면한다고 하여도 청자와 매우 공식적인 거리를 두는 명령이다. 요컨대 청자를 의식하지 않거나 희미하게 의식하는 상태에서 명령의 내용 전달에만 집중하는 명령이다. 반면에 '-아라/어라'와 같은 해라체 명령은 청자를 적극적으로 의식하면서 하는 명령이다.

(12) 가. 제군들은 나를 따르라.
가′. 실패하지 않으려면 내 말을 따라라.
나. 문제를 읽고 물음에 답하라.
나′. 문제를 읽고 물음에 답해라.
다. 정부는 수해水害 대책을 시급히 {마련하라, ?*마련해라}.

(12가′, 나′)가 상대를 대면하는 경우에 주로 쓰는 해라체 명령인 반면, (12가, 나)는 하라체 명령형이다. 이 구분은 (12다)에서 좀 더 분명하게 드러난다. 정부에 어떤 행동을 요구하는 일은 하라체 명령형을 쓸 전형적 상황으로 이해되므로 '마련해라'와 같은 해라체 명령형을 사용하는 것이 거의 불가능한 것이다.

5.1.4. 청유문

청유문propositive sentence은 화자가 청자에게 어떤 행동을 함께 할 것을 요청하는 문장이다. 청유문은 청유형 종결 어미 혹은 문말 억양에 의해 실현된다. 청유문은 명령문과 마찬가지로 자동적으로 화자와 청자가 주어가 되므로 주어를 굳이 밝혀 주지 않는 경우가 많다.

(13) 가. 여기에서 잠시 쉽시다.
나. 여기에서 잠시 쉬세.
다. 여기에서 잠시 쉬자.
라. 우리 여기에서 함께 {쉬어(요), 쉬지(요)}.

(13)은 청유형 종결 어미가 쓰인 문장이다. (13가)에는 하오체의 청유형 어미 '-(으)ㅂ시다'가, (13나)에는 하게체 명령형 어미 '-(으)세'가, (13다)에는 해라체의 청유형 어미 '-자'가 쓰였다. (13라)는 해체의 청유형 어미 '-어, -지'가 쓰이고 그 각각에 '-요'를 붙여 해요체를 만든 예이다. 문말 억양은 평서문과 거의 같다.

5.1.5. 감탄문

감탄문exclamative sentence은 화자가 청자를 별로 의식하지 않거나 거의 독백하는 상태에서 자기의 느낌을 표현하는 문장이다. 감탄문은 감탄형 종결 어미에 의해 실현된다.

(14) 가. 아이가 참 예쁘구먼.
나. 이 동네는 서점이 없구나.
다. 아이고, 예뻐라!

(14가)는 하게체의 감탄형 종결 어미 '-구먼'이 쓰인 감탄문이다. '-구먼'은 해체의 종결 어미로도 쓰이므로 '요'를 붙여 '-구먼요'로 쓰면 해요체가 된다. (14나, 다)는 해라체의 감탄형 종결 어미 '-구나'와 '-어라'가 쓰인 감탄문이다.

5.1.6. 문장의 유형과 발화의 의도

문장 유형은 종결 어미를 주된 근거로 형식적으로 분류한 결과이다. 문법적으로는 다섯 가지의 문장 유형이 그 각각에 어울리는 발화 의도를 전달하여야 할 것이다. 즉, 평서문은 주로 서술의 의미를, 의문문은 질문의 의미를, 명령문은 명령의 의미를, 청유문은 청유의 의미를, 감탄문은 감탄의 의미를 표현하여야 할 것이다. 그러나 실제 발화에서는 문장 유형과 발화 의도가 일치하지 않는 경우가 많다.

예를 들어, 의문문으로 표현된 문장이 평서의 발화 의도를 담거나 청유문으로 표현된 문장이 명령의 발화 의도를 담는 경우가 있는 것이다.

(15) 가. 그런 문제를 누가 풀 수 있어?
나. 창문 좀 열어 주시겠습니까?

(15가)는 아무도 그런 문제를 풀 수 없다는 강한 단언(서술)의 발화 의도를 나타내는 문장이다. 이처럼 수사적으로 어떤 사실을 강하게 긍정하거나 부정하는 의문문을 수사 의문문이라고 한다. 수사 의문문은 문장 유형과 발화 의도가 일치하지 않는 대표적인 예이다. (15나) 역시 의문문의 형식을 갖추었으나 명령(지시)의 발화 의도를 표현하고 있다.

(16) 가. (만원 지하철에서 내릴 때) 내립시다.
나. (반 친구들이 떠들 때 반장이) 조용히 하자.
다. (애인과 상점에서 쇼핑할 때) 야, 저거 괜찮은데.

(16가, 나)는 모두 청유문이다. 그러나 (16가)는 화자가 하는 행위만을 언급하는 문장이며 (16나)는 청자가 하는 행위만을 언급하는 문장이다. 다시 말해 (16가)는 화자가 내리겠다는 의지를 표현하는 평서문과 같은 뜻을 나타내고 있고 (16나)는 청자에게 조용히 하라고 요청하는 명령문과 같은 뜻을 나타내고 있다. 청유문은 일반적으로 화자와 청자의 공동 행위를 요청하는 것인데 (16가, 나)는 그렇지 않은 것이다. 그럼에도 불구하고 (16가, 나)를 청유문으로 쓸 수 있는 것은 청자에게 어떠한 협조를 부탁한다는 의미를 담고 있기 때문이다. (16다)는 어떤 상품이 좋다는 정보를 말하는 평서문이지만 사 달라는 명령(요청)의 발화 의도를 표현할 수 있다.

5.2. 높임 표현

높임 표현이란 말하는 사람이 어떤 대상에 대하여 그 높고 낮은 정도를 언어적으로 나타낸 것이다. 그 높낮이의 대상에 따라 높임 표현은 크게 주어나 주제의 대상을 높이는 주체 높임, 청자를 높이거나 낮추는 상대 높임, 목적어나 부사어의 대상을 높이는 객체 높임으로 나뉜다. 이 범주는 주로 문법 형태소로 표현되므로 문법 범주로 '높임법' 혹은 '경어법'을 설정할 수 있으나 간혹 어휘적 수단으로도 표현되므로 여기에서는 '높임 표현'이라는 포괄적 범주명을 쓰기로 한다.

5.2.1. 주체 높임

주체 높임은 문장의 주체, 곧 주어의 지시 대상을 높이는 것을 가리킨다. 주체 높임에는 선어말 어미 '-(으)시-'가 필수적으로 쓰인다.

(17) 가. 선생님, 아버지께서 신문을 읽으십니다.
　　 나. 여러분, 이쪽으로 오세요.

(17가)와 같이 3인칭 주체나 (17나)와 같이 2인칭 주체를 높이기 위해 '-(으)시-'를 사용하고 주격 조사로 '께서'를 사용하고 있다. 이 '께서'는 필수적인 것은 아니나, 깍듯이 높여야 할 대상에게는 쓰는 것이 바람직하다.

(18) 가. 할아버지, 아버지가 아직 안 {오셨습니다, 왔습니다}.
　　 나. (할머니가 손자에게) 영수야, 아버지 {들어왔니, 들어오셨니}?

주체 높임에는 압존壓尊이나 가존加尊의 원리가 성립하기도 한다. (18가)에서 화자가 자신의 아버지를 높이기 위해 '-시-'를 사용한 '오셨습니다'와 청자인 할아버지와의 비교에 따라 '-시-'를 쓰지 않은 '왔습니다' 모두 가능함을 알 수 있다. 이처럼 더 높은 어른인 청자를 고려해서 높임 대상인 주어를 높이지 않는 것을 압존이라고 한다. (18나)는 이와 반대의 경우이다. 할머니에게 아버지는 높이지 않아도 될 대상이지만 청자인 '영수'와의 비교에 따라 '-시-'를 쓴 '들어오셨니'가 가능함을 알 수 있다. 이처럼 주어가 화자보다 높지 않지만 청자보다는 높을 때 청자를 고려해서 주어를 높이는 것을 가존이라고 한다.

(19) 충무공은 구국의 {영웅이다, 영웅이시다}.

주체 높임은 자동적으로 결정되는 것이 아니라 화자의 판단에 의거한다. 같은 대상이라도 공식적으로 가리킬 때에는 주체 높임 표현을 쓰지 않고 개인적인 친밀감을 드러내거나 사적으로 가리킬 때에는 주체 높임 표현을 쓴다. (19)에서 '영웅이다'는 한국사 교과서에서 나올 만한 공식적 표현이고 '영웅이시다'는 개인적인 대화에서 할 만한 사적 표현이다. 공적으로 말할 때에는 대상을 객관적으로 표현하여야 하기 때문에 '-시-'를 쓰지 않은 것이다.

(20) 가. 계시다, 주무시다, 돌아가시다, 잡수시다, 편찮으시다
　　나. 지금 아버지가 집에 {계십니다, *있으십니다}.

우리말에는 주체 높임을 위한 특수한 어휘들도 존재한다. (20가)에서 보인 어휘들은 각각 '있다, 자다, 죽다, 먹다, 아프다'의 주체를 높이기 위한 특수 어휘들이다. 이들은 기원적으로 선어말 어미 '-(으)시-'를 가지고 있었던 말들이지만, 현대에는 그 선어말 어미를 분석하지 않고 하나의 특수 어휘로 굳어졌다고 파악한다. (20나)와 같이 '있다'에 그냥 '-(으)시-'만 붙여서는 비문법적 표현이 된다.

(21) 가. 선생님께서는 교실에 혼자 계십니다.
　　가′. 선생님, 비 오는데 우산 {있으세요, *계세요}?
　　나. 아버님은 어깨가 넓으시다.
　　다. 선생님은 따님이 아주 예쁘시다.

(22) 가. ?손님, 이 신발은 크세요.
　　나. ?*손님, 주문하신 커피 나오셨습니다.

한편 높임의 대상이 주체일 때 그것을 직접 높이는 직접 높임과는 달리 높임의 대상이 아니지만 높임 대상의 신체의 일부분이나 소유물, 친족 등을 높임으로써 주체를 간접적으로 높이는 표현이 있는데 이를 간접 높임이라 한다. '있다, 없다'의 주체 높임 표현은 각각 '계시다, 안 계시다'인데, (21가′)과 같이 간접 높임에서는 각각 '있으시다, 없으시다'로 쓰인다. (21다, 라)는 '어깨, 따님'을 높이는 형식을 통해 주체를 간접적으로 높이고 있다. 최근에는 (22가)와 같이 간접 높임이 과도하게 확장되어 쓰이기도 하지만, 높임 대상의 신체의 일부분이나 안정적 소유물, 친족 등이 주어가 아닌 예는 규범적으로 바람직하지 못한 것으로 언급된다. 더욱이 (22나)와 같은 문장은 간접 높임으로 보기 어려울 정도로 지나치게 확장된 오용 사례이다.

5.2.2. 객체 높임

객체 높임은 문장의 객체, 곧 목적어나 부사어의 지시 대상을 높이는 것을 가리킨다. 객체 높임은 주로 특수 어휘에 의해 표현된다.

(23) 가. 아버지를 {모시고, *데리고} 공원에 갔다.
　　나. 선생님을 {뵙고, *보고} 얘기를 나누었다.
　　다. 이 문제는 선생님께 {여쭈어서, *물어서} 해결하자.

(23가, 나)에서는 높임 대상이 목적어로 쓰였으므로 '데리다', '보다'를 사용하지 않고 각각 '모시다', '뵙다/뵈다'를 사용하였다. (23다)에서는 높임 대상이 부사어로 쓰였으므로 '묻다'를 사용하지 않고 '여쭈다'를 사용하였다. 한편 높임 대상이 부사어인데 부사격 조사 '에게' 대신 '께'를 사용하였다. 이 '께' 역시 주체 높임에서의 '께서'와 같이 필수적인 것은 아니어서 '에게'로 써도 되지만, 좀 더 예의 바르게 표현할 때에는 쓰는 것이 바람직하다.

5.2.3. 상대 높임

상대 높임은 말을 듣는 상대, 곧 청자를 높이거나 낮추는 것으로서 청자 대우라고도 한다. 상대 높임은 주로 종결 어미로 실현되는데, 어떤 종결 어미가 결합되었느냐에 따라 상대 높임의 등급이 결정된다.

	평서문	의문문	명령문	청유문	감탄문
하십시오체 (격식)	잡습니다, 갑니다	잡습니까?, 갑니까?	잡으십시오, 가십시오	×	×
	좋습니다, 예쁩니다	좋습니까?, 예쁩니까?	×	×	×
해요체 (비격식)	잡아요, 가요	잡아요?, 가요?	잡아요, 가요	(함께) 잡아요, 가요	가(세/셔)요
	좋아요, 예뻐요	좋아요?, 예뻐요?	×	×	예쁘(세/셔)요
하오체 (격식)	잡소/잡으오, 가오	잡소?/잡으오?, 가오?	잡소/ 잡으오, 가오	(함께) 잡읍시다, 갑시다	가는구려
	좋소, 예쁘오	좋소?, 예쁘오?	×	×	예쁘구려
하게체 (격식)	잡네, 가네	잡나?, 가는가?	잡게, 가게	(함께) 잡으세, 가세	가는구먼
	좋네/좋으이, 예쁘네/ 예쁘이	좋은가?, 예쁜가?	×	×	예쁘구먼
해체/ 반말체 (비격식)	잡아, 가	잡아?, 가?	잡아, 가	(함께) 잡아, 가	가, 가지
	좋아, 예뻐	좋아?, 예뻐?	×	×	좋아/예뻐
해라체 (격식)	잡는다, 간다	잡느냐?/잡니?, 가느냐?/가니?	잡아라, 가라	(함께) 잡자, 가자	가는구나
	좋다, 예쁘다	좋으냐?/ 좋으니?, 예쁘냐?/예쁘니?	×	×	예쁘구나

등급은 크게 '격식체'와 '비격식체'의 두 가지로 나뉜다. '격식체'는 공식적이고 청자와 다소간의 거리를 두고 상대에 대한 대우의 틀을 갖춘 상황에서 주로 쓰이고

'비격식체'는 사적이고 청자와 가까운 상황에서 친밀감을 나타내는 상황에서 주로 쓰인다. 따라서 한 청자에 대해 격식체와 비격식체는 다른 등급을 함께 쓰는 일이 흔해도 격식체끼리 혹은 비격식체끼리는 다른 등급을 함께 쓰는 일은 드물다. 예컨대 동일한 친구에 대해 사적으로는 해체를 쓰다가도 학급회의 같은 자리에서는 하십시오체를 쓰는 일이 있다. 그러나 어떤 청자에게 해라체를 쓰다가 하게체를 쓰는 일은 드물다. 한편 특정 종결 어미가 하게체와 해체 양쪽의 어미로 쓰이기도 한다. 가령 '-구먼, -군, -네, -(으)ㄴ가, -나' 등은 하게체 종결 어미이기도 하지만 해체 종결 어미이기도 하다. 해체에 '요'를 붙이면 해요체가 된다.

또 위의 등급 설정에서는 6개의 등급이 모두 일렬로 되어 있는데, 이에 따르면 하십시오체는 해요체보다 높은 등급이고 해체는 해라체보다 높은 등급이다. 학교문법에서는 격식체와 비격식체를 일렬로 비교하지 않으나 등급의 높낮이만을 객관적으로 비교할 때에는 이와 같이 나타낼 수가 있는 것이다.

(24) 가. 엄마, 이리 와서 밥 {먹어, *먹어라}.
나. (버스에서 가방을 들어 주는 할머니에게) {고맙습니다, *고마워요}.

(24가)에서 상위자 '엄마'에게 해라체를 쓰지 못한다는 사실과 (24나)에서 상위자 '할머니'에게 해요체를 쓰지 못한다는 사실은 물론 격식적 상황과 비격식적 상황의 구분에 따른 것이기는 하지만, 객관적으로 등급에 대해서만 말하자면 하십시오체가 해요체보다, 해체가 해라체보다 더 높은 등급임을 보여 주는 것이다.

(25) 가. 나는 너희들의 소대장이다. 지금부터 내 말을 잘 들어라.
나. ??나는 너희들의 소대장이야. 지금부터 내 말을 잘 들어.

해라체가 격식체라는 사실은 해라체를 일상생활에서 쓰지 못한다는 뜻이 아니라, 높게 대우하는 것과 동등하거나 낮게 대우하는 것의 틀(격식)을 지킨다는 뜻이다. 예를 들어 (24가)에서 상위자인 엄마에 대해서 친밀한 관계임을 드러낼 수는 있지만 '틀을 갖추어' 동등하게 혹은 낮게 대우할 수는 없기 때문에 해체는 쓸 수 있고 해라체는 쓸 수 없는 것이다. 이와는 대조적으로 위계의 틀을 분명하게 드러내고자 하는 (25)에서는 해라체가 자연스럽고 해체는 매우 어색하다.

(26) 가. (유치원 선생님이 아이들에게) 오리가 몇 마리지요?
나. (교수가 강의실에서) 다음 주 화요일이 1조 발표일입니다.

화자가 청자(상대)를 높이는 등급을 결정하는 것은 그 상황에서의 화자의 의도에 따른다. 예를 들어 청자가 아무리 하위자라도 다수多數라면 높이 대우해 주는 경우가 많다. (26)에서 유치원 선생님이 아동들에게 말할 때와 교수가 학생들에가 말할 때 해요체나 하십시오체를 사용함을 알 수 있다. 다수의 청자를 존중하려는 화자의 의도가 반영된 것이다. 이제 상대 높임의 등급에 대해 자세히 살펴보기로 한다.

(27) 가. 나 내일 미국 간다.
나. 너 내일 미국 가니?
다. 너 내일 미국 가라.

해라체는 가장 낮은 등급의 상대 높임이다. 자기와 비슷하거나 자기보다 낮은 사람을 확실히 낮추어 말하는 등급이다. (27가)는 각각 해라체의 평서문, 의문문, 명령문이다. 해라체 종결 어미 중 명령형 '-아라/어라'는 '-거라'로도 쓰일 수 있는데 '-거라'를 쓰면 의고적擬古的 문체가 되어 나이를 어느 정도 먹은 사람이 쓰지 않으면 어색하게 들린다.

(28) 가. 나 내일 미국 가.
나. 너 내일 미국 가?

(29) 가. 저 내일 미국 가요.
나. 내일 미국 {가요, 가세요/가셔요}?

해체는 반말체라고도 불리는데 상대를 두루 낮추는 데 쓰이는 등급이다. 비격식적 상황에서 쓰이므로 친밀감을 드러내기 위해 상위자에게 쓰이기도 한다. 해체에 보조사 '요'를 붙이면 '해요체'가 된다. 해요체는 상대를 두루 높이는 데 쓰이는 등급이다. 해요체 역시 해체와 마찬가지로 상대에게 거리를 두지 않고 개인적으로 편안하게 대하며 쓰는 등급이다. (28)은 해체 평서문과 의문문이고 (29)는 해요체 평서문과 의문문이다. 해요체를 쓸 때에는 청자가 상위자이기 때문에 청자가 주어인 경우 '-(으)시-'를 붙여서 '-세요/셔요' 형태로 쓰는 것이 일반적이다.

(30) 가. 내가 요즘 몸이 좀 안 좋네. 자네도 늘 건강 주의하게.
나. 자네 요즘 무슨 공부를 하고 있나?

하게체는 자기와 비슷하거나 자기보다 낮은 사람을 존중하며 대우해 주는 데 쓰이는 등급이다. 과거에는 친구들 사이에서도 자주 쓰였으나 요즘에는 장인, 장모가 사위에게 말하거나 교수가 제자에게 말할 때 정도밖에 쓰이지 않고 그나마 점점 사용 빈도가 줄어들고 있다. (30가)에서는 하게체 평서문과 명령문이 쓰였고 (30나)에서는 하게체 의문문이 쓰였다. 하게체는 '자네'와 같은 대명사와 아주 잘 어울리는 상대 높임 표현이다. 하게체 사용에서 특기할 만한 것은 화자의 절대적인 나이가 하게체 사용의 중요한 변수가 된다는 점이다. 일반적으로 높임 표현은 화자와 대상 사이의 상대적인 높낮이 관계에 기대어 표현되는 것이지만 하게체의 경우 화자의 절대적인 나이가 그 사용 여부를 결정한다. 2020년 시점에서 하게체는 대략 60대 미만의 사람들은 잘 쓰지 않고 60대 이상의 사람들이 주로 쓰는 등급이다.

하오체는 자기와 비슷한 사람을 존중하는 등급이지만 하게체보다 좀 더 상대방을 높이 대우하면서 말하거나 격식적 예의를 지키며 말할 때 쓰인다. 하게체가 친구 사이와 같이 가까운 거리의 사람에게 쓰는 데 반해, 하오체는 배우자와 같이 거리는 가까우나 격식적 예의를 지키고자 하는 사람에게 쓴다. 그러나 이러한 쓰임은 거의 과거의 전통으로만 남아 있으며 특히 배우자 사이에서는 격식이 이미 허물어져 하오체를 거의 들을 수 없다.

(31) 가. (남편이 아내에게) 나 오늘 회식이 있소. 늦어도 기다리지 말고 먼저 자오.
나. 김 형, 이리로 와 보오.

(32) 가. (시험 문제에서) 괄호 속에 알맞은 단어를 3음절로 쓰시오.
나. (온라인상에서) 오늘 황당한 일을 겪었소.

(33) 가. (어둑어둑한 저편에서 수상한 사람이 보일 때) 거기 누구요?
나. (수상한 사람이 와서 위협할 때) 당신들 그래 어쩌자는 거요?

(31가)에서는 예의를 갖춰 아내를 격식적으로 존중하고 있으며 (31나)에서도 자기와 비슷한 위치의 사람을 존중하며 말하고 있다. 하오체는 이와 같은 '거리를 지키는 격식적 존중'이라는 특성 때문에 현대 사회에서도 (32)와 같이 대면적 상황이 아닌 대중 매체를 통한 의사 전달이나 온라인상의 의사소통에서 활발히 쓰일 수 있다. 이러한 쓰임은 주로 문어에서 두드러진다. 대화에서의 하오체는 (33)에서처럼 잘 알지 못하는 사람이어서 당연히 거리를 두고 격식적 예의를 갖추어 존중해야 할 뿐만 아니라 자기 자신도 섣불리 낮출 필요가 없을 때에 많이 쓰인다. (33가)의 '누구요'는 '누구-이-오'로 분석되는 말이고 (33나)의 '거요'는 '거-이-오'로 분석되는 말이다. 겉보기에는 해요체로 보이나 하오체의 등급으로서 상대를 존중하되 자기의 자존감도 지키는 표현이다.

(34) 우리 산책이나 {합시다, 하십시다}.

현대 한국어에서 하오체가 가장 자주 쓰이는 문장은 명령문에서이다. 하오체의 청유형 어미는 '-(으)ㅂ시다'이고 청자에 대해 존중의 태도를 더 드러내고 싶으면 선어말 어미 '-(으)시-'를 쓴다. (34)에서 '-ㅂ시다, -십시다'가 쓰였는데 형태는 하십시오체 어미처럼 보이나 상정되는 청자는 하오체의 대상에 가까우므로 하오체 청유형 어미로 다루어진다. 품위 있게 상대를 대우해 주는 등급으로서 자주 쓰인다.

하오체는 하게체와 마찬가지로 화자의 나이가 어느 정도 이상이 되어야 쓰일 수 있다. 중장년이 안 된 화자가 쓰면 매우 어색하게 들린다. 그러나 하오체가 하게체와 다른 점은 확실한 하위자에게는 쓰지 않는다는 것이다. 하게체와는 달리 장인과 사위, 교수와 제자 사이와 같이 확실하게 상하위 관계가 드러나는 곳에서는 쓰지 않는다.

(35) 가. 학교 다녀오겠습니다.
　　나. 이것이 선생님 차입니까?
　　다. 선생님, 이쪽으로 오십시오.

(36) 가. 여러분, 졸업은 새로운 시작입니다.
　　나. 오늘은 오후에 비가 오겠습니다.

하십시오체는 청자를 가장 높이는 등급의 상대 높임 표현으로서 자신보다 상위자가 아닌 사람에게는 쓰지 않는 것이 원칙이다. (35)는 각각 하십시오체의 평서문, 의문문, 명령문이다. 모두 청자를 가장 높이는 등급을 나타낸다. (36)에서 보듯이 하십시오체는 불특정 다수의 청자를 대상으로 한 장면에서 자주 쓰인다. 예컨대 연설문, TV나 라디오 방송 등에서는 으레 하십시오체를 쓴다. 한국어에서는 이처럼 원칙적으로 대중을 우선적으로 높인다.

5.2.4. 겸양 표현

겸양 표현은 어떤 대상을 높이는 것이 아니라 자기 자신을 낮추는 것으로서 선어말 어미 '-옵/(으)오/사오-' 등에 의해 실현된다.

(37) 가. 사뿐히 밟고 가시옵소서.
　　나. 이렇게 메일을 드리는 이유는 다름이 아니오라 …
　　다. 다음 주 토요일 12시에 결혼식이 있사오니 …

(38) 저, 저희, 말씀, 소자小子, 졸고拙稿, 비견鄙見, …

(37)의 '-옵-, -(으)오-, -사오-'는 모두 어떤 대상을 높이기 위해 쓰인 것이 아니라 자기 자신을 낮추면서 상대방에게 공손한 태도를 보이기 위해 사용된 것이다.

겸양 표현은 문법 형태소에 의한 문법 범주인 겸양법 이외에 특수한 어휘에 의해 나타나기도 한다. (38)은 모두 자신 혹은 자신과 관련된 사물을 낮추어 표현하는 겸양의 특수 어휘이다. '말씀'은 (39)에서 보듯이 높임의 특수 어휘로도 쓰인다.

5.2.5. 높임의 특수 어휘

높임 표현 중에는 주체, 객체, 상대 중 특정 대상만을 높이려는 것이 아니라 어떤 대상과 관련된 사람 혹은 사물을 높이려는 의도로 쓰는 특수 어휘들이 있다.

(39) 가. 말씀, 연세年歲, 댁宅, 진지, 옥고玉稿, 영애令愛, 귀사貴社, …
　　나. 선생님의 말씀이 있으시겠습니다.

(39가)는 모두 높임의 대상과 관련 있는 사람이나 사물을 가리키는 높임의 특수 어휘이다. (39나)에서 보듯이 '말'을 '말씀'으로 높인다 하더라도 그것은 간접 높임이기 때문에 서술어는 '계시겠습니다'가 아니라 '있으시겠습니다'로 써야 한다.

5.3. 시제와 상

시제란 어떤 시점을 기준으로 하여 어떤 상황, 곧 어떤 사태(사건 및 상태)의 시간적 위치를 나타내는 문법 범주이다. 기준 시점은 발화시(화자가 발화하는 시점, 곧 현재)인 경우가 보통이지만 발화시 이외의 다른 시점으로 옮겨지는 경우도 있다. 한국어의 시제는 과거와 비과거의 2분 체계로 설정되는 경우도 있지만, 좀 더 일반적으로는 과거, 현재, 미래의 3분 체계로 설정된다. 상이란 어떤 사태 내부의 시간적 구성 방식을 가리키는 문법 범주로서 어미와 같은 문법 형태소로 표현되거나 보조 용언 구성, 의존 명사 구성과 같은 준 문법 형식에 의해 표현되는 것이다. 한국어에서는 진행상과 완료상이 대표적인 상으로 설정된다.

5.3.1. 절대 시제와 상대 시제

절대 시제란 발화시를 기준으로 한 시제이고 상대 시제란 발화시가 아닌 다른 시점을 기준으로 한 시제이다. 상대 시제의 기준 시점은 문장 마지막에 있는 서술어의 시점에 의해 결정되는 것이 보통이다.

(40) 가. 나는 달리는 말을 본다.
　　나. 나는 달리는 말을 보았다.

(40가)에서는 발화시를 기준으로 달리는 행위와 보는 행위가 현재에 일어나고 있어 현재 시제 관형사형 어미 '-는'과 현재 시제 선어말 어미 '-ㄴ-'이 쓰였다. (40나)에서는 발화시를 기준으로 볼 때 달리는 행위와 보는 행위가 모두 과거에 일어난 일이다. 그런데 '보다'에는 과거 시제 선어말 어미 '-았-'이 쓰였으나 '달리다'에는 현재 시제 관형사형 어미 '-는'이 쓰였다. 이것은 문장의 마지막 서술어 '보다'의 시점을 기준으로 할 때 달리는 행위가 현재로 해석되기 때문이다. 상대 시제는 이처럼 내포절(명사절, 관형사절, 부사절)의 시제를 설명하는 데 유용한 개념이다. 상대 시제 개념은 일부 접속문의 시제를 설명하는 데 쓰이기도 한다.

5.3.2. 현재 시제

절대 시제의 현재 시제는 발화시와 사태의 시점이 일치하는 시제이다. 문장 마지막의 서술어에서 표현되는 현재 시제는 절대 시제이고, 관형사형 어미로 표현되는 현재 시제는 대개 상대 시제이다.

(41) 가. 학생들이 지금 도서관에서 {책을 읽는다, 공부를 한다}.
　　나. 영희가 {웃어요, 웃습니다}.

(42) 가. 하늘이 푸르다.
　　나. 근수는 모범적인 학생이다.

(41가)에서 보듯이 해라체에서는 각각 동사 어간에 현재 시제 선어말 어미 '-는-/-ㄴ-'이 붙어 현재 시제를 나타낸다. 그러나 (41나)에서 보듯이 해(요)체, 하십시오체에서는 현재 시제 형태소가 'ø'로 나타나는 것이 보통이다. (42)에서 보듯이 형용사 어간과 '이-' 뒤에서는 'ø'이 붙어 현재 시제를 나타낸다.

(43) 가. 나는 내일 떠난다.
나. 지구는 태양을 돈다.
다. 동수는 커피 전문점을 운영한다.
라. 케네디는 중대 발표를 결심한다.

현재 시제에는 몇 가지 특징적 용법이 있다. (43가)는 현재 시제가 예정된 미래를 나타낼 수 있음을 보인 것이다. (43나, 다)는 과거에서부터 시작되어 미래에까지 이어질 것이기는 하지만 보편적 진리, 직업, 습관적 행동 등을 언급하는 데 현재 시제가 쓰임을 보인 것이다. (43라)는 과거에 일어난 일이지만 현장감을 강조하기 위해 쓴 이른바 '역사적 현재'이다.

(44) 가. 저 힘차게 달리는 말을 보십시오.
나. 그는 나에게 작은 인형을 주었다.
다. 시인인 형이 그렇게 험한 말을 하다니!

관형사절에서의 현재 시제 역시 동사와 형용사의 활용 형태가 다르다. (44가)에서 관형사형 어미 '-는'은 동사의 현재 시제를 나타내고 (44나, 다)에서 '-(으)ㄴ'은 형용사나 '이다'의 현재 시제를 나타낸다. 관형사절의 현재 시제 역시 위에서 설명한 '가까운 미래, 진리, 직업, 습관, 역사적 현재'의 의미를 모두 나타낼 수 있다.

5.3.3. 과거 시제

절대 시제의 과거 시제는 사태의 시점이 발화시보다 앞서는 시제이다. 문장 마지막 서술어의 과거 시제는 선어말 어미 '-았/었-'에 의해 분명히 표시된다.

(45) 가. 영수가 학교에 갔다.
나. 민수가 그림을 그렸습니다.

'-았었/었었-'은 '-았/었-'의 중첩형이다. '-았었/었었-'이 쓰이면 과거 사태와의 단절감을 강조하는 기능을 나타내는 경우가 많다.

(46) 가. 어제 고향 친구가 {왔다, 왔었다}.
나. 명호는 키가 {작았다, 작았었다}.
다. 어제 민수는 미술관에 {갔다, 갔었다}.

(46가)에서 '왔다'를 쓴 문장과는 달리 '왔었다'를 쓴 문장에서는 그 사태와 현재의 상황이 단절되었다는 느낌을 강조하기 때문에 고향 친구가 지금은 다시 떠나고 없음을 강하게 함축한다. '-았었/었었-'이 과거와의 단절감을 나타내므로 과거와 현재 사이의 상황 변화를 함축하는 것이다. 형용사나 '이다'가 서술어인 문장은 그 의미가 약간 다르다. (46나)에서 '작았었다'가 '작았다'보다 좀 더 상황 변화의 함축이 크게 느껴지기는 하지만, 둘 다 상황 변화의 의미가 감지된다. 형용사나 '이다'는 상태나 성질을 나타내기 때문에 과거의 상태를 말하는 것 자체가 현재와의 대조를 함축하는 것이다. 그럼에도 불구하고 '-었-' 중첩형이 아닌 단순 과거형은 상황 변화를 겪지 않은 경우에도 쓸 수 있다. '-았었/었었-'이 언제나 상황 변화를 함축하는 것은 아니다. (46다)에서 '-았었-'은 단순히 과거 사태를 강조하여 확인하는 기능만 할 뿐 상황 변화를 함축하는 것은 아니다. 곧 (46다)는 '-었-' 중첩형 대신 단순한 과거 시제의 '-았/었-'을 써도 다른 뜻이 되지 않는다. 과거의 느낌을 좀 더 강하게 줄 뿐 상황 변화는 함축하지 않는다.

과거 시제 형태소로서 선어말 어미 '-더-'도 쓰인다. '-더-'는 다른 형태소와의 결합 제약이 심한 형태소여서 문장 마지막에서는 '-더라, -더구나/더군, -더냐' 정도밖에 쓰이지 않고 부사절에서는 '-더니, -던데, -더라면, -더라도' 정도밖에 쓰이지 않는다.

(47) 가. 그때 보니까 {*나는, 너는, 그는} 친구와 다투더라.
나. 꿈에서 나는 친구와 다투더라.
다. 그 영화를 보니 {나는, *너는, *그는} 정말 슬프더라.
라. 그 집 초밥이 {맛있다고 하더라, 맛있다더라}.

'-더-'는 기본적으로 화자가 자신의 오감을 통해 직접 지각한 내용을 떠올리며 말할 때 사용한다. 따라서 1인칭 주어를 쓰지 않는 것이 원칙이다. (47가)에서는 '-더-'의 인칭 제약을 확인할 수 있다. 일반적 상황에서는 자기가 자기를 관찰하지 않기 때문이다. 그러나 (47나)에서 보듯이 자기를 객관화하여 관찰할 수 있는 상황에서는 1인칭 주어를 쓸 수 있다. 또 (47다)와 같이 자기의 심리나 감각은 자기만이 지각할 수 있는 것이므로 오히려 1인칭 주어만이 가능하다. 예외적으로 전지적 작가 시점의 소설 같은 곳에서는 (47다)와 같은 문장에서도 3인칭 주어가 쓰이는 경우가 간혹 있다. '-더-'는 화자가 스스로 경험한 사태에 대해서만 사용할 수 있다. 따라서 (47라)와 관련하여 '그 집'에서 초밥을 직접 먹어 보지 않은 사람은 "그 집 초밥이 맛있더라."와 같은 문장을 쓸 수 없고, 남이 지각한 내용을 들어서 알게 되었음을 표현한 (47라)와 같이 표현하여야 한다.

(48) 가. 내가 먹은 냉면은 동생이 삶아 준 것이다.
　　나. 이것은 내가 먹던 냉면이다.
　　다. 그때 이후로 아름답던 강산이 훼손되었다.

과거 시제의 관형사형 어미는 '-(으)ㄴ'과 '-던'의 두 가지가 있다. 동사에는 이 두 가지가 다 쓰이고 형용사에는 '-던'만이 쓰인다. (48가)는 '-ㄴ'이 쓰인 문장이고 (48나)는 '-던'이 쓰인 문장이다. 동사에서 모두 과거의 일을 나타낸다. 다만 상적 의미로 (48가)는 완료된 행위, (48나)는 미완료된 행위임을 알 수 있다. (48다)에서 보듯이 형용사나 '이다'에서는 '-던'이 단순히 과거의 상태를 나타내고 미완료된 행위를 나타내지 않는다.

5.3.4. 미래 시제

절대 시제의 미래 시제는 발화시보다 사태의 시점이 나중인 시제이다. 문장 마지막에서 표현되는 미래 시제는 절대 시제이고 관형사형 어미로 표현되는 미래 시제는 상대 시제이다. 미래 시제는 선어말 어미 '-겠-'과 '-(으)ㄹ 것이-'로 표시된다.

그 외에 현대 한국어에서는 드물게 쓰이는 '-(으)리-'에 의해서도 표시된다.

(49) 가. 내일도 비가 오겠습니다.
　　나. 내일도 비가 올 것입니다.

(49)에서 보듯이 '-겠-'과 '-(으)ㄹ 것이-'는 모두 미래 시제를 나타낼 수 있고 많은 경우 서로 바꾸어 쓸 수 있다. 그러나 둘 사이에는 의미 차이가 있다. 미래를 추측하는 경우를 포함하여 어떠한 추측이든지 그 근거가 있는데, 대체로 '-겠-'은 화자의 주관적 근거에 의한 판단을 나타낼 때 쓰이고 '-(으)ㄹ 것이-'는 객관적 근거에 의한 판단을 나타낼 때 쓰인다. 이때 개인적 경험과 같이 언뜻 주관적 근거로 보이는 것이라 하더라도 비교적 많은 사람들이 인정할 만하면 객관적 근거로 쓰일 수 있다.

(50) 가. (색깔, 모양, 냄새 등을 보며) 야, 이 음식 맛있겠다.
　　나. (이건 최고의 요리사가 고급 재료로 만든 것이니) 맛있을 거야.
　　다. (시집 안 간 여자가 신혼인 여자에게) 결혼해서 좋겠다.
　　라. (신혼인 여자가 곧 시집갈 여자에게) 결혼하면 좋을 거다.

(50가)에서는 '색깔, 모양, 냄새' 등이 추측의 근거이고 (50나)에서는 '최고의 요리사'와 '고급 재료'가 추측의 근거이다. 전자의 근거로 맛을 판단하는 것은 주관적이나 후자의 근거로 맛을 판단하는 것은 객관적이다. (50다)는 시집 안 간 여자가 자신이 경험하지 못한 신혼 생활을 상상하며 신혼인 여자의 생활을 부러워하는 것이기 때문에 주관적 근거에 의한 추측을 나타낸 것이고 (50라)는 신혼인 여자가 자신이 경험한 신혼 생활을 바탕으로 곧 시집갈 여자에게 한 말이므로 객관적 근거에 의한 추측을 나타낸 것이다. 일반적으로 두 미래 표현은 이렇게 추측의 근거가 주관적인지 객관적인지에 따라 구별되어 쓰인다.

(51) 가. 경아는 미래에 내 아내가 될 여자이다.
　　나. 이 집은 청소만 좀 하면 근사할 집이다.

관형사절에서의 미래 시제는 동사, 형용사, '이다' 공히 '-(으)ㄹ'에 의해 표현된다. (51)에서는 미래 시제 관형사형 어미 '-(으)ㄹ'이 쓰였다. 형용사나 '이다'에는 원칙적으로 미래 시제 어미가 붙기 어려우나 (51나)와 같이 조건절이 쓰이거나 양보절이 쓰이는 경우 의미에 맞게 미래 시제가 쓰일 수 있다.

5.3.5. 진행상

진행상이란 어떤 사건이 특정 시간 구간 내에서 계속 이어지고 있음을 나타낸다.

(52) 가. 동생이 공부를 하고 있다.
나. 날이 밝아 온다.
다. 나는 음악을 들으며 방을 청소했다.

(52가)는 진행상의 대표적 형식인 '-고 있다'가 쓰인 문장이다. '-고 있다' 이외에도 (52나)에서의 '-아/어 오다'나 '-아/어 가다'와 같은 보조 용언 구문이 진행상을 표시할 수 있다. (52다)는 부사형 어미 '-으며'에 의해 '듣다'에 진행상이 표시된 것이다.

(53) 가. 동생이 공부를 {하고 있다, 하는 중이다}.
나. 언니는 그 사실을 철저히 {믿고 있다, ??믿는 중이다}.

(53가)에서 보듯이 의존 명사 '중中'을 쓴 '-는 중이다'도 '-고 있다'와 같이 진행의 의미를 나타낼 수 있다. 그런데 '-는 중이다'는 '-고 있다'와는 달리 동작성이 약한 동사와는 어울리기 어렵다. 따라서 (53나)에서 보듯이 '믿다'나 '알다, 인식하다'와 같은 동사와 쓰이면 어색해지거나 비문이 된다.

5.3.6. 완료상과 결과 상태상

완료상이란 어떤 사건이 끝났거나 끝난 후의 결과 상태가 지속되고 있음을 나타낸다.

(54) 가. 철수가 집에 갔다.
나. 감이 잘 익었다.
다. 감이 잘 익어 있다.
라. 민수가 넥타이를 매고 있다.

(54가)에서는 '-았-'이 쓰여 '가다'라는 행위가 끝났음을 나타내었다. 시간적 위치로는 과거이지만 행위 내부의 시간적 구성 방식은 완료이다. 역시 '-었-'이 쓰인 (54나)는 '익다'라는 작용이 끝난 후 그 결과 상태가 지속됨을 보여 준다. 이와 같은 결과 상태 지속의 의미를 분명히 나타낼 때에는 (54다)와 같이 '-어 있다'를 사용하기도 한다. (54라)의 '-고 있다'는 매고 난 후의 결과 상태 지속을 나타내는 완료상으로 해석할 수도 있고 보통의 진행상으로 해석할 수도 있다. '입다, 매다, 쓰다, 끼다, 타다' 등과 같이 신체에 무엇인가를 접촉하게 되는 행위 중 어느 정도 이상의 시간의 폭을 요구하는 동사에 '-고 있다'가 쓰이면 이처럼 중의적 의미를 가지게 된다.

5.3.7. 상과 동사의 연관성

동사 자체가 상적인 의미를 내포하고 있어 특정 동사와 상이 잘 어울리거나 어울리지 않는 경우가 발생한다.

(55) 가. 순희가 공원을 걷고 있다.
나. 명희가 볼펜을 쥐고 있다.
다. 명희가 볼펜을 천천히 쥐고 있다.

(55가)의 '걷다'는 행위를 끝없이 지속할 수 있는 과정 동사이다. 따라서 '-고 있다'가 결합하면 진행상의 의미로 해석하는 것이 자연스러워진다. 이에 비해 (55나)의 '쥐다'는 행위가 순간적으로 일어나는 순간 동사이다. 따라서 '-고 있다'가 결합할 때 진행상의 의미로 해석하기 어렵다. 순간적으로 일어나는 행위는 시간의 폭이 너무나 짧기 때문이다. 그래서 (55나)의 '-고 있다'는 결과 상태 지속의 완료상으로 해석하게 된다. 그러나 (55다)와 같이 '천천히'와 같은 말을 사용하여 어색한 상황을 만들어서라도 행위의 시간 폭을 넓혀 주면 '-고 있다'를 진행상으로 해석할 수 있게 된다.

(56) 가. 철수가 눈을 깜빡이고 있다.
나. 아이들이 공을 차고 있다.

(56)의 '깜빡이다'와 '차다'는 모두 순간 동사이다. 그리고 이들은 행위의 결과가 남지 않는 동사이기도 하다. 그러므로 원칙적으로는 진행상의 '-고 있다'도 쓸 수 없고 결과 상태 지속의 완료상을 나타내는 '-고 있다'도 쓸 수 없어야 한다. 그러나 (56가, 나)는 모두 문법적이다. (56)은 반복적 행위를 뜻하고 있다. 반복적 행위를 지속적인 행위로 인식해 표현하는 것이다.

5.4. 양태

한국어에는 화자의 주관적인 태도를 세분화하여 표현하는 장치가 발달되어 있다. 이와 관련된 문법 범주를 양태modality라 한다.

(57) 한라산 설경이 {아름다워, 아름답겠다, 아름답더라, 아름답네}.

(57)은 모두 '한라산 설경이 아름답-'이라는 명제를 표현한다. 그런데 '아름다워'를 제외한 '아름답겠다, 아름답더라, 아름답네'를 쓰면 명제 의미 외에도 화자의 주관

적 태도와 관련한 의미가 덧붙는다. '아름답겠다'는 한라산 설경이 아름다울 것이라는 화자의 추측을 표현하는 반면 '아름답더라'는 화자가 과거에 직접 한라산 설경을 본 자신의 경험을 말한다. '아름답네'는 현재 한라산 설경을 본 즉각적인 경험을 말한 것이다. 이렇게 명제에 대한 화자의 주관적 태도를 나타내는 문법 범주를 양태라고 한다.

(58) 가. 한라산 설경이 아름답네.
　　나. 이번에는 꼭 한라산 정상에 서 볼래.

(59) 가. 지금 밖에는 바람이 불 수(도) 있다.
　　나. 나는 턱걸이를 10개 할 수 있다.

양태는 명제가 표현하는 정보의 성격에 대한 화자의 태도를 나타내는 것도 있고 담화 참여자나 명제 참여자의 행위에 대한 태도를 표현하는 것도 있다. (58가)에서 '-네'는 앞에서 본 바와 같이 화자가 가지고 있는 정보가 직접적인 경험에 의한 것임을 표현한다. 즉 이때 명제 '한라산 설경이 아름답-'은 화자가 가지고 있는 '앎'의 내용이다. 반면 (58나)의 명제 '이번에는 꼭 한라산 정상에 서 보-'는 화자가 가지고 있는 앎의 내용이 아니다. 이는 화자의 미래에 하고자 하는 행위의 내용이다.

정보의 성격과 관련된 양태 의미로 '추측, 가능성, 지각' 등이 있고 행위의 내용과 관련된 양태 의미로는 '의도, 의무, 능력' 등이 있다. 전자를 '인식 양태'라고 부르고 후자를 '행위 양태'라고 한다. 그런데 하나의 표현이 이 두 부류의 양태 의미를 모두 표현하는 다의성을 가지는 일이 흔하다. (59가, 나)는 모두 통사적 구성인 '-을 수 있-'이 사용된 문장이다. (59가)의 '-을 수 있-'은 화자가 가지고 있는 정보가 그리 확실하지는 않지만 그럴 가능성이 조금은 존재한다는 것을 표현한다. (59나)의 '-을 수 있-'은 주어 명사구의 지시 대상이 가지는 '능력'을 표현한다.

(60) 가. 이 나이에 고물 자동차나 끌고 다니니 {한심합니다, *다행입니다}.
　　나. 이 나이에 고물 자동차나마 끌고 다니니 {*한심합니다, 다행입니다}.

화자의 감정과 관련된 의미로 나타나는 양태도 있다. 이를 '감정 양태'라고 하는데, (60가, 나)에서 보조사 '나'와 '나마'는 모두 선행 명사구에 대해 화자가 느끼는 '하찮음'을 표현하는데 '나'가 부정적인 느낌만을 표현하는 데 반해 '나마'는 하찮은 것이라도 있으니 다행이라는 감정을 표현한다는 차이가 있다.

한국어에서 양태는 선어말 어미, 종결 어미, 연결 어미, 전성 어미, 보조사, 통사적(우언적) 구성과 같이 다양한 형식에 의해 나타난다. 아래에서는 선어말 어미 '-겠-', 종결 어미 '-지, -네, -구나', 연결 어미 '-(으)려고, -고자, -길래'를 살펴보기로 한다.

(61) 가. 오늘은 날씨가 좋겠다.
　　나. 나는 커서 반드시 훌륭한 사람이 되겠다.

(62) 가. 어제 영희는 기차를 탔겠다.
　　나. 지금쯤 부산에는 비가 오겠다.

(61가)의 '-겠-'은 추측을 나타내며 (61나)의 '-겠-'은 화자의 의도를 나타낸다. '추측'이나 '의도'는 명제에 대한 화자의 주관적인 판단과 관련된다. (62)에서 보듯이 양태 형태소 '-겠-'은 미래 시제 이외에도 과거의 사태에 대해서도 쓸 수 있으며 현재의 사태에도 사용할 수 있다.

(63) *나는 꼭 대통령이 되겠었다.

(64) 가. {나는, *너는, *철수는} 모임에 꼭 참석하겠다.
　　나. {*내가, 네가, *철수가} 모임에 참석해 주겠니?

'-겠-'이 '추측'을 나타낼 때에는 위에서 본 바와 같이 여러 시제에 사용될 수 있고 주어에 대한 제약도 없다. 그러나 (63)에서처럼 '의도'를 나타낼 때에는 과거 시제 형식과 결합할 수 없고 (64)에서처럼 주어에 대한 인칭에도 제약이 있다. 평서문에서는 1인칭 주어만을, 의문문에서는 2인칭 주어만을 취한다.

(65) 오늘 선희가 소풍 {가, 가지}.

종결 어미 '-지'의 의미는 종결 어미 '-어'와 비교하는 경우가 많다. 둘 모두 반말체 등급을 표현하면서 억양에 따라 평서문으로도, 의문형으로도 명령형으로도 사용될 수 있는 통용 어미의 특징이 있다. 그러나 '-어'의 의미가 무표적인 데 반해 '-지'의 의미는 상당히 복잡하다.

(65)에서 '-어'와 '-지'는 의미에 있어서 큰 차이가 없는 듯이 생각되기도 한다. 그러나 '-지'가 판정 의문문에 사용되면 '-어'와는 의미가 확연히 구별된다.

(66) 오늘 선희가 소풍 {가, 가지}?

(67) 가. 오늘 철수가 소풍 가, 안 가?
나. *오늘 철수가 소풍 가지, 안 가지?

(66)에서 '가'를 쓰면 보통의 의문문이 되는 데 반해 '가지'를 쓰면 이미 화자가 오늘 철수가 소풍을 간다는 사실을 알고 있는 상황에서 청자에게 한 번 더 확인하는 의미를 나타낸다. 이러한 예를 근거로 '-지'가 '이미 앎'의 의미를 표현한다고 본다. 위의 평서문의 경우에도 '-지'는 명제 내용이 화자가 원래부터 알고 있던 사실을 부각하는 효과가 있다. 이러한 특성 때문에 (67)에서 보듯이 '-지'는 선택 의문문에는 사용되지 않는다. 상반된 두 가지를 다 인식하고 있다는 것은 성립하지 않기 때문이다.

(68) 가. 이게 누구 가방이야?
나. 이게 누구 가방이지?

설명 의문문에서는 '이미 앎'의 의미가 부각되지 않는 경우도 많다. 그러나 화자가 예전에 알았으나 잠시 잊어버린 경우 기억을 다시 불러올 때 사용될 수 있기 때문에 이러한 의미가 여전히 작동한다고 볼 수 있다. 예를 들어 (68가)에 비해 (68나)는 예전에 이것이 누구의 가방인지를 알고 있었다는 느낌을 준다.

(69) 가. 이 일은 내가 하지.
　　나. 이번에는 네가 좀 가지.

(70) 가. (버스에서) 차도 밀리는데 여기서 좀 내려 주시지.
　　나. 나 먹을 것도 좀 남겨 두지.

위에서 살펴본 '-지'는 인식 양태에 해당하는데, 경우에 따라서는 행위 양태에 해당할 때도 있다. (69)에서 '-지'는 화자 혹은 청자의 미래 행위에 대해 의견을 표출하는 '제안'의 의미를 나타낸다. (70가)는 이와는 달리 청자의 미래 행위에 대한 '기원'의 의미를 나타낸다. 이때 '기원'은 미래 사태에 국한되지 않는다. (70나)는 과거의 사태에 대하여 실현되었으면 좋았을 것이라는 바람을 표현한다.

(71) 가. 어, 여기 누가 사전을 두고 갔네.
　　나. 오늘은 밥맛이 좋네.
　　다. *서울이 한국의 수도네.

종결 어미 '-네'는 '지각'에 의해 현재에 '새로 알게 된' 사태를 표현한다. (71가)는 누군가가 사전을 두고 간 것을 직접 본 후 한 발화이며 (71나)는 감각적으로 밥맛이 좋음을 느낀 것을 표현한 발화이다. '-네'는 원래부터 알고 있던 사실에 쓰이지 않고 지각에 의해 새로 알게 된 사실을 표현한다. 따라서 (71다)와 같은 문장은 일반적으로 쓰이지 않는다.

(72) 가. 옷에 이상한 냄새가 {나네, 나는구나}.
　　나. *내가 학교에 {가네, 가는구나}.
　　다. 내가 모르고 언니 옷을 입고 {왔네, 왔구나}.

(72가)에서 보듯이 '-구나'는 '-네'와 많은 문맥에서 교체되어 쓰일 수 있다. 또 '-구나'와 '-네'는 새로 알게 된 사실에 쓰이므로 '-더-'가 1인칭 주어에 대한 제약을 가지는 것처럼, (72나)에서처럼 '-구나'나 '-네'도 1인칭 주어를 가지는 문장에 쓰이기 어려운 경우가 있다. 그러나 (72다)에서처럼 화자 자신에 대한 일이라도 그것이 새

로 알게 된 사실이면 '-네'나 '-구나'를 사용하는 것이 가능하다.

(73) 가. 너 어제 밤샘해서 {??피곤하네, 피곤하구나}?(↗)
　　나. (은수를 꼭 닮은 걸 보니) 네가 은수 {*동생이네, 동생이구나}.(↗)

그러나 '-네'의 의미는 '지각'이라는 정보 획득 방법에 초점이 있는 데 반해, '-구나'의 의미는 어떤 사실을 새로 알게 되는 과정 자체에 초점이 있다는 차이점이 있다. 그것은 '-구나'가 '-네'와는 달리 추론 과정을 거친 정보를 나타낼 때 쓰이는 사실과 관련된다. (73가)와 같이 청자의 얼굴빛을 보고 피곤하다는 사실을 추론한 경우 '-네'를 쓰는 것은 매우 어색하고 '-구나'를 쓰는 것이 자연스럽다. (73나)의 상황에서도 '-네'는 거의 사용될 수 없다. 이는 '-구나'가 '추론'으로 얻은 사실을 표현할 수 있기 때문이다.

(74) 가. 그는 넘어지지 않으려고 안간힘을 썼다.
　　나. 선생님께 조언을 얻고자 이렇게 편지를 드립니다.

(75) 가. 우유가 {떨어졌길래, 떨어져서} 내가 한 병 사 왔어.
　　나. 세종이 한글을 {*만들었길래, 만들어서} 백성들이 글을 읽을 수 있게 되었다.

(74가)의 '-(으)려고'와 (74나)의 '-고자'는 모두 선행절 내용이 후행절 내용의 '목적'임을 나타낸다. 이때 '-(으)려고'와 '-고자'에서는 화자의 '의도'가 표현된다는 점에서 이 어미들의 의미는 행위 양태와 연관된다. (75가)에서 보는 바와 같이 '-길래'는 '-아/어서'와 비슷하게 '이유/원인'의 의미를 나타낸다. 그런데 그 '이유/원인'이 되는 사태가 반드시 화자가 직접 지각한 것이어야 한다는 특징이 있다. (75나)에서처럼 세종이 한글을 만드는 모습은 직접 본 것이 아니므로 '-길래'를 사용할 수 없다. '-길래'는 '-더-'나 '-네'와 유사하게 화자의 지각을 나타내는 인식 양태 어미라고 할 수 있다.

5.5. 피동과 사동

피동문은 어떤 행위의 대상(피동주)이 주어로 나타나고 행위의 주체(능동주)가 부사어로 나타나거나 생략된 문장이고, 사동문은 어떤 참여자(사동주)가 다른 참여자(피사동주)에게 영향을 미쳐 어떤 행위를 일으킴을 표현한 문장이다.

(76) 가. 경찰이 도둑을 쫓고 있다.
나. 도둑이 (경찰에게) 쫓기고 있다.

(77) 가. 돌이가 책을 읽는다.
나. 선생님이 돌이에게 책을 읽힌다.

(76나)에서는 피동사 '쫓기다'가 쓰여 피동주 '도둑'이 주어로 쓰이고 능동주 '경찰'이 수의적 부사어로 쓰였는데, 이는 능동주가 주어로 쓰인 능동문 (76가)와 대조된다. (77나)는 사동주 '선생님'이 피사동주 '돌이'의 읽는 행위를 일으키는 것으로 해석되는데 이는 원래의 피사동주가 스스로 행위를 하는 주어로 나타나는 주동문과 구별된다.

그런데 한국어의 피동문과 사동문 중에는 피동과 사동의 개념 정의에 맞지 않는 예가 많다.

(78) 가. 날씨가 풀렸습니다.
나. 오늘은 길이 막히네요.

(79) 가. 엄마가 병에 물을 채운다.
나. 인부들이 길을 넓힌다.

보통 피동문으로 인정되는 (78)은 '풀리다, 막히다'에 어떤 행위를 받는다는 의미가 없이 단순히 상태만 나타낸다. 부사어로 쓸 만한 행위의 주체도 말하기 어렵다. 또 일반적으로 사동문으로 인정되는 (79)에서는 피사동주가 사동주의 영향을 받아 어떤 행위를 하는 것이 아니다. 다시 말해 (79가)에서는 엄마가 물이 차도록 시킨 것이라 할 수 없고 (79나)에서는 인부가 길이 넓도록 시킨 것이라 할 수 없다는 뜻이다. 그러나 이러한 예들도 피동사, 사동사를 쓰기 때문에 일반적으로는 피동문, 사동문으로 다루고 있다.

(80) 가. 날씨가 풀렸다.
나. *X가 날씨를 풀었다.

(81) 가. 철수가 짐을 옮겼다.
나. *짐이 옮았다.

피동문 (80나)와 같이 대응하는 능동문이 존재하지 않거나 (81나)와 같이 대응하는 주동문이 존재하지 않는 경우가 있다. 한국어에는 이러한 예외적 피동문, 사동문이 적지 않게 존재하는데, (80가)와 (81가)를 각각 피동문, 사동문으로 보지 않을 수도 있다. 그러나 이들 역시 피동사, 사동사가 쓰였다는 점에서 각각 피동문, 사동문으로 다루는 것이 일반적이다.

5.5.1. 피동의 종류

피동은 크게 피동사를 사용한 어휘적 피동과 '-아/어지다'를 사용한 통사적 피동으로 나뉜다. 피동사는 능동사 어간을 어근으로 하여 접미사 '-이-, -히-, -기-, -리-'가 붙어 만들어진다.

(82) -이-(꺾이다, 나뉘다 …), -히-(걷히다, 긁히다 …), -기-(감기다, 끊기다 …),
-리-(걸리다, 눌리다, 실리다 …)

(83) 가. 수여 동사(주다, 받다, 드리다, 바치다 …), 수혜 동사(얻다, 잃다 …),
지각 동사(알다, 배우다 …), 대칭 동사(싸우다, 닮다 …)
나. 모든 사동사

피동사 파생 접미사는 대부분 기계적으로 결합되지만 '나누-+-이- → 나뉘-'와 같이 음소의 변동을 동반하는 경우도 있고 '누르-+-리- → 눌리-'나 '싣-+-리- → 실리-'와 같이 불규칙 동사의 활용 형태가 파생어 형성에서도 나타나는 경우도 있다. 한편 피동사로 파생되지 않는 동사 무리들도 있다. (83가)는 피동사로 파생되지 않는 동사들이다. 또한 사동사는 피동 접미사가 다시 붙어 피동사로 파생되는 일이 없다.

(84) -되-(건설되다, 결정되다 …), -받-(교육받다, 미움받다 …), -당하-(고문당하다, 공격당하다 …)

(84)에서 보듯이 '-되-, -받-, -당하-'와 같은 접미사가 붙어서 피동사가 만들어지기도 한다. 때때로 '배치되다/배치받다', '오해되다/오해받다'에서처럼 두 가지 이상의 접사가 붙어 파생어가 형성될 수도 있는데 그 의미와 쓰임은 약간 다르다. 또 '-당하-'가 결합하면 부정적 의미를 가진다.

(85) 가. 이 연필로 쓰면 글씨가 잘 써집니다.
나. 바람이 불어 불이 꺼졌다.
다. 주어진 문제의 답을 쓰세요.

(86) 가. 요즘은 그 가게에 잘 가지지 않아요.
나. 그 소식을 듣고 더욱 슬퍼졌어요.

(85)는 모두 '-아/어지다'를 사용한 통사적 피동이다. 어떤 경우에 피동사를 사용하고 어떤 경우에 '-아/어지다'를 사용하는지는 완전히 밝혀져 있지 않다. 다만, 동사 어간이 'ㅣ' 모음으로 끝나면(던지다, 지키다, 때리다, 만지다 등) 피동사를 사용하지 못하고 '-아/어지다' 피동만 사용하여야 한다. '-아/어지다'는 피동의 의미보다는 '-게 되다'와 비슷한 의미를 가져 어떠어떠한 상태로 된다는 '과정화'의 의미가 더 강할 때가 있다. 과정화의 의미가 피동의 의미와 분명하게 구별되는 이유는 (86)과 같이 타동사가 아닌 자동사나 형용사에도 '-아/어지다'가 붙는 경우가 많기 때문이다.

5.5.2. 피동의 특성 및 제약

능동문의 주어가 피동문에 나타날 때에는 (87가)에서 보듯이 피동문에서 조사 '에게'가 붙어 나타나는 것이 원칙이다. 그러나 이 원칙은 예외가 상당히 많다.

(87) 가. 도둑이 경찰에게 잡혔다.
　　나. 보물이 도둑들{*에게, 에 의해} 땅속에 묻혔다.

어떠한 경우에 (87나)와 같이 피동문에서 능동문의 행위주를 'X에게'처럼 사용할 수 없는지에 관해서는 분명하게 알려진 바가 없다. 다만 원래의 능동문에서 여격의 '에게/에', 처소의 '에', 도구의 '(으)로'가 결합된 명사구가 있으면 피동문에서 동작주를 'X에게' 형태로 쓸 수 없음이 밝혀져 있을 뿐이다.

(88) 가. 철수가 칭찬을 들었다.
　　가′. *칭찬이 철수에게 들렸다.
　　나. 소가 풀을 열심히 뜯는다.
　　나′. *풀이 소에게 열심히 뜯긴다.

(89) 날씨가 풀리다, 손에 못이 박히다, 감기에 걸리다, 기가 막히다, 눈이 뒤집히다, 말이 안 먹히다, 법에 걸리다, 일이 밀리다, 차가 밀리다, 마음에 걸리다, 속이 보이다, 맥이 풀리다, 일이 손에 안 잡히다

(88)은 피동사가 존재함에도 불구하고 피동문으로 만들 수 없는 능동문이고 (89)는 대응하는 능동문이 없는 피동문이다. (88가′)의 피동문이 불가능한 이유는 '음악을 듣다'와 같은 표현과는 달리 '칭찬을 듣다'는 행위 자체가 피동적이기 때문이다. (88나′)와 같은 피동문이 불가능한 이유는 그 주어가 의지를 가질 수 없는 것인데, '일부러, 열심히'와 같은 의지를 나타내는 부사와 함께 쓰였기 때문이다. (89)는 대응하는 능동문이 존재하지 않는 피동문이다. 자연적 발생이나 변화를 표현하는 문장이 그러한데, 그 의미적 특성을 '무의지적/비의도적 상황, 탈脫행동성' 등으로 설명한다.

5.5.3. 사동의 종류

사동은 크게 사동사를 사용하는 어휘적 사동과 '-게 하다'를 사용하는 통사적 사동으로 나뉜다. 전자는 그 형식이 짧게 된다고 하여 단형 사동, 후자는 그 형식이 길게 된다고 하여 장형 사동이라 한다.

(90) -이-(먹이다, 보이다 …), -히-(입히다, 잡히다 …), -기-(안기다, 벗기다 …),
-리-(알리다, 불리다 …), -우-(비우다, 태우다 …), -구-(달구다, 솟구다 …),
-추-(들추다, 늦추다 …), -으키-(일으키다), -이키-(돌이키다)

사동사는 주동사 어간을 어근으로 하여 '-이-, -히-, -기-, -리-, -우-, -구-, -추-, -으키-, -이키-'가 붙어 만들어진다. 사동사 파생 접미사는 대부분 기계적으로 결합되지만 '태우다'에서처럼 '우' 앞의 모음이 변화를 겪은 경우도 있다.[2] 또한 '흐르-+-리 → 흘리-'와 같이 불규칙 동사의 활용 형태가 파생어 형성에서도 나타나는 경우도 있다.

(91) 가. 인부들이 길을 넓힌다.
나. 엄마가 아기를 재운다.
다. 엄마가 {아기에게, 아기를} 우유를 먹인다.

사동사가 만드는 사동문은 두 가지 유형으로 나눌 수 있다. (91가, 나)는 각각 형용사문, 자동사문을 사동문으로 만든 것으로서 원래 문장의 주어가 목적어로 나타난 것이다. (91다)는 타동사문을 사동문으로 만든 것으로서 원래 문장의 주어가 여격 부사어나 목적어로 나타난 것이다. 여격어를 쓰는 것이 더 일반적이나 목적어를 쓰는 것도 문법적이다. 사동사 형성에서의 제약은 피동사의 경우와 비슷하다. 수여 동사 혹은 수혜 동사, 대칭 동사 따위는 사동사로 만들 수 없다. 그리고 모든 피동사는 사동 접미사가 다시 붙어 사동사로 파생되는 일이 없다.

2 이는 한국어의 역사를 고려하지 않은 현대 한국어의 공시적 문법 기술이다. 역사적으로 '태우-'는 '타-+-이-+-우-'와 같이 접미사가 이중으로 붙어 이루어진 말로 본다. '태[taj]-'는 근대 국어 시기에 '태[tɛ]-'로 단모음화되었다.

(92) 가. 반복시키다, 발표시키다, 변화시키다 …
　　 나. 교육시키다, 구속시키다, 제외시키다 …

(92)의 '-시키-'는 '-하다'로 끝나는 능동사의 어간에 붙어 사동사를 만드는 접미사이다. (92가)는 접미사 '-시키-'에 의해 파생된 사동사이다. 그런데 (92나)는 언뜻 (92가)와 같은 사동사처럼 보인다. 그러나 (92나)는 사동사의 뜻으로도 쓸 수 있지만 '교육하다, 구속하다, 제외하다'와 같이 보통의 타동사, 즉 주동사와 동일한 의미로도 쓸 수 있다. 그런 경우는 과잉 사동으로 해석할 수 있으므로 굳이 사동사를 쓸 필요 없이 '-하다'로 끝나는 일반 타동사로 쓰는 것이 규범적으로 옳다.

(93) 가. 학생들이 집에 간다. → 선생님께서 [학생들이 집에 가]게 하셨다.
　　 나. 동생이 우유를 마신다. → 나는 [동생이 우유를 마시]게 하였다.
　　 다. 선생님께서 학생들을 [집에 가게 하셨다].
　　 라. 나는 동생에게 [우유를 마시게 하였다].

(93)은 '-게 하다' 사동문의 예이다. '-게 하다'가 어떤 범위에 걸치느냐 하는 것에 대한 관점의 차이에 따라 피사동주를 (93가, 나)처럼 쓸 수도 있고 (93다, 라)처럼 쓸 수도 있다. 사동문에 다른 목적어가 있을 경우 피동작주가 'X에게' 형태로 나타나는 것은 사동사 사동문에서와 같다. (93가, 나)는 '-게 하다'가 내포절 전체에 붙는 것으로서 내포절의 주어가 그대로 유지되어 피사동주에 주격 조사가 결합되어 있다. 반면 (93다, 라)는 '학생들을'과 '동생에게'가 모절에 있으므로 피사동주가 주격으로 실현되지 않는 것이다.

5.5.4. 사동의 특성 및 제약

사동은 사동의 장면에서 사동주가 행위를 직접 한 것인지 말이나 몸짓 등을 통해 간접적으로 시킨 것인지에 따라 직접 사동과 간접 사동으로 나눌 수 있다.

(94) 가. 엄마가 아이에게 옷을 입혔다.

나. 형이 동생에게 책을 읽혔다.

(95) 가. 누나가 동생에게 우유를 마시게 했다.

나. 엄마가 아이에게 흰 양말을 신게 했다.

(94가)처럼 엄마가 직접 아이에게 옷을 입혀 주는 행위를 하는 경우가 직접 사동이고 (94나)처럼 동생이 책을 읽는 일을 형이 말이나 몸짓 등을 통해 간접적으로 시킨 경우가 간접 사동이다. (94)는 단형 사동이 직접 사동일 경우도 있고 간접 사동일 경우도 있음을 보인다. 그러나 (95)에서 보듯이 장형 사동은 간접 사동의 해석만을 허용한다.

(96) 가. 아버지는 나에게 그 사실을 숨겼다.

나. 인부들이 이삿짐을 옮긴다.

(97) 가. 영희가 결혼했다는 소문이 돌았다.

나. *우리가 영희가 결혼했다는 소문을 돌렸다.

(98) 가. 눈을 붙이다, *눈이 붙다

나. 더위를 먹다, *더위를 먹이다

(96)에서 보듯이 사동문은 그에 대응하는 주동문을 상정할 수 없는 경우가 상당히 많다. (96)과는 반대로 주동문은 존재하여도 그에 대응하는 사동문이 없는 (97)과 같은 경우도 있다. 이러한 양상은 (98)에서 보듯이 비유적 어휘나 관용구를 포함한 문장에서 많이 나타난다.

5.6. 부정

부정문은 부정 부사 및 부정의 보조 용언 등을 사용하여 긍정문을 통사적으로 바꾸거나 '없다, 모르다' 등의 어휘를 사용함으로써 이루어진다. 부정문은 부정극어(부정문에서만 쓰이는 말)와 호응하는 특성으로 검증할 수 있다.

(99) 가. 그는 민수가 한 일을 전혀 모른다.
나. *그는 민수가 한 일을 전혀 부인한다.

(100) 그는 민수가 한 일을 전혀 알지 못한다.

(99가)의 '모르다'와 (99나)의 '부인하다'는 모두 부정적 의미를 담고 있다. 그러나 '모르다'는 부정극어 '전혀'와 잘 어울리고 있으나 '부인하다'는 그렇지 못하다. '모르다'의 이러한 특성은 (100)의 '-지 못하다'가 가지는 특성과 동일하다. 일반적으로 부정극어와 어울리는 이러한 특성을 중시하여 (99가)와 (100)과 같은 문장은 부정문으로 다루지만, '그는 민수가 한 일을 부인한다.'는 부정문으로 다루지 않는다.

5.6.1. 부정의 종류

부정은 우선 통사적 부정과 어휘적 부정으로 나누어 볼 수 있다. 통사적 부정이란 긍정문에서 부정 부사 및 부정의 보조 용언 등을 사용하여 긍정문을 부정문으로 바꾼 것을 말한다.

(101) 가. 정수는 밥을 안 먹는다.
나. 정수는 밥을 먹지 못한다.

(102) 가. 영혜는 지금 돈이 있다.
나. 영혜는 지금 돈이 없다.

(101가)에서는 부정 부사 '안'으로써, (101나)에서는 부정 보조 용언으로써 부정문이 이루어졌는데 이를 통사적 부정이라 한다. 그러나 (102나)는 (102가)의 '있다'의 반의어 '없다'를 씀으로써 부정문을 만들고 있는데, 이는 긍정문에서의 서술어를 전혀 사용하지 않고 아예 다른 어휘를 사용하였기 때문에 어휘적 부정이라고 한다. '모르다, 아니다'도 어휘적 부정문의 서술어이다.

부정은 단형 부정과 장형 부정으로 나눌 수도 있다. 단형 부정은 부정 부사로 부정문을 만들어 형식이 짧게 된 것이고 장형 부정은 부정 보조 용언으로 부정문을 만들어 형식이 길게 된 것이다.

(103) 가. 아기가 밥을 {안, 못} 먹는다.
 나. 아기가 밥을 먹지 {않는다, 못한다}.

(103가)에서는 부정 부사 '안, 못'이 서술어 앞에 쓰였고 (103나)에서는 부정 보조 용언 '(-지) 않다/아니하다, 못하다'가 본용언 뒤에 쓰여 '먹지 {않는다, 못한다}' 전체가 부정문의 서술어가 되었다.

부정문은 통사적 부정을 만드는 말로서 무엇을 사용하느냐에 따라 '안' 부정, '못' 부정, '말다' 부정으로 나눌 수도 있다. '안' 부정은 '안'과 '않다/아니하다'로 만들어지는 부정이고 '못' 부정은 '못'과 '못하다'로 만들어지는 부정이다.

(104) 가. 아이가 밥을 {안 먹는다, 먹지 않는다}.
 나. 아이가 밥을 {못 먹는다, 먹지 못한다}.

(104가)가 '안' 부정문이고 (104나)가 '못' 부정문이다. '안' 부정은 주체가 행위의 의지(의도)를 가지지 않았음을 나타낸다. 반면 '못' 부정은 주체가 행위의 의지를 가졌으나 능력이 미치지 못하거나 상황이 여의치 못해 그 행위를 실현할 수 없음을 나타낸다. 그래서 '안' 부정을 의지 부정, '못' 부정은 능력 부정 혹은 불급不及 부정이라고 한다.

(105) 가. 여기에는 볕이 안 든다.
 나. 여름인데 날씨가 덥지 않다.

(106) 나는 오늘 학교에 안 간다.

'안' 부정이 모두 의지 부정인 것은 아니다. (105)에서 보듯이 어떤 객관적 상황에 대해 말할 때의 '안' 부정은 주체의 의지와는 무관하다. 이런 경우 '안' 부정은 중립 부정의 의미를 나타낸다. 심지어 의지 부정으로 해석해야만 하는 것처럼 보이는 (106)조차 내일이 일요일이라서 내 의지와는 상관없이 학교에 안 간다는 뜻의 중립 부정을 의미할 수 있다.

(107) 가. 그곳은 위험하니까 가지 {마십시오, 마(세)요, 마(시)오, 말게, 마, 마라}.
나. 그곳은 위험하니까 가지 {맙시다, 마세, 말게}.

(108) 가. 이번 시험에는 떨어지지 말기를 {바란다, 원한다, 희망한다, 기대한다}.
나. 이번 시험에는 떨어지지 않기를 {바란다, 원한다, 희망한다, 기대한다}.

'말다' 부정은 주로 명령문과 청유문의 장형 부정에서 쓰인다. (107가)는 부정 명령문이고 (107나)는 부정 청유문이다. 이때에는 '않다, 못하다' 같은 서술어는 쓸 수 없을 뿐 아니라 단형 부정도 쓸 수 없다. 한편 (108가)에서 보듯이 직접 명령을 하지 않고 '희망'의 뜻을 나타내는 서술어의 내포절 속에서 '말다' 부정을 쓸 수도 있다. 그 경우에는 (108나)처럼 '않다' 부정으로 바꾸어 쓸 수 있다.

5.6.2. 부정의 특성

앞서 부정극어 '전혀'를 소개하였는데, 부정극어를 좀 더 열거해 보기로 한다.

(109) 가. 결코, 하나도, 한 X도, 그다지, 아무도, 비단, 추호도…
나. 나는 결코 그를 {*사랑한다, 사랑하지 않는다}.

(109가)에서 보인 말들이 부정극어이다. '한 X도'는 '한 개도, 한 대도, 한 자루도…' 등과 같이 분류사를 쓴 표현을 보인 것이다. (109나)에서 보듯이 부정극어는 부정어와만 어울린다. (109가)의 '추호도'는 '없다'와만 어울려 쓰인다는 점이 특이하다.

(110) 나는 어제 민수와 {안 만났다, 만나지 않았다}.

(111) 가. 어제 민수와 만난 사람은 내가 아니라 형이다.
나. 내가 민수와 만난 것은 어제가 아니라 오늘이다.
다. 내가 어제 만난 사람은 민수가 아니라 동수이다.
라. 나는 어제 민수와 만난 것이 아니라 전화 통화만 했다.

(112) 가. 모임에 회원들이 다 {안 왔다, 오지 않았다}.
나. 모임에 회원들이 하나도 {안 왔다, 오지 않았다}.
다. 모임에 회원들이 {다는 안 왔다, 다는 오지 않았다, 다 오지는 않았다}.

부정문은 장형 부정이든 단형 부정이든 부정어 해석의 초점과 관련하여 중의성을 갖는 경우가 많다. (110)은 (111)의 여러 상황에 따라 중의적으로 해석될 수 있는 것이다. 그것은 부정어가 무엇을 부정하는지가 여러 가능성으로 나뉘기 때문이다. 그런데 구어에서는 대개 (110)이 중의적으로 해석되지 않는다. 부정어 해석의 초점에 강세를 주어 발음하기 때문에 중의성이 사라지는 일이 대부분이다.

구어에서조차도 중의성 해소의 수단을 갖지 못하는 경우는 '전칭 표현+부정어'의 형식에서 나타난다. (112가)에서 보듯이 '다, 모두, 전부' 등의 전칭 표현과 부정어가 어울리면 모두를 부정하는 전체 부정의 의미와 일부를 부정하는 부분 부정의 의미, 두 가지로 해석될 수 있고 이는 강세 등이 동반된 구어에서도 마찬가지이다. 중의성을 해소하는 방법도 의미에 따라 두 가지로 나뉜다. 전체 부정의 의미로만 해석하게 하려면 (112나)처럼 부정극어를 쓰면 되고 부분 부정의 의미로만 해석하게 하려면 (112다)처럼 보조사 '은/는'을 쓰면 된다.

(113) 가. 어제는 덥지 않았니?
나. 민수가 그 일을 하지 않았니?

부정문의 형식을 취하고 있으나 실제로는 부정의 의미를 전달하는 것이 아니라 어떤 사실에 대한 확인의 의미를 전달하는 부정문이 있다. (113)의 두 문장은 만약 문장 말의 억양을 올리면 부정의 의문문으로 해석하는 것도 가능하고 어떤 사실에 대한 확인의 의미로 해석하는 것도 가능하다. 이때 시제 선어말 어미는 후행 용언에 붙는다.

(114) 가. 어제는 {더웠지 않니, 더웠잖니}?
　　　나. 민수가 그 일을 {했지 않니, 했잖니}?

확인의 의미로 쓰임을 더욱 확실하게 하고자 할 때에는 문말 억양을 내리는데 그러면 부정문의 의미는 사라진다. (114)와 같이 부정문의 의미가 사라지고 확인문의 의미로만 해석되는 문장에서는 시제 선어말 어미가 선행 용언에 붙고 '-지 않-'도 '-잖-'으로 줄어들 수 있다.

(115) 가. *철수는 못 행복하다.
　　　나. 철수는 행복하지 못하다.

부정문에는 여러 가지 통사적 제약이 있다. 대표적으로 (115가)에서 보듯이 형용사에는 단형의 '못' 부정이 쓰일 수 없다. 형용사는 상태나 성질을 나타내므로 상태나 성질을 의도하기는 어렵기 때문에 의도를 전제하는 '못'과는 어울리지 못한다. 그러나 (115나)와 같이 장형의 '못' 부정문은 쓸 수 있는데, 이 경우에는 긍정적인 성질이나 상태를 기대치로 하여 그 기대치에 못 미침을 의미하는 문장이 된다.

제6장

의미론

제6장 의미론

6.1. 의미의 뜻과 종류

6.1.1. 의미의 뜻

'의미meaning'란 무엇일까? '의미'라는 말은 일상생활에서도 자주 사용된다. '의미'는 "'천착穿鑿하다'의 의미가 뭐지?"에서는 '말의 뜻'을 나타내기도 하고 "의미 있는 시간을 보내자.", "나는 너에게 어떤 의미니?"에서는 '가치'와 비슷한 것으로도 쓰인다. 어떤 말이 지니는 뜻은 그것이 언어생활에서 수행하는 기능이기도 하고 그것은 그 말이 전체 언어 체계에서 차지하는 가치라고도 볼 수 있으므로 이 두 용법이 전혀 별개의 것은 아니다.

언어가 가지는 기호적 속성을 통해 '의미란 무엇인가'를 생각해 보자. 언어 역시 기호의 일종이기 때문이다. 기호sign는 어떤 상징물symbol에 일정한 의미가 결합한 것이다. 기호의 대표적인 예로 신호등을 들어 보자. 신호등의 빨강색은 '멈추라'라는 의미이고 초록색은 '가라'라는 의미이다. 의미를 산출해 내는 '빨강색, 초록색' 등의 상징물을 '기표signifier'라고 하고 그 기표가 산출해 내는 '멈추라, 가라'라는 의미를 '기의signified'라고 한다.

이와 마찬가지로 언어라는 기호도 기표와 기의로 이루어진다. 언어는 청각적인 소리를 이용한 기호이므로 '나무'라는 말은 기본적으로 [namu]라는 소리와 ''라는 의미로 구성되어 있다. [namu]라는 소리는 '나무'라는 기호의 기표이고 그 지시

대상referent인 ''은 '나무'라는 기호의 기의에 해당한다. '의미'는 언어라는 기호가 가지는 '기의'의 측면을 가리키는 것으로 이해할 수 있다.

그런데 언어 기호의 기의, 즉 의미는 단순히 그 말이 가리키는 지시 대상만으로 파악될 수 없다. '나무'의 의미에는 세상에 존재하는 지시 대상들뿐 아니라 식물의 한 종류라든가, 물과 햇빛이 있어야 자란다든가, 꽃을 피우고 열매를 맺는다든가, 책상이나 장롱을 만드는 데 사용된다든가 하는 우리가 '나무'에 대해 가지고 있는 여러 가지 지식들이 포함된다.

나아가 '믿음, 사랑, 소망' 등 추상 명사나 '잘, 아주'와 같은 부사들이 세계에서 어떤 지시 대상을 갖는다고 보기 어렵다. 주격 조사 '이/가'나 종결 어미 '-습니다' 역시 세계에 어떤 지시 대상을 가지는 것은 아니다. 그러나 이들도 분명히 일정한 의미 혹은 기능을 가지고 있다. 이처럼 지시 대상 외에도 어떤 언어 표현에 결부되어 있는 지식들을 '개념concept'이라고 부를 수 있다.

요컨대 언어 기호의 기의의 국면, 즉 '의미'는 그 말이 가리키는 지시 대상과 개념으로 이루어진다고 할 수 있다. 이를 다음과 같은 삼각형으로 표현할 수 있다.

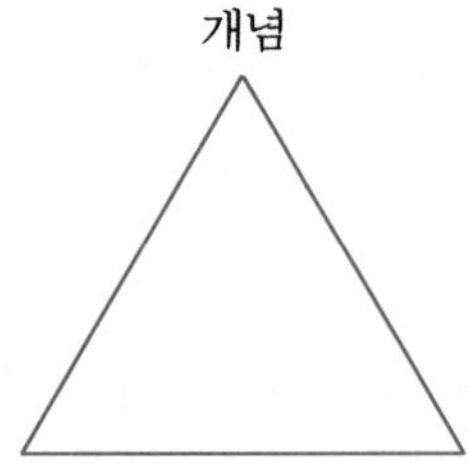

[그림] 의미 삼각형

이 삼각형에서 왼쪽 꼭짓점은 음성적 실체를 가지는 언어 표현 혹은 언어 형식을 표시한다. 앞에서 '기표'라고 부른 [namu]라는 소리가 여기에 해당한다. 오른쪽 꼭짓점은 언어 표현에 대응하는 지시 대상을 가리킨다. 위쪽 꼭짓점은 또 하나의 의미의 국면으로서 모국어 화자의 머릿속에 심리적 표상mental representation으로 존재하는 개념적 의미를 뜻한다. 요컨대 지시 대상과 개념은 언어가 가진 의미의 두 국면이다.

6.1.2. 의미의 종류

앞에서 우리는 의미를 지시 대상과 개념으로 나누어 살펴보았다. 그런데 실제 언어가 가진 의미의 양상은 이보다 더 복잡하게 나타난다. '도둑'과 '절도범', '과자'와 '까까'는 각각 동일한 지시 대상을 가지면서도 그 의미가 같지 않다. 따라서 이들의 의미가 어느 지점에서 다르다고 할 수 있는지를 좀 더 깊이 생각해 볼 수 있다. 의미에 대해서 다시 다음과 같은 분류가 가능하다.

(1) 가. 기술적 의미descriptive meaning
　　나. 표현적 의미expressive meaning
　　다. 사회적 의미social meaning

(1가)의 기술적 의미는 참과 거짓을 결정하는 의미의 부문이다. '도둑'이라고 하든 '절도범'이라고 하든 그 지시 대상이 달라지지는 않으며 두 단어는 '남의 물건을 훔친 사람'이라는 의미를 공유하고 있다. 이때 '도둑'과 '절도범'이 공유하는 의미가 기술적 의미이다. 또한 "영희가 철수를 업었다."와 "철수가 영희에게 업혔다."는 동일한 사태를 가리킨다. 즉 앞의 문장이 참이면 뒤의 문장도 참이며 앞의 문장이 거짓이면 뒤의 문장도 거짓이다. 하지만 앞의 문장은 영희를 중심으로 한 표현이고 뒤의 문장은 철수를 중심으로 한 표현이므로 두 문장의 의미가 완전히 같다고 볼 수는 없다. 이때 두 문장이 공유하는 의미는 기술적 의미이다.

(1나)의 표현적 의미는 참과 거짓을 결정하는 의미와는 별도로 존재하는, 화자의 감정이나 태도를 나타내는 의미를 말한다. '군인'을 '군바리'로 부른다면 거기에는 군인을 낮잡아 말하려는 화자의 감정이 포함된다. "언니가 영어 공부를 <u>한다고</u> 학원에 등록했어요."와 "언니가 영어 공부를 <u>한답시고</u> 학원에 등록했어요." 역시 동일한 사건을 표현하지만 '-답시고'가 쓰이면 화자의 부정적 감정이 추가된다.

(1다)의 사회적 의미는 어떤 단어가 사용되는 사회·문화적 맥락의 차이에 따른 의미이다. '소금'과 '염화나트륨'은 동일한 지시 대상을 가리키지만 사용되는 사회·문화적 맥락은 다르다. 콩나물국의 간을 맞출 때는 '소금을 넣는다'라고 하지만 실험에서 사용하는 소금은 '염화나트륨'이라고 부른다. 유아들은 '과자'를 '까까'

라고 하고 어른들도 유아들에게 말할 때는 '까까'라고 하는 일이 있는데 '과자'와 '까까' 역시 지시 대상이 다르다기보다는 사회적 의미가 다르다고 할 수 있다. 방언형 간의 의미 차이 역시 넓게 보면 사회적 의미의 차이이다. "일을 그렇게 해서 되겠느냐?"의 의미와 "일을 고롷코럼 해서 쓰겄냐?"의 의미가 완전히 같지 않다면 이것은 사회적 의미가 다른 것이다.

한국어에서 고유어와 한자어는 사회적 의미의 차이를 가지면서 동의어로 공존하는 경우가 많다. '비슷하다'와 '근사近似하다', '사다'와 '매수買收하다'도 쓰이는 맥락이 다르기 때문에 사회적 의미의 차이를 가진다. 일반어와 은어 역시 사회적 의미의 차이를 가진다. '짭새'는 경찰관을 가리키는 범죄자들의 은어인데 '경찰'과 '짭새'는 기술적 의미의 차이가 있는 것은 아니지만 사용되는 사회 · 문화적 맥락이 다르다. 특히 '짭새'에는 대상에 대한 부정적인 감정도 덧붙는데, 은어나 속어는 일반어와 비교할 때 표현적 의미의 차이도 가지는 경우가 종종 있다. 표현적 의미와 사회적 의미를 묶어서 비기술적 의미non-descriptive meaning라고 부를 수 있다.

6.2. 단어의 의미

6.2.1. 단어 의미 파악의 방법

어떤 언어 표현의 의미를 파악할 때 기본이 되는 단위는 단어이다. 단어는 사전에 등재되는 단위이고 우리의 머릿속 사전mental lexicon에 저장되어 있는 단위이기도 하다. 어린이들이 말을 배울 때 가장 먼저 익히는 것도 형태소나 문장이 아니라 단어이다.

단어의 의미는 어떻게 파악할 수 있을까? 먼저 다음 단어의 의미에 대해 생각해 보자.

(2) 가. 언니
　　나. 중얼거리다

다. 매우

한국어 화자들은 위 단어들에 대해 어느 정도 공통적인 지식을 가지고 있다. 그런데 위 단어의 정확한 의미는 이들과 관련이 있는 다른 단어들과의 관계를 통해서 더욱 명확하게 파악할 수 있다.

(3) 가. 언니, 누나, 오빠, 동생
나. 중얼거리다, 속삭이다, 말하다
다. 매우, 무척, 아주

'언니'의 의미는 '누나, 오빠, 동생'과 연관 지어서만 정확하게 파악될 수 있다. '언니'와 '누나'는 모두 손위의 여자 동기同氣를 가리키지만 '언니'는 여동생이 쓰는 말이고 '누나'는 남동생이 쓰는 말이라는 점에서 차이가 있다. '중얼거리다'와 '속삭이다'는 모두 '말하다'와 관련이 있고 '작은 소리로 말하다'의 의미를 공유하지만 '중얼거리다'는 주로 혼잣말에 쓰인다는 점에서 '속삭이다'와 다르다. '매우'와 '무척, 아주'는 그 의미가 거의 같아 보이지만 '매우'는 주로 문어(글말)에 쓰인다는 점에서 '무척, 아주'와 사회적 의미가 다르다.

즉 단어의 의미를 파악할 때에는 단어와 단어 사이의 관련성이 중요한 역할을 한다. 다음에서 소개할 성분 분석 이론componential analysis theory과 의미장 이론semantic field theory은 모두 단어와 단어 사이의 의미의 관련성에 바탕을 둔 의미 파악의 방법이다.

6.2.1.1. 성분 분석

성분 분석은 단어의 의미를 몇 가지 구성 성분으로 쪼개어 파악하는 방법이다. 어떤 언어 표현의 속성이 우리가 일상적으로 생각하는 것보다 더 작은 단위로 쪼개어질 수 있다는 생각은 음운 분석에서 먼저 시작되었다.

(4) 가. ㅂ: [+양순음], [+파열음], [−경음], [−유기음]
나. ㅍ: [+양순음], [+파열음], [−경음], [+유기음]
다. ㅃ: [+양순음], [+파열음], [+경음], [−유기음]

사람들은 음소 'ㅂ, ㅍ, ㅃ'을 위와 같이 몇 가지 자질의 복합체로 이해함으로써 이들이 우연히 아무렇게나 존재하는 소리들이 아니라 서로 연관이 있는 소리들이라는 것을 알게 되었다. 즉 'ㅂ, ㅍ, ㅃ'은 [+양순음]과 [+파열음]이라는 공통적 자질을 가지며 [경음], [유기음] 자질의 차이로 서로 구별된다는 것을 한눈에 알 수 있었다. 이렇듯 기호의 형식적 측면인 음운을 몇 가지 자질로 분석할 수 있다면 기호의 내용적 측면, 즉 의미도 몇 가지 성분으로 분석할 수 있을 것이라는 믿음에서 성분 분석 이론이 시작되었다. 가령 '아가씨', '소녀', '아주머니'는 분명히 의미론적으로 연관성이 있다. 모두 '여성'이라는 의미를 포함하고 있으며 이 중 '아가씨'와 '소녀'는 '미혼'인 여성만을 가리킨다는 공통점이 있다. '아가씨'와 '아주머니'는 '소녀'와는 달리 '성인인 여성'을 가리킨다는 공통점이 있다. 즉 이러한 단어들의 의미에는 여성인지 여부, 성인인지 여부, 결혼했는지 여부 등이 중요한 구성 요소로 기능하고 있음을 알 수 있다. 이렇게 단어의 의미를 그 의미 성분으로 분해하여 표시하는 방법을 성분 분석이라고 한다. 이를 플러스(+)와 마이너스(-)의 이원적 자질binary feature을 이용해서 표현해 보자.

(5) 가. 소　　녀: [+여성], [−성년], [−기혼]
나. 아 가 씨: [+여성], [+성년], [−기혼]
다. 아주머니: [+여성], [+성년], [+기혼]

'소년, 총각, 아저씨'도 비슷한 방법으로 의미 성분을 분석할 수 있다.

(6) 가. 소　년: [−여성], [−성년], [−기혼]
나. 총　각: [−여성], [+성년], [−기혼]
다. 아저씨: [−여성], [+성년], [+기혼]

이렇게 표시해 보면 '소녀, 아가씨, 아주머니', '소년, 총각, 아저씨'라는 단어들의 의미의 공통점과 차이점을 한눈에 알 수 있다.

(7) 가. '소녀'와 '소년'은 [-성년], [-기혼] 성분을 공유하지만 [여성]이라는 성분에 대해서는 대립된다.
나. '아가씨'와 '아저씨'는 [+성년] 성분을 공유하지만 [여성], [기혼]의 성분에서는 대립된다.

성분 분석은 자칫 막연하게 기술될 수 있는 의미를 보다 명시적으로 기술하는 데 도움을 준다.

6.2.1.2. 의미장

의미장 이론에서도 단어들 사이의 관련성에 주목한다. 즉 의미장 이론은 "한 언어의 어휘는 아무렇게나 흩어져 있는 것이 아니라 서로 관련성을 가지고 체계적으로 존재한다."라는 관점에 입각한 것이다. 이때 '장field'이라는 말을 쓴 것은 의미가 존재하는 양상을 공간 개념에 비유하여 표현한 것으로서 의미장 이론은 한 언어의 어휘 체계는 의미상 어떤 관련성을 가진 어휘들의 의미가 일정한 구획을 가지는 밭[田]과 같은 것을 이룬다는 주장이다.

트리어J. Trier는 1200년대와 1300년대 중세 독일어에 존재했던 지식 관련 어휘의 의미장을 다음과 같이 표현하였다.

(8) 가. 1200년대 독일어의 '지식' 관련 어휘의 의미장

<table>
<tr><td rowspan="2">wisheit
(일반적 지식)</td><td>kunst
(윤리적 · 교양적 지식)</td></tr>
<tr><td>list
(일상적 · 기능적 지식)</td></tr>
</table>

나. 1300년대 독일어의 '지식' 관련 어휘의 의미장

wisheit (종교적 지식)
kunst (세속적 · 기능적 지식)
wizzen (일상적 지식)

1200년대 독일어에서 'kunst'는 귀족들의 명예와 도덕과 관련한 지식을 나타내고 'list'는 서민 계층의 일상적이고 기능적인 지식을 나타냈다. 그리고 'wisheit'는 이 두 지식을 아우르는 일반적인 의미의 단어였다.

그런데 봉건 제도가 붕괴된 1300년대에는 서민적인 지식으로서 경멸적 어감을 가지고 있던 'list'는 사라졌고 두 영역을 포괄하는 일반적 지식을 뜻했던 'wisheit'는 종교적 지식으로 그 의미가 한정되었다. 'kunst'는 귀족 계급의 몰락과 함께 세속적, 기능적 지식을 뜻하는 말로 가치가 떨어졌다. 또한 일상적인 지식을 나타내는 'wizzen'이라는 새로운 단어가 의미장에 등장했다. (8가, 나)는 의미장이 시간에 따라 변화한 모습을 잘 보여 준다. 이 단어들은 모두 '지식'과 관련한 유사한 의미를 가지고 있었지만 전체 언어 체계에서 차지하는 역할이 달랐고 또한 시대에 따라 그 역할 분담의 양상이 달라지기도 했던 것이다.

한국어 '형'은 영어의 'brother'에 해당하는 말로 흔히 생각되지만 의미장 이론의 관점에 따르면 이 두 단어의 의미는 상당히 다르다. 영어의 'brother'는 손위, 손아래 남자 동기에게 모두 사용될 수 있고 기준이 되는 사람의 성별과도 상관없이 쓰인다. 그러나 '형'은 손위 동기에게만 쓰일 수 있으며 일반적으로 기준이 되는 사람이 남성인 경우에만 사용한다. 영어와는 달리, 여성이 기준이 될 때 손위 남자 동기를 부르는 '오빠'라는 말이 따로 발달되어 있기 때문이다. '형'의 의미와 'brother'의 의미는 관련되는 다른 단어와의 관계 속에서만 정확하게 파악될 수 있음을 알 수 있다.

한 언어의 어휘 체계에서 개념적으로 있을 법하지만 실제 단어로는 존재하지 않는 경우가 있다. 이를 어휘적 빈자리lexical gap라고 한다. 한국어에는 '송아지, 망아

지, 강아지' 등 '소, 말, 개'의 새끼를 뜻하는 말이 존재하지만 '돼지의 새끼'를 뜻하는 말은 존재하지 않는다. 돼지는 옛말에서 '돝'이었기 때문에 '돼지'는 '돝'에 새끼를 뜻하는 접미사 '-아지'가 붙어서 이루어진 것으로 '돼지' 자체가 돼지의 새끼를 뜻하였을 것으로 추측된다. 이러한 변화의 결과 현대 한국어에서 '돼지의 새끼'를 의미하는 단어는 존재하지 않기 때문에 의미장에서 빈자리로 남아 있다.

6.2.2. 의미 변화

언어는 변화한다. 현대 언어학의 창시자인 페르디낭 드 소쉬르F. de Saussure는 『일반언어학강의』에서 "시간은 삼라만상을 변화시킨다. 언어라고 해서 이 보편 법칙을 벗어날 리가 없다."라고 하였다. 언어의 변화는 언어의 각 부문, 즉 음운, 형태, 통사, 의미 전반에서 발생한다. 이 중 의미 변화는, 예컨대 중세 한국어의 'ᄉᆞ랑ᄒᆞ다'는 원래 '생각하다'의 뜻이었으나 현대 한국어의 '사랑하다'는 '아끼고 좋아하다'는 의미로 사용되는 것과 같은 변화를 말한다. 여기에서는 이와 같은 의미 변화의 원인, 과정, 결과에 대해서 알아본다.

6.2.2.1. 의미 변화의 원인

언어의 의미가 변하는 이유를 좀 더 구체적으로 알아보자. 의미 변화의 원인으로는 언어적 원인, 역사적 원인, 사회적 원인, 심리적 원인 등을 들 수 있다.

먼저 언어적 원인에 의한 변화를 살펴보자.

(9) 가. 아침 먹고 또 공부하자.
 나. 아이들 코 묻은 돈까지 써야겠니?

(10) 가. 나는 전혀 슬프지 않아.
 나. 이 아이스크림은 별로 맛이 없네.

'아침'은 본래 하루 중의 이른 시간을 가리키지만 (9가)에서는 '아침에 먹는 밥'이라는 의미로 쓰인다. '아침'과 '밥'이 긴밀한 관계를 이루면서 '아침'만으로도 '아침밥'의 의미를 표현하게 된 것이다. (9나)에서 '코'가 '콧물'의 의미로 쓰이는 것도 이와 비슷한 이유이다. 이는 '눈'이 '눈물'의 의미로 쓰이지 못하는 것과 대조적이다.

한편 (10가, 나)에서 '전혀'와 '별로'는 원래 긍정 표현과 부정 표현에 모두 사용되었으나 부정 표현과 자주 사용되다 보니 부정 의미가 덧붙어 부정 표현에만 쓰이게 되었다. 이렇듯 둘 이상의 언어 형식이 자주 함께 사용되다가 한쪽 의미가 다른 쪽에 영향을 받아 한 부분이 생략된 이후에도 남은 한 부분이 전체의 의미를 가지게 되는 것을 전염contagion이라고 한다. 위 예들은 모두 특정 언어 표현들이 자주 함께 사용되면서 생기는 의미 변화에 속한다.

한편 언어 표현은 그대로인데 시대의 변화에 따라 지시 대상 자체가 바뀐 경우 역사적 원인에 의해 의미 변화가 발생하였다고 본다.

(11) 펜, 수세미, 바가지

'펜'은 원래 깃털로 만들어졌고, '수세미'는 원래 식물의 이름이며, '바가지'는 박의 껍데기를 반 갈라 썼던 물건이다. 오늘날 '펜'은 볼펜이나 사인펜 따위를 가리키고 '수세미'는 합성섬유나 철로 만든 도구를 가리키며 '바가지'는 보통 플라스틱 바가지를 가리킨다. 이와 같이 지시 대상이 바뀌었지만 언어 표현은 그대로 사용함으로써 '펜, 수세미, 바가지' 등의 의미가 달라진 셈이다.

어떤 말이 서로 다른 사회 환경에서 쓰이면서 의미가 일반화되거나 특수화될 때 그것을 사회적 원인에 의한 의미 변화라고 한다.

(12) 가. 묘수妙手, 악수惡手
　　나. 아버지, 교체

(12가)는 특수한 사회에서 사용되던 말이 일반화된 경우이다. '묘수, 악수'는 본래 바둑 용어이지만 일반적인 경우에도 각각 '쉽게 생각해 내기 어려운 좋은 방안, 나쁜 판단'이라는 의미로 사용된다. 바둑에서는 '악수'의 반대말로 '호수好手'라는 말이

있지만 이 말은 일상어로 일반화가 이루어지지 않은 것이 흥미롭다. 한편 (12나)는 일반적으로 쓰이던 말이 특수 분야에서 의미가 특수화되어 쓰이는 예이다. '아버지'는 특정 종교에서 '하느님'의 의미로 특수화되어 쓰인다. '교체'는 언어학 분야에서는 조사 '을/를'의 교체와 같은 '이형태 교체'를 가리키는 말로 특수화되어 쓰인다.

심리적인 이유로 특정 표현을 피하려다 보니 그것을 대신하는 단어의 의미에 변화가 생기는 경우도 있다.

(13) 산신령(호랑이), 밤손님(도둑), 손님(천연두)

호랑이를 두려워하던 시절에 사람들은 '호랑이'라는 이름을 직접 부르기를 꺼려 '산신령'이라고 하던 적이 있었다. '도둑'이라는 말 대신 '밤손님'이라는 말을 쓰기도 했다. 무서운 병인 '천연두'를 감히 입에 올릴 수 없어 이를 '손님'으로 부르던 시기도 있었다. 이 과정에서 '산신령, 밤손님, 손님'이라는 단어는 원래의 의미에 새로운 의미를 추가적으로 가지게 됨으로써 의미가 변화하게 된다.

6.2.2.2. 의미 변화의 과정

의미 변화는 대부분 다의 확장의 과정을 거쳐 이루어진다. 다의 확장은 하나의 단어가 둘 이상의 의미 항목senses을 가지게 되는 과정을 말한다.[1]

다의어의 의미 항목은 중심적 의미와 주변적 의미로 나눌 수 있다. 가령 동사 '보다'의 중심적 의미는 '눈으로 대상의 존재나 형태적 특징을 알다.'이다. 원래 '보다'는 이러한 의미만을 가졌을 것이나 '영화를 보다, 아기를 보다, 점을 보다' 등에서는 '눈으로 보다'의 의미가 아닌 거기에서 확장된 의미로 사용된다. '영화를 보다, 아기를 보다, 점을 보다'의 '보다'는 주변적 의미로 사용된다고 할 수 있다.

다의 확장의 과정을 좀 더 구체적으로 살펴보자.

1 다의 확장은 '의미 확장(semantic extension)'이라고 하는 경우가 더 많다. 우리 책에서는 의미 변화의 결과로서 뒤에 나올 '의미 확대'와 혼동되는 것을 막기 위해 '다의 확장'이라는 용어를 쓰고자 한다.

(14) 가. (빛이) 밝다 → (목소리가) 밝다 → (사리에) 밝다
　　나. (피부가) 거칠다 → (말투가) 거칠다 → (성격이) 거칠다 → (문장이) 거칠다

(14가)에서 '밝다'는 본래 구체적인 대상의 물리적인 명도明度를 표현하는 말이었다. 그런데 이것이 '목소리'나 '능력'과 같은 속성에 확대되어 사용되면서 '밝다'는 다의어가 되었다. '목소리가 밝다'에서의 '밝다'는 '쾌활하다'의 의미에 가깝고 '사리에 밝다'에서의 '밝다'는 '(어떤 일을) 잘 안다'의 의미에 가깝다. (14나)의 '거칠다' 역시 본래 구체적인 대상의 물리적인 촉감을 표현하는 말이지만 '성격'과 같이 추상적인 대상을 표현하는 데에도 사용된다. 나아가 '문장이 거칠다'에서는 '다듬어지지 못하다'라는 새로운 의미로 사용된다.

이러한 다의 확장에서 가장 중요한 두 가지 기제는 환유metonymy와 은유metaphor이다. 환유는 두 대상의 인접성에 기반을 둔 것이고 은유는 두 대상의 유사성에 기반을 둔 것이라는 차이가 있다.

먼저 환유적 의미 변화의 예를 살펴본다. 환유가 발생하는 인접성을 편의상 공간적 인접성, 시간적 인접성, 개념적 인접성으로 나누어 보자.

(15) 가. 부엌, 동궁, 내전
　　나. 아침, 점심, 저녁
　　다. 어리다, 지치다

(15가)는 공간적 인접성에 근거한 환유적 변화의 예이다. '부엌'은 본래 아궁이의 의미였으나 아궁이를 포함한 '음식물을 장만하고 차리는 곳'의 의미로 변화하였다. '동궁'과 '내전'은 각각 왕자와 왕비의 거처를 뜻하는 말이지만 각각 왕자와 왕비를 가리키는 말로 변했다. (15나)는 시간적 인접성에 의한 변화의 예이다. 앞에서 살펴보았듯이 아침에 먹는 밥을 '아침'으로 부르게 된 것이다. (15다)는 개념적 인접성에 의한 변화의 예이다. '어리다'는 원래 '어리석다'의 의미였는데 나이가 적으면 일반적으로 어리석은 경우가 많아 '나이가 적다'의 의미로 바뀌었다. '지치다(중세 한국어 '즈츼다')'는 원래 '설사하다'라는 의미였다. 설사하는 행위와 신체가 피곤해지는 현상은 밀접히 연관되어 있으므로 '설사하다'에서 '지치다'로 의미가 변화한

것이다.

다음으로 은유적 의미 변화의 예를 살펴본다.

(16) 가. 틈, 보람
　　나. 마우스, 골뱅이

'틈'은 원래 "책상과 벽 사이의 틈"과 같이 공간적인 것만을 의미했으나 "너무 바빠서 쉴 틈이 없어요."와 같은 예에서 시간적인 것에도 쓰인다. '보람'은 원래 '표식'을 의미했지만 지금은 그러한 구체적인 의미로는 잘 쓰이지 않고 '한 일에 대해 가지는 만족스러운 느낌'이라는 추상적인 의미로 더 많이 쓰인다. 쥐의 모양을 닮은 컴퓨터 부속물을 '마우스'라고 부르는 것도 일종의 은유이다. 이메일 주소의 'at' 기호인 '@'를 '골뱅이'라고 부르는 것도 모양의 유사성에 기반한 은유이다. 이에 따라 '마우스'와 '골뱅이'에 새로운 의미 항목이 추가됨으로써 의미에 변화가 일어났다고 할 수 있다.

6.2.2.3. 의미 변화의 결과

의미 변화의 결과는 기술적 의미의 변화, 표현적 의미의 변화, 사회적 의미의 변화 각각의 관점에서 살펴볼 수 있다.

첫째, 기술적 의미의 변화는 의미 축소narrowing, 의미 확대extension, 의미 이동shift으로 나누어 볼 수 있다. 의미 축소는 적용 범위가 좁아진 경우이다. '여의다(중세 한국어 '여희다')'는 '어마님을 여희다', '번뇌煩惱를 여희다'와 같이 사람뿐만 아니라 추상 명사를 대상으로 널리 쓰이다가 지금은 사람에만 주로 사용된다. '죽음으로 인해 이별하다', '딸을 시집 보내다'와 같은 문맥에서 많이 쓰이므로 의미 축소의 예가 된다. '놈'은 원래 사람을 가리키는 말이었으나 현재는 남자에 대한 비칭으로 쓰이므로 역시 의미 축소의 예이다. '헹가래'를 「표준국어대사전」에서 찾아보면 "사람의 몸을 번쩍 들어 자꾸 내밀었다 들이켰다 하는 일. 또는 던져 올렸다 받았다 하는 일. 기쁘고 좋은 일이 있는 사람을 축하하거나, 잘못이 있는 사람을 벌줄 때

한다."라고 뜻풀이 되어 있는데 이는 예전의 용법을 반영한 것이고 현대에는 '축하의 목적으로 여럿이서 사람의 몸을 던져 올렸다 받았다 하는 행위'에만 사용된다. 예전에 비해 적용 범위가 작아졌으므로 역시 의미 축소의 예이다.

다음으로 의미 확대의 예를 생각해 보자. '겨레'는 원래 '종족, 친척'의 뜻을 가지고 있었으나 현재에는 '민족, 동족'의 뜻으로 쓰인다. 지시 대상의 범위가 더 넓어졌으므로 의미가 확대된 경우이다. 앞에서 본 '묘수, 악수'도 가리키는 대상의 범위가 넓어졌으므로 모두 의미 확대의 예이다. '민폐'는 원래 '민간에 끼치는 폐'라는 뜻으로서 주로 정부나 군대에서 민간인들에게 주는 피해를 가리켰으나 요즘은 개인적 차원에서 끼치는 피해에도 널리 사용된다. 역시 의미가 확대된 경우에 속한다.

의미 변화의 결과로서의 '의미 확대'와 앞에서 살펴본 의미 변화의 과정으로서의 '다의 확장'은 언뜻 비슷한 개념처럼 보이고 자주 혼동되기도 하지만 엄밀히는 구별될 필요가 있다. 다의 확장은 어떤 단어에서 새로운 의미 항목이 추가되는 과정으로서 의미 변화 과정 어느 경우에서나 발생한다. 가령 '작업'에 대해 「표준국어대사전」에는 "① 일을 함. 또는 그 일 ② 일정한 목적과 계획 아래 하는 일. ③『군사』근무나 훈련 이외에 진지 구축, 막사나 도로 보수 따위의 임시로 하는 일."의 세 가지 의미 항목이 기술되어 있다. 본래 ①의 의미에서 ②와 ③의 의미로 다의 확장이 일어난 것인데 이때 ③의 의미 항목은 작업의 의미가 군대에서의 특정한 일에 축소되어 쓰이는 것을 기술한 것이다. 다시 말해서 다의 확장의 결과는 의미 축소, 확대, 이동 모두가 될 수 있다. 의미 확대는 정확히는 지시 대상이나 개념의 적용 범위가 확대되는 현상이며 의미의 일반화generalization로 이해할 수 있다.

의미 이동의 예로는 '씩씩하다'를 들 수 있다. '씩씩하다(중세 한국어 '싁싁ᄒᆞ다')'는 본래는 '장엄하다'의 뜻이었다. 이것이 현대어에서는 '굳세다'의 의미로 쓰이므로 의미가 아예 이동했다고 할 수 있다. 앞에서 본 '지치다' 역시 의미 이동의 예이다. '희한稀罕하다'는 한자어 그대로의 뜻으로는 '드물다'의 의미인데 현재 「표준국어대사전」에는 '매우 드물거나 신기하다'로 풀이되어 있으며 젊은 세대의 한국어 화자들은 '드물다'의 의미는 모른 채 '신기하고 이상하다'의 의미로만 쓰는 경우가 많다. 드문 일은 특이하고 신기한 경우가 많기 때문에 인접 의미로의 이동이 일어나고 있다고 할 수 있다.

둘째, 표현적 의미의 변화는 의미 하락degeneration과 의미 상승amelioration으로 나누어진다. 앞에서 살펴본 '놈'은 지시 대상이 남자로 축소되었다는 점에서 의미 축소의 예이기도 하지만 동시에 남자에 대한 비어卑語로 쓰인다는 점에서 의미 하락도 동시에 일어난 것이다. '계집' 역시 동일한 종류의 의미 하락이 일어났다. '백댄서, 배우, 연예인' 등은 예전에는 존중받지 못하는 직업이었기 때문에 다소 비하하는 느낌도 있었으나 이제는 선망받는 직업이 되었기 때문에 단어의 의미도 상승했다. '끼(<氣)' 역시 「표준국어대사전」에는 '① 연예에 대한 재능이나 소질을 속되게 이르는 말, ② 이성과 함부로 사귀거나 관계를 맺는 경향이나 태도'로 풀이되어 있어 좋지 않은 어감을 가진 단어였음을 알 수 있다. 그러나 "꿈과 끼를 키우는 자유학기제"와 같은 예에서는 나쁜 의미 없이 사용되므로 의미 상승의 예가 된다.

셋째, 사회적 의미의 변화는 사용되는 사회 · 문화적 맥락이 달라지는 경우에서 발견된다. '왕따'는 원래 청소년들이 쓰는 은어 혹은 속어였으나 현재는 일반 어휘가 되어 신문이나 방송에서도 자주 사용된다. 「표준국어대사전」에서도 '왕따'는 "따돌리는 일. 또는 따돌림을 당하는 사람."으로 뜻풀이되어 있어 은어나 속어라는 어감이 사라졌음을 알 수 있다. 사회적 의미의 변화를 겪은 예라고 할 수 있다.

6.2.3. 어휘 관계

소쉬르는 한 언어에 존재하는 단어들은 아무렇게나 흩어져서 존재하는 것이 아니라 서로 관계를 맺고 있으며, 이때 단어들이 서로 관계를 맺는 양상을 계열 관계paradigmatic relation와 통합 관계syntagmatic relation의 관점에서 파악할 수 있다고 하였다.

다음 단어들 사이의 관련성을 생각해 보자.

(17) 가. 김밥, 국수, 스파게티, 햄버거
　　나. 운동화, 구두, 등산화, 고무신

(18) 가. 나는 보통 점심으로 {김밥, 국수, 스파게티, 햄버거}을(를) 먹는다.
　　나. 철수는 {운동화, 구두, 등산화, 고무신}을(를) 신고 집을 나섰다.

(17가)의 단어들과 (17나)의 단어들은 각각 서로 밀접한 관계를 맺고 있다. (17가)는 '주식으로 먹을 수 있는 음식'이라는 의미를 (17나)는 '신발'이라는 의미를 공유한다. 또한 (18가, 나)에서 볼 수 있는 바와 같이 이들은 동일한 위치에 번갈아 나타날 수 있다는 특성이 있다. 즉 같은 '계열'을 형성한다. '김밥, 국수'와는 달리 '자동차'는 '나는 보통 점심으로 ____을(를) 먹는다'의 빈자리에 들어갈 수 없다. 이때 '김밥, 국수, 스파게티, 햄버거'는 '계열 관계'를 가지는 단어들이라고 할 수 있다.

한편 단어들은 서로 통합 관계를 이루면서 존재하기도 한다.

(19) 가. 밥, 먹다
나. 신발, 신다
다. 머리, 감다
라. 가르마, 타다

(19가~라)의 각각의 단어들이 이루는 관계는 동일한 위치를 번갈아 드나드는 관계는 아니다. 이 단어들의 관계는 '밥을 먹다', '신발을 신다', '머리를 감다', '가르마를 타다'에서 알 수 있듯이 함께 나란히 나타날 수 있는 관계이다. 이들이 가지는 관계를 '통합 관계'라고 한다. '신발'과 '먹다', '머리'와 '타다'는 보통 한 문장에서 목적어와 서술어로 나란히 나타나지 않는다. 이들은 통합 관계를 가지지 않는 것이다.

이러한 인식을 바탕으로 어휘 관계를 계열 관계와 통합 관계로 나누어 살펴보도록 하자.

6.2.3.1. 어휘의 계열 관계

어휘의 계열 관계에는 동의 관계, 반의 관계, 상하 관계, 부분 관계, 동음 관계 등이 있다.

동의 관계

동의 관계synonymy는 서로 다른 단어가 같거나 매우 비슷한 의미를 가지고 있는 관계를 말한다.

(20) 가. 근심, 걱정, 시름
나. 죽다, 숨지다, 사망하다, 별세하다, 작고하다, 영면하다, 타계하다, 서거하다, 운명하다

(20가, 나)에서 제시한 단어들은 각각 의미가 비슷하다. 가령 "요즘 어머니께서는 근심이 많으시다."와 같은 문장에서 '근심' 자리에 '걱정'이나 '시름'이 대신 들어가도 의미에 차이가 별로 없다. (20나)는 모두 '죽다'를 의미하는 단어들이다.

그런데 어떤 두 단어가 완전히 같은 의미를 가질 수 있는가는 확실치 않다. 어떤 경우에도 두 단어의 의미가 완전히 같을 수는 없고 기껏해야 비슷한 의미를 가질 수 있다고 보아 동의 관계를 유의 관계로 부르는 학자들도 있다. 완전한 동의 관계를 '절대 동의 관계'라고 하고 의미가 서로 비슷한 말의 관계, 즉 유의 관계를 '상대 동의 관계'라고 하기도 한다.

위에서 본 '죽다'와 동의 관계를 이루는 예들도 그 의미가 완전히 같다고 보기는 어렵다.

(21) 가. 그가 {죽었다, 숨졌다, 사망했다, 별세했다, 작고했다, 영면했다, 타계했다}.
나. 우리 집 고양이가 {죽었다, 숨졌다, ??사망했다, *별세했다, *작고했다, *영면했다, *타계했다}.
다. 우리 집 고무나무가 {죽었다, *숨졌다, *사망했다, *별세했다, *작고했다, *영면했다, *타계했다}

(21가)와 같이 주어가 사람인 경우에는 이 단어들을 모두 사용할 수 있다. 그러나 (21나)와 같이 주어가 동물인 경우에는 '죽다, 숨지다' 정도만 자연스러우며 (21다)와 같이 주어가 식물인 경우에는 '죽다'만이 자연스럽게 쓰일 수 있다. 위 단어들의 관계는 상대 동의 관계라고 할 수 있다.

반의 관계

반의 관계antonymy는 서로 반대되거나 대립되는 의미를 가진 두 단어 사이의 의미 관계를 말한다. 반의 관계에 있는 단어들을 반의어antonym라고 한다.

반의 관계를 따질 때에는 앞에서 나온 성분 분석의 방법이 유용하다. 가령 '처녀'의 반의어인 '총각'에 대해 생각해 보자. '총각'의 의미는 다음과 같이 성분 분석된다.

(22) 총각: [−여성], [+성년], [−기혼]

만약 반의어가 모든 의미 성분에서 해당 단어와 반대되는 성질을 가져야 한다면 '총각'의 반의어는 [+여성], [−성년], [+기혼]의 자질을 가지는 단어라고 할지도 모른다. 그러나 '결혼한 어린 여성'을 '총각'의 반의어라고 하지는 않는다. '총각'의 반의어는 '처녀' 혹은 '아저씨'일 것으로 생각된다. '처녀'와 '아저씨'의 의미 성분은 다음과 같이 분석된다.

(23) 가. 처　녀: [+여성], [+성년], [−기혼]
　　 나. 아저씨: [−여성], [+성년], [+기혼]

'처녀'는 '총각'과 [여성]이라는 의미 성분에 대해서만 대립되고 나머지 의미 성분은 같다. '아저씨'는 '총각'과 [기혼]이라는 의미 성분에 대해서만 대립되고 나머지 의미 성분은 같다. 반의어는 의미상 근접성과 소원성의 양면성을 가진다. 즉 반의어는 모든 의미 성분이 대립되는 단어가 아니라 나머지 의미 성분을 공유하고 단 하나의 의미 성분에 대해서만 차이를 가지는 단어이다.[2]

반의어는 상보 반의어complementary antonym, 등급 반의어gradable antonym, 관계 반의어relative antonym로 나누어질 수 있다. 상보 반의어는 서로 겹치지 않고 완전히 배타적인 영역을 가지는 반의어이다.

---

2 이처럼 의미가 완전히 반대가 아니라 일부 성분에서만 대립된다는 점에서 '반의 관계', '반의어' 대신 '대립 관계', '대립어'라는 용어를 사용하기도 한다. 그러나 의미 성분이 대립되는 것은 의미가 비슷한 말에서도 발견될 수 있는 현상이기 때문에 여기에서는 '반의 관계'와 '반의어'라는 용어를 택한다.

(24) 가. 남자, 여자
나. 기혼, 미혼
다. 합격, 불합격
라. 참, 거짓
마. 죽다, 살다

(24)는 상보 반의어의 예이다. 세상의 성性은 남성과 여성만 있을 뿐 제3의 성은 존재하지 않는다. 기혼이 아니면 미혼이며 기혼도 아니고 미혼도 아닌 상태는 존재하지 않는다.

상보 반의 관계에 있는 두 단어는 일정한 의미 영역을 두 단어가 온전히 나눠 가지며 동일한 의미 영역 안에는 다른 단어가 존재하지 않는다. 이에 따라 한쪽 단어의 긍정과 다른 쪽 단어의 부정이 같은 의미를 표현한다. 즉 "김연아는 여자다."는 "김연아는 남자가 아니다."와 기본 의미가 같다. 또한 두 단어를 동시에 긍정하거나 부정하면 모순이 발생한다. "김연아는 여자이기도 하고 남자이기도 하다." 혹은 "김연아는 여자도 아니고 남자도 아니다."는 성립되지 않는다.

다음으로 등급 반의어에 대해 알아보자. 등급 반의어는 정도성을 가지는 척도에서 대립하는 두 단어를 말한다.

(25) 가. 뜨겁다, 차갑다
나. 넓다, 좁다
다. 크다, 작다

(25가)의 '뜨겁다'와 '차갑다'는 '온도'와 관련한 형용사들이다. 온도의 의미 영역에 있는 형용사로는 이외에도 '따끈하다, 따뜻하다, 미지근하다, 시원하다' 등이 있다. 즉 '뜨겁다'와 '차갑다'는 '뜨겁다-따끈하다-따뜻하다-미지근하다-시원하다-차갑다'의 척도상에서 대립을 보인다. 이러한 등급 반의어는 (25가~다)에서 볼 수 있듯이 주로 형용사에서 나타난다.

등급 반의어의 특성은 몇 가지 점에서 상보 반의어와 대조된다. 상보 반의어와 달리 등급 반의어는 한쪽 단어의 부정이 반드시 다른 쪽 단어의 긍정을 표현하지 않는다. 가령 "우리 학교 운동장은 넓지 않다."가 반드시 "우리 학교 운동장은 좁다."를 의미하지는 않는다. 운동장이 넓지도 않고 좁지도 않을 수도 있기 때문이다. 또한 등급 반의 관계의 두 단어는 동시에 부정할 수도 있다. '크다'와 '작다'는 반의 관계에 있지만 "예진이는 키가 크지도 않고 작지도 않다."가 성립 가능하다.

반의어 중에는 관계 반의어도 있다. 관계 반의어는 두 단어가 상대적 관계를 형성하면서 의미상 대칭을 이루는 경우이다. '남편'과 '아내', '주다'와 '받다', '가다'와 '오다', '시작'과 '끝'의 관계가 대표적인 예이다.

상하 관계

상하 관계hyponymy는 한 단어의 의미가 다른 단어의 의미를 포함하는 관계이다. 생물학적 종류의 이름을 보면 상하 관계의 개념을 쉽게 알 수 있다.

(26) 가. 장미, 꽃, 식물, 생물
　　 나. 제비, 새, 동물, 생물

(27) 장미, 수선화, 철쭉, 백합, 채송화; 꽃

(26가)에서 '장미'는 '꽃, 식물, 생물'의 하위어hyponym이며 (26나)에서 '새, 동물, 생물'은 '제비'의 상위어이다. 상위어hypernym는 보다 일반적인 의미를 지니는, 의미의 범위가 넓은 단어이고 하위어는 보다 특수한 의미를 지니는 단어이다. (27)에서 '장미, 수선화, 철쭉, 백합, 채송화'는 모두 '꽃'의 하위어인데, 이렇게 동일한 상위어를 공유하는 단어들을 '공하위어co-hyponym'라고 한다.

상하 관계를 기술하는 데에도 반의 관계에서처럼 성분 분석의 방법이 유용하게 이용된다. 가령 '여자'와 '소녀'의 상하 관계를 생각해 보자.

(28) 가. 여자: [+여성]
　　 나. 소녀: [+여성], [−성년]

'소녀'는 '여자'의 일종이므로 '소녀'는 '여자'의 하위어이다. 위의 성분 분석을 보면 하위어일수록 의미 성분의 수가 많다는 것을 알 수 있다. 의미 성분이 많다는 것은 그 의미가 구체적이라는 것이고 그것은 그 단어가 지시하는 지시 대상의 수가 제한된다는 것을 뜻한다. 이 세상에 소녀의 수보다 여자의 수가 훨씬 더 많다는 것을 상기해 보라. 요약하면 하위어일수록 의미 성분의 수가 많으며 지시 대상의 범위는 좁아진다.

상하 관계를 가지는 두 단어 A와 B 사이에는 'A는 B의 일종이다'의 관계가 성립한다. '진주'는 '보석'의 일종이고 '국수'는 '분식'의 일종이므로 '진주'는 '보석'의 하위어이고 '국수'는 '분식'의 하위어이다.

상하 관계와 구별해야 할 것으로 유사 상하 관계가 있다.

(29) 가. 강도는 김 씨에게 칼을 들이대며 돈을 요구했다.
나. 강도는 김 씨에게 흉기를 들이대며 돈을 요구했다.

(30) 가. 요리사는 칼로 마늘을 곱게 다졌다.
나. *요리사는 흉기로 마늘을 곱게 다졌다.

(29가, 나)를 비교해 보면 '칼'은 '흉기'의 일종으로 이해되므로 언뜻 '칼'과 '흉기'가 상하 관계를 가지고 있는 것처럼 보인다. 그러나 (30가)에서는 '칼'은 '흉기'의 일종이라고 볼 수 없다. 즉 요리사가 사용하는 칼은 흉기의 하위어라고 볼 수 없다. 이렇게 어떤 단어의 전체가 아닌 일부 의미에서만 다른 단어의 하위어로 인식되는 경우를 유사 상하 관계라고 한다.

부분 관계

부분 관계meronymy는 한 단어의 지시 대상이 다른 단어의 지시 대상의 일부분인 관계이다.

(31) 가. 손가락, 손
나. 코, 얼굴
다. 자판, 노트북 컴퓨터

라. 건반, 피아노

'손가락'의 지시 대상은 '손'의 지시 대상의 일부분이며 '코'의 지시 대상은 '얼굴'의 지시 대상의 일부분이다. 그런데 부분 관계는 상하 관계와 다르다는 점을 주의하여야 한다. 언뜻 '손가락'과 '손'은 상하 관계를 가지는 것으로 생각될 수도 있지만 '손가락'과 '손' 사이에는 'A는 B의 일종이다' 관계가 성립하지는 않는다. '손가락'은 '손'의 일종이 아니며 '코'는 '얼굴'의 일종이 아니다.

동음 관계

동음 관계는 서로 다른 의미를 가진 별개의 단어가 우연히 음성 형식이 같은 두 단어 사이의 관계이다.

(32) 가. 다리[足], 다리[橋]
나. 배[梨], 배[腹], 배[船]

(32가, 나)는 각각 동음 관계에 있는 동음어들이다. 즉 (32가)에서 '다리'는 하나의 '다리'가 두 가지 의미 항목을 가지는 것이 아니라 '다리[足]'와 '다리[橋]' 두 단어의 소리가 우연히 같은 것이다.

동음어는 하나의 단어가 연관성을 지닌 둘 이상의 의미 항목을 가지는 다의어와 구별되어야 한다. 한국어의 '쓰다'를 예로 들어 보자.

(33) (세제를) 쓰다, (인부를) 쓰다, (다리를) 쓰다, (존댓말을) 쓰다, (한턱) 쓰다

(33)의 '쓰다'는 각기 조금씩 다른 용법을 가지지만 의미상 연관성을 찾을 수 있다. 이때의 '쓰다'는 모두 '사용하다'의 의미와 통하는 점이 있기 때문이다. 이는 '쓰다'가 다의어임을 말해 준다.

(34) 가. (글을) 쓰다
나. (모자를) 쓰다

다. (커피가) 쓰다

그런데 (34가~다)에도 '쓰다'가 사용되었지만 이때 '쓰다'의 의미는 (33)과는 전혀 다르다. '글을 쓰다'의 '쓰다'나 '모자를 쓰다'의 '쓰다'는 '사용하다'의 의미와는 전혀 무관하다. (33)과 (34가~다)의 '쓰다'는 우연히 그 음성 형식이 같은 것일 뿐이다. '커피가 쓰다'의 '쓰다'는 형용사로서 (33)의 '쓰다'가 동사인 것과 다르다. (34가~다)는 (33)의 '쓰다'의 동음어들이라고 할 수 있다.

6.2.3.2. 어휘의 통합 관계

앞에서 언급하였듯이 통합 관계는 서로 결합 가능한 관계 즉 함께 나타날 수 있는 관계를 말한다. 어휘 사이에서 발견되는 통합 관계에는 합성 관계, 관용 관계, 연어 관계 등이 있다.

합성 관계

합성 관계는 합성어compound word에 참여하는 둘 이상의 요소에서 발견된다.

(35) 가. 어제오늘, 여닫다
나. 하나둘, 두서너
다. 이곳저곳, 국내외
라. 부모, 남녀

(36) 가. 호텔+바캉스 → 호캉스
나. 오피스+호텔 → 오피스텔

(35가)의 예에서 '어제'와 '오늘', '열다'와 '닫다'는 하나의 합성어에서 출현하는 통합 관계를 가진다. 이때 '어제'와 '오늘', 그리고 '열다'와 '닫다'는 합성 관계를 가진다고 말한다. (35가)는 시간, (35나)는 수數, (35다)는 거리, (35라)는 성별 등의 기준에 따라 합성어가 만들어지는데, 순서는 대체로 고정되어 있어 바꾸기 어렵다. (36가,

나)는 혼성어의 예인데 혼성어는 선후행 요소 전체가 단어 형성에 참여하지 않고 일부만이 참여하는 단어를 말한다. 혼성어를 넓은 의미의 합성어로 다루면 '호텔'과 '바캉스', '오피스'와 '호텔'이 합성 관계를 이룬다고 할 수 있다.

관용 관계

관용 관계는 관용 표현idiomatic expression을 이루는 둘 이상의 단어가 가지는 관계를 말한다. 관용 표현은 둘 이상의 단어가 모여 구, 절, 문장을 이루되, 구성 요소의 의미의 합으로 설명되지 않는 제3의 의미를 가지는 언어 표현이다.

(37) 가. 그림의 떡, 우물 안 개구리, 미역국을 먹다
나. 귀에 못이 박히게, 손이 크다
다. 시작이 반이다, 입이 열 개라도 할 말이 없다

관용 관계는 (37가)와 같은 관용구, (37나)와 같은 관용절, (37다)와 같은 관용문에서 발견된다. '그림'과 '떡', '우물'과 '개구리' 등이 관용 관계를 이룬다. 관용 표현의 의미는 문자 그대로의 의미literal meaning로 해석되지 않는다. 가령 '미역국을 먹다'는 실제로 미역국을 먹는다는 의미와는 전혀 다르게 '시험에 떨어지다'의 의미로 사용된다. '시작이 반이다'는 실제로 시작하는 것이 일의 절반을 하였다는 의미가 아니라 시작이 매우 중요하다는 뜻으로 사용된다.

연어 관계

연어collocation는 규칙적인 통사 관계에 의해 구성되기는 했으나, 어휘적 차원에서 특별히 긴밀하고 제한적인 통합 관계를 보이는 두 단어의 연쇄를 말한다. 이때 연어에 참여하는 두 단어의 관계를 연어 관계라고 한다.

(38) 가. 머리를 감다, 가르마를 타다
나. 바지를 입다, 모자를 쓰다, 장갑을 끼다, 양말을 신다

(38가)의 예에서 '머리'와 '감다', '가르마'와 '타다'는 매우 긴밀한 통합 관계를 가진다. 한국어에서는 '얼굴을 씻다, 손을 씻다, 다리를 씻다'에서 알 수 있듯이 다른 신체 부위에는 '씻다'라는 일반적 단어를 사용하는데 '머리(카락)'를 씻는 것에는 반드시 '감다'라는 단어를 사용한다. 이때 '머리'와 '감다'가 가지는 강력한 통합 관계를 연어 관계라고 한다. '가르마'에 대해서도 '가르마를 만들다'를 사용할 수도 있었을 것이지만 이때에는 반드시 '타다'라는 동사를 사용한다. '가르마'와 '타다'는 매우 긴밀한 연어 관계를 가진다고 할 수 있다.

또한 영어에서라면 모두 'wear'로 표현될 수 있는 행위가 (38나)에서 볼 수 있듯이 한국어에서는 입는 대상에 따라 '입다, 쓰다, 끼다, 신다' 등으로 다르게 표현된다. '*모자를 입다, *양말을 입다'와 같은 표현 대신 반드시 '모자를 쓰다, 양말을 신다'와 같은 구성을 사용하는 것이다.

이들은 일종의 덩어리 표현chunk으로서 언뜻 관용 표현과 비슷한 것으로 생각될 수도 있다. 그러나 관용 표현이 구성 성분의 의미의 합으로는 해석되지 않는 제3의 의미를 가지는 것과는 달리 연어는 한 요소가 특별히 다른 요소를 강력하게 요구할 뿐 본래의 의미에 가깝게 해석된다는 점에서 관용 표현과는 다르다.

6.2.4. 한국어의 어휘 체계

한국어의 어휘는 어떻게 구성되어 있을까? 어휘를 분류하는 방법에는 여러 가지가 있다. 단일어, 복합어 등 단어의 형성 방식에 따라 분류할 수도 있고 명사, 동사, 부사 등 문법적 성질에 따라 어휘를 체계화해 볼 수도 있다. 어떤 말이 어디에서 유래하였는가를 따지는 어종語種에 따른 분류도 가능하다. 여기에서는 어종에 따른 분류에 대해서만 알아본다.

일반적으로 한국어 어휘는 고유어, 외래어, 한자어의 3종 체계를 가지는 것으로 본다. 「표준국어대사전」에 실린 표제어 50만여 개 중 한자어는 58.5%, 고유어는 25.9%, 기타(혼합 형태)는 10.9%, 외래어는 4.7%를 차지한다.

6.2.4.1. 고유어

고유어는 우리 민족이 일찍부터 사용하던 순 우리말 어휘이다. 한국어 어휘 체계에서 고유어는 다음과 같은 특징을 가진다.

첫째, 고유어에는 일상생활에 쓰이는 기초 어휘가 많다. 예를 들어 고유어인 '잠', '입다', '먹다' 등의 말은 한자어인 '수면睡眠', '착용着用하다', '섭취攝取하다'에 비해 일상생활에서 월등히 많이 쓰이는 기초 어휘이다.

둘째, 고유어에는 다의어가 많으며 이에 따라 한자어와 일대다一對多의 대응을 보이는 경우가 많다.

(39) 가. 말: 언어言語, 발언發言, 대화對話, 표현表現, 소문所聞, 구술口述 등
　　나. 고치다: 수리修理하다, 수정修正하다, 치료治療하다, 개정改訂하다, 개혁改革하다, 수선修繕하다, 성형成形하다, 교정校訂하다 등

고유어 중에는 다양한 의미를 가지는 다의어가 많기 때문에 (39가, 나)에서 볼 수 있듯이 고유어와 한자어는 일대다의 대응 관계를 보이는 경우가 많다.

셋째, 조사나 어미 등 문법적 기능을 하는 요소는 대부분 고유어이다. 예컨대 조사 '이/가', '을/를', '에', '(으)로'라든지 어미 '-다', '-(으)면', '-(으)ㅁ', '-기' 등은 모두 한자어가 아닌 고유어이다.

넷째, 고유어는 자음 교체와 모음 교체를 통해 어감의 차이를 표현할 수 있다. 고유어는 '감감하다-깜깜하다-캄캄하다' 같은 평음(예사소리)-경음(된소리)-유기음(거센소리)의 대립에 의한 자음 교체나 '반짝반짝-번쩍번쩍, 퐁당-풍덩'과 같은 모음의 대립에 의한 모음 교체를 통해 어감의 차이를 표현한다. 이는 '고민苦悶하다, 결정決定하다' 등의 한자어에서는 이와 같은 현상을 찾을 수 없다는 점과는 대조적이다.

6.2.4.2. 한자어

한자어는 중국을 비롯한 우리나라와 일본 등에서 사용되던 한자와 한문을 기반으로 만들어진 단어이다. 한자어는 중국어적인 특성과 우리말에 동화된 특성을 모두 가지고 있다.

(40) 天下 - 한국어 발음: [천하], 중국어 발음: [티엔시아], 일본어 발음: [텐카]

이와 같이 중국, 일본, 한국에서는 공통된 한자어를 사용하기도 하는데, 표기는 동일해도 실제 발음은 다른 경우가 대부분이다. 동일한 한자어가 발음만 다른 것이 아니라 의미 차이를 가지기도 한다. 예를 들어 중국어에서 '신문新聞'은 '새로 발생하거나 이전에 발생했더라도 사회적 영향력이 있는 보도'로서 우리말의 '뉴스'나 '소식'의 의미로 사용된다. 중국어에서 '방학放學'은 그 날의 학습이 끝났음을 나타내는 문자 그대로의 의미로 사용된다.

한자어는 대부분 중국의 한문漢文에서 유래하지만 '차용借用', '처분處分', '보관保管, 출입出入'처럼 일본에서 만들어진 것도 있고, '삼촌三寸', '대지垈地', '시댁媤宅'처럼 우리나라에서 만들어진 것도 있다. 이들은 단어 형성법 등에서 다른 한자어와 약간의 차이를 가지기도 하지만 한국 한자음으로 읽힌다는 공통점이 있으며 그 특성이 고유어와는 차이가 있기 때문에 한자어로 다루는 데 문제가 없다.

반면 '배추白菜, 상추常菜, 김치沈菜'와 같이 본래 한자어에서 왔지만 소리가 변화하여 현재의 한국 한자음으로 발음되지 않는 단어들도 있다. 이들은 한자어에서 제외하여 고유어로 간주하는 것이 일반적이다. 요컨대 한자어는 한국 한자음으로 읽히고 한국어에서의 고유한 용법으로 사용되는 단어이다.

한자어는 고유어와 대비되는 여러 가지 특징을 가지고 있다. 한자어 중에는 '책冊, 문門, 벽壁, 산山, 강江 등 기초 어휘도 있지만 고유어에 비해 학술 용어나 전문 용어 등에 많이 쓰이는 편이다. 고유어에 비해 단일한 의미를 가지는 경우가 많아 앞에서 본 바와 같이 고유어 한 단어에 여러 개의 한자어가 대응되기도 한다. 한자어의 구성 순서는 고유어와 같은 경우도 있지만, '독서讀書', '등산登山'처럼 서술어가 목적어나 부사어보다 앞에 오는 중국어의 순서를 지키고 있는 경우도 있다. 또한 단어 형성에 제약이 적어 비교적 자유롭게 단어 형성에 참여한다. 한자 하나하나가 의미를 가지므로 비교적 짧은 음절로 단어를 만들 수 있기 때문이다.

한자어 중 일부는 우리말에 동화된 정도가 심하여 아예 우리말처럼 인식되기도 하고 단어 형성에 참여할 때 고유어처럼 행동하기도 한다.

(41) 가. 양말洋襪, 사돈査頓, 심지어甚至於, 어차피於此彼
나. 된장된醬, 밥상밥床, 양담배洋담배
다. 담장담牆, 모래사장모래沙場, 양옥집洋屋집, 속내의속內衣

(41가)는 한국어 화자도 한자어인지 잘 모르는 어휘들이다. 기본적으로 한자어는 한자어끼리 결합하는 것이 일반적이지만 (41나)처럼 고유어와 결합하여 복합어를 형성하는 경우도 있다. 이는 한자어가 고유어에 어느 정도 동화되었기 때문에 나타나는 현상이다. (41다)는 동의어의 중복을 통해 의미를 강조하는 효과를 가지게 되는 예들인데, 역시 고유어와 한자어가 결합되고 있다는 점에서 한자어가 고유어에 동화되는 현상과 관련이 있다.

한자어와 고유어가 동의어를 이룰 경우 한자어는 교양을 갖춘 상층의 언어, 고유어는 일반 계층의 언어로 기능하여 구별되는 경향을 보인다. 윗사람과 관련된 맥락에서 '부친父親', '연세年歲' 등을 '아버지', '나이' 대신 사용하는 것이 이를 보여 준다. 이와 같은 고유어에 대한 한자어의 우월 의식이 한자어의 양적 증가의 한 원인이 되었을 것이다.

6.2.4.3. 외래어

외래어는 '외국에서 들어온 말로 우리말처럼 쓰이는 단어'를 말한다. 아직 널리 쓰이지 못해 언중의 공인을 받지 못하였거나 한국어에 동화되지 않은 외국어 어휘는 외래어로 치지 않는다. 한자어 역시 넓은 의미에서 외래어로 볼 수 있지만 흔히 한국어 어휘를 고유어, 한자어, 외래어의 3종 체계로 나누어 논의하고 한자어는 외래어에서 제외하는 것이 보통이다.

외래어의 유입의 역사는 우리 민족이 주변의 다양한 문화와 접촉하면서 시작되었다.

(42) 가. 불타, 석가, 열반, 찰나
나. 송골(매), 보라(매), 설렁(탕)
다. 냄비, 구두, 벤또, 와르바시

(42가)는 산스크리트어(고대 인도어), (42나)는 몽골어인데, 고대에서 근대에 걸쳐 우리 민족이 외국 문화와 접촉한 흔적들이다. 산스크리트어의 경우 불교문화 유입과 함께 우리말에 들어왔으며, 한자어를 거쳐 간접적으로 유입된 경우가 많았다. 몽골어는 고려 말 원나라 침입으로 고려가 원의 지배하에 놓이면서 우리말에 유입되었다. (42다)는 일본어 차용어들이다. 일본어의 유입은 개화기를 전후하여 본격화되어 일제 강점기를 거치면서 대량으로 이루어졌다. 앞에서 언급한 일본계 한자어도 한국 한자음으로 읽히므로 한자어로 다루지만 어떤 의미에서는 일본계 외래어라고도 할 수 있다. 해방 이후 일제 잔재 청산 노력으로 국어 순화 운동이 벌어져 일본계 외래어(일본식 차용어)는 많이 사라졌다.

20세기 이후 우리말에 유입되는 외래어의 최대 진원지는 영어를 비롯한 서구의 언어들이다.

(43) 가. 버스, 컴퓨터, 아이스크림(영어)
나. 세미나, 아르바이트, 알레르기(독일어)
다. 모델, 마담, 앙코르, 망토(프랑스어)
라. 페치카, 툰드라, 보드카(러시아어)
마. 스타디움, 알리바이(라틴어)

외래어는 한자어처럼 학술 용어나 전문 용어에서 고유어보다 훨씬 더 많이 쓰인다. '로켓, 라디오'처럼 'ㄹ'이 어두語頭에 오는 등 고유어와 다른 음절 구조를 가지기도 한다. 과거에 한자어가 차지했던 우월적인 지위를 이제는 서구에서 들어온 외래어가 차지하는 경향이 있다.

6.2.5. 어휘 변이

어휘는 여러 가지 조건에 따라 다양한 변이variation를 가진다. 하나의 언어 안에서도 지역에 따라 사용하는 어휘에 차이가 있을 수 있고 연령, 세대, 성별, 사회적 계층 등에 따라 다른 어휘를 사용할 수도 있다. 동일한 화자라도 언어 사용 상황에 따라 다른 어휘를 사용하기도 한다.

6.2.5.1. 어휘의 지역적 변이

어휘가 지역에 따라 변이를 가진다는 것은 흔히 '사투리'라고 하는, 지역 방언의 존재로 인해 비교적 잘 알려져 있다. 한 언어 안에서도 지역에 따라 다르게 나타나는 방언의 차이는 음운, 형태, 통사 전반에 걸쳐 나타나지만 방언의 분화를 가장 뚜렷하게 보여 주는 것은 어휘의 차이이다.

(44) '부엌'에 대한 지역별 방언 어휘
　가. 충청남도: 부억, 붴, 정지, 뷝, 부엌
　나. 강원도: 부엌, 뷝, 정지, 벜
　다. 전라북도: 부엌, 부억, 뷝, 붴, 붴정지, 정제
　라. 경상남도: 정지, 정제, 정기, 정게
　마. 함경북도: 바당, 부수깨, 부스막, 시걱간, 정지, 졍지

(44)는 표준어 '부엌'에 해당하는 다양한 방언 어휘를 보여 준다. 같은 한국어지만 방언에 따라 유사한 사물이나 개념을 나타내는 어휘가 다양하게 분화되어 있음을 알 수 있다.

방언의 상대 개념은 표준어이다. 표준어는 자연 발화 상태로 존재하는 자연 언어라기보다는 인위적으로 규정한 인공 언어에 가깝다. 표준어는 교육의 편의성과

효율적인 의사소통을 위해 제정하게 된다.

오늘날 많은 한국어 화자는 학교 교육뿐만 아니라 TV 등의 대중 매체를 통해 자연스럽게 표준어를 배우고 있다. 그 결과 표준어와 방언의 차이가 상당히 줄어들었으며, 대부분의 사람들은 표준어와 방언을 동시에 구사하는 이른바 이중 언어 사용자가 되었다.

6.2.5.2. 어휘의 사회적 변이

어휘의 사회적 변이는 언어 사용자의 연령, 성별, 직업, 사회적 계층 등에 따라 다양한 차이로 나타난다. 가령 여성들은 남성에 비해 감탄사를 비교적 많이 사용하고, 욕설이나 비속어 사용이 적으며 평서문을 상향 억양으로 끝맺는 경우가 많다는 점 등이 지적되어 왔다. 여성들이 주로 쓰는 말과 남성들이 주로 쓰는 말이 차이가 있다면 그것은 사회적 변이에 속한다. 일상생활에서는 '소금, 도둑'이라는 단어를 쓰지만 전문 분야에서는 '염화나트륨, 절도범'이라는 단어를 쓰는데 이와 같은 일상어와 전문어의 변이도 사회적 변이로 볼 수 있다. 언어의 지리적 변이에 의해 분화된 말을 '지역 방언'이라고 한다면 언어의 사회적 변이에 의해 분화된 말을 '사회 방언'이라고 할 수 있다.

은어와 속어도 사회적 변이에 의해 나온 말이다. 은어는 특정 사회 집단에서만 사용하는 비밀스러운 말이고 속어는 비격식적 상황에서 쓰는 속된 말이다. 은어는 비밀 유지를 기본적인 목적으로 가지는 반면 속어는 단순히 말의 재미를 목적으로 한다는 차이가 있다.

(45) 가. 심(산삼), 왕초(큰 산삼), 히기(눈), 산개(호랑이), 심마니(산삼 캐는 사람)
나. 적은질러(50), 너머짝(100), 너머질러(150), 명이(200), 명이질러(250)
다. 범생이(모범생), 담탱이(담임), 빵셔틀(힘없는 학생에게 빵 사 오기 등의 심부름을 시키는 일)

(45가)는 산삼을 캐는 사람들이 사용하는 은어로서, 위험을 대비하고 행운을 기원

하기 위해 사용한다. (45나)는 소를 사고파는 우시장에서 사용하는 은어로 타인에게 물건의 값을 정확하게 밝히지 않으려는 목적에서 사용하게 된 말이다. (45다)는 청소년들이 사용하는 은어인데 비밀 유지의 목적이 전혀 없지는 않지만 자기들만의 언어를 씀으로써 유대감을 형성하는 기능이 더욱 우세하다. (45다)와 같은 말들은 재미를 위해 사용되는 측면도 강하기 때문에 속어와 구별되기 어렵다. 청소년들의 언어가 다른 세대에까지 전파되면 속어가 된다고 할 수 있다.

(46) 가. 쪽팔리다(부끄러워 체면이 깎이다), 끝내주다(아주 좋고 굉장하게 하다)
　　나. 어이상실(어이가 없어짐), 멘붕(멘탈 붕괴), 멍때리다(아무 생각 없이 멍청하게 있다)

(46가)는 예전에 만들어진 속어들이고, (46나)는 비교적 최근에 만들어진 속어들이다. 기존의 단어들을 그대로 사용하는 것을 지루하게 여겨 좀 더 재미있게 언어를 사용하고자 하는 젊은 세대들이 이러한 단어들을 주로 만들어 쓴다.

다음으로 금기어와 완곡어에 대해 알아보자. 우리는 '죽음, 질병, 배설, 범죄, 성性'처럼 두렵거나 불쾌하다고 여기는 단어들을 입에 담지 않으려는 경향이 있다. 이처럼 우리가 입 밖으로 꺼내기 싫어하는 말들을 금기어라고 하고, 이러한 금기어 대신 두렵거나 불쾌함이 덜한 말을 사용하게 되면 이를 완곡어라 한다.

(47) 죽다-돌아가다, 변소-뒷간-화장실

(47)은 금기어와 그 금기어 대신 사용하는 완곡어를 보여 준다. 완곡어도 오래 사용되면 다시 금기어가 가지는 불쾌한 의미를 얻어서 새로운 완곡어가 만들어진다. '뒷간' 역시 원래는 일종의 완곡어였으나 곧 새로운 완곡어 '화장실'이라는 말이 만들어진 것이다.

6.3. 문장의 의미

6.3.1. 문장 의미 해석의 원리

문장은 여러 의미 단위가 모여서 된 의미의 복합 단위이다. 형태소가 모여 단어가 되고 단어가 모여 문장이 된다. 따라서 형태소의 의미가 모여 단어의 의미가 되고, 단어의 의미가 모여 문장의 의미가 될 것이라고 생각할 수 있다.

그러나 "강아지가 동생을 물었다."와 "동생이 강아지를 물었다."는 동일한 단어들로 이루어져 있지만 그 의미하는 바는 전혀 다르다. 똑같은 재료를 쓴다고 해서 동일한 건축물이 나오는 것이 아닌 것처럼 문장의 구조에 따라 문장의 의미는 달라진다. 이는 비단 문장에만 국한되지 않는다. 모든 복합적인 언어 표현의 의미는 그것을 구성하는 요소와 거기에 적용된 결합 방식, 즉 통사 규칙에 의해 결정된다. 이를 합성성 원리principle of compositionality라고 한다.

(48) 합성성 원리: 복잡한 언어 표현의 의미는 구성 요소의 의미 및 구성 요소들의 결합 방식에 의해 결정된다.

합성성이 언어의 복합 구조인 문장의 의미를 파악하는 데 기본 원리가 되는 것은 틀림없다. 그러나 합성성만으로 문장의 의미가 온전히 설명되지는 않는다. 문장보다 덜 복잡한 언어 표현인 합성어 혹은 구의 경우를 보아도 의미는 합성적이지 않다.

(49) 가. 감기약, 설사약, 구두약, 쥐약, 모기약
나. 노후 보장, 생계 보장, 암 보장, 질병 보장

(49가)에서 '감기약'은 감기를 치료하는 약이지만 '구두약'은 구두를 치료하는 약이 아니다. '쥐약'이나 '모기약'은 쥐나 모기를 치료하는 약이 아니라 쥐나 모기를 죽이는 약이다. (49나)에서 '노후 보장'은 '노후를 보장한다'라는 의미이지만 '암 보장'은

'암에 걸릴 것을 보장한다'라는 의미가 아니다. 언어 해석에서 단순한 합성성 원리뿐 아니라 화자와 청자의 배경 지식을 활용한 풍부한 창조성이 작동하는 것을 알 수 있다.

앞에서 본 관용 표현 역시 그 의미가 구성 성분의 의미의 합과 결합 방식만으로 파악될 수 없는 언어 표현이다.

(50) 가. 괜히 비행기 태우지 마.
　　나. 어제 여자 친구한테 바람이라도 맞았나 보네.

(50)에서 '비행기 태우다'는 '과장해서 칭찬하다'의 의미로, '바람을 맞다'는 '만나기로 한 약속을 상대편이 지키지 않는 일을 당하다'의 의미로 해석된다. 이는 구성 성분의 의미의 합으로는 산출되지 않는 의미이다.

환유적 표현이나 은유적 표현에서도 합성성이 적용되지 않는다.

(51) 가. 우리 애는 책상에 앉아 있는 시간이 하루에 한 시간도 안 돼요.
　　나. 안전모 안 쓴 오토바이는 위험해요(경찰서 표어).

(52) 가. 크리스마스가 다가오고 있다.
　　나. 컴퓨터가 시간을 절약해 줄 것이라고 생각했는데 고장이 나서 오히려 한 시간이나 낭비했다.
　　다. 그는 깊은 잠에 빠져들었다.

(51가)는 흔히 사용하는 문장이지만 정확한 표현은 아니다. 보통 공부할 때는 책상 위에 앉는 것이 아니라 책상 앞의 의자에 앉기 때문이다. (51나) 역시 "안전모를 안 쓴 운전자가 모는 오토바이는 위험해요."가 더 정확한 표현이다. '책상 앞의 의자' 대신 '책상'을 쓰고 '안전모를 안 쓴 운전자가 모는 오토바이' 대신 '안전모를 안 쓴 오토바이'를 쓰는 것은 대상의 인접성에 기반한 환유적 표현이다.

(52가)는 크리스마스 날짜가 가까워지는 것을 마치 기차가 기차역에 도착하는 것처럼, 크리스마스가 정말로 우리를 향해 공간 이동을 하는 것처럼 표현하고 있

다. 그러나 크리스마스는 발도 없고 바퀴도 없으므로 우리를 향해 다가올 수 없다. (52나)에서 '시간'은 마치 '돈'처럼 절약하거나 낭비할 수 있는 것으로 표현되고 있다. 그러나 시간은 돈이 아니고, 저축했다가 나중에 다시 사용할 수 있는 실체가 아니다. (52다)에서 '잠'은 마치 '물'처럼 빠질 수 있는 대상으로 표현된다. 그러나 잠은 당연히 물이 아니다. 그러나 우리는 시간과 공간, 시간과 돈, 잠과 물에서 어떤 유사성을 발견하여 이와 같은 표현을 쓴다.

이와 같은 환유적 표현과 은유적 표현을 비유적figurative 표현이라고 부르는데 이는 이들의 의미가 문자 그대로literally 해석되지 않는다는 뜻이다. 문자 그대로의 의미로 해석되지 않는다는 것은 이러한 표현에서도 합성성의 원리가 그대로 지켜지지 않는다는 것을 뜻한다.

6.3.2. 문장의 진리치

문장의 명제 내용이 참이냐 거짓이냐를 따지는 것을 문장의 진리치truth value 판단이라고 한다. 그리고 어떤 문장의 진리치가 참이나 거짓이 되게 하는 조건을 진리 조건truth condition이라고 한다. 어떤 문장의 진리치가 참이 되기 위해서는 그 문장이 포함하는 명제 내용이 문장의 의미에 대응되는 사태state of affair와 일치하여야 한다.

(53) 가. 류현진은 2019년 현재 미국에서 활약하고 있는 축구 선수이다.
나. 지금 갑자기 소나기가 쏟아진다.

(53가)는 진리치가 거짓인 문장이다. 실제 세계에서 류현진은 축구 선수가 아니라 야구 선수이기 때문이다. 한편 (53나)의 진리치는 화자가 이 문장을 발화할 때 실제로 소나기가 내리는지 아닌지 여부에 따라 결정된다.

그런데 어떤 문장들은 참·거짓이 세계와의 대응 관계를 고려하지 않고도 항상 참인 경우가 있다.

(54) 가. 산은 산이요, 물은 물이다.
나. 봄은 봄이다.

(55) 가. 엄마도 사람이잖아.
나. 식물도 생명체다.

(54가, 나)는 동어 반복 문장이다. 이러한 문장은 세계와의 대응 관계를 고려하지 않아도 그 진리치가 무조건 참으로 확정된다. (55가)는 '엄마'가 이미 '사람'의 의미를 포함하고 있어서 참인 문장이고 (55나) 역시 '식물'은 '생명체'의 의미를 포함하고 있다. 이처럼 언제나 참인 명제를 항진 명제tautology라고 한다. 이러한 문장은 그 자체로는 새로운 정보를 제공하는 측면이 없다고도 할 수 있다. 그러나 이러한 문장은 실제 담화에서는 의미 있게 사용된다. 가령 (55가)는 엄마도 무조건 희생할 수 있는 존재가 아니라 다른 사람들처럼 다양한 감정을 가질 수 있고 휴식이 필요한 존재라는 의미로 사용될 수 있다.

반면 항상 거짓인 문장도 있다.

(56) 가. 아이스 아메리카노가 뜨겁다.
나. 우리 언니는 아주 상남자다.

얼음이 든 커피가 뜨거울 수는 없으므로 (56가)는 어떤 경우에도 거짓이다. '언니'는 '여자'의 의미를 포함하기 때문에 (56나)도 언제나 거짓이다. 이처럼 언제나 거짓인 명제를 모순 명제contradiction라고 한다. 그러나 이러한 문장도 담화 차원에서는 의미 있게 사용될 수 있다. 가령 (56가)는 원래 차가웠던 커피가 야외에 주차된 자동차에 오래 방치되어 뜨거워진 경우에 사용할 수 있다. (56나)는 언니의 씩씩한 성격을 생생하게 표현하는 데 효과적으로 이용될 수 있다.

6.3.3. 문장의 중의성과 모호성

6.3.3.1. 문장의 중의성

하나의 언어 표현이 둘 이상의 의미를 표현하는 현상을 중의성ambiguity이라고 한다. 중의성은 다의성과 구별된다. 중의성은 문맥 안에서 어떤 언어 표현이 둘 이상의 의미를 가지는 경우를 말하고 다의성은 문맥과 무관하게 어떤 단어가 둘 이상의 의미를 가지는 것이다.

다음 예를 보자.

(57) 그는 흔들리는 눈빛으로 멍하니 창밖을 바라보는 민지를 지켜보았다.

이 문장의 '흔들리는 눈빛으로'는 두 가지로 해석될 수 있다. '그가 흔들리는 눈빛으로 민지를 지켜보았다'로 해석되어 '지켜보았다'를 꾸며주는 것으로 해석될 수도 있고 '민지가 흔들리는 눈빛으로 멍하니 창밖을 바라보았다'로 해석되어 '바라보는'을 꾸며주는 것으로 해석될 수도 있다. 이러한 문장을 중의문이라고 한다.

문장의 중의성에는 크게 어휘적 중의성과 구조적 중의성이 있다.

어휘적 중의성

어휘적 중의성은 문장에서 사용된 단어가 둘 이상의 의미를 가져서 발생한 중의성이다. 어휘적 중의성은 다시 동음어로 인해 발생하는 중의성과 다의어로 인해 발생하는 중의성으로 나누어진다.

(58) 가. 제가 언젠가는 아버지께 꼭 좋은 차를 사 드릴게요.
　　 나. 우리 이제 이 길을 함께 걸을까요?

(58가)의 '차'는 엔진이 달린 탈것이라는 의미로도 해석되고 홍차, 녹차 등 마시는 차로도 해석된다. 이는 동음어 '차車'와 '차茶'가 어휘적 중의성을 유발한 예이다. (58나)의 '길'은 '사람이나 차가 다닐 수 있는 도로'라는 의미도 있지만 '인생의 여정'

이라는 의미로도 쓰인다. 따라서 이 문장은 앞에 놓인 길로 실제로 걸어가자는 의미도 될 수 있지만 인생길을 함께 하자는 프러포즈가 될 수도 있다. 이는 '길'의 다의성이 어휘적 중의성을 유발한 예이다.

구조적 중의성

문장의 구조가 둘 이상의 구조로 분석될 수 있을 때에도 중의성이 생겨난다. 먼저 수식어와 피수식어에서 발생하는 중의성의 예를 살펴보자.

(59) 이번 상여금으로 새로 나온 휴대폰하고 자동차를 장만했습니다.

'새로 나온'의 수식 대상은 '휴대폰'만일 수도 있고 '휴대폰과 자동차' 모두일 수도 있다.

다음은 주어의 해석 범위에 따른 중의성의 예이다.

(60) 가. 은지는 놀이공원에서 민수와 불꽃놀이를 보았다.
나. 은지는 놀이공원에서 민수와 진수를 보았다.

(60가)는 일반적으로 은지가 '민수와 함께' 불꽃놀이를 보았다는 의미로 해석되지만 '민수도 보고 불꽃놀이도 보았다'는 의미로 해석될 수도 있다. (60나)의 문장 구성은 겉으로는 (60가)와 똑같은데 이 경우에는 은지가 '민수도 보고 진수도 보았다'는 의미로 해석되기가 더 쉽다. 그러나 (60나) 역시 은지가 '민수와 함께' 진수를 보았다는 해석도 불가능하지는 않다.

비교 구문에서 중의성이 나타나기도 한다.

(61) 철수는 아내보다 담배를 더 좋아한다.

이 중의성은 다음과 같이 표현될 수 있다.

(62) 가. 철수가 담배를 좋아하는 것 > 철수가 아내를 좋아하는 것

나. 철수가 담배를 좋아하는 것 > 아내가 담배를 좋아하는 것

(62가)의 해석은 철수가 '담배와 아내'를 놓고 그 선호도를 견준 것이고 (62나)의 해석은 '철수와 그의 아내'가 담배를 놓고 그 선호도를 견준 것이다. 이러한 중의성이 발생하는 이유는 '아내보다'의 '아내'가 비교 대상으로 해석될 수도 있고 비교의 주체로 해석될 수도 있기 때문이다.

다음은 관형사절에서 발생하는 중의성이다.

(63) 철수는 음색이 맑은 피아노를 좋아한다.

이러한 문장에서 '음색이 맑은'은 '피아노'를 수식한다. 그런데 이때의 '음색이 맑은'은 '피아노'의 지시 대상의 일부를 한정할 수도 있고 '피아노' 자체의 속성을 기술하는 것일 수도 있다. 즉 '철수는 피아노 중에서 음색이 맑은 것을 좋아한다.'의 의미일 수도 있고 '철수는 피아노를 좋아하는데 그것은 음색이 맑기 때문이다.'의 의미일 수도 있다.

중의성 해소

중의성은 우리의 언어생활에서 빈번히 발생하지만 우리는 일반적으로 큰 혼란 없이 의사소통을 한다. 이것은 중의성이 실제 대화 상황에서 해소되는 경우가 훨씬 더 많기 때문이다. 먼저 언어적 맥락에 의해 중의성이 해소되는 경우를 보자.

(64) 가. 갑자기 배가 아프다.
나. 아버지께서 사과, 귤, 배를 사 오셨다.

동화童話적인 맥락이 아니라면, 일반적으로 (64가)의 '배'를 '배[船]'나 '배[梨]'로 해석할 가능성은 거의 없다. '아프다'라는 서술어가 일반적으로 요구하는 것은 신체 부위인 '배'이기 때문이다. 반면 (64나)의 '배'는 '사과, 귤'과 함께 쓰였기 때문에 자연스럽게 과일의 일종으로 해석된다.

다음은 화자와 청자가 가지고 있는 일반적인 세상 지식에 의해 중의성이 해소되는 경우이다.

(65) 가. 이번에 대학에 합격한 사촌 동생과 고모가 우리 집에 놀러 왔다.
　　나. 이번에 대학에 합격한 영희와 철수가 우리 집에 놀러 왔다.

(65가)는 구조적 중의성이 발생한 문장의 예이다. 이 문장에서 대학에 합격한 사람은 사촌 동생과 고모, 두 사람 모두일 수도 있다. 그러나 일반적인 세상 지식에 의해 사촌 동생만이 대학에 합격하였고 고모는 그 사촌 동생의 어머니인 것으로 해석된다. 그러나 동일한 문장 구조를 가지는 (65나)에서는 '영희와 철수'가 모두 대학에 합격한 것으로 해석되기 쉽다.

6.3.3.2. 문장의 모호성

의미의 모호성vagueness은 의미가 비명세적unspecified이거나 불확정적ill-defined임을 뜻한다. 즉 모호성은 의미가 구체적으로 분화되어 있지 않은 포괄적인 의미를 가지는 언어 표현에서 발생한다.[3]

(66) 가. 길: 도로, 골목, 오솔길, 산책길, 고속도로, 인도, 샛길…
　　나. 방: 침실, 연구실, 사무실, 상담실…

(67) 가. 말하다: 속삭이다, 소곤거리다, 중얼거리다, 소리치다, 고백하다, 보고하다…
　　나. 생각하다: 고민하다, 결심하다, 계획하다…

'길, 방'은 포괄적인 의미를 가지며 이에 비해 '도로, 골목', '침실, 연구실' 등은 구체적이고 명세적인 의미를 가진다. 모호성은 그 자체가 정도적인 개념이다. 즉 모호

---

3 모호성 개념에 대해서는 여러 가지 이견이 있다. 우리 책에서는 모호성의 핵심 특성을 비명세성이라고 보아 의미의 일반성(generality)과 구별하지 않았다. 그러나 모호성은 불확정성을 가장 중요한 특성으로 하며 일반성과는 구별된다고 보는 입장도 있다. 가령 '새'는 '비둘기'보다 일반성을 가지는 포괄적 단어이지만 의미 자체가 모호하지는 않다는 것이다.

성은 언어 표현 사이에서 상대적으로 파악된다. 의미가 포괄적일수록 모호성은 커진다. '도로'는 '길'보다는 의미가 명세적이지만 '고속도로, 국도'보다는 덜 명세적이다. 앞에서 본 성분 분석의 방법을 사용하면 어떤 단어의 의미를 성분 분석하였을 때 의미 성분이 많을수록 더 명세적인 의미, 더 구체적인 의미를 표현하므로 모호성은 줄어든다고 할 수 있다. 따라서 "길에서 친구를 만났다."보다는 "산책길에서 친구를 만났다."가 덜 모호한 문장이다.

(68) 갑: 언제쯤 도착해?
을: 응, 거의 다 왔어. 금방 갈게.
병: 응, 거의 다 왔어. 15분 후에 갈게.

(68)에서 '을'의 대답은 '병'의 대답보다 덜 명세적이다. '금방'이 가리키는 시간의 폭이 얼마인지 분명하지 않기 때문이다. '금방'보다는 '15분 후'가 더 명세적이다.

모호성을 가지는 문장은 불명확성을 가져서 그 의미가 일정하게 정해지지 않는다.

(69) 가. (퇴근 시간의 전화 통화) <u>좀 이따</u> 봐.
나. (이번 주 모임을 앞둔 전화 통화) 그럼 우리 <u>좀 이따</u> 만나겠네.
다. (귀국 준비를 하는 중의 전화 통화) 저희는 <u>좀 이따</u> 한국 들어가요.

(69가~다)에는 모두 시간 표현인 '좀 이따'가 사용되었다. (69가)가 직장에 있는 아내가 남편에게 오후 시간에 한 발화라면 '좀 이따'는 1~2시간 이내의 시간 폭을 가리키는 경우가 많겠지만 반드시 그러한 것은 아니다. (69나)의 '좀 이따'는 1~3일 정도의 시간 폭을 가리킬 가능성이 높지만 역시 반드시 그러한 것은 아니다. (69다)는 1~3개월 혹은 경우에 따라서는 1년 이상의 시간 폭도 가리킬 수 있다.

문장의 모호성을 증가시키는 몇 가지 표현들에 대해서도 생각해 볼 수 있다.

(70) 가. 오늘 학교에서 교사 연수 프로그램이 진행됩니다.
나. 오늘 학교에서 <u>일종의</u> 교사 연수 프로그램이 진행됩니다.

(71) 가. 사과를 세 개나 네 개 사 오세요.
나. 사과를 서너 개 사 오세요.

(72) 가. 너 연필 있니?
나. 너 연필 같은 거 있니?

(70가)에 비해 (70나)는 '일종의'라는 표현이 추가됨으로써 좀 더 모호한 문장이 되었다. (71가)는 반드시 사과를 세 개 혹은 네 개를 사 오라는 요청인 반면 수관형사 '서너'가 사용된 (71나)는 요청하는 내용의 명확성이 떨어진다. 만약 청자가 사과를 다섯 개를 샀다 하더라도 (71나)의 경우에는 크게 비난받지 않을 가능성이 높다. 또한 (72가)와 달리 (72나)를 들은 청자는 연필이 아닌 볼펜이나 사인펜이 있어도 긍정의 대답을 할 수 있다.

중의성과 모호성은 의미 해석이 하나로 떨어지지 않는다는 점에서 공통점이 있다. 그러나 중의성이 있는 문장은 그 둘 이상의 의미가 확정적이지만 모호성이 있는 문장은 확정적이지 않다는 차이점이 있다.

(73) 이번에 대학에 합격한 사촌동생과 고모가 놀러 왔다.

(74) 한국은 좋은 곳이지요.

(75) 가. 한국은 살기 좋은 곳이다.
나. 한국은 경치가 좋은 곳이다.
다. 한국은 돈 벌기 좋은 곳이다.

앞에서 본 (73)의 두 가지 해석은 분명히 구별되며 그 이상의 의미 해석을 가지지는 않는다. 두 가지 해석 사이의 경계도 뚜렷하다. 따라서 이는 중의성을 가지는 문장이다. 그러나 (74)는 (75가~다)뿐 아니라 더 많은 해석을 가질 수 있으며 이론적으로 해석의 종류를 확정할 수 없다. 또한 화자가 (74)와 같은 발화를 할 때 (75가~다) 중의 특정한 의미를 고려하였을 수도 있지만 고려하지 않았을 수도 있다. '좋다'가 표현할 수 있는 폭넓은 의미를 뭉뚱그려 의도하였을 수도 있기 때문이다.

제7장

담화론

제7장 담화론

7.1. 담화의 개념과 구성 요소

7.1.1. 담화의 개념

담화discourse는 일상언어에서는 흔히 '이야기'와 비슷한 뜻으로 쓰인다. 언어학에서 '담화'는 문장보다 큰 언어 단위를 가리킨다. 담화가 문장보다 큰 언어 단위라고 할 때의 의미는 두 가지이다. 하나는 일반적인 담화가 둘 이상의 문장으로 구성된다는 것이다. 다른 하나는 담화는 문장이 특정한 화자가 청자를 대상으로 하여 구체적인 상황에서 실제로 사용되는 것을 전제로 하는 개념이라는 것이다.

(1) 갑자기 비가 온다.

(2) 가. 동생: 나가다 왜 다시 돌아와?
　　　형: (우산을 챙기며) 갑자기 비가 온다.
　나. 며칠째 우울한 기분에서 벗어나기 어려웠다. 이유를 모를 불안감이 가끔씩 엄습해 왔다. 맑았던 하늘이 어두워지는가 싶었다. 갑자기 비가 온다.

언어학에서는 문장sentence과 발화utterance를 구별한다. (1)은 구체적인 상황에서 사용되기 이전의, 어느 정도 추상적인 언어 표현으로서의 문장이다. 이러한 문장이 구체적인 상황에서 화자에 의해 실제로 사용되면 그것을 발화라고 한다. (2가)는

(1)이 구어 발화로 사용된 예를 보인 것이고 (2나)는 문어 발화로 사용된 예를 보인 것이다. (2가)는 구어 담화, (2나)는 문어 담화라고 할 수 있다.

특히 (2나)와 같은 문어 담화는 언어학에서 텍스트text라고 불리었다. 텍스트 역시 문장 이상의 단위로 이루어진다는 점, 실제 의사소통 상황에서 사용되는 구체적인 실체를 다룬다는 점에서 담화의 일종으로 볼 수 있다.

담화는 일반적으로 둘 이상의 문장으로 이루어진다고 하였다. 그러나 하나의 문장으로 하나의 담화를 이룰 수도 있고 문장 이하의 단위가 구체적인 상황 속에서 하나의 담화를 이룰 수도 있다.

(3) 가. 속도를 줄이시오(교통 표지판)
   나. 불이야!

교통 표지판에서 (3가)는 그 자체로 완결된 담화를 이룬다. 한 문장짜리 담화라고 할 수 있다. (3나)는 온전한 문장의 형식조차 갖추고 있지 않지만 역시 해당 상황에 사용되면 하나의 담화라고 할 수 있다.

또한 둘 이상의 문장이 모인 단위라고 해서 모두 하나의 담화를 이루는 것은 아니다.

(4) 스트레스 해소와 정신 수양 등 명상의 효과는 오래전부터 잘 알려져 왔다. 다양한 구매 혜택과 홈 케어 서비스까지 혜택의 힘도 바람만큼 강합니다. 그곳에는 영원에 쉽게 닿는 길이 숨어 있다. 경남 하동군 출신인 김 씨는 도시에 정을 붙이기가 어려웠다.

(4)는 언뜻 문장과 문장이 모인 것이므로 하나의 단락을 형성하고 있는 듯 보인다. 그러나 (4)의 각각의 문장은 서로 별개로 존재할 뿐이며 그것들이 모여 일관된 의미를 구현하지 않는다. 이는 결코 담화라고 할 수 없다.

문장에서 문법성을 따질 수 있듯이 담화에서는 담화성(텍스트성textuality)을 따질 수 있다. 어떤 문장이 그 언어에 존재하는 규칙을 잘 지켜서 모어 화자의 직관에 적합한 것으로 이해될 때 우리는 그 문장이 문법적이라고 한다. 가령 한국어에서 '을/를'은 목적어에 붙는 규칙이 있다. 그래서 "*영희를 밥을 먹었다."와 같이 이것이 주어에 붙어 있으면 우리는 이 문장이 비문법적이라고 말한다. 담화성은 어떤 담화가 하나의 담화의 자격을 얻기 위해 갖추어야 할 조건이다. "*영희를 밥을 먹었다."가 비문법적인 문장, 즉 비문이듯이 앞의 (4)는 담화성을 갖추지 못한 비담화이다.

어떤 문장의 궁극적인 의미는 구체적인 담화 상황에서만 파악될 수 있다. 동일한 문장이 화자, 청자, 맥락에 따라 그 의미가 달리 해석되는 일은 매우 흔하다. 엄마를 부르며 우는 아이에게 유치원 선생님이 "엄마 보고 싶지?"라고 한다면 그것은 아이를 달래는 말이다. 그러나 똑같은 말이라도 피의자를 취조하는 수사관이 "엄마 보고 싶지?"라고 한다면 그것은 협박일 수 있다. 구체적인 담화 상황에서 산출되는 의미를 '발화 의미', 혹은 '화용론적 의미'라고 부르고 이를 연구하는 언어학의 분과를 '화용론pragmatics'이라고 한다.

우리 책의 담화론은 기존의 화용론에서 다루어진 내용과 텍스트 언어학textlinguistics에서 다루어진 내용을 모두 포괄한다. 화용론은 주로 구어를 대상으로 '말한 것what is said'과 '함축된 것what is implicated' 사이의 관계를 연구해 온 반면 텍스트 언어학은 주로 문어를 대상으로 문장이 다른 문장과 결합하여 더 큰 언어 단위가 되는 절차에 주로 관심을 가졌다. 이렇듯 이 둘은 각기 다른 전통을 가지고 발달하였으나 화용론과 텍스트 언어학이 모두 문장 이상의 단위에 관심을 두는 점을 중시하여 이를 '담화론'으로 묶어 다루고자 한다. 즉 담화론은 구어 담화와 문어 담화를 모두 대상으로 한다.

7.1.2. 담화의 구성 요소

담화를 구성하는 요소에는 메시지를 전달하는 언어 외에도 어떤 말을 발화하는 '화자'와 그 말을 듣는 '청자', 그리고 화자와 청자가 속한 시간적, 공간적, 사회·문화적 상황 등을 가리키는 '맥락context'이 포함된다. 이때 '화자'와 '청자'는 문어에서의 '필자'와 '독자'를 포함하는 넓은 의미의 개념으로서 정확히는 '발신자', '수신자'라고 할 수 있다.

맥락

화자(발신자) -------------- 언어(메시지) -------------- 청자(수신자)

담화 모형(1)[1]

먼저 담화에 참여하는 화자와 청자의 중요성에 대해 알아보자. 화자와 청자의 나이, 성별, 사회적 역할, 배경 지식, 태도, 요구, 화자와 청자의 관계 등은 담화가 수행하는 의사소통에 영향을 끼친다.

(5) 가. 자네, 이리 와서 좀 앉게.

나. 보충법은 산발적, 우발적으로 나타나므로 불규칙성과 불가분의 관계를 가지고 있다. 그러나 교체형들이 음성적 유사성을 전혀 가지지 않는 것이 보충법적 교체라는 점을 받아들이면, 이형태 출현의 규칙성과 이형태들 사이의 형식의 유사성은 엄밀히는 관련이 없는 독립적인 개념이다. 어원적 관련이 없는 이형태가 규칙성을 가지고 나타날 가능성이 있기 때문이다.

(5가)는 그 자체로는 문법적인 문장이지만 만약 이 문장을 여섯 살짜리 형이 다섯 살짜리 동생에게 발화한다면 그것은 자연스럽지 못한 발화이다. '자네'라는 호칭어나 하게체 문장을 사용하는 데에는 화자와 청자의 나이가 중요하게 작용하기 때문이다. (5나)는 학술 논문의 한 단락이다. 역시 문법적으로 문제가 없지만 만약 이 글의 독자를 중학생으로 상정하고 있다면 전문적인 학술 용어가 사용된 이 글은 성공적인 의사소통을 달성하지 못할 가능성이 높다.

다음으로 맥락에 대해 알아보자. 발화 의미에 큰 영향을 미치는 맥락에는 언어적 맥락과 비언어적 맥락이 있다. 언어적 맥락은 해당 발화가 속한 언어 표현이 만드는 맥락이다.

(6) 옛날 어느 마을에 공주님이 살았습니다. 그녀는 이웃 나라 왕자님을 사랑했습니다.

---

1 담화 모형(2)는 7.5.1.에서 제시한다.

이때 '그녀'는 언어적 맥락 안에 존재하는 '공주님'을 가리킨다. 두 번째 문장이 적절하게 해석되기 위해서는 언어적 맥락을 반드시 고려하여야 한다.

비언어적 맥락은 다시 상황 맥락과 사회 · 문화적 맥락으로 나뉜다. 상황 맥락은 화자와 청자가 놓인 구체적인 시간적, 공간적 상황을 말한다. 사회 · 문화적 맥락은 해당 담화가 이루어지는 넓은 범위의 사회적, 문화적 배경과 관련된다.

(7) 가. 3번에 물 하나 칼 하나
나. 언제 밥 한번 같이 먹어요.

(7가)의 발화는 그 자체로는 어떤 의미를 전달하는지 파악하기 어렵지만 식당이라는 공간적 상황이 주어진다면 "3번 테이블 손님이 물냉면 일인분과 칼국수 일인분을 주문했다."의 의미로 해석될 수 있다. 상황 맥락의 중요성을 보여 주는 예이다. 한편 (7나)는 한국인들이 상대방에 대한 친밀감과 관심을 표시하기 위해 흔히 하는 말이다. 한국인들은 이러한 발화에 대해 큰 책임감을 느끼지 않는 경우가 종종 있는데 이러한 말을 들은 외국인들은 며칠 내에 연락이 올 것으로 기대하다가 당황하는 경우가 있다고 한다. 이는 담화가 이루어지는 사회 · 문화적 맥락이 의사소통에 영향을 미치는 경우이다.

7.2. 의사소통의 원리

7.2.1. 발화 의미 해석의 원리

우리는 날마다 누군가와 대화를 하며 의사소통 행위를 수행한다. 이러한 의사소통은 어떠한 방식으로 이루어질까? 고전적인 의사소통 이론에서는 화자가 메시지를 부호화encoding하여 수신자에게 전달하고 청자는 그것을 해독decoding함으로써 의사소통이 이루어진다고 생각하였다. 즉 "학교 안에 우체국이 어디 있나요?"라는 문장을 화자가 발화하면 청자는 이를 듣고 단어의 의미를 해석하고 통사 규칙을 적용하여 그 의미를 해독한 뒤 "학생회관에 있어요."와 같은 적절한 대답을 하게 된다고 생각하였다. 어떤 생각을 전달하려면 그 생각을 있는 그대로 표현해 주는 문장을 발화하여야 한다는 것이 고전적인 의사소통 이론의 관점이었다.

그러나 실제 의사소통은 이러한 부호화와 해독 과정만으로 이루어지지 않는다. 의사소통에 사용되는 문장의 의미와 실제 발화가 전달하는 의미 사이에는 상당한 차이가 있을 수도 있기 때문이다. 현대의 의사소통 이론에서는 화자는 자신의 의도를 표현하기 위해 적절한 증거를 제공하고 청자는 그것을 바탕으로 의미를 추론inference하는 과정을 통해 의사소통이 이루어진다고 보는 것이 더 일반적이다.

다음의 대화를 생각해 보자.

(8) 갑: 오늘 호수공원에서 '캣츠' 팀이 무료로 공연한대.
을: 오늘 미세 먼지 매우 나쁨이야.

문자 그대로의 의미로만 해석하면 '갑'의 말에 대한 '을'의 대답은 동문서답東問西答에 가깝다. 그러나 이러한 발화로도 완벽한 의사소통이 가능하다. 이런 일이 어떻게 일어날 수 있을까? 화자는 문자적 의미 이상의 함축implicature을 생산하고 청자는 화자가 생산한 함축을 화자와 청자가 공유한 배경 지식을 이용하여 추론하기 때문이다. 이때 함축과 추론은 하나의 현상에 대한 동전의 양면이다. 함축은 화자가 생산한 내용이고 추론은 청자가 해석한 내용이다.

다시 위의 담화를 보면 '갑'과 '을'의 말은 다음의 괄호 안의 내용을 함축할 수 있다.

(9) 갑: 오늘 호수공원에서 '캣츠' 팀이 무료로 공연한대.
(내가 뮤지컬 좋아하고 '캣츠'도 보고 싶어 했잖아. 뮤지컬은 비싸서 못 봤는데 무료 공연이라니 노래라도 들을 수 있는 좋은 기회야. 나는 오늘 호수공원에서 하는 공연에 가고 싶어. 같이 갈래?)
을: 오늘 미세 먼지 매우 나쁨이야.
(호수공원에서 한다면 야외 공연인데 오늘 미세 먼지 예보를 보니 매우 나쁨이래. 너는 호흡기가 약해서 미세 먼지가 심할 때 야외에 있으면 금방 감기에 걸리잖아. 그래서 너도 가지 않았으면 좋겠고 나도 가고 싶지 않아.)

의사소통이 엄격한 의미에서의 부호화와 해독에 의해서 이루어진다면 (9)의 괄호 안의 말들이 실제로 발화되어야 한다고 볼 수도 있다. 그러나 이런 상황에서 이처럼 장황한 말을 하는 화자는 없다. 화자와 청자가 일정한 배경 지식을 공유하고 있음을 서로 알고 있는 상황에서는 괄호 밖의 말만으로도 충분히 의사소통이 가능하기 때문이다. '갑'이 생산한 함축을 '을'은 성공적으로 추론해 내며 그에 적합한 대답을 산출한다. 또한 '갑'은 '을'의 말이 현재의 맥락과 관련성이 있다고 믿음으로써 '을'의 의도를 추론하여 적절한 해석을 얻는다. 의사소통 과정에서 발생하는 화자의 함축 생성과 청자의 추론 행위는 크게 보아 언어 경제성을 추구하는 것이라고도 볼 수 있다. 흔히 일상에서 "행간行間의 의미를 파악해야 한다."라는 말을 하는데, '행간의 의미'는 대체로 함축적 의미를 가리킨다.

7.2.2. 대화 함축

앞에서 본 바와 같이 담화 의미는 화자가 함축을 생산하고 청자가 그것을 추론함으로써 해석된다. 그라이스P. Grice는 이러한 과정이 화자와 청자의 협력cooperation으로 이루어진다고 본다. 대화는 화자와 청자가 암묵적으로 어떤 규칙을 준수하면서 서로 협력하기 때문에 발화에 대한 적절한 해석이 이루어질 수 있다는 것이다. 다음 예를 보자.

(10) 아들: 엄마, 제 운동화 어디 갔어요?
어머니: 글쎄, 아까 형이 농구하러 간다고 나가던데….

어머니의 대답을 아들의 말에 대한 적절한 반응으로 해석하기 위해서는 화자와 청자 사이의 믿음이 필요하다. 아들은 어머니가 의사소통에 협력할 것이라고 믿고, 관련성 없는 정보를 발화하지 않을 것이라고 가정하여야 한다. 만약 그렇지 않다면 어머니의 대답은 일종의 동문서답이며 아들은 운동화의 소재所在를 묻는 질문에 갑자기 형 이야기를 왜 하는지 의문을 가질 수도 있다. 화자와 청자 사이에는 서로 의사소통에 협력할 것이라는 믿음이 있기 때문에 아들은 어머니의 이야기를 듣고 운동화와 형, 그리고 농구 사이의 관련성을 추론할 수 있다. 그리하여 어머니의 대답은 운동화의 소재를 묻는 아들의 질문에 대해 형이 그 운동화를 신고 갔을 것이라는 정보를 제공하는 적절한 발화로 간주된다. 이렇게 자연스럽게 생겨나는 함축들은 세상에 대한 우리의 지식들과 밀접하게 연관되어 있다. 즉 화자와 청자는 공유하는 지식들을 이용하여 함축과 추론을 생산한다.

발화를 통해 전달되는 의미에는 '말한 것'과 '함축된 것'이 있다. 위 대화에서 '어머니'가 말한 것은 형이 농구를 하러 나갔다는 것이다. 그러나 이 말은 형이 동생의 운동화를 신고 갔을 수도 있다는 것을 함축할 수 있다. 대화에서 '말한 것' 이상으로 생겨나는 이러한 함축적 의미들을 '대화 함축conversational implicature'이라고 한다. '말한 것'의 의미를 '문장 의미sentence meaning'라고 하고 '함축된 것'을 '화자 의미speaker's meaning'라고 하기도 한다.

문장 의미와 구별되는 함축적 의미의 중요한 특성은 '취소 가능성defeasibility'이다.

(11) 동생: 언니, 언니도 핫도그 먹을래?
언니: 나 방금 양치질했어.
동생: 알았어. 내 것만 데운다.
언니: 그래도 먹을래.

(11)에서 언니의 첫 번째 발화는 "핫도그를 먹지 않겠다."를 함축할 수 있다. 동생은 그렇게 이해하고 "내 것만 데운다."라고 말한 것이다. 그러나 언니의 두 번째 발화를 통해 앞의 발화가 가졌던 "핫도그를 먹지 않겠다."라는 함축은 곧바로 취소된다. "나 방금 양치질했어."의 문장 의미가 그대로 유지되는 것과 대조적이다.

다음 예도 함축의 취소 가능성을 보여 준다.

(12) 철수가 영희의 등을 때렸고 영희는 철수의 얼굴을 때렸다. 그러나 영희가 철수를 때린 것이 먼저였다.

(12)의 첫 번째 문장에서 철수가 영희를 때린 것이 먼저인지, 영희가 철수를 때린

것이 먼저인지는 밝혀져 있지 않다. 하지만 우리는 자연스럽게 철수가 먼저 영희를 때렸고 그 후에 영희가 철수를 때렸다고 생각한다. 그런데 이러한 의미는 함축에 불과하다. 두 번째 문장에서 그러한 함축이 취소될 수 있기 때문이다. 취소 가능성은 문장 의미와 화자 의미, 즉 의미론적 의미와 화용론적 함축을 구별하는 중요한 기준이다.

7.2.3. 대화 격률

앞에서 문장 의미만을 따졌을 때는 동문서답에 가까운 대화들이 성공적으로 의사소통을 수행할 수 있는 이유는 화자와 청자가 대화에서 서로 협력하고 있다고 믿기 때문이라고 하였다. 그라이스의 협력 원리cooperative principle의 일반 원리는 다음과 같다.

(13) 일반 원리: 대화가 진행되는 각 단계에서 대화의 목적이나 방향에 의해 요구되는 만큼 대화에 이바지하라.

이를 쉽게 풀어 말하면 화자는 대화에서 필요한 만큼의 적합한 말을 해야 한다는 것이다. 이는 매우 자명하고 상식적인 수준의 원리처럼 생각된다. 그러나 대화를 유지하는 데 이러한 원리는 생각보다 꽤 중요하게 작동한다. 다음의 상황을 보자.

(14) (리포터가 해변에 놀러온 시민을 인터뷰하는 상황)
갑: 오늘 이렇게 가족들하고 바닷가에 나오니까 기분이 좋으시죠?
을: 예.
병: 예, 집에만 있어서 갑갑했는데 나오니까 바람도 시원하게 불고 애들도 좋아하네요. 오느라고 힘들었지만 잘 온 것 같아요.

'갑'의 질문에 대한 '을'의 대답은 문자적으로는 아무 문제가 없다. 질문에 대해 충실한 답변을 했기 때문이다. 그러나 일반적으로 인터뷰의 상황에서 리포터가 자기가 만난 시민이 정말로 기분이 좋은지 좋지 않은지의 여부만이 궁금한 것은 아닐 것이기 때문에 '예, 아니요'의 단답식 대답은 적합하지 않다. 따라서 협력적인 대화 참여자라면 '병'과 같이 자신의 기분을 구체적으로 서술하는 대답을 할 것이다.

그렇다면 화자와 청자는 어떤 식으로 대화의 목적에 적합한 말을 하고 있을까? 의사소통에서 화자와 청자는 일정한 규칙을 따르고 있고 상대방도 그러한 규칙을 따른다고 암묵적으로 믿고 있는데 그라이스는 그 규칙들을 격률maxims의 형태로 제시하였다.

(15) 대화 격률

가. 양의 격률: ① 대화의 목적에서 현재 필요한 만큼의 정보를 제공하라.
② 필요 이상의 정보를 제공하지 말라.

나. 질의 격률: 당신이 제공하는 정보가 참된 것이 되도록 하라.
① 거짓이라고 믿는 것을 말하지 말라.
② 적절한 증거가 없는 것을 말하지 말라.

다. 관계의 격률: 관련성이 있게 하라.

라. 태도의 격률: 명료하게 하라.
① 모호성을 피하라.
② 중의성을 피하라.
③ 간결하게 말하라.
④ 순서대로 말하라.

이것은 '~ 하라'와 같은 형식의 격률로 표현되었기 때문에 성공적인 의사소통을 위해서 이러한 점을 준수하라는 지침으로 읽을 수도 있다. 하지만 이는 대화 참여자가 대화에서 일반적으로 수행하는 행동을 기술한 것이기도 하다. 즉 일반적으로 화자는 필요한 만큼의 정보만을, 참이라고 믿는 정보만을, 관련성이 있는 정보만을 명료하게 제공하려고 노력한다. 그리고 화자가 이를 준수할 것이라는 믿음이 있기 때문에 청자는 이 격률에 입각해 화자가 말한 것 이상의 풍부한 함축적 의미를 추론해 낸다. 혹은 화자는 이 격률을 의도적으로 위반flout함으로써 자기가 의도하는 함축을 생산하기도 한다. 이제 각각의 세부 격률과 관련한 예를 살펴보기로 하자.

양의 격률

양의 격률은 대화에 필요한 정보를 충분히, 그리고 필요한 만큼만 제공하라는 격률이다.

(16) 갑: 자녀분이 어떻게 되세요?
을: 아들 하나 있어요.

'을'의 대답을 듣고 '갑'은 당연히 '을'은 자녀가 '아들 하나만' 있을 것이라고 생각한다. 그러나 문장 의미만을 따져 보면 "아들 하나 있어요."라는 대답은 사실은 '을'이 1남 2녀를 둔 경우에도 여전히 참이다. 그 경우에도 '을'이 '한 명의 아들'이 있다는 것은 분명한 사실이기 때문이다. 그러나 정상적인 대화 참여자라면 1남 2녀의 자식을 둔 경우 "아들 하나 있어요."와 같은 대답을 하지는 않는다. 화자는 필요한 만큼의 정보를 충분히 제공하려고 노력할 것이기 때문이다. 즉 "아들 하나 있어요." 라는 발화는 양의 격률에 의해 '아들 하나 외의 다른 자식은 없다'는 함축을 생산한다.

양의 격률은 필요 이상의 정보를 전달하는 것을 제한하여 효율적인 의사소통을 돕는다.

(17) 갑: 오늘 뭐 했어?
을: 영화 봤어.
을′: 아침에 7시에 일어나서 밥 먹고 양치질하고 옷 입고 가방 메고 집에서 나왔어. 엘리베이터 타고 내려가서 버스 정류장까지 걸어가서 버스 기다렸다가 타고 영화관에 도착해서 표 끊고 영화 보고 오는 길에 시장에 들러서 장보고 약국에 들러서 약 사고 걸어서 집에 돌아와 샤워하고 지금 전화 받고 있어.

'갑'의 질문에 대한 대답으로 보다 사실에 가까운 것은 '을′'이다. '오늘 한 일'에는 영화 본 일 말고도 많은 일들이 포함될 것이기 때문이다. 그러나 이러한 발화는 적합한 발화가 아니다. '갑'의 질문은 오늘 일과 중 비일상적인 특별한 일만을 묻고 있을 것이기 때문이다. '을'′의 대답은 필요 이상의 정보를 전달하지 말라는 양의 격률을 준수하지 않았기 때문에 부적절한 대답이다.

대화 참여자는 대화 격률을 의도적으로 위반함으로써 의사소통에 필요한 함축을 생산하기도 한다.

(18) 갑: 영희는 지금 무엇을 하고 있을까?
을: 숨 쉬고 밥 먹고 잠자고 그러겠지.

(19) 내가 너냐?

(18)에서 '을'의 대답은 정보가 부족하다. 따라서 양의 격률을 위반한 것이다. 그럼에도 불구하고 이러한 발화가 전혀 무의미한 것은 아니다. 영희의 최근 상황을 자신은 모르며, 자신뿐 아니라 누구도 알기 어렵다는 의미를 함축한다.

(19)가 '나는 네가 아니다'라는 의미를 전달하기 위한 수사 의문문으로 사용된다면 이는 언제나 진리치가 참인 항진 명제에 속한다. 따라서 이는 정보 전달에 기여하지 않는, 양의 격률을 위반한 발화이다. 그럼에도 불구하고 화자는 의도적으로 이러한 문장을 사용함으로써 맥락에 따라 '나는 너처럼 게으르지 않다, 나는 너처럼 똑똑하지 않다' 등 여러 가지 함축적 의미를 생산할 수 있다.

질의 격률

질의 격률은 화자가 사실이라고 믿고, 사실이라는 적절한 증거가 있는 것만을 말하라는 것이다.

(20) 『위대한 개츠비』는 1925년에 처음 출간되었으나 원문의 오류 등으로 정본을 확정하는 데 많은 어려움이 있었습니다. 1991년에 영국 케임브리지 대학교 출판부는 작가의 자필 원고를 바탕으로 한 고증 작업을 거쳐 '결정판'을 출간하였습니다.

영문학 수업 시간에 (20)과 같은 내용을 들었다고 하자. 대부분의 학생들은 이 내용을 사실로 받아들인다. 그러나 이 내용은 사실이 아닐 수도 있다. 교수자가 고의

든 실수든 사실이 아닌 정보, 사실이라는 증거가 충분치 않은 정보를 제공할 가능성은 얼마든지 존재한다. 그럼에도 불구하고 학생들은 대부분 아무런 의심 없이 이러한 내용을 사실로 간주한다. 교수자가 질의 격률을 준수할 것이라고 믿기 때문이다.

질의 격률을 위반한 말은 물론 '거짓말'이다. 그러나 질의 격률을 의도적으로 위반하는 것이 적합한 함축을 생산하는 경우도 많다.

(21) 가. 내가 너를 싫어할 이유가 오조 오억 개다.
나. 어제 걔가 한 말 듣고 너무 놀라서 나 기절했잖아.

(21가, 나)에는 일종의 과장법이 사용되었다. 이는 질의 격률의 의도적 위반이다. 이는 화자가 사실로서 제시한 것이 아니고, 청자도 사실이 아닐 것이라고 믿지만 성공적인 의사소통에 기여한다. (21가)는 터무니없이 큰 수 표현을 사용함으로써 화자가 청자에게 좋지 않은 감정을 가지고 있음을 효과적으로 함축한다. (23나)와 같은 표현 역시 실제로 화자가 기절하지 않은 상황에서도 흔히 사용된다.

은유적 표현 역시 질의 격률을 의도적으로 위반하는 예이다.

(22) 가. 오월은 갓 세수를 한 스무 살 젊은이의 청신한 얼굴이다(피천득, 「오월」).
나. 바흐는 서양 음악의 아버지이다.

(22가)에서 '오월'이 '젊은이의 얼굴'이 아니라는 것은 자명하다. 그럼에도 불구하고 이러한 표현을 사용함으로써 오월이 젊은이의 얼굴처럼 싱그럽다는 것을 효과적으로 함축해 낸다. (22나)는 바흐가 서양 고전 음악을 확립하는 데 큰 기여를 하였다는 점을 효과적으로 표현한다.

관계의 격률

관계의 격률, 즉 관련성이 있게 하라는 격률을 준수함으로써 함축이 얻어지는 경우는 매우 흔하다.

(23) 갑: 오늘 영화 볼래?
　　을: 오늘 날씨가 지나치게 좋은데?

'갑'이 보고 싶은 영화 제목을 물었음에도 불구하고 '을'이 날씨 이야기를 하는 것은 언뜻 관련이 없어 보인다. 그러나 '갑'은 '을'이 관계의 격률을 준수한다고 믿기 때문에 '을'이 실내에서 영화를 보기에는 날씨가 아깝다고 생각한다는 것을 성공적으로 추론한다.

관계의 격률을 의도적으로 위반함으로써 함축을 생산할 수도 있다.

(24) 아버지: 네 남자 친구가 벌이는 좀 괜찮다니?
　　딸: 굉장히 성실하고 착한 사람이에요, 아빠.

(24)에서 '아버지'의 질문은 남자 친구의 경제적 능력에 대한 것이므로 '딸'의 대답은 관계의 격률을 위반하고 있다. 그러나 '딸'의 대답을 통해서 남자 친구의 벌이가 그리 좋지 않지만 그것이 자기에게 문제가 되지 않는다는 의미를 함축할 수 있다.

태도의 격률

태도의 격률은 말하는 방식에 대한 것이다. 모호성, 중의성을 피하고 되도록 간결하게 말할 것, 그리고 순서대로 말할 것을 지시한다.

(25) 갑: 오늘은 도서관에서 시험공부를 하고, 점심을 먹고, 수업에 들어갔어.
　　을: 수업이 오전이었어, 오후였어?

'갑'의 발화를 들은 '을'은 자연스럽게 '갑'이 오전에 도서관에서 공부를 하고 점심 식사 후 오후 수업에 들어갔다고 추론한다. 그러나 '갑'이 오전에 수업에 들어가고 점심 식사 후 도서관에서 공부를 했다 하더라도 '갑'의 발화는 참이다. 일반적인 화자는 순서대로 말하며, 청자 역시 화자가 순서대로 말할 것임을 믿기 때문에 위와 같은 '을'의 질문은 거의 필요 없다.

다음은 태도의 격률을 위반한 사례이다.

(26) 아버지: 너, 집에는 언제 내려올 거냐?
아들: 두어 달쯤 뒤나 암튼 언제 한번 갈게요.

아들의 방문 시기를 묻는 아버지의 물음에 대한 아들의 대답은 '모호성을 피하라.' 라는 태도의 격률을 위반하고 있다. 이때 이를 의도적으로 위반하였다면 당분간은 방문하기 어렵다거나 방문할 의사가 별로 없음을 함축하기 위해서라고 할 수 있다.

7.3. 담화의 성립 요건

어떤 담화가 성공적인 의사소통을 수행하는 데에는 어떠한 요건이 필요할까? 여기에서는 담화성을 갖추기 위한 요건을 의미적 요건, 형식적 요건, 화용적 요건으로 나누어 살펴보기로 한다.

의사소통이 성공적으로 이루어지기 위해서는 담화가 내용적 측면에서 일관된 주제를 가져야 하고 형식적 측면에서도 하나의 담화로 묶여질 장치가 필요하다. 담화가 의미적으로 일관된 주제를 가지는 특성을 통일성coherence이라고 하고 형식적 측면에서 하나의 담화로 묶이는 특성을 응집성cohesion이라고 한다.[2]

한편 담화가 어떤 상황에서 어떻게 생산되고 수용되는가와 관련된 화용적 요건도 고려할 수 있다. 화용적 요건에는 의도성과 수용성, 정보성과 상황성, 상호 담화성[3] 등이 있다. 이들은 담화가 되기 위해 갖추어야 할 요건이라고도 할 수 있지만 일반적인 담화에서 발견되는 특성이기도 하다.

---

2 '통일성'은 텍스트 언어학 논의에서 흔히 '결속성'으로 다루어진 것이고 '응집성'은 '결속구조'라는 이름으로 다루어졌다. 텍스트 언어학의 'coherence'와 'cohesion'에 대해서는 이 외에도 매우 다양한 번역어가 사용되어 왔다. 『한국어 문법 총론 II』에서는 '결속성'과 '결속구조'를 사용하였으나 우리 책에서는 학교 문법의 용어를 반영하여 '통일성'과 '응집성'을 사용하기로 한다.

3 '상호 담화성'은 텍스트 언어학 논의에서 상호 텍스트성(intertextuality)으로 다루어진 것을 말한다. 'intertextuality'는 '간텍스트성', '텍스트 상호 연계성' 등으로 번역되기도 하였다.

7.3.1. 의미적 요건

먼저 담화성의 의미적 요건인 통일성에 대해 알아보자. 어떤 담화는 의미적으로 일관된 주제를 가져야 한다.

(27) 가. 그의 그림에는 숭고한 예술혼이 담겨 있었다. 회화의 종류에는 소묘, 크로키, 사생화, 풍경화, 인물화 등이 있다. 화가들은 파리를 사랑하였다. 미라보 다리를 그린 그림이 식당에 걸려 있었다.

나. 풍경화가는 자연과 대화를 나누며 자연에게 배우는 사람들이다. 그들은 자연을 통해 자기 수양을 한다. 따라서 풍경화를 그리는 것은 일종의 철학 수업이다.

(27가)는 모두 그림과 관련한 문장들로 이루어져 있다. 그러나 이 문장들은 일관된 주제를 가지지 않는다. 이러한 담화는 의사소통을 성공적으로 수행할 수 없다. 반면 (27나)는 "풍경화를 그리는 것은 자연에게 배우는 일이다."와 같은 일관된 주제를 가지며, 통일성이 있는 담화를 이룬다. 이와 같이 통일성은 담화 구성에서 가장 핵심적인 자질이다.

구어 담화에서도 통일성을 따질 수 있다.

(28) 갑: 너 오늘 수업 몇 시야?
을: 오늘 할머니 오시는데 방을 안 치워서 어떡하지?
갑: 수업 몇 교시냐니까!
을: 과제도 아직 못 했는데 아, 정말 큰일이네.

'갑'은 상대방의 수업이 언제인지를 묻고 있는데 '을'은 자신의 곤란한 상황에 대해서만 말하고 있다. 대화가 일관된 주제를 가지지 못했기 때문에 통일성을 갖추지 못한 담화가 되어 의사소통이 제대로 이루어지지 못했다.

7.3.2. 형식적 요건

다음으로 담화의 형식적 요건인 응집성에 대해 알아보자. 담화의 응집성은 여러 가지 형식적 장치를 통해 각 문장이 유기적으로 연결되는 특성을 말한다. 응집성을 높이는 방법에는 의미적 등가 표현을 사용하는 방법, 접속 표현을 사용하는 방법 등이 있다.

(29) 가. 어제 갑자기 필요해서 문구점에서 볼펜을 샀는데요, 근데 그게 불량품이었나 봐요.
　나. 영화 『타이타닉』이 인기가 있었던 이유로 흔히 상대적으로 단순한 줄거리와 뛰어난 특수효과를 든다. 하지만 전 세계 관객들이 공감할 수 있는 생각과 가치를 반영했다는 점도 중요한 이유였다고 본다.

(29가)에서 첫 문장의 '볼펜'과 둘째 문장의 '그것(그것+이 → 그게)'은 동일한 대상을 가리킨다. 이를 공지시적co-referential이라고 한다. 두 문장은 공지시적인 명사구, 즉 의미적으로 등가인 표현을 가짐으로써 서로 단단히 결속되어 하나의 담화를 이루는 데 힘을 받게 된다. (29나)에서 '하지만'이라는 접속 표현은 앞 문장과 뒤 문장들의 관계를 선명하게 보여 주어 담화가 응집성을 가지게 한다.

위의 (29가)에서와 같이 앞 문장에 나온 요소를 뒤 문장에서 의미적으로 등가인 요소로 다시 언급함으로써 응집성을 높이는 현상을 '재수용'이라고 부른다. 재수용하는 말을 '수용어'라고 부르고 재수용되는 말을 '피수용어'라고 부른다면, '피수용어'에는 '어느', '한' 등이 붙고 수용어에는 지시 관형사 '이, 그' 등이 붙거나 대명사 '이것, 그것, 그, 그녀' 등의 사용된다.

대명사 사용이 그리 활발하지 않은 한국어에서는 고유 명사나 보통 명사 재수용의 예가 더 빈번히 발견된다.

(30) 가. 나무는 덕을 지녔다. 나무는 주어진 분수에 만족할 줄을 안다. 나무로 태어난 것을 탓하지 아니하고 왜 여기 놓이고 저기 놓이지 않았는가를 말하지 아니한다(이양하, 「나무」).

나. 나무는 덕을 지녔다. 그것은 주어진 분수에 만족할 줄을 안다. 그것으로 태어난 것을 탓하지 아니하고 왜 여기 놓이고 저기 놓이지 않았는가를 말하지 아니한다.

(30가)는 보통 명사가 반복해서 사용된 예이다. 이를 대명사로 바꾼 (30나)는 한국어 담화로서는 덜 자연스럽게 느껴진다.

여러 가지 접속 표현들이나 보조사, 의존 명사 등도 담화의 응집성을 높이는 데 이용된다.

(31) 가. 효명 세자와 궁녀가 주고받은 가사 문학 작품은 신분을 뛰어넘은 로맨스로 읽힌다. 그러나 시대상을 감안하면 이 작품은 정치적 산물이라고 해석할 수도 있다.

나. 어린이집 입소에 우선순위를 두는 영유아 보육법이 어린이집 문턱을 높이고 있다. 영유아 보육법에 따르면 기초 생활 수급자, 차상위 계층, 장애인 자녀, 맞벌이, 다문화 가족 등을 우선적으로 받아야 한다. 건물 일부만 어린이집으로 쓸 경우 1층에만 어린이집을 둘 수 있는 조항도 걸림돌이다.

다. 대학을 졸업하고 바로 취업을 하지 못한 2년차 취업 준비생 김 모 씨는 추석이 다가오는 게 두렵다. 명절이면 만나는 친인척들이 언제 취직할 거냐는 말을 인사말처럼 건넬 것이기 때문이다.

(31가)에서는 접속 부사 '그러나'가 두 문장의 결속에 기여하고 있다. (31나)에서는 보조사 '도'를 통해 '1층에만 어린이집을 둘 수 있는 조항'이 앞선 다른 요소들과 함께 어린이집 입소를 어렵게 하는 요인이라는 것을 표현함으로써 담화의 응집성을 높인다. (31다)에서는 접속 표현이 명시적으로 드러나 있지 않지만 '-기 때문이다'와 같은 표현으로 해당 문장이 앞 문장의 이유가 되는 것을 보여 준다.

7.3.3. 화용적 요건

담화의 화용적 요건은 담화가 성립되기 위해 화자, 청자 및 상황과 관련되어 충족되어야 하는 요건을 말한다. 화용적 요건에는 의도성, 수용성, 정보성, 상황성, 상호 담화성 등이 있다. 먼저 의도성과 수용성에 대해 알아보자. 담화가 성립하기 위해서는 발화에 화자의 의사소통 의도가 담겨야 한다. "4층은 교수 연구실이 있는 곳입니다."라는 안내문은 단순히 4층에 교수 연구실이 있다는 것을 알리기 위한 것이 아니라 교수 연구실이 있으므로 조용히 해 줄 것을 요청하는 화자의 의도를 담고 있다. 수용성은 담화가 수용자에게 유용하고 적합한 내용과 형식을 갖추어야 한다는 요건이다. 초등학교 교과서에서 어떤 자연 현상을 아인슈타인의 물리학 공식을 이용해 설명한다면 그것은 교과서 담화로서의 담화성이 부족한 것이다.

정보성은 담화의 내용이 수용자에게 새로운 정보로서의 가치가 있는가 하는 요건이다. 정보성은 수용자에게 제시된 자료가 새롭거나 예측 불가능한 정도를 나타낸다.

(32) 가. 표준어는 표준이 되는 말이다. 그래서 표준어는 매우 중요하다.

나. 중고차 성능 점검 제도는 중고차의 성능을 제대로 점검하여 소비자에게 알리고 1개월 2000km를 의무 보증하는 제도이다. 업체를 통해 중고차를 거래할 때 소비자를 보호하는 세계 유일의 제도이다.

(32가)는 동어 반복에 가까워서 거의 정보가 없다. 이는 정보성이 낮은 담화이다. 정보성이 낮으면 하나 마나 한 이야기가 되어 청자의 주의를 끌지 못한다. (32나)의 담화가 '중고차 성능 보상 제도'에 대한 일정한 정보를 제공하는 것과 대조적이다.

상황성은 담화가 사용되는 상황에 적합해야 한다는 요건이다.

(33) 가. 어린이 보호 구역 천천히

나. 운전자들은 차를 천천히 몰아야 합니다. 왜냐하면 이 구역은 어린이들이 언제 차도로 뛰어들지 모르는 곳이기 때문입니다. 차를 천천히 움직여야 세우기가 쉽습니다.

(33가)에 비하면 (33나)가 더 정확한 내용을 담고 있는 담화이다. 하지만 운전자가 운전 중에 읽어야 하는 담화로서 (33나)는 너무 길다. 교통 표지판 담화로서는 (33가)가 더 상황성이 높은 담화라고 할 수 있다.

상호 담화성은 어떤 담화를 생산하고 이해하는 데 있어서 사전에 경험한 담화를 참조하도록 하는 성질을 말한다. 가령 한국 영화 『방자전』은 고전 소설 『춘향전』을 바탕으로 하여 변형한 작품이며 『방자전』을 감상하는 데에는 『춘향전』에 대해 가지고 있는 이전의 경험이 작용하게 된다.

다음은 속담을 현대적으로 변형한 것이다.

(34) 가. 세 살 취미 여든까지 간다.
나. 체육복 잃고 사물함 고친다.

(34가)는 어릴 적 취미가 노년까지 간다는 의미이다. 그런데 왜 하필 '세 살'과 '여든 살'이라는 나이가 선택되었을까? 그것은 "세 살 버릇 여든까지 간다."라는 속담의 존재와 관련이 있다. (34나)도 마찬가지다. 이는 "소 잃고 외양간 고친다."라는 기존의 속담에 의지하여 생산된 것이다. 즉 우리는 어떤 담화에서 이미 존재하는 다른 담화를 떠올리고 문자 그대로의 의미 이상의 또 다른 의미를 찾는다. 일상생활에서 속담이나 격언을 인용하는 것도 넓게 보면 상호 담화성이 발현된 예이다. 풍자적 모방인 패러디, 콜라주 등이 상호 담화성을 가지는 전형적인 예이다.

7.4. 화행

7.4.1. 화행의 개념

인간은 말을 통해 실제로 어떤 일을 하고 있을까? 오늘 아침 앞집 아주머니를 만나서 "안녕하세요?"라고 말했을 때 우리는 어떤 일을 한 것일까? 인간이 말로써 할 수 있는 행위의 성격을 밝힌 것이 오스틴J. Austin의 화행론speech act theory이다.[4] 발화는 실제 세계에 대한 모사模寫에 지나지 않는 것이 아니라 일정한 행위이고, 따라서 힘을 가진다는 것이 이 이론의 요점이다.

이전까지의 언어 연구에서는 언어가 세계에 존재하는 사태를 이러저러하게 기술하는 역할을 한다고 생각했다. 그리고 모든 문장은 실제 세계와의 대응 여부를 통해 참과 거짓을 판정할 수 있다고 생각했다. 심지어 논리 실증주의 철학자들은 참·거짓을 판정할 수 없는 명제는 무의미하다고 주장했다.

(35) 가. 지금 창밖에는 바람에 벚꽃이 흩날리고 있다.
나. 해는 동쪽에서 떠서 서쪽으로 진다.
다. 지구는 우주의 중심이며 천체는 지구를 중심으로 회전한다.

(35가)는 특정한 사태에 대한 진술이고 (35나)는 보편적 사실에 대한 진술이다. 어느 쪽이든 세계에 존재하는 사태를 기술하며 실제 세계에 존재하는 사실과 대응시켜 봄으로써 참과 거짓을 판정할 수 있다. (35가)는 발화 시점에서 창밖에 벚꽃이 날리고 있다면 참인 진술이지만 그렇지 않다면 거짓인 진술이다. (35나)는 인간을 중심으로 한 천체 기술에서 참으로 인정되는 진술이다. 반면 (35다)는 현재 인간의 지식으로는 거짓으로 판정되는 진술이다.

그러나 오스틴은 우리가 사용하는 발화가 모두 세계와의 대응 여부를 따질 수 있는 문장, 즉 참·거짓을 판정할 수 있는 문장은 아니라는 점을 지적하였다. 나아가 참·거짓을 판정할 수 있는 문장만이 유의미한 것은 아니라고 주장하였다.

(36) 가. 너 이번에 성적 오르면 아빠가 자전거 사 주기로 약속한다.
나. 나는 자랑스러운 태극기 앞에 자유롭고 정의로운 대한민국의 무궁한 영광을 위하여 충성을 다할 것을 굳게 다짐합니다.
다. 생일 축하해.

(36)의 문장들은 평서문의 형식을 지니고 있으나 세계와의 대응 관계를 생각할 수

---

4 화행론을 '발화 행위 이론'이라고 부르는 일도 많다.

없다. 엄밀히 말해서 '자전거를 사 주기로 약속하는' 사태는 (36가)와 같은 발화와 별도로 존재하지 않는다. 즉 이 발화 자체가 약속의 행위이기 때문이다. 마찬가지로 맹세의 사태, 축하의 사태가 발화와 별도로 세계에 존재할 수는 없다. (36나)의 '맹세 행위', (36다)의 '축하 행위'는 이러한 발화를 통해 성립한다. 즉 이러한 행위는 발화에 전적으로 의존한다. 이러한 발화는 참 · 거짓을 논할 수 없고 대신 적절성만을 논할 수 있다. 만약 자전거를 사 줄 의사가 없는 상황에서 (36가)의 약속을 했다면 일상적으로는 그것을 '거짓 약속'이라고 할 것이지만 언어학에서는 '부적절한 약속'이라고 해야 한다.

또한 평서문이 아닌 다른 문장 유형의 문장들은 참 · 거짓을 판정할 수 없다.

(37) 가. 지금 밖에 비가 옵니까?
나. 웃어른에게는 예의를 갖추도록 해라.
다. 이 가방은 내가 들게.

(37가)는 의문문, (37나)는 명령문, (37다)는 약속문의 예이다. 이러한 문장은 세계와의 대응 여부를 통해 참 · 거짓을 판정할 수 없다. 그렇다고 이 문장들이 무의미한 것은 아니다.

화행론에서는 세계와의 대응을 통해 참 · 거짓을 판정할 수 있는 문장을 '진술 발화constative utterance'라고 부르고 그렇지 않은 (37)과 같은 문장들, 즉 발화 자체가 행위를 구성하는 발화들을 '수행 발화performative utterance'라고 부른다. 그리고 수행적 행위를 명시적으로 나타내는 '약속하다, 맹세하다, 축하하다' 등을 '수행 동사performative verbs'라고 부른다.

(38) 가. 서울은 대한민국의 수도이다.
나. 저 사람의 이름은 김정수이다.

(39) 가. 나는 이 시계를 너에게 주기로 약속한다.
나. 당신을 이 프로젝트의 책임자로 임명합니다.

(38)은 진술 발화의 예이다. (38가, 나)는 실제 세계와의 대응 여부에 따라 참·거짓을 판정할 수 있다. 가령 (38나)의 화자가 가리키고 있는 사람의 이름이 '김정수'라면 이 문장은 참인 발화이다. 반면 (39)는 수행 발화의 예이다. '약속'이나 '임명' 행위는 발화를 통해서만 성립하므로 발화와 독립적인 세계의 사태는 존재하지 않는다.

수행 발화는 1인칭 단수 주어, 현재 시제, 능동태를 취한다는 특징이 있다.

(40) 가. 나는 이 시계를 너에게 주기로 약속한다.
나. 이에 위 학생을 다음 학기 인문대학 장학금 수혜자로 추천합니다.

(40가, 나)는 수행 발화의 예이다. 모두 일인칭 단수 주어, 현재 시제, 능동태의 요건을 만족한다. 이들은 발화 자체가 어떤 행위를 표현하므로 참·거짓을 판별할 수 없다.

그러나 다음과 같은 발화는 위에서 말한 수행 발화의 요건을 갖추지 않았기 때문에 수행 발화가 아니다.

(41) 가. 나는 이 시계를 너에게 주기로 약속했었다.
나. 김 선생님은 그 학생을 추천하신다.

(41가)는 언뜻 위의 (40가)와 비슷해 보이지만 수행 발화가 아니다. 과거에 있었던 약속의 행위를 기술하는 역할을 하는 진술 발화이다. 이는 과거 사태와의 대응을 통해 참·거짓을 판별할 수 있다. (41나)는 일인칭 주어가 아닌 삼인칭 주어가 사용된 문장으로서 다른 요건을 만족했음에도 불구하고 '추천'의 행위를 수행한다고 볼 수 없다. 김 선생님이 학생을 추천하는 사태를 기술하는 기능을 가질 뿐이다.

오스틴은 처음에는 진술 발화와 수행 발화가 분명하게 나누어진다고 보았다. 이것은 수행 발화가 기존의 철학자들이 관심 가지던 문장들, 즉 진술 발화와는 다른 특성을 가지고 있다는 것을 강조하였기 때문이다. 그러나 오스틴은 이후 진술 역시 일종의 수행적 행위라는 사실을 인식하게 된다.

(42) 가. 지금 비 온다.
나. 나는 너에게 지금 비가 온다는 사실을 알려 준다.

(43) 가. 어제 국제 유가가 배럴당 3달러 하락했습니다.
나. 저는 당신에게 국제 유가가 배럴당 3달러 하락했다고 보고합니다.

(42가), (43가)는 전형적인 진술 발화이다. 그러나 이러한 진술 발화 역시 (42나, 43나)와 같이 '알리다, 보고하다' 등의 수행 동사를 가지는 수행 발화로 분석될 수 있다. 즉 진술 발화 역시 '알림, 보고' 등의 행위를 수행한다고 볼 수 있다. 이렇게 보면 실제 담화에서 실제로 사용된 모든 발화는 특정한 행위를 수행하고 있다고 할 수 있다.

7.4.2. 화행의 종류

그렇다면 우리가 언어를 통해 수행할 수 있는 화행의 종류는 몇 가지일까? 그 수를 확정하는 것은 쉽지 않다. 가령 "엄마, 언니가 내 장난감 빼앗았어."는 '고발'의 화행을 수행하고 "시험을 망쳐서 너무 슬퍼."는 '한탄'의 화행을 수행한다고도 할 수 있다. 극단적으로 말하면 어떤 언어에는 그 언어에 존재하는 수행 동사의 수만큼의 화행의 종류가 있다고 할 수도 있다.

(44) 가. 보고하다, 진술하다, 고백하다…
나. 경고하다, 명령하다, 지시하다, 격려하다…
다. 질문하다, 힐문하다, 궁금해하다…
라. 약속하다, 언약하다…
마. 선언하다, 명명하다, 해고하다…
바. 감탄하다, 인사하다…

'보고, 진술, 고백, 경고, 명령, 지시, 격려, 질문, 힐문, 약속, 언약, 선언, 명명, 해고, 감탄, 인사' 등은 모두 구별되는 화행을 수행한다고도 할 수 있는데 이들을 일정한 특성에 따라 묶을 수 있다. 이에 대해서는 여러 가지 제안이 있으나 설J. Searle은 '진술representative, 지시directive, 약속commissive, 표현expressive, 선언declarative'의 다섯 가지 종류를 제안한 바 있다.

진술 행위는 화자가 사실이라고 믿는 것을 청자에게 알려 주는 행위이다. 화자의 믿음의 내용을 표명하거나 청자에게 정보를 주는 의사소통 목적을 가지고 있다.

(45) 가. 모든 인간은 죽는다.
　　나. 서울은 대한민국의 수도이다.
　　다. 테이블 위에 꽃병이 놓여 있었다.

이는 세계에 대한 충실한 기술이며 오스틴 초기 논의에서 참·거짓을 판별할 수 있는 진술 발화라고 언급되었던 것이다. 그런데 앞에서 말했듯이 이러한 문장은 '알림'의 기능을 수행하는 수행 발화라고 볼 수도 있다. 즉 (45가)는 "나는 지금 너에게 모든 인간은 죽는다고 알려 준다."는 의미를 가진다는 것이다. 이렇게 보면 (45가~다)는 모두 '진술' 행위를 수행한다고 볼 수 있다.

지시 행위는 청자로 하여금 어떤 행동을 하도록 시키는 행위이다.

(46) 가. 여기 앉아라.
　　나. 우리 영화 보러 가자.

(46가)는 청자에게 앉는 행동을 하게 함으로써 세계의 사태를 변화시킬 것을 요구한다. (46나)는 한국어에서 청유문으로 다루어지는 것인데 화자의 동참 의사를 포함한 명령이라고 할 수 있다. 역시 청자에게 어떤 행위를 요구하는 것이다.

지시에는 질문 행위도 포함된다. 설의 분류에서는 '질문'이 독립적인 화행으로 설정되어 있지 않지만 '질문'과 '지시'를 구별되는 화행으로 보는 것도 충분히 가능하다.

(47) 가. 지금 비 오나요?
　　나. 세상에서 가장 중요한 것이 무엇이라고 생각하니?
　　다. 네가 나를 얼마나 자주 생각하는지 궁금해.

(47가~다)는 청자로 하여금 질문에 대해 답변을 요구하고 있다. 청자에게 답변의 행위를 요구한다는 점에서 질문 행위는 지시 행위의 일종으로 이해된다. 질문은 화자의 답변을 유발한다는 점에서 세계를 변화시키려는 행위이다. (47다)는 평서문의 형식을 가지고 있으나 발화 상황에서는 청자에게 정보를 요구하는 질문 행위를 수행한다.

약속 행위는 화자가 발화를 통하여 자신의 미래 행위를 구속하는 것이다.

(48) 가. 오늘 밥값은 내가 내마.
　　나. 주말에 꼭 영화 보여 줄게.

(48가, 나)의 화자는 이 발화를 통해 미래의 행위에 대한 의무를 지게 된다. 이때 화자의 미래 행위는 청자가 바람직하다고 여긴다고 화자가 가정하는 행위이다. 지시 행위가 상대방에게 행위에 대한 의무의 조건을 부과하는 것이라면 약속 행위는 화자 스스로에게 의무의 조건을 부과한다.

표현 행위는 정보 전달이나 명령 등 청자에 대한 적극적인 의사소통 의도를 가지기보다는 단지 화자의 감정을 표현하는 것을 목적으로 하는 행위이다. 일반적으로 어느 언어에나 존재하는 인사말은 표현 행위의 성격을 가진다.

(49) 가. 초대해 주셔서 감사합니다.
　　나. 늦어서 죄송합니다.
　　다. 환영해 주셔서 기뻐요.
　　라. 생일 축하해.

(49가~라)는 여러 가지 인사말의 예이다. 모두 표현 행위를 수행한다.

선언 행위는 발화로써 세계에 어떤 제도적인 변화를 일으키는 행위이다.

(50) 가. 성혼을 선언합니다.
　　나. 본 재판관은 피고에게 무죄를 선고한다.
　　다. 위 사람을 도서관 위원회 위원장으로 임명함.

(50가)는 결혼식에서 주례가 혼인이 성립되었음을 선언하는 발화이다. 이 발화 없이는 혼인이 이루어졌다고 할 수 없다. (50나)는 재판정에서 판사가 피고인에게 판결의 결과를 선고하는 발화이다. (50다)의 '임명'의 발화 역시 모두 화자의 발화를 통하여 제도적인 변화를 일으킨다는 공통점이 있다.

7.4.3. 직접 화행과 간접 화행

화행은 5장에서 본 문장의 유형sentence type과 매우 밀접한 연관을 가진다. 문장 유형은 화자의 발화가 어떠한 목적을 가지는가 하는 화자의 의사소통 목적communicative goal을 표현하므로 이는 발화의 기능, 즉 화행의 종류와 직접적으로 연관된다. 즉 문장 유형은 여러 가지 화행 중 일부가 개별 언어에서 일정한 문법적 수단을 통해 표현되는 것이다. 가령 명령문은 '지시'의 화행을 표현하는 주요한 문법적 수단이다.

화행의 종류는 언어 보편적 차원에서 고려될 수 있으나 문장 유형의 종류는 개별 언어마다 다르다. 한국어에서 문장 유형은 대체로 '평서형, 의문형, 명령형, 청유형, 감탄형'으로 구별된다.

화행은 화용론적 차원의 구별이므로 통사적 차원의 문장 유형의 의미와 화행의 영역이 반드시 일치하는 것은 아니다. 화행의 다양한 유형 중 일부만이 문장 유형으로 문법 범주화되므로 이는 당연한 현상이다. 가령 한국어에서 '선언'을 별도로 표현하는 문장 유형 범주는 없으므로 '선언'의 행위는 일반적으로 "나는 이에 두 사람의 성혼을 선언합니다."와 같이 평서문의 형식을 취한다. "가만히 있는 게 좋을 거야."는 평서문이지만 '진술'이 아닌 '경고'의 화행을 수행한다.

이렇듯 화행의 유형과 문장 유형은 일치될 수도 있고 일치하지 않을 수도 있다. 따라서 화행과 문장 유형의 관계를 기준으로 어떤 발화의 화행을 직접 화행direct speech act과 간접 화행indirect speech act으로 나눌 수 있다. 직접 화행은 해당 문장의 문장 유형이, 그것이 수행하는 화행과 일치하는 경우이다. 간접 화행은 문장 유형과 화행이 일치하지 않는 경우이다. 먼저 직접 화행의 예를 보자.

(51) 갑: 밖에 눈 온다.
을: 응. 첫눈이네.

(52) 얘들아, 어서 와서 밥 먹어라.

(51)의 '갑'의 발화는 화자가 청자에게 정보를 제공하고자 하는 목적을 가진다. 이러한 목적을 가진 발화가 평서문으로 표현되었으므로 이는 직접 화행의 예가 된다. 마찬가지로 (52)는 지시 행위가 명령문으로 표현되었으므로 역시 직접 화행이다.

다음은 문장 유형과 화행이 일치하지 않는 간접 화행의 예이다.

(53) 가. 슈퍼에는 네가 좀 갔다 오겠니?
나. 이번 한 번만 좀 사정을 봐 주셨으면 합니다.
다. 이야기가 진전이 안 돼서 꽉 막혀 있는 상황이었어. 근데 그때 시간 맞춰서 김 선생님이 나타나시지 않았겠니? 김 선생님이 오시니 문제가 대충 해결이 되더라고.
라. 우리 집 바닥은 아랫집의 천장입니다.

(53가)는 의문문이고 (53나)는 평서문이지만 모두 지시의 화행을 수행한다. (53가)는 청자에게 행위에 대한 의도(의향)를 물음으로써 간접적으로 지시의 화행을 수행한다. (53나)는 화자의 소망을 표현함으로써 역시 간접적으로 지시의 화행을 수행한다. (53다)의 밑줄 친 발화는 의문문의 형식을 가지고 있지만 실제로는 정보를 전달하는 진술의 화행을 위해 사용된 것이다. '김 선생님이 나타나셨는지 아닌지'의 여부를 청자에게 물으려는 것이 아니라 '김 선생님이 나타나셨음'을 청자에게 강조하여 알리려는 목적으로 쓰였기 때문이다. (53라)는 아파트 엘리베이터에 붙어 있는 안내문이다. 형식상 평서문이지만 단순히 정보를 제공하려는 목적만을 가지는 것이 아니라 층간소음을 만들지 말라는 지시의 행위를 수행하는 것을 목적으로 하므로 역시 간접 화행의 예가 된다.

맥락에 따라 동일한 문장 형식이 여러 가지 화행으로 해석될 수도 있다.

(54) 딸: 엄마, 오늘 저 차 좀 쓸게요.
어머니: 밖에 눈 온다.

앞에서 본 (51)의 맥락에서는 "밖에 눈 온다."가 정보 제공을 목적으로 하는 직접 화행을 수행한다고 한 바 있다. 그런데 (54)의 맥락에서는 동일한 문장이 "차 가지고 나가지 마라."라는 지시 행위를 수행한다. 따라서 이 경우에는 이 발화가 간접 화행을 수행한다고 할 수 있다.

7.5. 담화와 매체

7.5.1. 매체 발달의 역사

앞에서 우리는 의사소통에 관여하는 요소로 언어 자체 외에도 어떤 말을 하는 화자, 그것을 듣는 청자, 화자와 청자가 위치해 있는 맥락 등을 든 바 있다. 즉 '의미를 가진 언어 표현, 화자, 청자, 맥락'은 담화의 구성 요소를 이룬다.

그런데 이것은 음성 언어를 통해 면대면face to face으로 이루어지는 가장 일반적인 형태의 구어 발화를 전제로 한 것이다. 인간이 생산해 내는 담화는 여러 가지 매체media를 통해 전달되기도 한다. 현대 사회에서는 이전과 비교할 수도 없이 다양한 통신 수단이 발달함에 따라 의사소통에서 매체가 가지는 중요성이 엄청나게 커졌다. 따라서 앞에서 본 담화의 구성 요소에 '매체'를 추가한 다음과 같은 담화 모형을 제시할 수 있다.

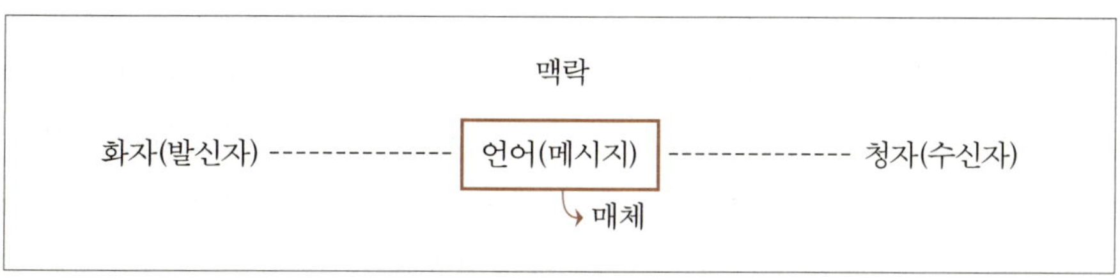

담화 모형(2)

의사소통에 사용되는 매체는 어떻게 발전해 왔을까? 인류가 가장 먼저 발명한 언어 전달 매체는 문자이다. 문자를 이용함으로써 인간은 언어가 가지는 시간적, 공간적 제약을 어느 정도 극복하였다. 음성 언어는 발화되는 순간 사라져 버리므로 나중에까지 보존되지 못하고 먼 곳에 전달될 수도 없다. 음성 언어를 문자라는, 지속성을 가지는 시각적 상징물에 담음으로써 인류는 정보를 기록하고, 먼 곳까지 전달하고, 후세에 물려줄 수 있게 되었다.

또한 글을 씀으로써 인간은 이전 시기와는 비교할 수 없을 정도로 복잡한 논리를 구사할 수 있게 되었고 훨씬 더 심화된 사고를 할 수 있게 되었다. 칸트의 철학이나 아인슈타인의 물리학이 글 없이 머릿속 생각만으로 완성될 수 있었을까? 문자의 발명은 인류 문명의 꽃을 피우는 결정적 계기였다.

이후 인쇄술이 발명되면서 문자 언어를 담은 책, 신문, 잡지 등이 대량 생산되어 보급될 수 있었다. 인쇄 매체로 인해 책은 특수 계층의 전유물에서 벗어나 대중성을 띠게 되었다. 또한 인쇄 매체는 그림, 사진, 도표 등의 시각 자료를 부수적으로 전달할 수 있어 의사소통 방식도 한층 다양해졌다.

인류는 20세기 들어 텔레비전, 라디오 등 각종 전자 매체를 발명하여 의사소통에 있어서의 시간적, 공간적 제약을 더욱 획기적으로 극복하였다. 특히 컴퓨터, 인터넷, 스마트폰 등 새로운 통신 수단이 속속 등장하자 의사소통 방식은 더욱 복잡하고 다채로워졌으며 문자 언어뿐 아니라 음성, 동영상이 결합한 복합적 의사소통 방식이 등장하였다. 전자 매체를 이용한 의사소통 방식은 현재에도 빠른 속도로 변화하고 있다.

7.5.2. 구어 담화와 문어 담화

인류는 오랫동안 문자를 사용해 왔으며 전자 매체 등장 이후에도 문자 언어는 중요한 역할을 하고 있다. 문어 담화는 의사소통 방식에서 구어 담화와 뚜렷이 구별되는 특징을 가진다. 여기에서는 전자 매체 등장 이전의, 전통적인 의미에서의 구어 담화와 문어 담화가 가지는 차이를 정리해 본다.

첫째, 구어 담화는 일반적으로 둘 이상의 화자가 주고받는 말 차례 교환turntaking으로 이루어지며, 양방적 성격을 가진다. 반면 문어 담화는 청자를 눈앞에 대면하지 않은 채로 생산되기 때문에 화자와 청자의 상호작용이 즉각적으로 일어나지 않는 일방적 성격을 가진다.

(55) 갑: 수업 끝나고 같이 밥 먹을래?
을: 응, 좋아. 근데 내가 1시부터 바로 또 수업이 있어서 여유가 없네.
갑: 그럼 매점에서 간단히 먹자.
을: 고마워. 이따 매점 앞에서 만나.

(56) 가. 8일 낮 12시 5분께 경기도 의정부시 전철 1호선 망월사역에서 지붕 조각이 떨어지며 전동차에 전기를 공급하는 보조선이 끊어졌다. 이 사고로 서울 방면 전동차 운행이 1시간 중단됐다
나. 한국어학의 하위 분야로는 음운론, 형태론, 통사론, 의미론, 화용론 등이 있다.

(55)은 구어 담화의 예이다. 면대면 구어 담화는 청자와의 상호작용이 즉각적으로 이루어진다. (56)는 문어 담화의 예이다. 문어 담화는 기본적으로 일방적 성격을 가진다. 문어 담화는 청자를 대면하지 않은 상태로 생산되기 때문에 상호작용이 즉각적으로 일어나지 않는 것이 보통이다. (56가)는 신문 기사문이고 (56나)는 교과서의 문장인데 종이 신문이나 책을 읽은 독자가 즉각적으로 내용에 대해 질문하거나 문제를 제기하는 것은 불가능하다.

둘째, 구어 담화는 구체적인 청자를 대상으로 이루어지지만 문어 담화는 불특정 다수의 청자를 대상으로 한다.

(57) 제자: 선생님, 너무 오랜만에 뵈어요. 잘 지내셨어요?
선생님: 정말 오랜만이다. 너는 어떻게 지냈니?

(58) 칸트는 매일 아침 5시에 일어났다. 하인은 정확히 4시 45분부터 칸트를 깨우기 시작했다.

(57)은 구어 담화의 예이다. 구어 담화에서는 화자와 청자의 사회적 지위와 유대

관계에 따라 적절한 상대 높임 등급이 선택된다. '제자'는 '선생님'에게 해요체를 사용하고 '선생님'은 '제자'에게 해라체를 사용하고 있다. (58)은 문어 담화이다. '-다'로 종결되는 해라체가 사용되었으나 이때의 '-다'는 (57)의 '선생님'의 발화에 사용된 해라체와는 성격이 다르다. 이때의 '-다'는 청자를 낮추는 의미가 전혀 없고 청자를 높이지도 않고 낮추지도 않고 중립적으로 대우함을 표현한다.

셋째, 문어 담화는 구어 담화와 구별되는 독특한 문체를 발달시켰다.

(59) 가. 오늘은 <u>금요일이므로</u> 거리에 차들이 <u>매우</u> 많다.
　　나. 지난번에 보니 네가 딸기케이크 <u>좋아하길래</u> 내가 이렇게 <u>엄청</u> 큰 걸로 사왔지.

'-으므로', '매우' 등은 주로 문어에 쓰이는 표현인 반면 '-길래', '엄청'은 구어에 주로 쓰이는 표현이다. 구어에 쓰이는 문체를 구어체spoken style라 하고 문어에 쓰이는 문체를 문어체literary style라고 한다.

그러나 문어 담화가 무조건 문어체의 성격을 가지고 구어 담화가 무조건 구어체의 성격을 가지는 것은 아니다.

(60) 가. 오늘 다룰 내용은 단어의 정의에 대한 여러 가지 견해입니다(수업 내용).
　　나. 옛날 옛날에 어떤 할머니가 살았어요(구전 동화).

강의에서는 다소 문어적인 성격을 띠는 구어가 사용된다. 이를 문어체 구어라 할 수 있다. 반면 어린이를 대상으로 한 구전 동화책에서는 구어체를 구사하는 경우가 많다. 이는 구어체 문어라고 할 수 있다.

7.5.3. 매체 다변화에 따른 현대 담화의 특성

앞에서 말한 바와 같이 현대 사회에서는 하루가 다르게 새로운 의사소통 매체가 등장할 정도로 매체가 다변화하고 있다. 이러한 매체의 발달에 따라 현대 사회의 담화에서는 구어 담화와 문어 담화의 전통적인 구별이 희미해졌고 그 형식도 단순

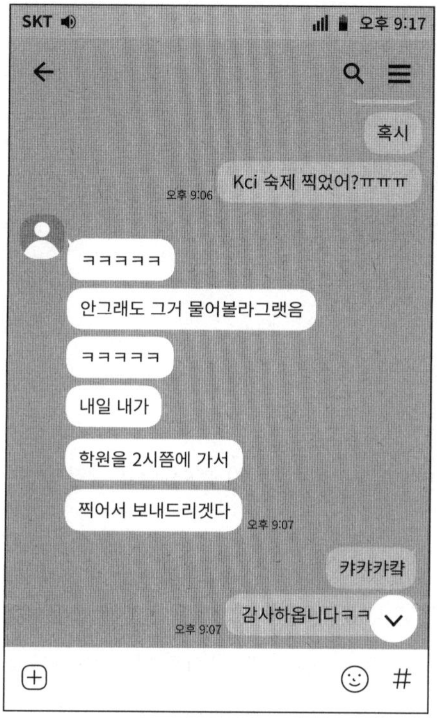

[그림 1]

[그림 2]

히 구어체와 문어체의 구별만으로 파악할 수 없을 정도로 다양한 양상을 띠게 되었다. 매체의 발달에 따른 현대 사회 담화의 특성은 대체로 다음과 같다.

첫째, 양방적 성격을 가지는 문어 담화가 출현하였다. 전통적인 문어 담화는 보통 일방적 성격을 띠었다. 그런데 최근 등장한 문자 메시지 혹은 여러 가지 사회소통망SNS을 이용한 의사소통에서는 문자를 이용하되 구어와 같이 양방적 성격을 띠는 담화 형식이 다수 출현하고 있다.

[그림 1]에서 볼 수 있는 바와 같이 예전에는 구어 담화로만 이루어질 수 있었던 위와 같은 대화가 현대 사회에서는 문자를 이용해서 이루어질 수 있다. 매체가 발달함에 따라 현대 사회에서는 인터넷과 휴대 전화의 다채로운 공간에서 '문자로 말하기'가 일상화되었다. [그림 2]에서 볼 수 있듯이 인터넷으로 제공되는 신문 기사에는 댓글 달기 기능이 있어서 독자들이 실시간으로 자신의 의견을 낼 수 있으며 독자들끼리 토론을 벌이기도 한다.

둘째, 양방적 문어 담화에서 사용되던 언어 표현이 구어 담화에도 사용되는 현상이 생겨났다. 주로 인터넷 공간에서 만들어져 사용되던 '멘붕(멘탈 붕괴)' 등의 여러 가지 줄임말 등이 일상적인 구어에도 사용되는 것은 이제 일반적이다. 또한 명사형 전성어미 '-음'으로 종결되는 문장은 본래 문어체 문장이었으나 인터넷 등의 양방적 문어 담화에서 빈번히 사용되면서 일반 구어에도 쓰이는 현상이 나타났다.

(61) 가. 위 학생은 학업 성적이 뛰어나고 품행이 단정하여 이 상장을 줌.
　　 나. 어제 고모님 다녀가심.

(62) 가. 날씨가 무지 더움. 밖에 도저히 못 나가겠음. 걍 선풍기 틀어 놓고 낮잠 잠.
　　 나. 하 안 돼 ㅠㅠ 알써. 고려해 봄

(61가)는 상장賞狀의 문안이고 (61나)는 일기문의 문장이다. 이러한 용법이 명사형 종결문의 이전 시기 용법이라고 할 수 있다. 그러나 인터넷 게시판에서 (62가)와 같은 담화를 발견하는 것은 어렵지 않으며 휴대전화의 문자 메시지에서도 (62나)와 같은 문장이 흔히 사용된다. 심지어 최근 젊은 세대들은 (62가, 나)와 같은 문장을 그대로 구어에서도 사용하기도 한다.

셋째, 새로운 매체를 통한 의사소통에서 시간과 노력을 절약하기 위한 여러 가지 수단이 생겨났다.

(63) 가. 도서관 도착
　　 나. 추카(축하), 조아조아(좋아, 좋아)
　　 다. 아 정말 부럽(부럽다)
　　 라. ㄱㅅ(감사), ㅇㅈ(인정), ㅊㅋ(추카)

문자 메시지 등에서는 (63가)와 같이 문법 형태소를 생략해 버린 문장 파편이 사용되는 일이 많고 (63나)와 같이 맞춤법을 의도적으로 무시하는 일도 흔하다. (63다)와 같이 어미를 절단하거나 심지어 (63라)와 같이 자음만으로 단어를 표현하는 일도 젊은 세대에서는 일상적이다.

넷째, 구어 의사소통에서 중요한 역할을 담당하는 표정, 몸짓, 어조 등 비언어적·비분절적 요소를 시각적으로 표현하기 위한 상징물인 이른바 '이모티콘'이 광범위하게 쓰이게 되었다. 문자 언어는 음성 언어에 비해 표정, 몸짓, 어조 등을 표현하지 못하는 치명적인 한계를 가지고 있었다. 그러나 '문자로 말하기'가 일반화되면서 사람들은 문자만으로는 담지 못하는 화자의 감정 부문을 이모티콘이라는 시각적 기호를 이용해 표현하게 되었다.

(64) 가. 또 1킬로그램 늘었어.
나. 또 1킬로그램 늘었어^^v
다. 또 1킬로그램 늘었어ㅠㅠㅠ

(64가)가 문자 언어로 전달될 경우 이 문장만으로는 화자가 이 상황에 대해서 어떤 태도를 가지고 있는지 알 수 없다. 그러나 (64나)는 표정과 몸짓(승리의 'V'를 표현)이 시각적 상징물로 문자 언어와 함께 표현됨으로써 이 상황에 대해 화자가 긍정적인 감정을 가지고 있음을 보여 준다. 한편 (64다)와 같이 눈물을 흘리는 모양을 형상화한 이모티콘을 사용하면 화자의 부정적 감정을 표현할 수 있다. 양방적 문어 담화에서 이모티콘은 때로는 문자 언어 자체보다 더 큰 비중을 가지고 사용되기도 하며 이모티콘만으로 의사소통이 이루어지는 일도 있다.

다섯째, 매체 다변화에 따라 구어체와 문어체의 이분법만으로 기술할 수 없는 다양한 문체들이 생겨났다. 또한 웹 글쓰기, SNS 글쓰기, 문자 메시지 글쓰기 고유의 다양한 양식과 문체들이 생겨났다. 다음은 인터넷 블로그에서 사용되는 문장이다.

(65) 가. 이런 것도 입소문이 정말 <u>무섭더군요</u>.
나. 조선 시대의 선비 체험을 제대로 하고 <u>왔다지요</u>.

이러한 문장들은 분명히 구어체 문장들이다. 그러나 이것이 구어에서 사용되는 표현들과 완전히 같지는 않다. 구어 담화에서 '-더군요'는 실제로는 그리 잘 사용되지 않기 때문이다. '-다지요' 역시 인용 구문이 아닌 (65나)와 같은 용법으로는 구어에서 잘 사용되지 않는다. 블로그 특유의 독특한 문체가 발달되고 있다고 볼 수 있다. 다양한 매체의 발달 및 언어 사용 환경의 다변화에 따라 다양해진 문체는 앞으로 많은 연구 과제를 제공할 것으로 기대된다.

제8장

한국어사

8.1. 한국어의 형성

8.2. 고대 한국어

8.3. 중세 한국어

8.4. 근대 한국어

제8장 한국어사

8.1. 한국어의 형성

8.1.1. 한국어사 연구의 필요성

언어는 한 순간도 고정되어 있지 않고 변화한다. 한국어사는 예전부터 현재에 이르기까지 한국어가 변화해 온 역사를 가리킨다. 현대 한국어에서 거슬러 올라가면 근대 한국어, 중세 한국어, 고대 한국어를 만나게 되고 더 거슬러 올라가면 한국어의 뿌리를 찾는 일로 확대된다. 즉, 한국어가 어떤 언어에서 분리되어 나왔는지를 추측하게 되는 것이다. 따라서 한국어사는 고대 한국어에서 현대 한국어로의 변화뿐 아니라 계통론을 포함하게 된다. 한국어사 연구를 위해서는 남아 있는 문헌을 이용하는 것이 좋지만, 문헌이 충분하지 않는 경우 방언을 통해 추측하거나 한국어와 동일 계통에 있는 다른 언어와 비교하는 방법을 사용하기도 한다.

한국어사 연구는 그 자체로도 의의가 있지만 다음 몇 가지 측면에서 의의를 찾을 수 있다. 무엇보다도 한국어사 연구는 현대 한국어를 이해하는 데 큰 도움을 준다. 현대 한국어에서 이해하기 어려운 특이한 언어 사실은 한국어사 연구를 통해 납득할 수 있게 되기도 한다. 가령 '개犬'가 접두사 '수-'나 '암-'과 결합하면 '수캐, 암캐'와 같이 '캐'로 나타나는 현상이 있다. 이런 특이성은 '수-'나 '암-'이 현대 이전에 'ㅎ'으로 끝난 명사였다는 사실을 알면 궁금증이 해소된다. '수'나 '암'의 옛 형태에 존재하던 'ㅎ'이 '개'와 합쳐져 '캐'가 되었다는 것이 자명해지기 때문이다.

한국어사 연구는 현대 방언들 간의 차이를 설명하는 데에도 도움이 된다. 예를 들어 '말馬'은 일부 남부나 북부 방언에서는 '몰'로 나타난다. 이러한 방언 차이는 이 단어가 예전에 'ᄆᆞᆯ'이었으며 양순음 뒤의 'ㆍ'가 어떤 방언에서는 'ㅏ'로 바뀌고 어떤 방언에서는 'ㅗ'로 바뀌었다는 한국어사적 고찰을 통해 충분히 해명된다.

한국어사 연구는 우리 민족의 문화를 이해하는 데에도 긍정적 기능을 한다. 언어가 없는 삶이란 있을 수 없으므로 한국어가 우리 민족의 삶과 밀접한 관련을 맺고 있다는 것은 부인할 수 없다. 한국어 속에 흔적으로 남아 있는 옛 모습들은 언어뿐만 아니라 역사나 문화를 이해하는 데에도 매우 중요하다. 이것은 역으로 한국어사를 연구할 때 역사와 문화와 같이 한국어와 관련을 맺는 여러 요소들을 종합적으로 고려할 필요가 있음을 말해 주기도 한다.

한국어사 연구를 통해 예전의 문학 작품을 온전하게 이해하는 데 도움을 얻을 수도 있다. 현대 한국어 이전 시기에 당시 언어로 적힌 문학 작품들을 정확히 해독하기 위해서는 그 당대의 언어를 올바르게 파악해야 한다. 특히 현대로부터 시기적으로 멀리 떨어져 있는 문학 작품일수록 한국어사에 대한 이해가 선행될 필요가 있다. 이처럼 한국어사에 대한 연구는 한국어의 본질 파악은 물론이고 인접한 다른 분야의 연구에 있어서도 중요한 의미를 지닌다.

8.1.2. 한국어의 계통과 한국어의 형성

제1장에서 언급한 것처럼 지구상에는 수천 개의 언어가 존재하는데, 이들 언어를 계통에 따라 몇 종류의 어족language family으로 분류할 수 있다. 어족이란 인도·유럽 어족, 중국·티베트 어족 등과 같이 동일한 조상에서 분리되어 나왔으리라 추정되는 언어들을 묶은 것을 말한다. 한국어가 어느 어족에 속하는지에 대해서는 적지 않은 논란이 있지만 현재로서는 알타이 어족에 속한다고 보는 견해가 유력하다. 그러므로 우리 책에서는 알타이 어족설에 따라 한국어의 계통을 설명하기로 한다.

알타이 어족은 크게 터키어 계통, 몽골어 계통, 만주어 계통, 한국어 계통의 네 부류로 이루어져 있다고 보고 있다. 알타이 어족의 언어들은 다른 어족의 언어들과 비교해서 다음과 같은 공통점을 가지고 있다.

(1) 알타이 어족의 공통 특징
  가. 모음 조화 현상이 존재한다.
  나. 단어의 첫머리에 오는 자음에 특별한 제약이 존재한다.
  다. 교착어膠着語에 속한다.
  라. 문법적 기능을 하는 모음 교체 및 자음 교체가 없다.
  마. 접속사가 없는 대신 용언의 연결형과 같은 부동사가 존재한다.

(1가)의 모음 조화는 한 단어나 어절 안에서 동일한 특징을 공유하는 모음들끼리 어울리는 현상을 가리킨다. 모음 조화는 여러 언어에서 보이지만 중국어와 같이 알타이어와 인접한 언어에서는 잘 보이지 않아 알타이 어족의 언어를 다른 어족의 언어와 구별해 주는 기능을 한다. 그러므로 알타이어들이 모음 조화를 보인다는 것은 중요한 계통론적 특징에 속한다.

(1나)의 알타이어에 속하는 언어들은 단어의 첫머리에 자음군子音群이나 유음流音이 오는 것을 꺼리는 제약이 있다. 중세 한국어의 경우 ‘ᄡᆞᆯ’에서 볼 수 있듯이 어두 자음군이 있기도 했지만, 이것은 ‘*ᄇᆞᄉᆞᆯ’에서 어중 모음이 탈락하여 일시적으로 생겨난 것일 뿐 기원적으로는 어두에 자음군이 있었다고 보기 어렵다. 또한 한자어를 받아들이는 과정에서 ‘로인老人’ 대신 ‘노인’으로 받아들이는 등 ‘ㄹ’이 단어의 첫머리에 오지 않는다. 알타이 어족의 언어들은 공통적으로 어두 제약을 가지고 있을 뿐만 아니라 그 제약의 내용이 비슷하다는 점은 알타이 어족 언어들 간의 중요한 공통점이라고 볼 수 있다.

(1다)는 언어 유형론에서 흔히 언어들을 고립어, 교착어, 굴절어로 구분할 때 알타이어에 속하는 언어들은 교착어로 분류된다는 것을 말한다. 한국어의 조사나 어미와 같이 문법적 관계를 표시하는 별도의 문법 형태소가 다수 존재하여 어간과 결합한다는 것은 알타이 어족에 인접한 중국어나 인도·유럽의 언어들에서는 발견하기 어렵다. 그러므로 교착어에 속한다는 사실도 알타이 어족의 중요한 공통점이라고 할 수 있다.

(1라)는 앞에서 설명한 교착어적 특성과도 관련이 있는데, 영어의 경우 ‘sing~

sang~sung'처럼 모음 교체로 문법적 관계를 표시하기도 하지만 알타이어들은 모음 교체나 자음 교체를 통해 문법적 관계를 표시하는 경우가 없다. 이는 문법적 관계가 한국어의 조사나 어미와 같은 별도의 형태에 의해 표시되는 교착어적 특성을 가지기 때문으로 보인다.

(1마)는 한국어의 연결 어미처럼 용언 어간에 결합하되 진술을 완결 짓지 못하는 활용형, 이른바 부동사를 가지는 특성을 언급한 것이다. 알타이어의 경우 용언과 용언을 이을 때 별도의 접속사를 사용하지 않고 부동사를 사용한다. 이런 특성 역시 알타이 어족의 중요한 공통점이라 할 수 있다.

이제 알타이 공통 조어로부터 한국어가 분화되는 과정을 간단히 살펴보기로 하자. 원시 알타이어는 네 부류의 언어가 분화되지 않은 상태로 있었다고 추정할 수 있다. 그 후 여러 언어들이 분기되어 나오면서 현재와 같은 상태에 이르는데 그 과정은 다음과 같이 도식화할 수 있다.

(2) 알타이 어족의 분화

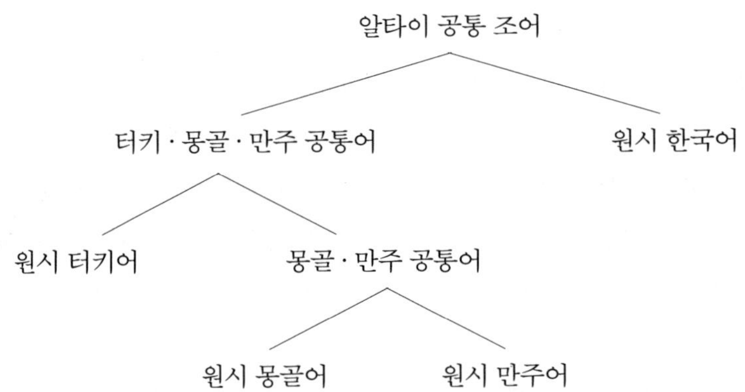

앞 그림에서 알 수 있듯이 알타이 어족을 이루는 분파 중 한국어가 가장 먼저 분화되어 나왔다고 추정된다. 그러므로 한국어는 다른 세 부류의 언어와 가장 큰 차이를 보일 수밖에 없다.

알타이 공통 조어에서 분리된 원시 한국어가 어떤 모습이었는지 현재로서는 알 길이 없다. 다만 몇몇 단편적으로 남아 있는 자료를 통해 원시 한국어는 이후 북방계와 남방계의 두 부류로 분화되었을 것으로 생각된다. 북방계 한국어는 후대에 고구려어로 계승되고 남방계 한국어는 백제어와 신라어로 계승된다. 이후 신라가 삼국을 통일하면서 언어적인 통일이 이루어졌고, 그 언어가 한국어의 근간을 이루며 현재로 이어지고 있다.

8.1.3. 한국어사의 시대 구분

한국어사의 시대 구분 방법에 대해 일치된 견해가 있는 것은 아니지만, 현재 가장 일반화된 시대 구분은 다음과 같다.

(3) 한국어사의 시대 구분

가. 고대 한국어: 삼국 시대부터 10세기 초의 통일 신라 시대까지 쓰인 말

나. 중세 한국어: 고려가 건국된 10세기 초부터 조선 전기인 16세기 말까지의 한국어. 14세기 말을 기점으로 전기 중세 한국어와 후기 중세 한국어를 구분

다. 근대 한국어: 17세기부터 19세기 말까지의 한국어

라. 현대 한국어: 20세기 이후의 한국어

(3가)의 고대 한국어에 고구려어나 백제어를 더 포함시킬지의 문제는 다소 이견이 있다. 아울러 고대의 삼국, 즉 신라, 고구려, 백제의 언어 중 어떤 언어가 현대 한국어에 직접적으로 이어지는지 논란이 되기도 하였다. 다만 신라의 말이 가장 많이 남아 있을 뿐만 아니라, 그 이후에 이어지는 중세 한국어의 직접적인 선대형이 신라의 말로 추정되는 점을 고려하여 신라의 말이 고대 한국어를 대표한다고 보는 경우가 많다.

(3나)의 중세 한국어 단계의 시작을 10세기 초로 잡는 것은 언어의 중심지가 한반도의 동남쪽인 경주에서 한반도의 중앙에 위치한 현재의 수도권으로 옮겨 온다는 점을 고려한 것이다. 중세 한국어는 전기와 후기를 구분하는 것이 일반적이다. 후기 중세 한국어는 한글 문헌 자료가 많이 남아 있기 때문에 이 시기가 본격적인 한국어사 연구의 출발점이라고 해도 과언이 아니다. 대체로 한국어사 연구는

15세기를 연구의 출발점으로 삼아 이를 바탕으로 그 이전과 그 이후를 연구하게 되는 것이다.

(3다)의 근대 한국어는 17세기에서 19세기에 이르는 시기로 중세 한국어와 현대 한국어의 가교 역할을 하는 단계이다. 이 시기를 거치면서 성조어에서 비성조어로의 변화처럼 중세 한국어에서 벗어나게 되고, 현대 한국어의 특징 중 상당수가 완성된다. 근대 한국어 시기도 18세기를 기준으로 하여 전기와 후기를 구분하는 경우가 있는데 그리 일반화되어 있지는 않다.

위에서 제시된 한국어사의 시대 구분을 보면 우연히도 정치적 사건과 같은 언어 외적인 중요 사건과 그 시기가 중첩된다는 것을 알 수 있다. 가령 고대 한국어와 중세 한국어의 경계에는 고려 건국이, 전기 중세 한국어와 후기 중세 한국어 사이에는 조선의 건국(또는 훈민정음의 창제)이 놓여 있다. 또한 근대 한국어가 시작되는 시기 무렵에는 임진왜란이라는 사건이 있었고 현대 한국어의 시작 시점은 갑오개혁과 매우 가까운 것이다. 이러한 사실 때문에 한국어사의 시대 구분이 언어 자체의 특성에 기반을 둔 것이 아니라 왕조의 흥망 또는 중요한 역사적 사건에 기반을 둔 것이라는 비판을 받기도 한다.

한국어사의 시대 구분은 당연히 언어 외적인 사건보다는 언어 내적인 변화에 의거한 것이어야 한다. 가령 고대 한국어와 중세 한국어를 가르는 데에는 경음의 유무, 유성 마찰음 'ㅸ, ㅿ'의 존재, 어두 자음군의 생성 등이 거론되고 있다. 이 시기의 언어 자료가 많지 않아서 충분히 설명하기 어려울 뿐 단순히 언어 외적 사실만으로 시대 구분을 한 것은 아니다. 훈민정음의 창제 역시 우리 문자생활의 역사에서 매우 중요한 사건임에는 틀림이 없으나 이는 한국어의 변화와 직접 관련되는 것이 아니라 표기의 변화일 뿐이므로 한국어사의 시대 구분의 근거가 되지 않는다. 중세 한국어와 근대 한국어의 경계도 임진왜란이라는 사건과는 직접 관련이 없다. 근대 한국어의 특징인 'ㅿ'의 소실, 성조의 소멸 등은 임진왜란 이전에 이미 변화의 초기에 접어들었으며, 이것이 17세기 이후에 본격화되었기 때문에 이 시기를 근대 한국어로 구분한 것이다. 근대 한국어와 현대 한국어의 경계 역시 모음 체계의 변화 등이 대체로 19세기 말을 지나면서 완성되는 모습을 보이는 것에 근거를 두고 있다.

8.2. 고대 한국어

8.2.1. 도입

알타이 공통 조어에서 한국어가 분리된 후 한반도와 이에 연결된 대륙에서는 고구려어, 백제어, 신라어가 사용되다가 7세기 이후 신라어로 통일된다. 고대 한국어는 대체로 고구려, 백제, 신라의 언어와 삼국의 통일로 점차 신라어 중심의 언어적 통일이 일어난 시기의 언어를 말한다. 그리하여 고대 한국어를 신라에 의한 통일의 전과 후로 나누어 각각을 전기 고대 한국어와 후기 고대 한국어로 나누기도 하지만, 자료가 풍부하지 못하여 두 시기의 차이에 대해 구체적으로 기술하기는 어렵다. 고대 한국어의 자료는 역사서에 부분적으로 기록된 이 시기 언어에 대한 기록, 주로 음운의 특징을 보여 주는 한자음 자료 등도 있지만, 가장 구체적인 자료는 이두, 구결, 향찰과 같은 한자를 활용한 차자 표기 자료이다. 우리 책에서는 비교적 자료가 많은 편인 신라어를 중심으로 고대 한국어의 특징을 개략적으로 기술하고자 한다.

8.2.2. 음운

고대 한국어의 음운 체계에 대해서는 자료의 부족으로 자세하게 살피기 어렵지만 다음 몇 가지에 대해서 언급할 수 있을 것이다. 첫째, 고대 한국어의 자음으로는 평음과 유기음의 두 계열이 존재했고 경음은 존재하지 않았던 것으로 생각된다. 이는 고대 한국어 시기에 확립된 것으로 보이는 한국 한자음을 연구함으로써 추정이 가능하다. 한국 한자음이 형성되던 시기에 중국어에는 유기음이나 경음에 해당하는 음소가 존재했는데, 이러한 중국의 한자음이 한국에 수용될 때 평음이나 유기음은 대체로 한국어의 평음과 유기음으로 수용되었지만 경음은 그러한 규칙적 대응을 보이지 않는다. 이는 고대 한국어에 유기음 계열은 존재했고 경음 계열은 존재하지 않았다는 것을 말해 준다. 둘째, 고대 한국어에 어떤 단모음이 존재했는지 구체적으로 알 수는 없지만 혀의 전후 위치에 따라 전설 모음과 후설 모음이 대립되는 체계를 가졌을 것으로 짐작된다. 고대 한국어에서 비교적 잘 지켜졌을 것으로 보이는 모음 조화를 고려하면 이 시기에 혀의 전후 위치에 의한 단모음의 대립이 있었을 것으로 볼 수 있는 것이다. 셋째, 고대 한국어 역시 중세 한국어처럼 성조를 가진 성조 언어였을 가능성이 크다. 하지만 자료의 한계로 인해 이에 대해서도 명시적으로 말하기는 어렵다.

8.2.3. 형태와 통사

고대 한국어의 경우 자료가 충분하지 못하고 우리 책의 성격상 지면이 충분하지도 못하므로 형태와 통사의 특징을 자세하게 언급하기 어렵다. 따라서 조사와 어미를 살펴보는 것으로 대신하고자 한다. 우선 고대 한국어의 조사에 대해 언급해 보자.

(4) 고대 한국어의 조사

<table>
<tr><td rowspan="6">조사</td><td rowspan="5">격 조사</td><td>주격 조사</td><td>이[伊, 是]</td></tr>
<tr><td>목적격 조사</td><td>ᄋᆞᆯ/을[乙], ᄒᆞᆯ/흘[肹]</td></tr>
<tr><td>관형격 조사</td><td>ᄋᆡ/의[矣, 衣], ᄉ[叱]</td></tr>
<tr><td>부사격 조사</td><td>처소: ᄒᆡ/긔[中]
도구: 루[以, 留]</td></tr>
<tr><td>호격 조사</td><td>여/야[也], 아[良]</td></tr>
<tr><td>보조사</td><td colspan="2">대조나 주제: ᄋᆞᆫ/은[隱], ᄋᆞ란/으란[肹良]
포함이나 더함: 두[置]
한정: -ᅀᅡ[沙]</td></tr>
</table>

주격 조사로는 이[伊, 是]가 확인된다. 현대 한국어에 나타나는 주격 조사 '가'는 고대 한국어에서는 나타나지 않는다. 목적격 조사로는 'ᄋᆞᆯ/을[乙]'과 'ᄒᆞᆯ/흘[肹]'이 있었다. 관형격 조사로는 'ᄋᆡ/의[矣, 衣]'와 'ᄉ[叱]'이 확인된다. 중세 한국어와 마찬가지로 'ᄋᆡ/의[矣, 衣]'는 유정물 평칭에 결합하고, 'ᄉ[叱]'은 무정물이나 유정물 존칭에 결합했을 것으로 생각된다. 부사격 조사에는 '처소'의 'ᄒᆡ/긔[中]', '도구'의 '루

[以, 留]'가 있었다. 호격 조사로는 '여/야[也]', '아[良]'가 있었다. 보조사에는 'ᄋᆞᆫ/은[隱]', 'ᄋᆞ란/으란[肹良]', '두[置]' 등이 발견된다.

(4)에서 제시된 것은 주로 향찰 자료를 통해 확인되는 것만 제시한 것이다. 구결 자료 등을 더하면 더 많은 조사를 확인할 수 있지만 여기에서 자세하게 논의하지 않는다.

다음으로 고대 한국어의 어미에 대해 살펴보기로 하자.

(5) 고대 한국어의 어미

<table>
<tr><td rowspan="5">어미</td><td>선어말 어미</td><td colspan="3">시간 관련: -ᄂᆞ[臥]-, -더[如]-
높임 관련: -시[賜]-, -ᄉᆞᆸ[白]-</td></tr>
<tr><td rowspan="4">어말 어미</td><td rowspan="2">종결 어미</td><td colspan="2" rowspan="2">평서형: -다[如]
의문형: -고[古]
명령형: -라[羅]
감탄형: -여[也, 耶]</td></tr>
<tr></tr>
<tr><td rowspan="2">비종결 어미</td><td>연결 어미</td><td>-고[古], -며[旀], -다가[如可]</td></tr>
<tr><td>전성 어미</td><td>-(은)ㄴ[隱], -(을)ㄹ[尸]</td></tr>
</table>

시간 관련 선어말 어미에는 현재 내지 직설법과 관련되는 '-ᄂᆞ[臥]-', 과거 내지 회상법과 관련되는 '-더[如]-'가 확인된다. 선어말 어미 중에서 높임 관련 선어말 어미로는 주체 높임의 '-시[賜]-' 등이 확인된다. 어말 어미 중에서 종결 어미로는 평서형의 '-다[如]', 의문형의 '-고[古]', 명령형의 '-라[羅]', 감탄형의 '-여[也, 耶]' 등이 확인된다. 어말 어미 중 연결 어미로는 '-고[古], -며[旀], -다가[如可]' 등이 확인되고, 전성 어미로는 '-(으)ㄴ[隱], -(으)ㄹ[尸]' 등이 확인된다. (5)에서 제시된 것은 향찰 등의 자료를 통해 확인되는 것만 제시한 것이다. 실제로는 훨씬 더 많은 어미가 존재하였을 것으로 생각된다.

8.2.4. 어휘

고대 한국어 시기는 이미 언급한 것처럼 한문을 사용하여 문자 생활을 시작하였으며 한자를 활용하여 우리말을 표기하던 차자 표기법이 발달하기 시작한 시기이기도 하다. 따라서 고대 한국어 어휘는 한자어, 차자 표기 자료, 『삼국사기三國史記』 등의 지명 표기들에 나타난다. 고대 한국어 어휘 역시 현대 한국어와 마찬가지로 고유어, 한자어, 외래어로 나눌 수 있다.

(6) 가. 길[道尸], 밤[夜音], 우리[吾里]; ᄇᆞᆰ-[明], 그리-[慕理]; 오직[唯只], 반ᄃᆞᆨ[必只]
　나. 군軍, 군君, 신臣, 민民, 태평太平; 공덕功德, 왕생往生, 자비慈悲
　다. 붇[筆], 먹[墨], 글[契]; 건달바[乾闥婆], 미타찰[彌陀刹]

(6가)는 고유어로서 명사나 대명사와 같은 체언, 형용사, 동사와 같은 용언, 부사 등이 모두 확인된다. (6나)는 한자어들인데, 일반적인 한자어뿐 아니라 '왕생往生, 자비慈悲'와 같은 불교계 한자어도 나타난다. (6다)는 외래어들인데 역시 '붇(>붓), 먹, 글' 등 일반적인 외래어 외에 '건달바[乾闥婆], 미타찰[彌陀刹]'과 같은 불교계 외래어도 나타난다.

신라어, 고구려어, 백제어는 유사한 어휘도 있었지만 아래에서처럼 차이를 보이기도 한다.

(7) 가. 고구려어 '단[旦, 呑, 頓]' : 신라어 '실[谷]'
　나. 고구려어 '홀[忽]' : 백제어 '긔[己]' : 신라어 '잣[城叱]'
　다. 고구려어 'ᄀᆡ[皆]' : 백제어 '긔ᄌᆞ[吉支]' : 신라어 '금[今]'

(7가)는 '골짜기'를 나타내는 고구려어는 '단'이고 신라어는 '실'이라는 것을 보여 준다. (7나)는 '성城'을 나타내는 고구려어, 백제어, 신라어의 차이를 보여 준다. (7다)는 왕을 나타내는 단어가 삼국이 달랐음을 보여 준다.

8.3. 중세 한국어

8.3.1. 도입

중세 한국어는 고려의 건국으로 언어의 중심지가 한반도 동남쪽에 있는 경주에서 한반도의 중앙에 위치한 현재의 수도권으로 옮겨 온 시기를 시작점으로 한다. 중세 한국어는 10세기에서 16세기의 7세기 동안 계속되는데, 음운 체계의 변화가 나타난 14세기 말을 기점으로 전기와 후기로 나누기도 한다. 중세 한국어, 특히 후기 중세 한국어는 훈민정음이 창제되어 우리 한국어의 모습을 온전하게 기록하게 되는 시기이기도 하다.

훈민정음의 창제로 많은 문헌들이 이 문자로 간행되어 있어, 우리가 그 모습을 제법 온전한 모습으로 볼 수 있는 가장 오래된 한국어는 후기 중세 한국어이다. 그리하여 이 시기를 기준점으로 하여 그 이전의 전기 중세 한국어나 고대 한국어 모습을 미루어 짐작하기도 하고, 그 이후의 근대 한국어나 현대 한국어로의 변화의 기준으로 삼기도 한다. 우리 책에서는 중세 한국어, 특히 훈민정음에 의해 기록된 자료가 풍부한 후기 중세 한국어를 중심으로 음운, 형태, 통사, 어휘에 걸쳐 이 시기 한국어의 모습을 비교적 자세하게 기술하기로 한다.

8.3.2. 음운

8.3.2.1. 음운 체계

자음 체계

중세 한국어, 특히 15세기 한국어의 자음 체계는 대체로 다음과 같다.

(8) 중세 한국어의 자음 체계

<table>
<tr><th colspan="3"></th><th>양순음</th><th>치음</th><th>치조음</th><th>연구개음</th><th>후음</th></tr>
<tr><td rowspan="10">장애음</td><td rowspan="3">파열음</td><td>평음</td><td>ㅂ</td><td></td><td>ㄷ</td><td>ㄱ</td><td>ㆆ[1]</td></tr>
<tr><td>유기음</td><td>ㅍ</td><td></td><td>ㅌ</td><td>ㅋ</td><td></td></tr>
<tr><td>경음</td><td>ㅃ</td><td></td><td>ㄸ</td><td>ㄲ</td><td></td></tr>
<tr><td rowspan="3">파찰음</td><td>평음</td><td></td><td>ㅈ</td><td></td><td></td><td></td></tr>
<tr><td>유기음</td><td></td><td>ㅊ</td><td></td><td></td><td></td></tr>
<tr><td>경음</td><td></td><td>ㅉ</td><td></td><td></td><td></td></tr>
<tr><td rowspan="4">마찰음</td><td rowspan="2">평음</td><td></td><td>ㅅ</td><td></td><td></td><td></td></tr>
<tr><td>ㅸ</td><td>ㅿ</td><td></td><td></td><td>ㅇ[ɦ]</td></tr>
<tr><td>유기음</td><td></td><td></td><td></td><td></td><td>ㅎ</td></tr>
<tr><td>경음</td><td></td><td>ㅆ</td><td></td><td></td><td>ㆅ</td></tr>
<tr><td rowspan="2">공명음</td><td colspan="2">비음</td><td>ㅁ</td><td></td><td>ㄴ</td><td>ㆁ[ŋ]</td><td></td></tr>
<tr><td colspan="2">유음</td><td></td><td></td><td>ㄹ</td><td></td><td></td></tr>
</table>

중세 한국어의 자음 체계는 앞에서 언급한 고대 한국어나 현대 한국어와 비교할 때 적지 않은 차이가 있다. 첫째, 'ㅸ, ㅿ, ㅇ'과 같은 유성음 계열의 마찰음이 존재한다는 점이다. 고대 한국어의 경우 이러한 유성 마찰음의 존재 여부에 대해서는 논란이 있으며, 현대 한국어의 경우 이런 종류의 유성 마찰음이 음운으로 존재하지 않는다. 그러나 중세 한국어는 'ㅅ'과 'ㅿ'이 성대의 울림에 의해 구별되며, 그 밖에 'ㅇ[ɦ], ㅸ'과 같은 유성 장애음이 더 존재하였다.

둘째, 'ㆆ, ㅇ, ㅎ, ㆅ' 등 후음의 종류가 다양하다. 현대 한국어의 후음은 'ㅎ' 하나밖에 없지만 중세 한국어는 적어도 표면상 4개의 후음이 존재하고 있었다. 언어 보편적인 관점에서 볼 때 후음에 네 개의 자음이 있다는 것은 흔한 일이 아니다. 후음 계열이 현대 한국어와 같이 단순화된 것은 이런 특수성이 보편적인 모습으로 변한 결과로 볼 수 있다.

셋째, 현대 한국어의 경구개음 'ㅈ, ㅊ, ㅉ'이 중세 한국어에서는 치음이었다는 것이다. 이렇게 보는 근거로는 우선 15세기에는 'ㅈ, ㅊ, ㅉ' 뒤에 반모음 'j'가 자

1 'ㆆ' 15세기 한국어 자료에서 'ᄒᆞᇙ 배'와 같은 관형사형 어미나 '하ᄂᆞᇙᄠᅳᆮ'과 같은 사잇소리와 같이 매우 제한된 환경에서만 나타난다. 이런 이유로 음소로 인정하지 않는 입장도 있다.

유롭게 올 수 있었다는 점이다. 그리하여 '초醋'와 '쵸燭'처럼 반모음 'j'의 유무에 따라 단어의 뜻이 구분되기도 했다. 만약 15세기 당시에 'ㅈ, ㅊ, ㅉ'이 경구개음이었다면 반모음 'j'가 뒤에 올 수 없었을 것이므로, 이 사실은 'ㅈ, ㅊ, ㅉ'이 경구개음이 아니었다는 매우 중요한 근거가 된다. 그 밖에도 구개음화가 중세 한국어가 아닌 훨씬 후대의 근대 한국어에 나타났다는 점도 'ㅈ, ㅊ, ㅉ'이 15세기에는 경구개음이 아니었다는 간접적인 증거가 된다. 구개음화는 음운 체계에서 'ㅈ, ㅊ, ㅉ'이 경구개음이라는 것을 전제로 하므로 구개음화가 후대에 나타났다는 것은 'ㅈ, ㅊ, ㅉ'의 음가가 중세 한국어에는 아직 경구개음이 아니었을 가능성이 크다는 것을 말해준다.

모음 체계

중세 한국어, 특히 15세기 한국어의 단모음 체계는 대체로 다음과 같다.

(9) 중세 한국어의 단모음 사각도

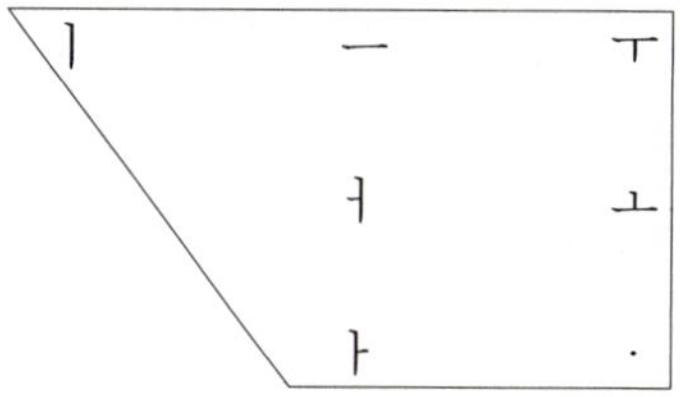

중세 한국어 단모음은 7모음 체계였던 것으로 생각된다. 그리하여 현대 한국어 단모음 체계와 비교할 때 대부분의 단모음이 중설이나 후설에 치우쳐 있고 전설 계열에는 오직 'ㅣ' 하나만 존재한다. 'ㅣ'를 제외하면 양성 모음이 'ㆍ, ㅗ, ㅏ'와 음성 모음인 'ㅡ, ㅜ, ㅓ'가 대립 관계를 이루고 있었다.

다음으로 중모음 체계를 살펴보기로 하자. 중세 한국어, 특히 15세기 한국어의 중모음 체계는 현대 한국어와 상당한 차이가 있다.

(10) 중세 한국어의 이중 모음 체계

	상향 이중 모음	하향 이중 모음
j-계	ㅑ, ㅕ, ㅛ, ㅠ, (ᆝ), (ᆜ)[2]	ㆎ(ɔj), ㅐ(aj), ㅚ(oj), ㅢ(ɯj), ㅔ(ʌj), ㅟ(uj)
w-계	ㅘ, ㅝ	

중세 한국어의 이중 모음 체계는 현대 한국어와 비교하면 하향 이중 모음 계열이 많다는 특징을 가지고 있다. 현대 한국어의 경우 하향 이중 모음이 ‘ㅢ’ 하나뿐이고 이마저도 상향 이중 모음으로 해석하기도 하지만, 15세기에는 ‘ㆍ, ㅏ, ㅗ, ㅡ, ㅓ, ㅜ’와 같이 ‘ㅣ’를 제외한 모든 단모음 뒤에 ‘j’가 결합하여 하향 이중 모음을 이루고 있었다. 다만 당시에도 ‘w’가 결합한 하향 이중 모음은 존재하지 않았다. 그 밖에 ‘ㅟ’는 상향 이중 모음인 ‘wi’가 아니라 하향 이중 모음인 ‘uj’의 음가를 지녔다는 점 역시 현대 한국어와의 차이점이다. 현대 한국어에서 단모음인 ‘ㅐ, ㅔ, ㅚ, ㅟ’는 중세 한국어에서는 ‘aj, ʌj, oj, uj’와 같은 이중 모음이었다. 따라서 ‘ㅐ, ㅔ, ㅚ, ㅟ’ 앞에 반모음 ‘j’가 결합한 ‘ㅒ, ㅖ, ㆉ, ㆌ, ㅙ, ㅞ’ 등은 중세 한국어에 ‘반모음+단모음+반모음’의 구조를 지닌 삼중 모음이었다. 즉 ‘ㅒ’는 ‘jaj’, ‘ㅖ’는 ‘jʌj’, ‘ㆉ’는 ‘joj’, ‘ㆌ’는 ‘juj’, ‘ㅙ’는 ‘waj’, ‘ㅞ’는 ‘wʌj’로 이루어진 것이다. 이러한 삼중 모음은 ‘ㅐ, ㅔ’가 단모음으로 바뀌면서 이중 모음 목록에 편입되어 현대 한국어에서는 표준어를 기준으로는 삼중 모음이 남아 있지 않다.

운소 체계

중세 한국어는 현대 한국어와 달리 소리의 장단 대신 소리의 고저가 단어의 뜻을 구분하는 데에 활용되었다. 이처럼 단어의 구분에 쓰이는 소리의 고저를 흔히 성조라고 불러 왔다. 중세 한국어의 성조에는 크게 평성, 거성, 상성의 세 종류가 있다. 평성, 거성, 상성에 입성을 더하여 ‘사성四聲’이라고 부르기도 하지만, 입성은 소리의 고저로 구분되는 것이 아니라 음절 말음의 종류에 의해 구분되었으므로 성조의 종류에 포함할 수 없다.

한글 창제 이후 중세 한국어의 성조는 방점이라는 특수한 부호로 표기되었다. 평

2 ‘ᆝ’와 ‘ᆜ’는 『훈민정음』에 따르면 아동의 말이나 지방 말에만 존재하였다.

성(L)은 점을 찍지 않고 거성(H)은 1점, 상성(R)은 2점을 각 음절의 왼쪽에 찍어 성조를 표시했다. 성조에 의해 단어의 뜻이 구분되는 예는 다음과 같다.

(11) 손(L)客 ↔ ·손(H)手, ·말(H)斗 ↔ :말(R)語, 서·리(LH)霜 ↔ ·서리(HL)間

『훈민정음』에는 평성, 거성, 상성이 어떤 높이를 나타내는지 잘 설명되어 있다. 평성은 낮은 소리, 거성은 높은 소리, 상성은 처음이 낮고 나중이 높은 소리이다. 상성을 흔히 평성과 거성의 합으로 이해하는 것은 앞부분은 평성과 비슷하고 뒷부분은 거성과 비슷하기 때문이다.

8.3.2.2. 음절

중세 한국어의 음절은 현대 한국어에 비해 구성이 훨씬 복잡하다. 그 이유는 무엇보다도 초성, 중성, 종성에 올 수 있는 음운들의 종류나 수가 많기 때문이다. 특히 초성과 종성의 경우는 현대 한국어와 비교하여 수적, 질적으로 더 다양한 모습을 보인다. 우선 초성은 현대 한국어와 달리 자음이 최대 2개가 올 수 있었으며, 연구개 비음인 'ᅌ'도 초성에 올 수 있었다.

(12) 가. ᄮᅡᄒᆡ(~ᄉᆞ나ᄒᆡ>사나이, 사내)
나. ᄠᅳᆮ(>뜻), ᄡᆞᆯ(>쌀), ᄧᅡᆨ(>짝), ᄩᆞ다(>타다), ᄢᅮᆯ(>꿀), ᄣᅢ(>때)
다. 바ᅌᅩᆯ(>방울), 보ᅌᅩ리(>봉우리), 스ᄉᆞᅌᅵ(스ᄉᆞᆼ+이), 스ᄉᆞᅌᆞᆯ(스ᄉᆞᆼ+ᄋᆞᆯ)

(12가)는 ㅅ-계 합용 병서가 쓰인 예이다. 'ᄭ, ᄯ, ᄲ'과 같은 대부분의 합용 병서는 하나의 자음인 경음을 나타낸다고 보지만 'ᄮ'의 경우는 'ㄴ'이 경음이 되기 어려우므로 'ㅅ'과 'ㄴ'이 모두 발음되었다고 보지 않을 수 없다. 'ᄮᅡᄒᆡ'는 'ᄉᆞ나ᄒᆡ'에서 첫 음절의 'ㆍ'가 탈락하면서 어두에 'ᄮ' 자음군이 온 것이다. (12나)는 ㅂ-계 합용 병서가 쓰인 예이다. ㅂ-계 합용 병서의 'ㅂ'은 실제로 발음되었다고 여겨지므로 (12나)는 초성에 두 개의 자음이 쓰였다고 볼 수 있다. (12다)는 연구개 비음인 'ᅌ'

이 초성에 온 예이다. '바ᅌᅩᆯ, 보ᅌᅩ리'와 같이 한 단어 내부의 초성에 'ㆁ[ŋ]' 오는 경우도 있고 '스ᅌᅵ, 스ᅌᅳᆯ'과 같이 체언과 조사의 연결에서 연철에 의해 'ㆁ'이 초성에 오는 경우도 있다.

다음으로 종성의 경우도 중세 한국어는 현대 한국어와 달리 자음이 최대 2개까지 올 수 있었으며, 'ㅅ'도 종성에서 발음되었다.

(13) 가. 낛(낛), 앉거늘(앉-), 낡디(낡-), 옮고(옮-), ᄉᆞᆲ고(ᄉᆞᆲ-), ᄋᆞᆶ디(ᄋᆞᆶ-), 값과(값)
　　나. 옷도(옷), 벗디(벗-), 맛고(맞-), 빗과(빛), 짓거든(지ᇫ-)
　　다. 몯 일우다(몯), 몯ᄒᆞᆫ(몯ᄒᆞ-), 묻ᄌᆞᆸ고(묻-)

중세 한국어의 표기가 대체로 소리대로 적는 원칙에 충실했다는 점을 고려하면 (13가)는 다양한 자음군들이 종성에서 실현되고 있었음을 보여 준다. 물론 '닭-'이나 '맜-'과 같이 'ㅅ'으로 시작하는 겹받침을 가진 단어나 '없-'과 같은 단어들은 종성에서 겹받침 중 하나가 항상 탈락하는 모습을 보이지만 그 밖의 단어들은 대체로 종성에서 두 개의 자음이 발음될 수 있었다. (13나)는 종성에서 'ㅅ'이 발음되는 예로서 항상 'ㄷ'으로 발음되는 (13다)와 분명히 구분된다. 이들을 비교해 보면 중세 한국어의 종성에서 'ㄷ'과 'ㅅ'이 모두 발음되었음을 보여 준다. '옷, 벗-' 등과 같이 원래부터 'ㅅ'으로 끝나는 단어들은 물론이고 '맞-, 빛, 지ᇫ-'처럼 원래 'ㅈ, ㅊ, ㅿ'과 같은 치음으로 끝나는 말들도 이 자음들이 종성에서는 'ㅅ'으로 바뀌어서 발음되었다. 『훈민정음』에서는 종성 표기에 8개의 자음만으로도 충분하다고 했는데 이것은 당시에 종성에서 발음되는 자음의 종류가 8가지였다는 점과 직접적인 관련이 있다.

8.3.2.3. 음운 현상

중세 한국어의 음운 현상은 현대 한국어와 유사한 것도 있고 차이 나는 것도 있다. 여기에서는 15세기를 중심으로 중세 한국어 음운 현상의 특징을 간략하게 살펴보기로 한다. 음운 현상의 분류는 현대 한국어와 마찬가지로 음운의 변동 양상에 따라 대치, 탈락, 첨가, 축약의 네 가지를 구분하여 살펴보기로 한다.

음운의 대치

① 평파열음화

중세 한국어의 평파열음화는 이 시기에 음절 끝에서 발음될 수 있는 자음이 'ㄱ, ㄴ, ㄷ, ㄹ, ㅁ, ㅂ, ㅅ, ㆁ'의 8종성으로 제한되어 있어서 적용되는 음운 현상이다.[3] 8종성을 제외하고 종성에 올 수 없는 장애음이 종성에 놓이면 'ㄱ, ㄷ, ㅂ, ㅅ' 중 하나로 바뀌게 된다. 현대 한국어에서는 'ㅅ'이 종성에 올 수 없고 7종성으로 제한되어 중세 한국어와 약간 차이가 난다.

(14) 가. 닢+과 → 닙과, 덮-+-고 → 덥고
　　나. 밑+과 → 믿과, 짛-+-ᄂᆞ니라 → 짇ᄂᆞ니라/진ᄂᆞ니라
　　다. 곶+도 → 곳도, 빛+과 → 빗과

(14가)는 'ㅍ'이 'ㅂ'으로, (14나)의 'ㅌ, ㅎ'이 'ㄷ'으로, (14다)는 'ㅈ, ㅊ'이 'ㅅ'으로 실현되는 예이다. 현대 한국어는 음절 끝에서 7종성으로 제한되므로 'ㅅ, ㅈ, ㅊ'은 'ㄷ'으로 실현된다.

② 비음화

중세 한국어의 비음화는 현대 한국어와 달리 그리 활발하게 적용되지는 않았다. 비음화가 적용되는 환경이라 하더라도 적용되는 경우도 있고 적용되지 않는 경우도 있다. 비음화의 입력형도 'ㄷ'인 경우가 대부분이다.

(15) 가. 묻-+-노라 → 문노라, 걷-+-ᄂᆞᆫ → 건ᄂᆞᆫ, 듣-+-노라 → 든노라
　　나. 븥-+-ᄂᆞᆫ → 븓ᄂᆞᆫ → 븐ᄂᆞᆫ, 낳-+-ᄂᆞ니 → 낟ᄂᆞ니 → 난ᄂᆞ니,
　　　　젛-+-노라 → 젇노라 → 전노라

---

3 평파열음이 아닌 'ㅅ'이 출력형에 포함되기 때문에 '평파열음화'라는 용어는 정확성이 떨어진다. 하지만 현대 한국어와의 연계성을 고려하여 '평파열음화'라는 용어를 사용하기로 한다.

다. 굽-+-ᄂᆞ니라 → 굼ᄂᆞ니라

(15가)는 'ㄷ'이 비음화의 적용을 받은 예로 용언의 활용형은 물론이고 합성어에서도 나타난다. (15나)는 'ㅌ'이나 'ㅎ'과 같은 자음이 'ㄷ'을 거쳐 비음화의 적용을 받은 예이다. (15다)는 15세기 한국어에 극히 드물게 보이는 'ㅂ'의 비음화 예이다. 그러나 현대 한국어와 달리 'ㄱ'의 비음화는 보이지 않는다.

③ 경음화

중세 한국어의 경음화의 유형도 현대 한국어와 비교할 때 그리 다양하지 않다. 중세 한국어에는 현대 한국어의 '신다 → 신따'처럼 비음으로 끝나는 용언 어간 뒤에서 일어나는 경음화가 나타나지 않았으며 한자어에서 일어나는 유음 뒤의 경음화의 모습도 확인하기 어렵다.

(16) 가. 받-+-ᄌᆞᄫᆞ니 → 바ᄍᆞᄫᆞ니, 묻-+-ᄌᆞ보ᄃᆡ → 무ᄍᆞ보ᄃᆡ
나. 몯ᄒᆞᆯ 거시라 → 몯ᄒᆞᆯ 꺼시라, 갈 ᄃᆡ → 갈 ᄄᆡ
다. 눈+ᄌᆞᅀᆞ → 눈ᄍᆞᅀᆞ, 몸+ᄉᆞᅀᅵ → 몸ᄊᆞᅀᅵ

(16가)는 평파열음 뒤의 경음화이다. 주로 'ㄷ'으로 끝나는 용언 어간 뒤에 객체 높임의 선어말 어미 '-ᄌᆞᆸ-'이 결합할 때 경음화 모습을 보인다. 그러나 이런 경우 대부분 종성에 'ㄷ'이 나타나지 않기 때문에 순수한 경음화인지 분명하지 않다. (16나)는 관형사형 어미 '-(ᄋᆞ/으)ㄹ' 뒤에서의 경음화로 중세 한국어에서 가장 흔히 발견할 수 있는 경음화 유형이다. (16다)는 사잇소리 현상으로서의 경음화인데 그리 많이 나타나지는 않는다.

④ 모음 조화

중세 한국어의 모음 조화는 현대 한국어와 비교할 때 매우 체계적이고 규칙적인 모습을 보여 준다. 그 이유는 무엇보다도 모음 조화가 모음 체계와 잘 부합하고 있기 때문이다. 즉 양성 모음이 'ㅗ, ㅏ'뿐으로 음성 모음에 비해 수가 훨씬 적은 현대 한국어와 달리 중세 한국어의 모음은 중성 모음은 'ㅣ'를 제외하면 양성과 음성 모음이 1:1로 대응하고 있기 때문에 모음 조화가 규칙적으로 나타난다.

(17) 중세 한국어의 양성 모음과 음성 모음의 대립

양성 모음	ㆍ	ㅗ	ㅏ
⇕	⇕	⇕	⇕
음성 모음	ㅡ	ㅜ	ㅓ

(17)에서처럼 'ㆍ'와 'ㅡ', 'ㅗ'와 'ㅜ', 'ㅏ'와 'ㅓ'가 모음 조화에 있어 서로 대립하고 있다.

중세 한국어에서 모음 조화가 나타나는 예를 들어 보면 다음과 같다.

(18) 중세 한국어의 모음 조화 적용 예

가. 나ᄂᆞᆫ(나+ᄂᆞᆫ), 보아(보-+-아), 자보ᄃᆡ(잡-+-오ᄃᆡ)

나. 너는(너+는), ᄡᅮ어(ᄡᅮ-+-어), 머구ᄃᆡ(먹-+-우ᄃᆡ)

중세 한국어의 경우 'ᄂᆞᆫ/는', 'ᄋᆞᆯ/을'과 같은 조사나 '-아/어', '-오ᄃᆡ/우ᄃᆡ'와 같은 어미들이 양성 모음을 가진 것과 음성 모음을 가진 것이 대립되는 경우가 많다. 그리하여 현대 한국어에 비해 모음 조화가 체계적이고 규칙적으로 적용되었다.

음운의 탈락

① 자음군 단순화

중세 한국어, 특히 15세기 한국어는 음절 종성에 두 개의 자음까지 발음될 수 있었다. 그래서 자음군 단순화가 필수적으로 적용되지는 않았다. 15세기 한국어에서 자음군 단순화가 적용되는 경우와 적용되지 않는 경우를 살펴보기로 하자.

(19) 가. ᄌᆞᆾ-+-고 → ᄌᆞᆺ고, ᄆᆞᆾ-+-ᄂᆞ니 → ᄆᆞᆺᄂᆞ니

나. 없-+-고 → 업고, 없-+-더라 → 업더라

(20) 가. 붉-+-게 → 붉게, 붉-+-ᄂᆞ니라 → 붉ᄂᆞ니라
나. 앉-+-ᄂᆞᆫ → 앉ᄂᆞᆫ, 앉-+-디 → 앉디

(19)에서 보듯 'ㅺ, ㅼ, ㅽ' 등으로 시작하는 겹받침을 가진 말들은 현대 한국어의 자음군들과 마찬가지로 자음군 단순화가 적용되는 경우가 많았다. 하지만 (20)에서 볼 수 있듯이 'ㄺ', 'ㄵ' 등 'ㄹ'이나 'ㄴ'으로 시작하는 겹받침을 가진 말들은 자음군 단순화가 적용되지 않는 경우가 대부분이었다.

② 유음 탈락

유음 탈락이 일어나는 음운론적 환경이 현대 한국어보다 더 넓었다는 점을 제외하면 중세 한국어의 유음 탈락은 현대 한국어와 큰 차이가 없다. 체언 뒤에 조사가 결합할 때에는 일어나지 않으며 용언 어간 뒤에 어미가 붙거나 복합어를 형성할 때에만 유음이 탈락한다.

(21) 가. 살-+-ᄂᆞ니 → 사ᄂᆞ니, 알-+-더니 → 아더니
나. 아ᄃᆞᆯ+님 → 아ᄃᆞ님~아ᄃᆞᆯ님, 활+살 → 화살~활살

(21가)는 'ㄹ'로 끝나는 용언 어간에 적용되는 유음 탈락의 예이다. (21나)는 복합어에서 일어나는 유음 탈락의 예이다. 유음 탈락이 적용된 형태와 그렇지 않은 형태가 공존하고 있다는 점에서 유음 탈락이 필수적으로 적용되었다고 볼 수는 없다.

③ 모음 탈락

현대 한국어와 마찬가지로 중세 한국어에서도 단모음과 단모음이 결합할 때 둘 중 하나의 모음이 탈락하는 현상은 활발하게 일어나고 있었다.

(22) 가. 크-+-어 → 커, ᄎᆞ-+-아 → 차
나. 가-+-아 → 가~가아, 놀라-+-아 → 놀라~놀라아

(22가)는 용언 어간의 마지막 모음을 탈락시키는 현상으로 현대 한국어의 으-탈락에 대응한다. 중세 한국어에는 'ㅡ' 외에 'ㆍ'도 모음으로 시작하는 어미 앞에서 탈락했다. (22나)는 용언 어간의 마지막 모음과 어미의 첫 모음이 'ㅏ' 또는 'ㅓ'로 동일한 경우에 일어나는 모음 탈락의 예이다. 이 현상은 '가아, 놀라아' 등에서 보듯이 적용되지 않는 경우도 있었다.

음운의 첨가

중세 한국어의 첨가 현상으로는 반모음 첨가가 존재한다. 반모음 첨가는 j-첨가와 w-첨가로 나눌 수 있다.

(23) 가. ᄃᆞ외- + -아 → ᄃᆞ외야, 쉬- + -어 → 쉬여, 이긔- + -어 → 이긔여
　　나. ᄃᆞ리+에 → 다리예, 지- + -어 → 지여~지어, 흐리- + -어 → 흐리여~흐려
　　다. 보- + -아 → 보아~보와, 누- + -어 → 누어~누워

(23가)는 반모음 'j'로 끝나는 형태소 뒤에 모음으로 시작하는 문법 형태소가 올 때 'j'가 첨가되는 현상으로 매우 규칙적으로 일어났다. (23나)는 단모음 'ㅣ' 뒤에서 일어나는 j-첨가 현상으로 체언 뒤에서는 규칙적으로 일어났지만 용언 어간 뒤에서는 '흐려'처럼 반모음화가 일어나기도 하므로 규칙적으로 보기는 어렵다. (23다)는 용언 어간에서 'w'가 첨가된 경우로 이 현상 역시 수의적으로 적용되었다.

음운의 축약

중세 한국어에 존재하는 음운의 축약에는 유기음화가 있는데, 현대 한국어와 비교할 때 약간의 차이가 존재한다.

(24) 가. 낳- + -고 → 나코, 않 + 밝 → 안팕
　　나. ᄀᆞᆮ + ᄒᆞ- → ᄀᆞᄐᆞ-, 잡- + -히- → 자피-
　　다. ᄀᆞ득 + ᄒᆞ- → ᄀᆞ득ᄒᆞ-, 몯 + ᄒᆞ- → 몯ᄒᆞ-

(24가)는 'ㅎ'이 후행하는 평음과 결합하여 유기음으로 실현되는 경우이다. 이런

환경에서의 유기음화는 예외 없이 일어난다. (24나)는 평음 뒤에 'ㅎ'이 오는 경우이다. 이때에는 (24나)처럼 유기음화가 일어나기도 하지만 (24다)와 같이 유기음화가 일어나지 않는 경우도 있다.

8.3.3. 형태

8.3.3.1. 단어 형성론

중세 한국어도 현대 한국어처럼 단어 형성 방법 중 파생derivation과 합성compounding이 가장 일반적이다. 파생과 합성 외에도 영 변화나 내적 변화 등도 있었다.

파생

① 접두 파생

접두 파생은 접두사가 어근과 결합하여 파생어를 만드는 과정이다. 따라서 접두 파생에 대해 논의하려면 접두사의 특성을 중요하게 고려하여야 한다. 제3장에서 논의한 것처럼 접두사는 단어 형성 요소이므로 문장의 형성에 직접 참여하지 않는다. 또한 문법적인 핵이 뒤에 오는 한국어의 특성상 접미사와 달리 접두사는 어근의 품사를 결정하지 않는다. 이제 비교적 생산적인 접두사가 사용된 경우를 중심으로 중세 한국어 접두 파생에 대해 논의해 보려 한다.

(25) 가. ᄀᆞᆯ-: ᄀᆞᆯ가마괴, ᄀᆞᆯ거믜
　　나. 댓-: 댓무수, 댓ᄡᆞ리
　　다. ᄎᆞᆷ-: ᄎᆞᆷ기름, ᄎᆞᆷᄢᅢ
　　라. 들-: 들기름, 들ᄢᅢ

(26) 가. 티-: 티디ᄅᆞ다, 티받다, 티ᄠᅳ다, 티ᄎᆞ다
　　나. 횟/휫-: 횟돌다, 횟도니다, 횟도ᄅᆞ다; 휫두르다
　　다. 가ᄅᆞ-: 가ᄅᆞ돋니다, 가ᄅᆞ드듸다, 가ᄅᆞ눌다

(25)는 명사 형성 접두 파생의 예이다. (25가)의 ‘ᄀᆞᆯ-’은 주로 동물명과 결합하여 ‘배가 흰’의 뜻을 나타낸다. ‘ᄀᆞᆯ-’은 어휘 의미적인 특성이 강하여 접두사와 어근의 경계에 있는 것으로 볼 수 있다. (25나)의 ‘댓-’은 ‘크고 억센’ 정도의 뜻으로 (25나)에 제시된 것 외에도 ‘댓딜위, 댓가치’ 등 제법 많은 파생어의 예가 확인된다. (25다)의 ‘ᄎᆞᆷ-’은 현대 한국어의 ‘참-’과 마찬가지로 ‘품질이 우수한’, ‘먹을 수 있는’ 등의 뜻을 더하는 접두사로 음식 관련 명사를 파생하는 데에 많이 쓰인다. (25라)의 ‘들-’은 ‘ᄎᆞᆷ-’과 상대되는 접두사로 현대 한국어와 마찬가지로 ‘야생으로 자라는’의 뜻을 더하는 접두사이다.

(26)은 동사나 형용사 형성 접두 파생의 예이다. (26가)의 ‘티-’는 ‘위로 올라가게’ 또는 ‘세게’ 정도의 뜻으로 중세 한국어에서 생산적으로 파생어 형성에 참여하였다. (26나)의 ‘횟-’과 ‘휫-’은 어근에 ‘마구 혹은 매우 심하게’ 정도의 의미를 더하는데, 모음 교체에 의한 짝을 이루고 있어 어근이 양성 모음이면 ‘횟-’이 결합하고 음성 모음이면 ‘휫-’이 결합한다. 주로 ‘돌다’나 ‘돌다’ 복합어들과 결합하는 것으로 보아 기원적으로 한자어 ‘回’와 관련이 있었을 것으로 설명되기도 하였다. ‘티-’는 현대 한국어의 ‘치-’로, ‘횟/휫-’은 ‘휘-’로 이어진다. (26다)의 ‘가ᄅᆞ-’는 ‘양쪽으로 갈라’ 정도의 뜻을 가지는 제법 생산적인 접두사인데, 어휘 의미적인 특성이 강해 접두사와 어근의 경계에 있는 것으로 볼 수 있다.

② 접미 파생

접미 파생은 어근에 접미사가 결합하여 이루어진다. 접미사는 접두사에 비해 수가 훨씬 많으며 유형도 다양하므로, 접미 파생이 접두 파생에 비해 다양하다. 접미사는 어근에 뜻만 더해 주는 것도 있지만 어근의 품사를 결정하기도 한다. 이제 비교적 생산적인 접미사가 사용된 경우를 중심으로 중세 한국어 접미 파생에 대해 논의해 보려 한다.

(27) 가. -질: 불무질, 도ᄌᆞᆨ질

나. -아기, -아지(야지, 아지): ᄉᆞ라기, ᄆᆞ야지, 강아지

다. -개/게: ᄂᆞᆯ개, 벼개, 둡게, 집게

라. -이: 글지ᅀᅵ, 거름거리, 고키리

마. -옴/음: ᄆᆞᄎᆞᆷ, 숢, 그림, 여름

바. -ᄋᆡ/의: 노ᄑᆡ, ᄏᆡ, 기릐, 기픠, 너븨, 듣긔

(28) 가. -갑/겁-: ᄂᆞᆽ갑다, 녇갑다, 맛갑다

나. {-ᄃᆞᆸ-}: 疑心ᄃᆞᆸ다, 겨르ᄅᆞᆸ다, 새롭다

다. -ᄇᆞ/브/ㅂ-: 알ᄑᆞ다, 슬프다, 그립다

라. -ᄒᆞ-: 貴ᄒᆞ다, 平ᄒᆞ다, 아니ᄒᆞ다, ᄆᆞᆯᄀᆞᆺᄆᆞᆯᄀᆞᆺᄒᆞ다

(29) 가. -ᄇᆞᆮ(왇)-: 니르ᄇᆞᆮ다, 다왇다, ᄠᅳᆯ리왇다

나. -ᅘᅧ(혀)-: 도ᄅᆞᅘᅧ다, 드위ᅘᅧ다, 기우리혀다

다. -ᄒᆞ-: 깃ᄒᆞ다, 시름ᄒᆞ다, ᄉᆞ랑ᄒᆞ다, 病ᄒᆞ다; 다ᄆᆞᆺᄒᆞ다, 잘ᄒᆞ다

라. {-이-}(사동): 머기다, 구피다, 싯기다, 재다, 살이다; 기피다, 더러ᄫᅵ다

마. {-이-}(피동): ᄡᅳ이다, 자피다, ᄉᆞᆷ기다

(30) 가. -이: 기리, 기피, 어려ᄫᅵ, 편안히; 길즈기, 아ᄃᆞ기

나. -오/우: ᄀᆞ초, 비르소, 너무

(27)은 명사 형성 접미 파생의 예이다. (27가)의 '-질'은 '(반복적으로 하는) 행위'를 나타내는 접미사, (27나) '-아기'나 '-아지'는 이른바 축소 접미사로 사물과 결합하여 작은 것을 나타내거나 동물과 결합하여 새끼를 나타낸다. (27다)의 '-개/게'는 '~을 하는 도구'를 나타내는 접미사, (27라)의 '-이'는 '~하는 일', '~한 현상이나 사물' 정도의 의미를 나타내는 접미사이다. (27마)의 '-옴/음'은 '~하는 일', '~한 결과로 나타나는 현상이나 사물' 등의 의미를 나타내고, (27바)의 '-ᄋᆡ/의'는 형용사 어근과 결합하여 척도 명사를 만드는 접미사이다.

(28)은 형용사 형성 접미 파생의 예이다. (28가)의 '-갑/겁-'은 형용사 어근에 결합하여 다시 형용사를 만드는 접미사이고, (28나)의 {-ᄃᆞᆸ-}은 대체로 명사에 결합하여 형용사를 만드는 접미사로 '-ᄃᆞᇦ-, -ᄅᆞᇦ-, -ᄃᆞᆸ-, -ᄅᆞᆸ-, -ᄃᆞᄫᅵ-, -ᄅᆞᄫᅵ-, -ᄃᆞ외-, -ᄅᆞ외-, -롭-, -로외-' 등의 이형태를 가지고 있었다. (28다)의 '-ᄇᆞ/브/ㅂ-'은 동사에 결합하여 형용사를 파생하는 접미사이고, (28라)의 '-ᄒᆞ-'는 명사나 부사와 결합하여 형용사를 만드는 접미사이다.

(29)는 동사 형성 접미 파생의 예이다. (29가, 나)의 '-받(왇)-'과 '-혀(혀)-'는 어근의 의미를 강화해 주는 이른바 강세 접미사이다. (29다) '-ᄒᆞ-'는 '깃ᄒᆞ다'처럼 명사와 결합하거나, '다뭇ᄒᆞ다'처럼 부사와 결합하여 동사를 만들기도 하는 접미사이다. (28)에서 제시한 것처럼 '-ᄒᆞ-'는 형용사 파생 접미사로도 쓰인다. (29라)의 사동 접미사 {-이-}는 동사 어근이나 형용사 어근과 결합하는데, 이형태로 '머기다'에서처럼 '-이-'를 가지거나, '구피다'에서처럼 '-히-'를 가지거나, '싯기다'에서처럼 '-기-'를 가지거나, '재다'처럼 '-ㅣ(j)-'를 가지거나, '살이다'처럼 '-이(ɦi)-'를 가진다. (29마)의 피동 접미사 '{-이-}' 역시 이형태로 'ᄡᅵ이다'에서처럼 '-이-'를 가지거나, '자피다'에서처럼 '-히-'를 가지거나, 'ᄉᆞᆷ기다'에서처럼 '-기-'를 가진다.

(30)은 부사 형성 접미 파생의 예이다. (30가)의 '-이'는 형용사 어근에 결합하여 부사를 만드는데, 이 '-이'에 의한 파생어의 수는 매우 많은 편이다. '편안히'의 경우 어근에 접미사 '-히'가 결합한 것으로 분석하기도 하지만, '편안ᄒᆞ다'가 존재하므로 '편안ᄒᆞ-+-이'가 결합할 때, 'ㆍ'가 탈락한 것으로 볼 수 있어 '-이'에 의한 파생으로 같이 다루었다. (30나)의 '-오/우'는 주로 동사 어근과 결합하여 부사를 만든다.

합성

합성의 경우도 파생처럼 합성어의 품사에 따라 명사 합성, 형용사 합성, 동사 합성, 부사 합성, 관형사 합성 등으로 나눌 수 있다.

(31) 가. 명사+명사: ᄆᆞ쇼, 밤낮, ᄡᅩᆼ오좀, 믈구븨
　　나. 명사+ㅅ+명사: 묹새, 빗믈, 뫼ᇧ기슭
　　다. 명사+ᄋᆡ/의+명사: ᄃᆞᆯᄀᆡ알, 쇠고기
　　라. 관형사+명사: 뎌즈슴, 요ᄉᆞᅀᅵ
　　마. 용언의 관형사형+명사: 한숨, 져므니, ᄌᆞᄆᆞᆯ쇠

(32) 가. 명사+형용사: 값없다, 힘세다
　　나. 형용사 어간+형용사 어간: 검븕다, 됴쿷다, 어위크다

(33) 가. 명사+동사: 믈들다, 빛나다, 맛보다, 뒤돌다, 녀름짓다
　　나. 부사+동사: 몯ᄒᆞ다, 업시너기다

다. 동사 어간+연결 어미+동사 어간: 나ᅀᅡ가다, 니러셔다, 도라가다

라. 동사 어간+동사 어간: 빌먹다, 여위시들다, 오ᄅᆞᄂᆞ리다

(34) 가. 부사+부사: 몯다

나. 명사+명사: 나날

다. 관형사+부사: 외ᄡᆞ로

라. 어근의 반복: ᄆᆞᆯᄀᆞᆺᄆᆞᆯᄀᆞᆺ, 아ᄃᆞᆨ아ᄃᆞᆨ, 다ᄑᆞᆯ다ᄑᆞᆯ/다폴다폴

(35) 가. 수사+명사: 온갓

나. (수) 관형사+(수) 관형사: ᄒᆞᆫ두, 두ᅀᅥ, 서너

다. 수사 혹은 (수) 관형사+용언의 관형사형: 여라ᄆᆞᆫ, 스므나ᄆᆞᆫ, 싀나ᄆᆞᆫ

라. 부사+용언의 관형사형: 아니한

(31)은 명사 합성, (32)는 형용사 합성, (33)은 동사 합성, (34)는 부사 합성, (35)는 관형사 합성의 예이다. 중세 한국어의 합성의 유형은 현대 한국어와 큰 차이가 없지만 '검븕다, 됴쿳다, 어위크다'와 같은 '형용사 어간+형용사 어간'의 결합형, '빌먹다, 여위시들다, 오ᄅᆞᄂᆞ리다'와 같은 '동사 어간+동사 어간'의 결합형 같은 비통사적 합성이 활발하다는 것이 특징적이다.

영 변화와 내적 변화

중세 한국어의 단어 형성법의 특징의 하나로 현대 한국어에 비해 영 변화와 내적 변화가 활발하다는 것을 들 수 있다. 먼저 영 변화에 의한 단어 형성을 살펴보기로 하자.

(36) 가. ᄀᆞᄆᆞᆯ-ᄀᆞᄆᆞᆯ다, 너출-너출다, 신-신다, 품-품다

나. 그르-그르다, ᄂᆞ외-ᄂᆞ외다, 바ᄅᆞ-바ᄅᆞ다, ᄇᆡ브르-ᄇᆡ브르다

(36가)는 명사와 용언 어간(동사나 형용사 어간)의 형태가 동일한 경우이고, (36나)는 부사와 용언 어간(동사나 형용사 어간)이 동일한 경우이다. 현대 한국어의 경우도 '신-신다', '품-품다'와 같은 예가 없지는 않으나 중세 한국어에는 이런

예가 더 많았던 것으로 보인다. 이를 고려하면 중세 한국어에서는 영 변화에 의한 단어 형성이 현대 한국어보다 활발했던 것으로 볼 수 있다.

다음으로 내적 변화 중 모음 교체에 의한 단어 형성의 예를 살펴보자.

(37) 가. ᄀᆞᄂᆞᆶ-그늘ᇂ, 갇다[收]-걷다, 쟉다-젹다, 곱다[曲]-굽다
　　나. ᄇᆞᆰ다-븕다, 발가ᄒᆞ다-벌거ᄒᆞ다, ᄑᆞᄅᆞ다-프르다, 파라ᄒᆞ다-퍼러ᄒᆞ다
　　다. 마리-머리, ᄂᆞᆰ다-늙다, ᄆᆞᆰ다-믉다

(37)은 모음 교체에 의한 단어 쌍들이다. 모음 교체의 짝을 가지는 것을 어느 하나의 형태에서 다른 하나가 만들어진 것으로 본다면, 단어 형성법의 하나로 볼 수 있다. (37가)는 두 어휘의 의미 차이가 거의 없는 경우이고, (37나)는 어감의 차이를 가지는 경우이며, (37다)는 의미 차이가 비교적 뚜렷한 경우이다.

내적 변화 중에서 자음 교체는 잘 나타나지 않는다. '기다-씨다', '그스다-ᄭᅳ스다', '두드리다-ᄣᅳ드리다' 등 자음 교체처럼 보이는 짝이 있지만, 현대 한국어처럼 의미 차이가 있는지 분명하지 않아 자음 교체의 예로 보기 어려운 점이 있다.

8.3.3.2. 품사론

품사 분류 기준과 품사 체계

중세 한국어의 품사 분류도 현대 한국어의 품사 분류와 크게 다르지 않다. 중세 한국어도 현대 한국어와 마찬가지로 '형태, 기능, 의미' 등의 품사 분류 기준에 의해 9품사로 나누는 것이 가능하다.

(38) ᄆᆞᄎᆞᆷ내 제 ᄠᅳ들 시러 펴디 몯ᄒᆞᇙ 노미 하니라 〈훈언 2〉

(38)에서 'ᄠᅳᆮ, 놈'과 같은 명사, '저'와 같은 대명사, 'ᄆᆞᄎᆞᆷ내'와 같은 부사, '펴다'와 같은 동사, '하다'와 같은 형용사, 'ㅣ(j), 을, 이'와 같은 조사 등을 쉽게 찾을 수 있다.

중세 한국어의 품사를 기준을 적용하여 분류할 때는 현대 한국어와 마찬가지

로 형태, 기능, 의미의 순으로 적용하는 것이 자연스럽다. 이에 따라 먼저 전체 단어를 '형태'에 의해 가변어와 불변어로 나눈다. 그런 다음 가변어에는 용언을 두고 불변어는 다시 '기능'에 의해 체언, 수식언, 독립언, 관계언 등으로 나눈다. 마지막으로는 '형태'와 '기능'에다 '의미'까지 고려하여 체언은 '명사, 대명사, 수사'로, 수식언은 '관형사, 부사'로, 용언은 '동사, 형용사'로 나누고, 독립언에는 감탄사를, 관계언에는 조사를 두는 것이다. 중세 한국어의 품사를 예와 함께 제시해 보면 다음과 같다.

(39) 중세 한국어의 품사 분류

1단계	2단계	3단계
불변어 (형태가 변하지 않는 부류)	체언	명사: 말ᄊᆞᆷ, 中國, 믈
		대명사: 나, 너, 그듸
		수사: ᄒᆞ낳, 둟, ᄒᆞ나차히, 둘차히
	수식언	관형사: 새, 녯, ᄯᆞᆫ, ᄒᆞᆫ, 두
		부사: 서르, ᄀᆞ장, 다
	독립언	감탄사: ᄋᆡ, 애, 엥
	관계언	조사: ㅣ/이/ø, ᄋᆞᆯ/을/ᄅᆞᆯ/를/ㄹ, ᄋᆞᆫ/은/ᄂᆞᆫ/는/ㄴ
가변어 (형태가 변하는 부류)	용언	동사: 보다, 가다, 좇다, 져다
		형용사: 븕다, 길다, 슬프다

품사 통용

중세 한국어에서도 품사 통용 현상이 발견된다. 중세 한국어의 품사 통용 현상도 현대 한국어와 크게 다르지 않지만 몇 가지 점에서는 차이를 보이기도 한다.

(40) 가. 곶 됴코 여름 하ᄂᆞ니 <용가 2>

(41) 가. 다시 새ᄅᆞᆯ 비허 <법화 3:94>
나. 새 기슬 一定ᄒᆞ얫도다 <두시초 7:1>
다. 새 出家ᄒᆞᆫ 사ᄅᆞ미니 <석상 6:2>

현대 한국어에서도 '밝다, 크다'의 경우처럼 동사와 형용사로 쓰이는 예가 있지만 중세 한국어의 경우는 하나의 형태가 동사와 형용사로 쓰이는 현상이 광범위하다. 대체로는 선어말 어미 '-ᄂᆞ-'가 쓰였는지 여부에 의해 동사와 형용사가 구분되는데, (40)의 '하ᄂᆞ니'에서 볼 수 있듯이 주로 형용사로 쓰이는 단어라도 '-ᄂᆞ-'와 결합하면 동사로도 쓰이는 경우가 많다. (41)의 경우는 현대 한국어에서 관형사로만 쓰이는 '새'가 (41가)처럼 명사, (41나)처럼 관형사, (41다)처럼 부사로 쓰여 품사가 통용되는 것을 보여 준다.

품사별 특성

중세 한국어 역시 각 품사별로 특징을 가지지만 여기서는 각 품사의 특성을 자세하게 논의하지는 않고, 현대 한국어와 차이가 나는 몇 가지에 대해 간략하게 기술해 보기로 한다.

첫째, 현대 한국어와 비교할 때 중세 한국어는 체언이 조사와 결합할 때 형태가 달라지는 경우가 제법 많이 발견된다는 점에서 더 굴절적인 성격이 강하다.

(42) 가. 나모 아래 안ᄌᆞ샤 <월석 1:27>
　　나. 불휘 기픈 남ᄀᆞᆫ <용가 2>

현대 한국어의 '나무'는 뒤에 오는 조사와 무관하게 하나의 형태로만 쓰이지만, 중세 한국어에서는 (42가)에서 볼 수 있듯이 단독형으로 쓰일 때나 자음으로 시작하는 조사나 '와'와 결합할 때는 '나모', (42나)에서 볼 수 있듯이 '와'를 제외한 모음으로 결합하는 조사와 결합할 때는 '낢'으로 나타났다. 이처럼 뒤에 오는 조사에 따라 명사의 형태가 바뀌는 것에는 '아ᅀᆞ[弟]~아ᇫㅇ[ɦ]', 'ᄀᆞᄅᆞ[粉]~ᄀᆞᆯㅇ[ɦ]', 'ᄆᆞᄅᆞ[棟]~ᄆᆞᆯㄹ' 유형이 더 있다.

둘째, 앞에서 '하다'를 예를 들면서 언급한 것처럼 동일한 형태가 동사와 형용사로 모두 쓰이는 예가 광범위하게 나타난다는 점도 중세 한국어의 특징이다. 그뿐만 아니라 '겄다', '긏다', 'ᄀᆞᆯ다', '다ᄋᆞ다', '비취다', '흗다' 등과 같이 하나의 형태가 자동사와 타동사로 동시에 쓰이는 예가 많다는 점도 현대 한국어와 차이 나는 중세 한국어의 특징이다.

조사와 어미

조사는 여러 품사들 중에서 특히 중세 한국어의 특징을 잘 나타내 주므로 따로 언급할 필요가 있을 듯하다. 어미는 품사의 하나가 아니지만 조사처럼 의존적으로 사용되어 문법적인 기능을 담당하므로 같이 다루기로 한다.

① 조사

중세 한국어의 경우도 조사는 현대 한국어처럼 격 조사, 보조사, 접속 조사로 나눌 수 있다. 중세 한국어의 조사를 분류해서 예와 함께 제시해 보면 다음과 같다.

(43) 중세 한국어의 조사 분류

<table>
<tr><td rowspan="9">조사</td><td rowspan="7">격 조사</td><td>주격 조사</td><td>이/ㅣ/ø</td></tr>
<tr><td>보격 조사[4]</td><td>이/ㅣ/ø</td></tr>
<tr><td>목적격 조사</td><td>ᄋᆞᆯ/을/ᄅᆞᆯ/를/ㄹ</td></tr>
<tr><td>서술격 조사[5]</td><td>이라/ㅣ라/ø라</td></tr>
<tr><td>관형격 조사</td><td>ᄋᆡ/의, ㅅ</td></tr>
<tr><td>부사격 조사</td><td>처소: 애/에/예, ᄋᆡ/의, 애셔/에셔/예셔
도구: ᄋᆞ로/으로/로
동반: ᄋᆞ라와/으라와/라와
비교: 와/과</td></tr>
<tr><td>호격 조사</td><td>아/야, 여/이여, 하</td></tr>
<tr><td>보조사</td><td colspan="2">대조나 주제: ᄋᆞᆫ/은/ᄂᆞᆫ/는/ㄴ, ᄋᆞ란/으란/란
배타나 한정: ᄯᆞᆫ/ᄯᅡᆫ, ᄲᅮᆫ/ᄲᅮᆫ
포함이나 더함: 도
강조: ᅀᅡ/이ᅀᅡ, 옴/곰
확대: 나/이나</td></tr>
<tr><td>접속 조사</td><td colspan="2">와/과, ᄒᆞ고, 며/이며, 여/이여</td></tr>
</table>

중세 한국어 조사 중에서 현대 한국어와 차이 나는 몇 가지를 간략하게 언급하

4 보격 조사를 인정하지 않는 견해도 많다.

5 서술격 조사를 조사로 인정하지 않고 용언, 특히 형용사의 한 종류로 다루는 견해도 있다.

면 다음과 같다. 우선 현대 한국어에 쓰이는 주격 주사 이형태 중 '가'가 쓰이지 않는다는 것이다. 다음으로 현대 한국어에서는 없는 관형격 조사 'ㅅ'이 사용되었다는 점이다. 처소의 부사격 조사가 '애/에/예' 이외에 'ᄋᆡ/의'가 쓰였다는 것도 현대 한국어와 차이 나는 점이다. 호격 조사가 존칭의 '하'가 있어 평칭의 '아/야'와 구분되었다는 점도 중세 한국어의 특징이다.

② 어미

중세 한국어의 어미도 현대 한국어의 어미처럼 위치에 따라 선어말 어미와 어말 어미로 나뉜다. 어말 어미는 다시 종결 어미와 비종결 어미로 나뉘고, 비종결 어미는 다시 연결 어미와 전성 어미로 나뉜다. 중세 한국어의 어미를 분류해서 예와 함께 제시해 보면 다음과 같다.

(44) 중세 한국어의 어미 분류

<table>
<tr><td rowspan="8">어미</td><td>선어말 어미</td><td colspan="3">시간 관련: -ᄂᆞ-, -더-, -(ᄋᆞ/으)리-
높임 관련: -(ᄋᆞ/으)시/샤-,[6] -ᄉᆞᆸ/ᄌᆞᆸ/ᅀᆞᆸ/ᄉᆞᄫ/ᄌᆞᄫ/ᅀᆞᄫ-, -이-
기타: -오/우-, -거/어-, -돗/롯/도/로-, -옷-, -ㅅ-, -니-</td></tr>
<tr><td rowspan="7">어말 어미</td><td>종결 어미</td><td colspan="2">평서형: -다, -니라
의문형: -녀, -ㄴ다, -ㄴ가
명령형: -라, -어쎠, -(ᄋᆞ/으)쇼셔
청유형: -져, -져라, -사이다
감탄형: -(ᄋᆞ/으)ㄹ셔, -(ᄋᆞ/으)ㄴ뎌, -애라/에라</td></tr>
<tr><td rowspan="6">비종결 어미</td><td rowspan="3">연결 어미</td><td>대등적 연결 어미: -고, -(ᄋᆞ/으)며, -(ᄋᆞ/으)며셔, -(ᄋᆞ/으)나</td></tr>
<tr><td>종속적 연결 어미: -(ᄋᆞ/으)니, -오ᄃᆡ/우ᄃᆡ, -거든, -거늘</td></tr>
<tr><td>보조적 연결 어미: -아/어, -게(혹은 '-긔'), -디, -고</td></tr>
<tr><td rowspan="3">전성 어미</td><td>명사형 전성 어미: -옴/움, -기, -디</td></tr>
<tr><td>관형사형 전성 어미: -(ᄋᆞ/으)ㄴ, -ᄂᆞᆫ/는, -던, -(ᄋᆞ/으)ㄹ</td></tr>
<tr><td>부사형 전성 어미: -게(혹은 '-긔'), -ᄃᆞ록, -이</td></tr>
</table>

중세 한국어 어미 중 현대 한국어와 차이 나는 몇 가지를 간략하게 언급하면 다음과 같다. 우선 높임의 선어말 어미가 주체 높임의 '-(ᄋᆞ/으)시/샤-', 객체 높임의

6 주체 높임의 선어말 어미로 '-(ᄋᆞ/으)시-'만을 설정하기도 한다.

'{-습-}', 상대 높임의 '-이-'가 있어 정연한 모습을 보인다는 것이다. 둘째, 현대 한국어에는 잘 쓰이지 않는 '-오/우-', '-거/어-' 등과 같은 선어말 어미가 사용되었다는 점도 특징적이다. 셋째, 흔히 부사 파생 접미사로 쓰이는 '-이'가 부사형 어미로 쓰이는 경우가 제법 많다는 것이다.

8.3.4. 통사

8.3.4.1. 문장 성분

중세 한국어의 경우도 현대 한국어와 마찬가지로 주어, 목적어, 보어, 서술어 등의 문장 성분을 나눌 수 있다.

(45) 중세 한국어의 문장 성분

가. ᄉᆡ미 기픈 므른 <용가 2장>

나. 帝業을 여르시니 <용가 3장>

다. 그 五百 사ᄅᆞ미 弟子ㅣ ᄃᆞ외아지이다 ᄒᆞ야 <월석 1:9>

라. 곶 됴코 여름 하ᄂᆞ니 <용가 2장>

마. 거부븨 터리와 톳긔 ᄲᅳᆯ ᄀᆞᆮ거니 <능엄 1:74>

바. 나랏 말ᄊᆞ미 中國에 달아 <훈언 1>

사. 님금하 아ᄅᆞ쇼셔 <용가 125장>

(45가)의 'ᄉᆡ미'는 주어, (45나)의 '帝業을'은 목적어, (45다)의 '弟子ㅣ'는 보어, (45라)의 '됴코, 하ᄂᆞ니'는 서술어, (45마)의 '거부븨, 톳긔'는 관형어, (45바)의 '中國에'는 부사어, (45사)의 '님금하'는 독립어이다.

중세 한국어의 문장 성분과 관련된 현상 중에서 특이한 점이 나타나기도 한다. 대표적으로 내포절이 아닌 절에서 주어가 1인칭 화자 자신일 경우 선어말 어미 '-오/우-'를 사용하였음이 특징적이다.

(46) 가. 내 이ᄅᆞᆯ 爲ᄒᆞ야 … 스믈여듧 字ᄅᆞᆯ ᄆᆡᇰᄀᆞ노니 <훈언 3>

나. 우리ᄃᆞᆯ히 毒藥ᄋᆞᆯ 그르 머구니 <월석 17:17>

(46가)의 밑줄 부분은 'ᄆᆡᇰᄀᆞᆯ-+-ᄂᆞ-+-오-+-니'로 분석되는데 '-ᄂᆞ-+-오-'에서 'ㆍ'가 탈락되어 '-노-'가 된 것이다. 주어가 1인칭 화자인 '나'이므로 '-오-'가 쓰였다. (46나)에서는 '-오-'의 이형태 '-우-'가 쓰였다. 복수 1인칭 '우리ᄃᆞᇂ'이 주어로 쓰였으므로 '-우-'가 쓰였다.

8.3.4.2. 문장의 유형

중세 한국어의 문장의 유형도 현대 한국어와 마찬가지로 평서문, 의문문, 명령문, 청유문, 감탄문 등으로 나눌 수 있다.

(47) 가. 닐굽 ᄒᆡ 너무 오라다 <월석 7:2>
나. 이 ᄠᆞ리 너희 죵가 <월석 8:94>
다. 첫소리를 어울워 ᄡᅳᇙ디면 ᄀᆞᆯ바쓰라 <훈언 12>
라. 이 劫 일후므란 賢劫이라 ᄒᆞ져 <월석 1:40>
마. 내 아ᄃᆞ리 어딜써 <월석 2:7>

(47가)는 평서문, (47나)는 의문문, (47다)는 명령문, (47라)는 청유문, (47마)는 감탄문이다.

중세 한국어의 문장 유형들 중에서 의문문은 현대 한국어와 비교해서 가장 특징적이므로 조금 더 자세하게 언급할 필요가 있다. 중세 한국어에서는 판정 의문문과 설명 의문문이 어미의 형태에 의해 구분되기도 하였다.

(48) 가. 이 大施主의 得ᄒᆞᆫ 功德이 하녀 져그녀 <석상 19:4>
나. 이 智慧 업슨 比丘ㅣ 어드러셔 오뇨 <석상 19:30>

(49) 가. 네 겨집 그려 가던다 <월석 7:10>
나. 네 엇던 혜ᄆᆞ로 나를 免케 ᄒᆞᇙ다 <월석 21:56>

(48가)의 '-으녀'는 판정 의문문에 쓰인 것이고, (48나)의 '-뇨'는 설명 의문문의 어미로 쓰인 것이다. (49가, 나)에서 볼 수 있듯이 2인칭 의문문의 경우 판정 의문문과 설명 의문문의 구별이 없이 '-ㄴ다', '-ㅭ다(ㄹ다)'를 사용하였다.

중세 한국어는 의문 보조사 '가'나 '고'를 체언 뒤에 직접 붙여 의문문을 만들기도 한다.

(50) 가. 이ᄂᆞᆫ 賞가 罰아 <몽산 53>
나. 이 므슴 相고 <금삼 2:22>

(50가, 나)에서 볼 수 있듯이 '가'는 판정 의문문, '고'는 설명 의문문에 사용되었다. '가'와 '고'는 (50가)의 '罰아'에서 볼 수 있듯이 'ㄹ' 받침 뒤 혹은 /j/ 뒤에서 각각 '아'와 '오'로 교체되었다.

8.3.4.3. 문법 범주

높임 표현

중세 한국어의 높임 표현도 현대 한국어와 마찬가지로 주체 높임, 객체 높임, 상대 높임으로 나누어 논의할 수 있다.

먼저 주어를 높이는 주체 높임을 살펴보자.

(51) 가. 부텨 滅度ᄒᆞ샤미 엇뎨 ᄲᆞᄅᆞ신고 ᄒᆞ더니 <법화 1:122>
나. 부텻 뎡바깃 ᄲᅨ 노ᄑᆞ샤 <월석 8:34>

중세 한국어의 주체 높임은 현대 한국어와 큰 차이가 없다. (51가)에서 볼 수 있듯이 '-(ᄋᆞ/으)시-'가 쓰이거나 (51나)에서 볼 수 있듯이 '-(ᄋᆞ/으)샤-'가 쓰였다.

다음으로 목적어나 부사어를 높이는 객체 높임을 살펴보자.

(52) 가. 賢은 어딜 씨니 우ᄒᆞ로 부텻 敎化ᄅᆞᆯ 돕ᄉᆞᆸ고 <월석 8:62>

나. 부텨 니ᄅᆞ샤ᄆᆞᆯ 듣ᄌᆞᆸ고 〈아미 29〉

중세 한국어의 객체 높임에는 (52가, 나)에서 볼 수 있듯이 '-ᄉᆞᆸ-'이나 '-ᄌᆞᆸ-'과 같은 선어말 어미가 쓰였다는 점에서 현대 한국어와 차이가 난다.

마지막으로 청자(상대)를 높이는 상대 높임을 살펴보자.

(53) 가. 첫소리ᄅᆞᆯ 어울워 ᄡᅮᇙ 디면 ᄀᆞᆯ바쓰라 〈훈언 12〉
나. 내 보아져 ᄒᆞᄂᆞ다 ᄉᆞᆯ바써 〈석상 6:14〉
다. 님금하 아ᄅᆞ쇼셔 〈용가 125〉
라. 니ᄅᆞ샨 양ᄋᆞ로 ᄒᆞ리이다 〈석상 6:24〉

중세 한국어의 상대 높임은 어말 어미에 의해 높이는 경우 (53가)의 'ᄒᆞ라체', (53나)의 'ᄒᆞ야써체', (53다)의 'ᄒᆞ쇼셔'체로 나눌 수 있다. (53라)에서 볼 수 있듯이 어말 어미가 아니라 선어말 어미 '-이-'가 나타나도 'ᄒᆞ쇼셔'체의 높임이 실현된다.

시간 표현(시제와 상)

중세 한국어의 시제도 현대 한국어와 마찬가지로 현재, 과거, 미래 등을 설정할 수 있다.

(54) 가. 네 이제 ᄯᅩ 묻ᄂᆞ다 〈월석 23:97〉
나. 내 오ᄂᆞᆯ 實로 無情ᄒᆞ라 〈월석 21:219〉
다. 네 아비 ᄒᆞ마 주그니라 〈월석 17:21〉
라. 그딋 ᄯᆞᄅᆞᆯ 맛고져 ᄒᆞ더이다 〈석상 6:15〉
마. 내 이제 分明히 너ᄃᆞ려 닐오리라 〈석상 19:4〉

중세 한국어에서 현재 시제는 동사가 서술어인 경우 (54가)에서 볼 수 있듯이 '-ᄂᆞ-'에 의해 실현되고, 형용사인 경우는 (54나)에서 볼 수 있듯이 ∅에 의해 실현된다. 동사가 ∅를 가지는 경우 형용사와는 달리 (54다)에서 볼 수 있듯이 과거 시제가 된다. (54라)처럼 '-더-'가 나타나는 경우도 시제의 관점에서 보면 과거로 볼 수 있다.

'-더-'는 시제 외에도 '회상'의 양태적인 의미도 포함하고 있다. 미래 시제는 (54마)에서 볼 수 있듯이 '-리-'에 의해 실현된다. '-리-' 역시 시제 외에도 '추측'의 양태적인 의미를 포함한다. 현대 한국어의 과거를 실현하는 '-았/었-'이나 미래를 실현하는 '-겠-'은 중세 한국어에는 나타나지 않았다.

중세 한국어의 상은 선어말 어미에 의해서도 나타날 수 있지만 가장 분명하게 실현되는 것은 보조 용언 구성에 의한 것이다.

(55) 가. 됴ᄒᆞᆫ 香 퓌우고 잇거니 <석상 24:26>
나. 地獄ᄋᆞᆯ ᄇᆞᇫ아 ᄇᆞ려 <월석 21:181>

(55가)는 '-고 잇/이시-'에 의해 '진행'의 상이 실현된 예이고, (55나)는 '-아/어 ᄇᆞ리-'에 의해 '완료'의 상이 실현된 예이다.

피동 표현과 사동 표현

중세 한국어의 피동 표현은 피동사와 '-아/어디-'에 의해 실현되었다.

(56) 가. 七寶ㅣ 이러 ᄡᅡ 우희 차 두피고 <월석 8:18>
나. 東門이 도로 다티고 <월석 23:80>
다. 므리 ᄉᆞᆺ글혀 ᄌᆞᆷ기더니 <월석 23:81>
라. 뫼히여 돌히여 다 노가디여 <월석 1:48>

(56가)는 '-이-', (56나)는 '-히-', (56다)는 '-기-'가 붙은 피동사를 서술어로 하는 피동 표현이다. (56라)는 서술어에 '-아/어디-'가 결합한 피동 표현이다. 형태만 약간 달라졌을 뿐 접미사에 의한 피동과 '-어디-'(현대 한국어 '-어지-')에 의한 피동으로 나누어지는 점은 현대 한국어와 마찬가지이다.

중세 한국어의 사동 표현은 사동사와 '-게 ᄒᆞ-, -긔/기 ᄒᆞ-'에 의해 실현되었다.

(57) 가. ᄀᆞᄅᆞ매 ᄇᆡ 업거늘 얼우시고 ᄯᅩ 노기시니 <용가 20장>
나. 宮中에 드르샤 比丘란 노피 안치시고 <월석 8:90>

다. 沙婆佛身은 勝을 숨기시고 劣을 나토시니 〈월석 18:72〉
라. 내 아ᄃᆞ리 목수믈 일케 ᄒᆞ야뇨 〈월석 21:219〉

(57가)의 '노기시니'에는 '-이-', '얼우시고'에는 '-우-', (57나)의 '안치시고'는 '-히-', (57다)의 '숨기시고'에는 '-기-', '나토시니'에는 '-호-'(혹은 '-오-')가 붙은 사동사가 확인된다. (57라)는 서술어에 '-게 ᄒᆞ-'가 결합한 사동 표현이다. 형태만 약간 달라졌을 뿐 접미사 사동과 '-게 ᄒᆞ-'(현대 한국어는 '-게 하-') 사동으로 나누어진다는 점은 현대 한국어와 마찬가지이다.

부정 표현

중세 한국어의 부정 표현도 현대 한국어와 차이가 거의 없어 단형 부정과 장형 부정, '아니' 부정과 '몯' 부정이 구별되었다.

(58) 가. 부텨를 몯 맛나며 法을 몯 드르며 〈석상 19:34〉
나. 므스글 보디 몯ᄒᆞ리오 〈법화 6:29〉
다. 불휘 기픈 남ᄀᆞᆫ ᄇᆞᄅᆞ매 아니 뮐ᄊᆡ 〈용가 2장〉
라. 耶輸ㅣ ᄉᆞᆫ지 듣디 아니ᄒᆞ시고 〈석상 6:7〉

(58가)의 '몯', (58다)의 '아니'는 부사로서 단형 부정을 만들고, (58나)의 '-디 몯ᄒᆞ-', (58라)의 '-디 아니ᄒᆞ-'는 장형 부정을 만든다. (58가, 나)는 '몯' 부정이고 (58다, 라)는 '아니' 부정이다. 단형 부정과 장형 부정으로 나누어지는 것은 현대 한국어와 마찬가지이다. '아니' 부정이 중립 부정이나 의지 부정이고, '몯' 부정이 능력 부정인 것도 현대 한국어의 '안' 부정과 '못' 부정의 차이와 마찬가지이다.

중세 한국어에서는 현대 한국어의 부정의 '안'이 부사로만 쓰이는 것과 달리 부정의 '아니'가 부사뿐 아니라 명사로도 쓰였다.

(59) 이 生이며 生 아니ᄅᆞᆯ ᄀᆞᆯᄒᆡᄂᆞ니 〈법화 5:30〉

(59)의 '아니ᄅᆞᆯ'은 '아니' 다음에 조사가 쓰여 '아니'가 명사로 쓰였음을 보여 준다.

8.3.5. 어휘

중세 한국어 시기에는 한문 내지 한자의 사용이 우리의 언어생활에 뿌리 내리면서 한자어의 비중이 점차 커지게 되었다. 『훈민정음訓民正音』 언해에서만 보아도 '중국中國, 백성百姓, 위爲ᄒᆞ다, 편안便安ᄒᆞ다' 등의 한자어들이 사용되고 있음을 알 수 있다. 한편, 전기 중세 한국어에는 원나라의 관계가 긴밀하여 몽골어 차용어가 다수 유입되기도 하였다. 이런 상황에서 일부 고유어가 유사 의미를 가지는 한자어로 대체되어 사라지는 경향이 나타나기도 했다.

먼저 중세 한국어의 고유어에 대해 살펴보자.

(60) '온[百]', 'ᄒᆞ다가[萬一에]', '좋다[淨]', '혁다[小]'

(60)은 현대 한국어에서는 사용되지 않는 고유어들이다. 이들 중 '온', 'ᄒᆞ다가'처럼 현대 한국어로 오면서 한자어로 대체된 것들도 많고, '좋다', '혁다'처럼 더 이상 사용되지 않는 것들도 많다. 이를 고려하면 중세 한국어는 현대 한국어보다 고유어가 상대적으로 더 많이 쓰였다고 볼 수 있다.

중세 한국어에서는 현대 한국어와 마찬가지로 색채어나 의성어 혹은 의태어가 고유어로 나타나는 경우가 많다.

(61) 가. ᄑᆞᄅᆞ다, 프르다, 파라ᄒᆞ다, 퍼러ᄒᆞ다, 검프르다, 블가ᄑᆞᄅᆞᄒᆞ다, 프러누러ᄒᆞ다
나. 구믈구믈, 너운너운, ᄆᆞᆯᄀᆞᆺᄆᆞᆯᄀᆞᆺ, 어른어른

(61가)는 색채어, (61나)는 의태어를 제시해 본 것이다.

다음으로 한자어의 예를 들어 보기로 하자.

(62) 가. 군軍, 병病, 수數, 옥玉, 용龍, 가신家臣, 강촌江村, 곡식穀食, 국화菊花, 근본根本, 기운氣運, 본래本來, 서신書信, 선생先生
나. 겸兼ᄒᆞ다, 고告ᄒᆞ다, 구求ᄒᆞ다, 노怒ᄒᆞ다, 병病ᄒᆞ다, 경계警戒ᄒᆞ다, 고소告訴ᄒᆞ다, 곤궁困窮ᄒᆞ다, 망망茫茫ᄒᆞ다, 상대相對ᄒᆞ다

다. 감敢히, 난難히, 능能히, 세細히, 친親히, 행幸히, 자세仔細히

(62가)는 명사로 쓰인 한자어를 보여 주고, (62나)는 'ᄒᆞ다'와 결합하여 동사나 형용사로 쓰이는 한자어를 보여 주며, (62다)는 'ᄒᆞ다'를 갖는 단어에 다시 '-이'가 결합하여 부사로 쓰이는 예를 보여 준다. 중세 한국어에 사용되던 한자어들 중 상당수는 지금도 사용되고 있다.

다음은 중세 한국어에서 사용된 어휘 중 불교 관련 어휘들이다.

(63) 가. 가사袈裟, 아수라阿修羅

나. 세존世尊, 출가出家, 해탈解脫, 열반涅槃, 극락極樂

(63가)는 산스크리트어를 음역音譯한 것이고, (63나)는 의역意譯한 것이다. '가사'는 이미 15세기 이전에 나타나지만 여기서 같이 다루었다. 불교 용어들은 종교와 같은 문화적인 요소의 전파가 어휘의 차용이나 형성에 주는 영향을 잘 보여 준다.

고유어나 한자어만큼 많지는 않았지만 중세 한국어에도 외래어가 사용되었다.

(64) 가. 퉁[銅], 훠[靴], 보빅[寶貝], 비단[匹段], 쳔[錢], 쳔량[錢糧]

나. 도롱태[매의 한 종류], 타락[駝酪, 우유와 유사한 음식]

다. 투먼[豆漫, 두만강], 퉁건[童巾, 종성의 옛 지명]

(64가)는 중국어 구어 차용어로 한국 한자음으로 읽히지 않는다. 중국어 구어 차용어는 이미 고대 한국어 시기에 들어온 '붇', '먹' 등이 있었으며, 중세와 근대에 이르기까지 지속적으로 우리말에 들어오게 되었다. (64나)는 몽골어 차용어 중에서 15세기 문헌에서 문증되는 예이다. 이들은 고려 말 원나라와의 교섭 과정에서 들어온 것이 15세기에도 쓰인 것으로 보인다. (64다)는 여진어의 흔적을 보이는 어휘들로 언제부터 쓰였는지 명확하지 않지만 함경도의 지명으로 남아 있다. '투먼'은 여진어로 '萬'을 나타내고 '퉁건'은 여진어로 '鼓'를 나타낸다.

8.4. 근대 한국어

8.4.1. 도입

근대 한국어는 대체로 17세기 초부터 19세기 말에 이르는 시기로 중세 한국어와 개화기 내지 현대 한국어를 이어 주는 시기이다. 이 시기를 거치면서 지금 우리가 사용하는 현대 한국어의 특징 중 상당수가 완성된다. 즉, 성조가 사라지게 되고, 'ㆍ' 등도 음운 체계에서 사라진다. 또한 한글의 사용이 언간諺簡과 같은 일상어와, 소설과 같은 문학 작품의 표기 수단으로도 사용되면서 점차 증가해 가는 시기이다. 근대 한국어는 중세 한국어처럼 다양한 자료가 남아 있어 충분한 기술이 가능하지만 우리 책의 성격상 충분히 기술할 지면을 확보하기 어렵다. 따라서 중세 및 현대 한국어와의 차이를 중심으로 간략하게 기술하고자 한다.

8.4.2. 음운

8.4.2.1. 음운 체계

자음 체계

중세 한국어에 존재하던 유성 마찰음 계열인 'ㅸ', 'ㅿ', 'ㅇ[ɦ]' 등은 근대 한국어가 되면서 음가를 잃어 버렸으며, 후음도 'ㆆ'이 사라지고 'ㆅ'의 경우도 17세기에 'ㅆ'으로 표기되어 이때까지 유지되었으나 점차 한국어 자음 체계에서 사라지게 된다. 다른 변화는 치음 계열인 'ㅅ, ㅆ'이 치조음으로, 'ㅈ, ㅉ, ㅊ'이 경구개음으로 바뀐 변화이다. 그리하여 이런 변화가 일어난 이후의 근대 한국어는 현대 한국어와 별 차이가 없다.

모음 체계

먼저 단모음 체계에 대해 살펴보자. 중세 한국어에서 근대 한국어로 오면서 단모음 체계의 큰 변화의 하나는 'ㆍ'가 소실되어 가는 것이다. 이미 15세기에서 16세기에 걸쳐 비어두에서 'ㆍ'가 음가를 잃어 가기 시작했고, 17세기에서 18세기에 걸쳐 어두에서 음가를 잃게 되었다. 한편 'ㅐ, ㅔ'와 같이 중세 한국어 시기에 'j'로 끝나는 하향 이중 모음이었던 것들이 단모음으로 바뀌면서 새롭게 단모음으로 합류하였다. 그리하여 'ㆍ'가 소실되고 19세기 이후 'ㅚ, ㅟ'가 단모음으로 변하기 이전의 18세기 기준의 근대 한국어 단모음은 다음과 같다.

(65) 근대 한국어의 단모음 사각도

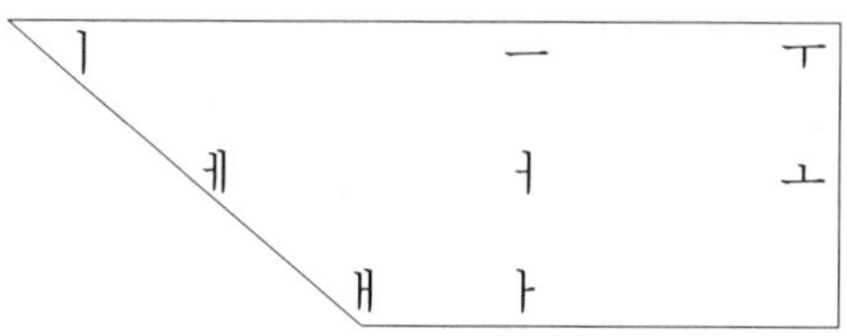

이후 현대 한국어에 가까워지면서 'ㅚ, ㅟ'가 단모음에 합류하여 10모음 체계가 되었고, 21세기 현재 다시 'ㅚ, ㅟ'가 이중 모음으로 바뀌고, 'ㅐ, ㅔ'가 구별이 어려워지면서 8모음 내지 7모음 체계로 변하고 있다.

다음으로 이중 모음 체계를 살펴보기로 하자. 이미 언급한 것처럼 중세 한국어의 하향 이중 모음 'ㅔ, ㅐ'가 단모음이 되면서 근대 한국어의 이중 모음 체계는 크게 변화하였다. 'ㅚ, ㅟ'가 단모음으로 변하기 이전의 18세기 기준의 근대 한국어 이중 모음은 다음과 같다.

(66) 근대 한국어의 이중 모음 체계

	상향 이중 모음	하향 이중 모음
j-계	ㅑ, ㅕ, ㅛ, ㅠ, ㅒ, ㅖ	ㅚ(oj), ㅢ(ɯj), ㅟ(uj)
w-계	ㅘ, ㅝ, ㅙ, ㅞ	

현대 한국어로 오면서 'ㅚ, ㅟ'가 단모음에 합류하여 j-계 하향 이중 모음은 'ㅢ'만 남게 된다.

8.4.2.2. 음운 현상

근대 한국어도 중세 한국어나 현대 한국어와 차이 나는 다양한 음운 현상이 있다. 여기에서는 근대 한국어의 음운 현상 중 특징적인 몇 가지에 대해서만 간략하게 언급하기로 한다.

① 구개음화

구개음화는 구개음이 아닌 소리가 구개음으로 바뀌는 현상이다. 구개음화는 방언에 따라 나타난 시기가 약간씩 차이가 나지만 대체로 근대 한국어에 들어와서 새로 생겨났다. 근대 한국어 이전에는 한국어의 자음 체계에 경구개음이 존재하지 않았기 때문에 구개음화가 일어날 수 있는 조건이 충족되지 않았다.

(67) ᄯᅳᆫ허디디 > ᄯᅳᆫ허지디(ᄯᅳᆫ허디- + -디), 혓그티 > 혓긋치(혓긑 + 이), 디하 > 지하地下

(67)의 예는 'ㄷ, ㅌ' 등이 모음 'ㅣ'나 반모음 'j' 앞에서 'ㅈ, ㅊ'으로 변하는 현상으로 흔히 'ㄷ' 구개음화라 한다. 이 밖에도 '겨으레>져으레'와 같은 'ㄱ' 구개음화, '힘>심'과 같은 'ㅎ' 구개음화가 있는데, 이들은 중앙어에서는 잘 일어나지 않은 음운 현상이다.

② 원순 모음화

원순 모음화는 평순 모음인 'ㅡ'가 선행하는 양순음의 영향으로 원순 모음인 'ㅜ'로 바뀌는 현상이다. 이 현상은 모음이 자음의 순음성에 닮아 가는 일종의 동화 현상이다. 원순 모음화는 형태소 내부에서 활발하게 일어나서 형태 자체를 변화시켰다. 이런 변화는 17세기부터 나타나기 시작하여 점차 광범위하게 적용되었다.

(68) 믈 > 물[水], 머믈- > 머물-[留], 블 > 불[火], 플 > 풀[草], ᄲᅳᆯ > ᄲᅮᆯ[角]

③ 모음 조화의 약화

중세 한국어의 모음 조화는 상당히 규칙적으로 일어나고 있었다. 그러나 점차

'ㆍ'의 탈락 등으로 모음 체계가 변화하면서 근대 한국어에 이르러서는 모음 조화는 점차 약화된다. 모음 조화에 영향을 준 모음의 변화는 크게 세 가지이다.

(69) 가. ㆍ>ㅡ
　　나. ㅗ>ㅜ
　　다. 전설 모음 계열의 성립

(69가)는 'ㆍ'의 1단계 변화이다. 비어두에 놓인 양성 모음 'ㆍ'가 음성 모음 계열인 'ㅡ'로 바뀌면서 이전에 모음 조화를 잘 지키던 'ᄆᆞᅀᆞᆷ, 사ᄉᆞᆷ' 등과 같은 단어는 모두 모음 조화를 어기는 형태가 되고 말았다. 'ᄋᆞᆯ/을', 'ᄋᆞ로/으로'와 같은 조사 결합이나 '-ᄋᆞ니/으니' 등의 어미 결합에서 나타나던 모음 조화가 지켜지기 어렵게 된 것도 'ㆍ>ㅡ' 변화의 영향이다. (69나) 역시 비어두에서 일어난 변화로서 '나모, 노ᄅᆞ'와 같은 단어들을 '나무, 노루'로 바뀌어 모음조화를 지키지 않게 되었다. (69다)에서 언급한 것처럼 'ㆍ'의 소멸 이후 새롭게 등장한 전설 모음 계열은 모음 조화에 있어 모두 음성 모음 계열로 편입되어 역시 모음 조화를 약화시켰다.

④ 종성 'ㄷ'과 'ㅅ'의 합류

근대 한국어로 오면서 큰 변화의 하나는 종성에서 'ㅅ'이 발음되지 않게 되면서 'ㄷ'으로 합류한 일이다.

(70) 굳고[固] ~ 굿거든, 묻고[問] ~ 뭇디

(70)에서 볼 수 있듯이 중세 한국어에서 'ㄷ' 종성이었던 단어들의 종성 표기가 근대 한국어가 되면 'ㅅ'과 'ㄷ'으로 혼란스럽게 표기되고 점차 'ㅅ'으로 표기가 정착되어 간다. 표기가 'ㅅ'으로 통일되어 가는 것과는 반대로 발음에 있어서는 16세기를 거치면서 종성의 'ㅅ'이 'ㄷ'으로 발음되는 변화가 완료되어, 근대 한국어 이후 현대 한국어에 이르기까지 종성에서 'ㄱ, ㄴ, ㄷ, ㄹ, ㅁ, ㅂ, ㅇ'의 7종류 자음만 발음된다.

8.4.3. 형태

8.4.3.1. 단어 형성론

근대 한국어의 단어 형성법도 중세 한국어와 크게 다르지 않다. 다만 비통사적 합성법이 잘 쓰이지 않게 되었고, 형용사와 동사가 통용되는 현상이 드물어지는 등 영 변화에 의한 단어 형성으로 볼 수 있는 현상도 중세 한국어처럼 활발하지 않았다.

개별 단어 형성법에서도 몇 가지 변화를 보여 주었다. 중세 한국어에서 척도 명사를 파생하는 접미사로 쓰이던 '-ᄋᆡ/의'가 단모음화를 겪으면서 '기릐, 기픠'가 '길이, 기피'로 바뀌는 등 현대 한국어에 가까워질수록 '-이'로 바뀌고, 중세 한국어에서 '-ᄃᆞᇦ-, -ᄅᆞᇦ-, -ᄃᆞᆸ-, -ᄅᆞᆸ-, -ᄃᆞᄫᆡ-, -ᄅᆞᄫᆡ-' 등으로 복잡한 이형태를 가지던 형용사를 파생하는 접미사 {-ᄃᆞᆸ-}의 이형태가 '-답-', '-ᄅᆞᆸ/롭-'으로 단순화되었다.

근대 한국어에서 새롭게 등장한 파생도 있었다.

(71) 원슈스럽다 〈역보 21〉, 어룬스럽다 〈역보 56〉, 촌스럽다 〈한청 6:56〉

(71)에서 볼 수 있는 '-스럽-'은 명사 어근과 결합하여 형용사를 파생하는 접미사인데, 18세기에 나타나기 시작하여 현대 한국어에서도 생산적으로 사용된다.

8.4.3.2. 품사론

근대 한국어는 품사와 관련하여 몇 가지 점에서 중세 한국어와 차이를 보여 준다. 먼저 대명사에 대해 살펴보자. 근대 한국어에서는 1인칭 '나'나 2인칭 '너'에 'ㅣ'가 결합한 '대명사+주격 조사'인 '내, 네'가 대명사로 재구조화가 되어 사용되기도 했다. 오늘날 '내가, 네가'처럼 주격형 중첩으로 보이는 것은 이런 재구조화의 결과이다.

수사와 관련해서 근대 한국어의 특징적인 것으로는 서수사 '첫재'의 등장이다. 중세 한국어에서 사용되던 'ᄒᆞ나차히', 'ᄒᆞ낟재', 'ᄒᆞ낫재' 등은 근대 한국어에 오면

'첫재, 첫째' 등으로 나타난다. 대체로는 양수사에 접미사 '-자히(차히), -재' 등이 결합하여 서수사를 만드는데, 근대 한국어의 '첫재'는 일종의 보충법에 의해 양수사 'ᄒᆞ나' 대신 '첫'에 '-재'가 결합해 만들어졌다.

근대 한국어에서 동사나 형용사도 약간의 형태 변화를 보여 준다. 중세 한국어를 논의하는 자리에서 언급한 것처럼 동일한 형태가 동사와 형용사로 통용되던 현상은 점차 사라져 갔다. 또한 '시브-/싶-'과 같이 불규칙을 보이던 이형태가 점차 통일된 모습으로 변화하기 시작했으며, 'ㅸ'이나 'ㅿ'의 소실로 '곱다', '짓다' 등이 현대 한국어와 같은 'ㅂ' 불규칙 및 'ㅅ' 불규칙 용언으로 정착되게 되었다.

근대 한국어에서 조사나 어미의 몇 가지 변화는 주목을 요한다. 주격 조사 '가'가 확립되었고, 관형격 조사 'ㅅ'은 점차 합성어에 화석으로만 존재하게 되었으며, 존칭의 호격 조사 '하'의 쓰임도 잘 나타나지 않게 되었다.

주격 조사 '가'의 출현에 대해서는 좀 더 자세히 살펴보기로 하자.

(72) 가. ᄎᆞᆫ 구ᄃᆞ릐 자니 ᄇᆡ가 세니러셔 ᄌᆞ로 ᄃᆞᆫ니니 〈송강 자당의 편지〉
나. 多分 ᄇᆡ가 올 거시니 〈첩해 1:8〉

(72가)는 중세 한국어 시기인 1572년 송강 정철의 어머니 안 씨의 편지에 나오는 것인데, 이에 대한 해석에 이견이 있고 이 시기에 '가'가 쓰였다는 사실을 뒷받침할 만한 다른 용례가 별로 없다는 점에서 문제가 된다. 실제로 주격 조사 '가'가 제법 활발하게 사용되기 시작하는 것은 (72나)와 같이 근대 한국어 시기부터이다. 주격 조사 '가'는 초기에는 'ᄋᆡ, 의'와 같이 'ㅣ(j)'로 끝나는 체언 뒤에 통합되다가 점차 모음으로 끝나는 체언 전체로 확대되어 현대 한국어와 같은 모습을 보이게 되었다.

어미에 있어서도 근대 한국어는 중세 한국어와 여러 가지 점에서 차이를 보인다. 'ㆍ'의 소실로 '-ᄋᆞ니~-으니', '-ᄋᆞᆫ~은' 등이 모두 '으'를 가지는 형태로 통일되었고, '-옴/움' 등 '오/우'를 가진 형태들도 '-(으)ㅁ'처럼 '오/우'가 없는 형태로 바뀌어 갔다. 중세 한국어의 청유형 '-져'는 근대 한국어에 이르러 '-쟈'를 거쳐 단모음화의 영향으로 점차 '-자'로 바뀌었다. 이인칭 의문형의 '-ㄴ다'의 쓰임도 점차 약화되었다.

8.4.4. 통사

8.4.4.1. 문장 성분

근대 한국어의 문장도 중세나 현대 한국어처럼 주어, 서술어, 목적어 등의 문장 성분으로 구성되며 서술어가 가지는 자릿수에 있어서도 큰 차이가 없다. 다만 다음과 같이 개별 서술어의 격 실현에서는 차이를 보여 주기도 한다.

(73) 가. 道ㅣ 큰 바ᄅᆞ리 ᄀᆞᆮᄒᆞ야 <몽법 49>
나. 始覺이 本覺과 ᄀᆞᆮᄒᆞ면 <원각 상, 1지1: 53>
다. 다만 내 본ᄠᅳᆮ이 젼의 니른 바와 ᄀᆞᄐᆞᆯ ᄲᅮᆫ이 아니라 <신서윤음 17>

(73가)에서 볼 수 있듯 중세 한국어에서 'ᄀᆞᆮᄒᆞ다'를 갖는 문장은 '~이 ~이 ᄀᆞᆮᄒᆞ다'와 같은 주격 중출문으로 나타나는 경우가 많고, '(73나)처럼 ~이 ~와/과 ᄀᆞᆮᄒᆞ다'와 같이 주격과 '와/과' 부사격을 가진 문장으로 나타나기도 했다. 하지만 근대 한국어에 이르면 (73다)에서 볼 수 있듯 주격 중출문은 거의 나타나지 않고, 대체로 '~이 ~와/과 ᄀᆞᆮᄒᆞ다(ᄀᆞᇀ다)'와 같은 비교 구문으로 나타난다.

8.4.4.2. 문법 범주

문법 범주에 있어서도 근대 한국어는 중세 한국어나 현대 한국어와 근본적인 차이를 보이지는 않는다. 따라서 문법 범주 전반을 논의하지는 않고 상대적으로 근대 한국어에서 차이가 큰 높임법과 시제에 대해서 조금 자세히 언급하기로 한다.

주체 높임법의 경우 근대 한국어에서 중세 한국어와 큰 차이를 보이지 않는다. 다만 객체 높임법과 상대 높임법은 중세 한국어와 큰 차이를 보인다. 먼저 객체 높임법을 살펴보자.

(74) 가. 다 無事히 渡海ᄒᆞ시니 아름답다 니ᄅᆞ시ᄋᆸᄂᆡ <첩해 2:1>
나. 葬을 行ᄒᆞᆯ 제ᄂᆞᆫ 다시 반ᄃᆞ시 신主ᄅᆞᆯ 내디 아니ᄒᆞᆯ 거시어니와 <가례 10:47>

(74가)에는 의 ‘니ᄅᆞ시ᄋᆞᆸᄂᆡ’는 ‘-시-’와 ‘-ᄋᆞᆸ-’의 순서로 결합하여 중세 한국어와 다른 모습을 보여 준다. (74나)는 ‘내디’에 ‘신主’를 높이는 선어말 어미 ‘-ᄋᆞᆸ-’이 더해질 것이 예상되지만 나타나지 않는다. 객체 높임의 선어말 어미가 어말 어미 쪽으로 이동을 하기도 하고 나타날 것으로 예상되는 문장에서 나타나지 않기도 하는 것은 근대 한국어에 이르면서 객체 높임이 약화된 것과 관련된다. 그리하여 현대 한국어에 이르면 ‘-ᄋᆞᆸ-’과 같은 객체 높임 형태는 결합 순서가 어말 어미 쪽으로 이동하게 되고 기능에 있어서도 상대 높임의 기능으로 바뀌게 된다.

근대 한국어에서는 상대 높임법에 있어서도 비교적 큰 변화가 일어났다. 중세 한국어에서는 반말체를 제외하면 ‘ᄒᆞ쇼셔체’, ‘ᄒᆞ야쎠체’, ‘ᄒᆞ라체’의 3등분으로 실현되었으나 18세기에 이르면 중간 등급이 분화되어 다음과 같은 4등분 체계를 보여 준다.

(75) 가. 先生은 章書ᄅᆞᆯ 講ᄒᆞ여 學生들희게 <u>들리쇼서</u> 〈오륜 1:20〉
나. ᄉᆡᆼ각ᄒᆞ여 <u>보시오</u> … 마노라가 어ᄂᆞ 지경이 <u>되시게소</u> 〈한중 406〉
다. ᄌᆞᄂᆡᄂᆞᆫ 됴히 살게 <u>ᄒᆞ엿ᄂᆡ</u> … 무셥고 흉한 <u>사ᄅᆞᆷ이로ᄉᆡ</u> 〈한중 260〉
라. ᄆᆞᄋᆞᆷ을 편안케 <u>ᄒᆞ라</u> 〈천의 1:22〉

(75)는 근대 한국어 자료로 (75가)는 청자인 스승을 높이는 것으로 후기 중세 한국어의 ‘ᄒᆞ쇼셔체’나 현대 한국어의 ‘하십시오체’에 해당하고, (75나)는 혜경궁이 정조에게 하는 말로 약간 높이는 현대 한국어의 ‘하오체’ 정도에 해당하고, (75다)는 사도세자가 혜경궁에게 하는 말로 현대 한국어의 ‘하게체’ 정도에 해당하며, (75라)는 경종이 아랫사람인 왕세제(후에 영조가 됨)에게 하는 말로 후기 중세 한국어의 ‘ᄒᆞ라체’나 현대 한국어의 ‘해라체’ 정도에 해당한다.

다음으로 근대 한국어의 시제에 대해 살펴보기로 하자. 현재 시제의 경우 중세 한국어의 ‘-ᄂᆞ-’가 ‘ㆍ’의 소실 등으로 18세기 말에 이르면 ‘-나-, -느-’ 등으로 나타나지만 현재를 나타낸다는 점에서는 큰 차이는 없었다. 과거 시제의 경우 중세 한국어와 현대 한국어에서도 쓰이는 회상의 ‘-더-’가 쓰인다는 점에서는 차이가 없으나, 근대 한국어에 이르러 ‘-어 잇-’이 줄어서 만들어진 ‘-엇-’형이 과거 시제를 나타내는 데에 널리 쓰이기 시작했다는 점이 다르다. 한편 '-게 ᄒᆞ엿-'이 줄어서 만들어진 미래 시제의 '-겟-'의 출현도 근대 한국어의 특징이다.

(76) 가. 뎌 놈이 셩이 급ᄒᆞ여 곳 입힐홈ᄒᆞ여 <u>싸홧더니</u> <박언 하: 16>
나. 영묘겨오셔 미쳐 ᄉᆞᆯ피지 <u>못ᄒᆞ셧더니</u> <한중 5:418>

(77) 가. 요란ᄒᆞ니 <u>못ᄒᆞ겟다</u> ᄒᆞ시고 <한중 5:400>
나. 저러ᄒᆞ고 이시니 ᄀᆞᆺ득ᄒᆞᆫᄃᆡ 울긔 <u>ᄒᆞ겟다</u> ᄒᆞ시고 <한중 2:172>

(76가, 나)는 근대 한국어에서 사용된 과거 시제의 '-앗/엇-'을 보여 주고, (77가, 나)는 근대 한국어에서 사용된 미래 시제의 '-겟-'을 보여 준다.

8.4.5. 어휘

근대 한국어는 중세 한국어에서 이어져 개화기와 현대 한국어로 이어지는 시기이다. 중세 한국어와 마찬가지로 한문과 차자 표기뿐만 아니라 한글도 사용하는 시기이다. 특히 한글의 사용이 언간諺簡과 같은 일상적인 언어생활과 소설과 같은 문학 작품의 표기 수단으로도 사용되어, 고유어 어휘 사용의 증가에 영향을 주었던 시기이기도 하다. 그렇기는 하지만 중국을 통한 서구 문물이 도입되면서 한자어의 증가가 계속되던 시기이기도 하다.

고대 한국어나 중세 한국어에서 쓰이던 고유어 어휘 중에서 근대 한국어에 잘 쓰이지 않는 예들도 제법 있다.

(78) 가. 뫻, ᄀᆞᄅᆞᆷ, 아ᄉᆞᆷ, 오래
나. 입다[迷], 외다, 외ᄑᆞ다, 혁다

(78가)는 대체로 '산山, 강江, 친척親戚, 문門' 등의 한자어로 바뀌었지만 (78나)는 이유를 명확하게 알 수 없지만 잘 나타나지 않게 되었다. 그리하여 근대 한국어의 어휘는 점차 현대 한국어와 유사하게 변화하고 있음을 알 수 있다.

제9장

문자와 표기

제9장 문자와 표기

9.1. 차자 표기

우리말은 '한글'로 표기된다. 그런데 세종이 '훈민정음'을 창제하기 이전에도 우리말을 표기할 수 있는 수단이 없었던 것은 아니었다. 한 언어를 다른 언어의 문자를 빌려 표기한 것을 차자 표기借字表記라고 하는데, 우리말은 한자 및 한자를 변형한 차자 표기로 표기되었다. 현대에는 서양의 로마자를 빌려 우리말을 표기하는 로마자 표기가 종종 사용되고 있다. 로마자 표기법에 대해서는 9.3.에서 살펴보기로 하고, 우선 훈민정음 창제 이전부터 쓰였던 차자 표기에 대해 알아보기로 한다.

9.1.1. 차자 표기의 원리

차자 표기는 크게 음차音借와 훈차訓借의 두 가지 원리에 의해 표기되었다. 음차는 말 그대로 한자의 음을 빌려와 우리말을 표기한 것이다. 음차는 현대에도 차자 표기에서 일반적으로 이용되는 방법이다. 훈차는 한자의 뜻을 빌려와 우리말을 표기한 것이다.

(1) 가. 나ᄆᆞᆯ[鉛]: 那勿, 손[手]: 遜
　　나. 쇠귀ᄂᆞᄆᆞᆯ: 牛耳菜, 한밭: 大田
　　다. 사ᄉᆞ미ᄲᅳᆯ: 沙蔘矣角, 솝서근플: 所邑朽斤草

(1가)는 음차된 표기이다. '나ᄆᆞᆯ'(현대어의 '냅')은 그와 유사한 소리가 나는 한자 '那勿'로 음차되었다. '손'은 그와 한자음이 같은 '遜(겸손할 손)'으로 음차되었다. 음차된 한자의 뜻은 고려하지 않는다. (1나)는 훈차된 표기이다. 채소의 한 종류인 중세 한국어 '쇠귀ᄂᆞᄆᆞᆯ'은 '牛(뜻: 소 우)-耳(귀 이)-菜(나물 채)'로 훈차되었다. 또 지명 '한밭'은 개화기 즈음에 '大(큰/한 대)-田(밭 전)'으로 훈차되었다. 현대에는 '한밭'의 훈차된 표기인 '大田'이 한자음대로 발음되어 '대전'이 되었다. (1다)는 음차와 훈차가 섞인 표기이다. '사ᄉᆞ미ᄲᅳᆯ'에서는 '沙(사), 蔘(삼), 矣(의)'가 음차된 글자이고 '角[ᄲᅳᆯ]'이 훈차된 글자이다. '솝서근플'에서는 '所邑(소읍), 斤(근)'이 음차된 글자이고 '朽[썩다], 草[풀]'이 훈차된 글자이다.

9.1.2. 고유 명사와 일반 어휘의 차자 표기

한 언어가 문자 체계를 가지고 있지 않아 다른 언어의 문자 체계로 표기하는 데 가장 먼저 쉽게 생각할 수 있는 방법은 아예 언어 자체를 번역하는 것이다. 그런데 언어를 번역하려 해도 번역이 불가능한 것이 있다. 인명, 지명, 관직명 등의 고유 명사들이다. 이들은 결국 번역을 포기하고 차자 표기로 쓸 수밖에 없다. 따라서 고유 명사 차자 표기의 연원이 가장 깊다.

(2) 赫居世或作弗矩內王

(2)는 '赫居世는 弗矩內 王이라고도 한다'로 풀이된다. 신라의 시조로 알려져 있는 '박혁거세'에 대한 기록인데, '赫(붉을 혁)'은 훈차, '弗(불)'은 음차, '居(거)'와 '矩(구)'는 음차이다. '世(누리/세상 세)'는 '세상'의 뜻을 지닌 말의 훈차이고, '내'는 표기 당시의 소리를 분명히 알 수 없으나 '뉘(누리/세상)'에 해당하는 음차이다. 즉, 이 사람은 '불구뉘/불거뉘'와 유사한 발음으로 불렸을 것이다.

(3) 가. 阿自(아자)
　　나. 心音(마음 심, 소리 음)

그런데 고유 명사를 차자 표기로 적게 되면서 차츰 일반 어휘까지도 차자 표기로 쓰고자 하는 욕구가 발생하였다. 언어를 번역하는 일은 쉬운 일이 아니기 때문에 고유 명사 차자 표기가 일반 어휘 차자 표기로 세력을 넓힌 것이다. (3가)는 15세기 한국어 '아ᅀᆞ'를 음차한 표기이고 현대 한국어의 '아우/동생'에 해당한다. (3나)는 '마음'이라는 뜻을 '心'으로 훈차하고 그 종성이 'ㅁ'이라는 것을 분명히 보여 주기 위해 '音'을 음차한 것이다. '心音'은 향가에 등장하는 표기인데 향가가 지어진 당시에 어떻게 소리가 났을지 정확히 밝히기는 어렵다. 다만, 15세기 한국어에서 'ᄆᆞᅀᆞᆷ'이었으므로 그와 같은 발음이나 유사한 발음으로 추정할 수 있다.

9.1.3. 이두

이두吏讀는 단어에 대한 차자 표기를 넘어서 우리말의 문장을 표기하기 위해 고안된 차자 표기의 한 방식이다. 이두의 역사는 매우 깊어 대략 6세기경부터 그 원시적 모습이 남아 있고 19세기까지 쓰였을 정도로 오랫동안 존속되었다. 긴 세월 동안 이두 표기는 계속 정밀해지고 정제되었는데, 크게는 조사, 어미 같은 문법 형태소를 표기하지 않은 초기 이두와 문법 형태소를 표기한 일반적 이두로 나누어 볼 수 있다.

(4) 壬申年六月十六日 二人幷誓記 天前誓 今自三年以後… (임신년 6월 16일에 두 사람이 함께 맹세하여 기록한다. 하늘 앞에 맹세한다. 이제부터 3년 이후…)

(4)는 552년(또는 612년)에 지어진 「임신서기석壬申誓記石」의 일부이다. 조사나 어미를 차자 표기로 적지는 않았지만 그 어순이 한문과 달리 우리말 방식으로 되어 있음이 주목된다. 가령 한문이었다면 '天前誓'는 '誓天前'으로 '今自'는 '自今' 등으로 되어 있어야 한다. 그러나 우리말 어순에 따라 쓴 것이다. 이것은 한문을 우리말 어순에 맞게 변형하여 적은 초기 이두 형태로서 흔히 서기체 표기라고 부른다.

(5) 本國乙背叛爲遣 彼國乙潛通謀叛爲臥乎事 (본국을 배반하고 딴 나라와 몰래 통해

모반하는 일)

(5)는 명나라의 『대명률大明律』을 조선 초기에 이두로 번역한 『대명률직해大明律直解』에서 가져온 예이다. 한문 어순이 아닌 우리말 어순으로 쓰였을 뿐 아니라 목적격 조사 '乙(을/를/ᄋᆞᆯ/ᄅᆞᆯ)'이나 어말 어미 '遣(-고)', 선어말 어미 '臥(-ᄂᆞ-)', 선어말 어미와 어말 어미의 결합형 '乎(-오-+-ㄴ=-온)' 등 문법 형태소가 표기되어 있음을 알 수 있다. 또 조사나 어미는 아니지만 피동·사동 접미사와 같은 문법 형태소, 'ᄒᆞ다'의 어간 'ᄒᆞ-', '이다'의 어간 '이-' 등 문법적 의미에 가까운 뜻을 지닌 말들도 차자 표기로 쓰였는데, 여기에서는 'ᄒᆞ-'를 훈차 표기한 '爲(할 위)'를 볼 수 있다.

9.1.4. 구결

구결口訣은 한문 원문을 해석할 때 그 의미나 문법적 관계를 표시하기 위해 한문 어구 사이에 덧붙이는 조사, 어미, 'ᄒᆞ-', '이-', 피동·사동 접미사 등의 요소를 가리키는데 흔히 '토吐'라고 한다. 구결은 정상적인 한문 어순 속에서 나타난다는 점에서 이두와 다른데, 주로 문법 형태소를 나타낸 차자 표기라는 점은 결과적으로 이두와 유사하다. 결과는 유사하지만 이두가 우리말을 표기하기 위한 노력의 산물이었다면 구결은 한문 해석을 쉽게 하기 위해 우리말의 문법 형태소를 첨가한 것으로서 그 목적이 다른 것이다. 구결은 현대에도 한문을 배울 때 흔히 사용되고 있다.

(6) 가. 한문 원문: 國之語音 異乎中國 與文字 不相流通 故 愚民有所欲言 而終不得伸其情者 多矣 … (나라의 말이 중국과 달라 문자를 가지고 서로 통하지 못하므로 어리석은 백성이 하고 싶은 말이 있어도 끝내 자신의 생각을 펴지 못하는 사람이 많다. …)

나. 후기 중세 한국어의 구결을 단 것: 國之語音이 異乎中國ᄒᆞ야 與文字로 不相流通ᄒᆞᆯᄊᆡ 故로 愚民이 有所欲言ᄒᆞ야도 而終不得伸其情者ㅣ 多矣라. …

다. 현대 한국어 구결을 단 것: 國之語音이 異乎中國하여 與文字로 不相流通하므로 故로 愚民이 有所欲言하여도 而終不得伸其情者가 多矣라. …

(6가)는 잘 알려진『훈민정음』어지御旨의 일부이다. (6나)는 당시에 구결을 단 것이고 (6다)는 현대에 구결을 단 것이다. 구결자를 제외하면 한문 원문과 동일함을 알 수 있다.

이러한 한글 구결은 한글 창제 이후에나 가능했는데, 한글 창제 이전에는(때로는 이후에도) 어쩔 수 없이 한자를 이용해 구결을 달 수밖에 없었다.

(7) 가. 한자 정자正字 구결을 단 것: 國之語音是 異乎中國爲良 …
　　나. 한자 약자略字 구결을 단 것: 國之語音丶 異乎中國ソ𠃌 …

(7)은 실제 문헌에 나오는 것은 아니지만, (6)의 한문 원문에 한자 정자 구결과 약자 구결을 달아 본 것이다. 조사 '이'에 해당하는 '是(이 시)'가 훈차 표기되었고 'ᄒᆞ야'의 'ᄒᆞ-'는 '爲'로써 훈차 표기, '-야'는 원래 '-아'인데 '良(어질 량)'으로써 음차 표기되어 있다. 그런데 한자 정자 구결 표기는 반복되는 경향이 있어서 고려 중기 이후에는 약자를 써서 표기를 단순화하는 일이 많아졌다. '丶, ソ, 𠃌'는 각각 '是, 爲, 良'의 약자들이다.

위에서 설명한 구결을 음독音讀 구결이라고 한다. 한문 원문에 간간이 우리말의 소리를 첨가하여 읽는 방식이기 때문이다. 그런데 고려 시대에는 글자 토吐나 선線, 점點 같은 부호符號를 통해 한문 해석의 순서까지 지정해 주는 석독釋讀 구결이 발달하였다. 부호 석독 구결은 매우 복잡한 양상을 띠므로, 여기에서는 글자 토로 쓰여 비교적 이해하기 쉬운 자토字吐 석독 구결의 예만 보기로 한다.

(8) 가. 復ソㄱ有セナ𠃌五道セ一切衆生リ丶
　　나. 쏘ᄒᆞᆫ 五道ㅅ 일체 즁싱이 잇겨며
　　다. 또한 오도五道의 모든 중생이 있으며

(8가)는『구역인왕경舊譯仁王經』(14세기 初)에서 가져온 구절이다. 위에 적은 구결은 세로로 적힌 한문 원문의 오른쪽에 달린 것이고 아래 적은 구결은 왼쪽에 달린 것이다. 먼저 구결이 오른쪽에 달린 한문부터 해석하고 오른쪽 구결 다음에 점(·)

이 나오면 앞으로 거슬러 올라가서 구결이 왼쪽에 달린 한문을 마저 해석한다. 점은 거슬러 올라가 읽으라는 지시를 하므로 역독점이라고 한다. 'ソ ㄱ'은 'ᄯᅩᄒᆞᆫ'의 'ᄒᆞᆫ'을, 'ヒ ナ ㅊ'는 '잇겨며'의 'ㅅ겨며'를, 'ヒ'은 'ㅅ(관형격 조사)'을, 'ㅣ'는 연결 어미 '-며'를 표기한 약자 구결이다. (8나)는 (8가)를 당시 언어로 추정하여 읽은 것이고, (8다)는 현대 한국어 해석이다.

9.1.5. 향찰

향찰鄕札은 우리말을 온전히 적기 위해 쓰인 것이다. 음차와 훈차의 원리를 가지고 고유 명사, 일반 어휘뿐 아니라 문법 형태소 일체를 우리말 어순에 따라 적은, 일종의 종합적 차자 표기라고 할 수 있다. 향찰은 대략 6세기경 신라에서 쓰이기 시작하였는데, 차자 표기로써 우리말을 온전히 표기하는 것은 한자 및 한문 문법에 대한 지식, 구결과 이두의 원리에 통달하여야 가능한 것이었으므로 매우 어려운 일이었다. 이 때문이었는지 향찰은 고려 초기까지만 존속되다가 그 이후로 소멸하게 된다.

(9) 가. 去內尼叱古(가ᄂᆞ닛고), 置內乎多(두ᄂᆞ오다)
나. 主隱(니믄), 五隱(나ᄂᆞᆫ), 汝隱(너ᄂᆞᆫ)
다. 雲音(구름), 川理(나리), 有叱多(잇다)

향찰에서 실질적 의미를 지닌 말은 주로 훈차 표기되었고 문법적 의미를 지닌 말은 주로 음차 표기되었다. (9가)에서 실질적 의미를 지닌 부분 '가-'와 '두-'는 각각 '去(갈 거)', '置(둘 치)'를 통해 훈차 표기되었고 어미 부분인 '-ᄂᆞ닛고'와 '-ᄂᆞ오다'는 모두 음차 표기되었다. 문법 형태소의 이형태를 표기에 정확히 반영하는 데에까지는 미치지 못하였는데, 이는 이두나 구결에서도 마찬가지였다. (9나)의 '隱(숨을 은)'은 주제를 표시하는 보조사인데, 이형태인 'ᄋᆞᆫ/은/ᄂᆞᆫ/는'을 모두 나타낼 수 있었다. 종종 실질 어휘(체언, 용언 어간)의 말음을 분명히 알리기 위해 음차 글자를 하나 더 써 주는 말음 첨기末音添記도 나타난다. (9다)에서 '音(소리 음)', '理(이치리)', '叱(꾸짖을 질)'은 각각 '구름'의 'ㅁ', '나리'의 '리', '잇-'의 'ㅅ'을 나타낸다.

(10) 가. 於內秋察早隱風未 此矣彼矣浮良落尸葉如 一等隱枝良出古 去奴隱處毛冬乎丁

나. 어느 ᄀᆞᅀᆞᆯ 이른 ᄇᆞᄅᆞ매 이에 뎌에 ᄠᅥ러딜 닙ᄀᆞᆫ ᄒᆞᄃᆞᆫ 가지라 나고 가논 곧 모ᄃᆞ론뎌.

다. 어느 가을 이른 바람에 이에 저에 떨어질 잎처럼, 한 가지에 나고 가는 곳 몰랐구나.

(10가)는 6세기 신라에서 지어진 것으로 추정되는 「제망매가祭亡妹歌」의 일부이다. (10나)는 당시의 언어를 15세기 한국어로 추정해 적어 본 것이고 (10다)는 현대어 해석이다. 이처럼 향찰은 한글 창제 이전에 우리말 전체를 온전히 표기하는 유일한 수단이었다.

9.2. 한글

한글은 1443년에 세종에 의해 친히 만들어진 문자이다. 당시에는 백성을 가르치는 바른 소리라는 뜻으로 '훈민정음訓民正音'이라고 하였다. 훈민정음은 1446년 간행된 『훈민정음』에서 상세한 해설이 이루어졌는데, 그를 통해 훈민정음의 제자 원리와 용례 등을 알 수 있다.

9.2.1. 한글의 제자 원리 및 특성

한글의 가장 기본적인 제자 원리는 상형象形이다. 그러나 자음자와 모음자의 상형은 그 성격이 다르다. 자음자의 상형이 실증 과학적이라면 모음자의 상형은 관념 철학적이다. 한글의 특성은 과학성, 독창성, 실용성으로 요약할 수 있다. 자음과 모음의 제자 원리, 모아쓰기를 통해 한글의 제자 원리 및 특성을 살펴보기로 한다.

9.2.1.1. 자음자의 제자 원리

자음의 기본자는 자음의 조음 위치별로 아음牙音, 설음舌音, 순음脣音, 치음齒音, 후음喉音으로 나누어 조음 기관을 상형하여 만들어졌다.

'ㅁ, ㅅ, ㅇ'은 조음 기관을 단순히 상형한 것이지만 'ㄱ, ㄴ'은 조음 기관을 단순히 상형한 것이 아니라 그 자음이 발음되는 순간의 조음 기관을 상형한 것이다. 어떻든 자음자가 조음 기관을 상형한 것은 한글이 세계적으로 유례가 없는 독창적, 과학적 문자라는 사실을 보여 준다. 세계의 그 어떤 문자도 그것이 나타내는 소리의 조음 과정을 정밀하게 관찰하여 그 모양을 상형한 경우는 없기 때문이다. 더 나아가 5개의 기본자에 획을 더하여, 즉 가획加劃하여 다른 자음자를 만들었는데 이 역시 과학적 원리를 담고 있다.

(11)

	아음	설음	순음	치음	후음
상형 내용	혀뿌리가 목구멍을 막는 모양	혀끝이 윗잇몸에 닿는 모양	입 모양	이 모양	목구멍 모양
기본자	ㄱ	ㄴ	ㅁ	ㅅ	ㅇ

(12)

	아음	설음	순음	치음	후음
기본자	ㄱ	ㄴ	ㅁ	ㅅ	ㅇ
가획자	↓ ㅋ	↓ ㄷ ↓ ㅌ	↓ ㅂ ↓ ㅍ	↓ ㅈ ↓ ㅊ	↓ ㆆ ↓ ㅎ

기본자와 가획자는 모두 조음 기관의 모양을 공유하면서 획의 추가에 따라 구분된다. 그래서 같은 조음 위치에 속하는 음들을 나타내는 글자들은 형태상의 공통점을 지닌다. 더욱이 '가획'에는 중요한 음성학적 의미가 있는데, 가획될수록 소리

가 더 세진다. 즉 가획은 음성학적 강도를 반영하고 있다. 예컨대 평음 'ㄱ'보다는 유기음 'ㅋ'이 더 강하고 공명음 'ㄴ'보다는 장애음 'ㄷ'이 더 강하다. 특히 음성 자질 중 [+유기성]은 예외 없이 가획을 하여 한글을 자질 문자featural alphabet라는 평가까지 받게 하였다. 음소 문자로서 음성 자질을 글자 모양에 반영한 글자는 전 세계에 한글밖에 없다. 조음 기관을 본떠서 글자를 만든 것도 대단한데 여기에 획을 더해 강한 소리를 나타내는 글자들을 만들었다는 것은 실로 엄청난 일이다. 또한 상형과 가획은 기억하는 데 유리한 원리로서 한글이 배우기 쉬운 글자가 되는 데 큰 역할을 하였다. 실용성이 높아진 것이다. 그럼에도 불구하고 한글의 글자 하나하나는 음소에 대응할 뿐만 아니라 한글이 여러 음성 자질을 체계적으로 반영한 것도 아니므로 자질 문자라는 규정은 지나친 면이 있다.

세종은 기본자와 가획자 이외에도 'ㆁ, ㄹ, ㅿ'을 더 만들었는데, 이들 역시 기본자에서 획을 더하기는 하였으나 가획할수록 소리가 세진다는 가획의 의미는 없어서 이체자異體字라고 부른다. 이체자에는 후음 기본자 'ㅇ'에 가획된 'ㆁ'도 있어 이체자는 그야말로 예외적인 글자들이라 할 수 있다.

9.2.1.2. 모음자의 제자 원리

모음자의 기본자인 'ㆍ, ㅡ, ㅣ' 역시 상형의 원리로 만들어진 것이다. 'ㆍ'는 하늘의 둥근 모양을 압축하여 나타낸 것이고 'ㅡ'는 평평한 땅의 모양을 나타낸 것이며 'ㅣ'는 사람이 꼿꼿이 서 있는 모양을 나타낸 것이다. 자음자가 실제 발음 기관을 상형한 것과는 달리 모음자는 이처럼 천지인天地人 삼재三才라는 성리학적 개념에 따라 상형이 이루어졌다. 자음은 어떤 식으로든 발음에 장애를 받는 과정이 있는 데 반해, 모음은 발음될 때 방해 과정이 없기 때문에 발음 기관을 본떠서 상형하기 어려웠기 때문인 것으로 추측된다.

(13)

	제자 방식	글자 종류
기본자	상형	·, ㅡ, ㅣ
초출자	기본자의 합성	ㅗ, ㅏ, ㅜ, ㅓ
재출자	초출자와 '·'의 합성	ㅛ, ㅑ, ㅠ, ㅕ

기본자인 '·, ㅡ, ㅣ'를 만든 다음 이 글자들을 조합하여 우선 '·'와 다른 모음자가 조합된 초출자初出字 'ㅗ, ㅏ, ㅜ, ㅓ'를 만들고, 그다음으로 '·'와 초출자가 조합된 재출자再出字 'ㅛ, ㅑ, ㅠ, ㅕ'를 만들었다. 'ㅛ, ㅑ, ㅠ, ㅕ'는 기본자에 반모음 /j/가 더해진 발음이나 반모음 /j/와 가장 유사한 'ㅣ'를 더하는 방식이 아니라 초출자를 만들 때와 동일하게 '·'를 더하는 방식을 취하였다. 기본자를 조합하여 초출자, 재출자를 만드는 것은 기억하는 데 유리한 원리로서 한글이 배우기 쉬운 글자가 되는 데 큰 역할을 하였다. 자음자와 마찬가지로 실용성이 높아진 것이다.

중성자는 중세 한국어의 모음 조화라는 음운 현상에서 동일한 부류로 기능하는 모음들의 관계를 글자 모양에 담아내고 있는데, 이 역시 세계 어느 문자에서도 볼 수 없는 독창적이고 과학적인 것이다.

중세 한국어에서는 혀[舌]의 움츠림[縮] 정도에 따라 설축舌縮, 설소축舌小縮, 설불축舌不縮이라는 세 가지 부류의 모음이 구별되었다. '·, ㅗ, ㅏ'는 혀가 많이 움츠리는 설축에 속하고 'ㅡ, ㅜ, ㅓ'는 혀가 조금 움츠리는 설소축에 속하며 'ㅣ'는 혀가 움츠리지 않는 설불축에 속한다. 창제 당시 설축의 모음들을 양陽으로 보고 설소축의 모음들을 음陰으로 보았는데, 이는 당시의 모음 조화 현상을 정확히 반영한 것이다. 사람(ㅣ)는 하늘(·)과 땅(ㅡ) 사이에 있으므로 중립 모음이 된다. 이처럼 모음자 역시 모음들의 관계를 고려하여 음양의 원리에 따라 체계적으로 만들었으므로 자음자 못지않은 독창성과 과학성을 담고 있다.

9.2.1.3. 한글의 특성

한글은 제자 원리와는 무관하게 개별 문자로서의 여러 가지 속성을 지니고 있다. 첫째, 한글은 기본적으로 음소 문자이다. 즉 하나의 글자가 하나의 음소를 나타낸다. 물론 두 개의 자음을 나란히 쓴 'ㄲ, ㄸ, ㅃ' 등이 경음이라는 하나의 음소를 나타낸다든가, 'ㅑ, ㅕ, ㅛ, ㅠ' 등과 같이 /j/가 결합된 이중 모음이 하나의 글자처럼 나타난다든가, 현대 한국어에서처럼 두 개의 모음자가 결합된 'ㅐ(ㅏ+ㅣ), ㅔ(ㅓ+ㅣ)' 등이 하나의 음소인 단모음을 나타낸다든가 하는 것은 음소 문자의 속성에서 벗어난다. 그럼에도 불구하고 기본적으로 한글이 음소 문자라는 사실을 부인하기는 어렵다.

한글은 음소 문자이면서도 음절 문자의 속성을 지니고 있다. 초성, 중성, 종성을 모아쓰는 방식을 통해 음절 문자의 장점도 함께 지니게 된 것이다. 음소를 음절 단위로 모아쓴 주된 이유는 한자漢字 때문인 것으로 보인다. 한자의 음이 모두 한 음절로 되어 있어 그에 영향을 받아 한글을 음절 단위로 모아썼다는 것이다. 한글의 창제 목적 중에는 한자음을 바르게 정리하고자 한 것도 있었기 때문에 한자의 음에 맞추어 모아쓰기를 했을 가능성도 충분하다. 'ㅏ, ㅓ' 등 세로로 긴 모음자는 자음자 오른쪽에 쓰고 'ㅗ, ㅜ' 등 가로로 긴 모음자는 자음자 아래쪽에 쓰기 때문에 모아쓰기의 결과는 정사각형에 가까운 글자가 된다.

음소 문자임에도 불구하고 음절 단위로 모아씀으로써 얻는 가장 큰 장점은 독서의 효율성을 들 수 있다. 음절 단위로 읽음으로써 여러 개의 음소를 한꺼번에 인식할 수 있기 때문에 빠르게 독서를 할 수 있는 것이다. '책을 빨리 읽는다'를 'ㅊㅐㄱ ㅇㅡㄹ ㅃㅏㄹㄹㅣ ㅇㅣㄹㄱㄴㅡㄴㄷㅏ'와 같이 풀어쓰면 읽는 속도가 느려진다. 한글의 모아쓰기는 읽기 효율성을 높이는 실용적 특성을 지니고 있다.

9.2.2. 한글 자모의 명칭

한글이 처음 만들어졌을 때 자음자의 명칭을 어떻게 정했는지 명확히 알지는 못한다. 그런데 『훈민정음』의 언해본을 통해 그 명칭을 대략 추정해 볼 수는 있다.

(14) ㄱ는 엄쏘리니 … ㄴ는 혀쏘리니 …

(14)를 통해 'ㄱ, ㄴ' 등이 각각, '기역, 니은' 등으로 불리지는 않았음을 알 수 있다. '기역, 니은' 등이었다면 보조사가 '는'이 아닌 '은'이 쓰였을 것이기 때문이다. '는'이 쓰인 것은 'ㄱ, ㄴ' 등이 모음으로 끝나는 형태로 읽혔음을 말해 주는 것인데, 그 정확한 명칭은 알 수 없으나 편의상 '기, 니' 등으로 추정하고 있다.

자음자의 명칭이 구체적으로 나오는 최초의 문헌은 최세진이 쓴 『훈몽자회訓蒙字會』이다. 한자 학습서인 이 책은 한자의 음과 뜻을 전달하기 위해 먼저 한글부터 학습시킬 필요가 있었고 그에 따라 한글의 각 자음자들이 어떤 음으로 읽히는지를 차자 표기로 나타내었다.

(15) 가. 初聲終聲通用八字: ㄱ(其役), ㄴ(尼隱), ㄷ(池㊅), ㄹ(梨乙), ㅁ(眉音), ㅂ(非邑), ㅅ(時㊇), ㆁ(異凝)
　　나. 初聲獨用八字: ㅋ(㊈), ㅌ(治), ㅍ(皮), ㅈ(之), ㅊ(齒), ㅿ(而), ㅇ(伊), ㅎ(屎)

(15가)는 초성과 종성에 두루 쓰일 수 있는 8개의 자음이다. 초성과 종성에 쓰일 수 있음을 보이기 위해 2음절로 명명하였다. (15나)는 초성에서만 쓰일 수 있는 8개의 자음이다. 초성의 쓰임만 보여 주면 되기 때문에 1음절로 제시하였다.

(15가)의 제시 규칙은 '자음자+ㅣ+으+자음자'이고, 차자 표기는 대체로 음차 표기이다. 그런데 음차 표기를 일관되게 하기 어려운 사정이 있었다. 우선 '기윽'을 만들 수 없었다. 한자음에 '윽' 발음이 없기 때문이었다. 따라서 '役(역)'을 쓰게 되었다. 또 '디읃'을 만들 수 없었다. 한자음에 '읃' 발음이 없기 때문이었다. 또 종성이 'ㄷ'인 한자도 없었으므로 두 번째 글자는 훈차를 하였다. '末(끝 말)'의 뜻은 15세기에 '귿'이므로 '末'은 '귿'으로 읽는다. 첫 번째 글자인 '池(연못 지)'는 지금의 한자음은 '지'이지만 후기 중세 한국어 시기의 한자음은 '디'이므로 음차한 글자이다. '시읏' 역시 만들 수 없었다. 한자음에 '읏' 발음이 없기 때문이었다. 또 종성이 'ㅅ'인 한자도 없었으므로 이것도 두 번째 글자를 훈차하였다. '衣(옷 의)'의 뜻이 '옷'이므로 '衣'는 '옷'으로 읽는다. (15나)의 제시 규칙은 '자음자+ㅣ'이다. '키'는 한

자음이 없었으므로 '箕(키 기)'로 훈차 표기하였다. 즉 위에서 동그라미 표시를 한 '末, 衣, 箕'는 훈차를 한 글자들이다.

『훈몽자회』에서는 각 자음이 어떤 소리를 나타내는지를 보여 주고자 차자 표기 한자를 제시하였을 뿐인데, (15가)는 아예 현대에까지 그대로 명칭이 굳어졌고, (15나)의 자음자들도 나중에 (15가)와 유사하게 명명되었다. 그러나 자음자의 명칭은 공식적으로 정해진 것이 아니었기 때문에 20세기 들어와 자음자의 명칭을 새로이 정하려는 여러 제안이 나오게 되었는데, 그러한 과정 끝에 1933년 「한글 마춤법 통일안」에서 (16)의 명칭으로 확정하였다. 'ㄱ(기역)', 'ㄷ(디귿)', 'ㅅ(시옷)'을 모두 'ㄱ(기윽)', 'ㄷ(디읃)', 'ㅅ(시읏)'으로 바꾼 북한과 달리 남한에서는 현재까지도 이것이 자음자의 공식 명칭으로 인정되고 있다.

(16) ㄱ(기역), ㄴ(니은), ㄷ(디귿), ㄹ(리을), ㅁ(미음), ㅂ(비읍), ㅅ(시옷), ㅇ(이응), ㅈ(지읒), ㅊ(치읓), ㅋ(키읔), ㅌ(티읕), ㅍ(피읖), ㅎ(히읗)

(16)과 같이 정한 후에 한 가지 문제가 발생하였는데, 가령 'ㅈ이, ㅈ을'과 같은 말을 어떻게 발음하느냐는 문제였다. 1933년 「한글 마춤법 통일안」에는 이에 대한 언급이 없어 원칙대로 [지으지], [지으즐]로 발음하도록 규정한 것으로 해석할 수밖에 없었으나, 현행 표준 발음법 규정에서는 'ㅈ이, ㅈ을'을 [지으시], [지으슬]로 발음하도록 명시하였다. 'ㅊ, ㅌ, ㅎ' 역시 [ㅅ]으로 연음되고 'ㅋ'은 [ㄱ]으로 'ㅍ'은 [ㅂ]으로 연음된다.

9.3. 표기법

9.3.1. 한글 표기법의 변천

한글이 창제된 후 한글을 적는 방식은 크고 작은 변화를 겪어 왔는데, 현재 한국은 독특하게도 국가에서 표준적인 표기 규정을 법제화하고 있다. 여기에서는 법제화된 한국어 표기 규정 이전의 한글 표기가 어떻게 변천해 왔는지를 알아보도록 한다.

한글을 창제했을 때 모아쓰기를 전제하였기 때문에, 아마도 세종을 비롯한 한글 창제 당사자들은 연철(이어적기)와 분철(끊어적기)라는 두 가지 표기 방식이 가능하다는 것을 인지했던 것으로 보인다. 15세기 문헌에는 '누늘'과 같은 연철 방식의 표기와 '눈을'과 같은 분철 방식의 표기가 공존했는데 대부분 연철의 방식으로 표기한 것이 그러한 추측의 근거가 된다.

그런데 한글은 자모 하나하나가 원칙적으로 음소에 해당하는 음소 문자이므로, 한글 창제의 당사자들은 뜻을 더 잘 보여 주도록 표의적表義的으로 표기하기보다는 소리를 더 잘 보여 주도록 표음적表音的으로 표기하는 방식을 선택하였다. 표음적 표기의 특징은 다음과 같다.

(17) 가. 형태소와 형태소 사이의 경계를 구분하지 않고 발음대로 연철한다.
　　 나. 음운 현상이 적용된 대로 표기하는 경향이 강하다.

(18) 가. 눈+을 → 누늘, 먹-+-어 → 머거
　　 나. 걷-+-ᄂᆞᆫ → 건ᄂᆞᆫ, 크-+-어서 → 커서, 앓-+-고 → 알코
　　 다. 높-+-고 → 놉고, 비왇-+-디 → 비완디, 빛+과 → 빗과, 닞-+-다가 → 닛다가

(17가)의 '연철' 원리에 따르면 자음으로 끝나는 형태소 뒤에 모음으로 시작하는 문법 형태소가 올 때 앞 형태소의 말음은 뒤 형태소의 초성 자리로 이동하여 적는다. (18가)에서 그 예를 볼 수 있다. (17나)는 대치, 탈락, 축약 등의 음운 현상을 표기에 반영한다는 원칙이다. 훈민정음이 표음 문자이므로 소리 표기에 충실한 방향으로 문자를 운용하는 것은 태생적으로 거의 필연적이었을 것이다. (18나, 다)에서 그 예를 볼 수 있다. 특히 (18다)는 종성 위치에서 8개의 자음만이 발음되는 음운 현상을 반영한 예이다. (17가)에도 문헌에 따라 예외적 표기(분철)가 나타나는 일이 있었지만, (17나)에도 어떤 음운 현상은 표기에 반영되지 않는 예외적 표기가 있다. 대표적으로 장애음 뒤에서 일어나는 경음화 현상은 당시에도 있었으리라 추측되는데 표기에는 반영이 되지 않아, 가령 '입과'를 '입꽈'로 적지 않았다.

(19) 손[客] ⇔ ·손[手]

(19)에서 중세 한국어 표기법의 중요한 특징인 '방점'을 볼 수 있다. 중세 한국어는 현대 한국어의 표준어와는 달리 소리의 높낮이가 단어의 뜻을 구별해 주는 기능을 하여 운소로 기능했던 것으로 보이고, 또 이를 글자 왼쪽에 점을 찍는 방식으로 표기에도 반영하였다.

중세 한국어와 현대 한국어를 이어 주는 근대 한국어는 표기법상 다음과 같은 변화의 경향으로 요약할 수 있다. 근대 한국어 시기는 수백 년에 걸친 것이고 (20)과 같은 특성은 일시에 나타난 것이 아니라 서서히 나타났기 때문에 중세 한국어의 표기 특성과 일부 겹치는 시기도 상당히 오래 지속되었다. 음성 언어보다는 문자 언어가 일반적으로 더 보수적이어서 천천히 변화하는 경향이 있기 때문이다.

(20) 가. 형태소와 형태소 사이의 경계를 구분하여 분철한다.
나. 8종성 표기에서 7종성 표기로 바뀐다.
다. 방점은 표기하지 않는다.

(21) 가. 깁흔, 깁픈, 깊은(깊-+-은), 님금미(님금+이), 겻틔(곁+ᄋᆡ), ᄒᆞᆰ기(ᄒᆞᆰ+이)
나. 밋ᄭᆞ지(밑+까지), 밋어(믿-+-어)

(20가)는 연철에서 분철로의 변화를 가리킨다. 정확한 분철 표기는 (21가)의 '깊은'이지만 중세 한국어의 연철 표기 '기픈'으로부터의 변화 과정에서 '깁흔'과 같이 유기음을 평음과 'ㅎ'으로 음소를 나눈 형태가 출현하기도 하고 '깁픈'과 같이 음소가 중첩된 중철(거듭적기) 표기도 나타난다. '님금미, 겻틔, ᄒᆞᆰ기'는 중철 표기의 다양한 예이다.

(20나)는 근대 한국어 시기에 현대 한국어처럼 음절 말에서 'ㄱ, ㄴ, ㄷ, ㄹ, ㅁ, ㅂ, ㅇ'의 7종류 자음만이 발음될 수 있었던 상황과 관련된다. 중세 한국어에서는 'ㅅ'과 'ㄷ'이 구별 표기되었는데, 근대 한국어에서는 'ㄷ, ㅌ, ㅅ, ㅈ, ㅊ' 등이 음절 말 환경에서 /ㄷ/으로 통일됨에 따라 7종류의 자음자만이 표기된 것이다. 그런데 /ㄷ/에 대한 표기가 'ㄷ'으로 적힌 것이 아니라 'ㅅ'으로 적히는 방향으로 바뀐

것이 특기할 만하다. 그리하여 'ㅅ' 발음이 나지 않는 [미더](믿-+-어)와 같은 말도 (20가)의 특징을 함께 보여 '밋어'와 같이 표기된 예가 흔히 나타났다.

(20다)는 중앙어에서 소리의 높낮이가 뜻을 구별해 주는 운소의 기능을 잃음으로써 생긴 변화이다. 일부 방언에서는 소리의 높낮이가 여전히 운소로 존재했을 것으로 추정됨에도 불구하고 근대 한국어의 전 문헌에서 방점이 사라지게 된다.

근대 한국어에서 (20가)에 따라 표음적 문자 운용이 표의적 성격을 어느 정도 띠게 되었음에도 불구하고 본격적인 표의적 표기법은 현대 한국어 초기에 우리말 연구자들에 의해 급격하게 발전되었다. 주시경은 근대 한국어 시기까지 받침으로 잘 쓰지 않았던 'ㄷ, ㅈ, ㅊ, ㅋ, ㅌ, ㅍ, ㅎ' 등을 받침으로 써야 한다고 주장했다. 이는 뒤에서 설명할 현행 한글 맞춤법의 형태적 원리, 곧 어떤 의미를 나타내는 특정 형태를 고정적으로 표기하는 것과 관련이 깊다. 예컨대 '높-'이라는 말의 의미인 '高'를 나타내기 위해 늘 같은 형태인 '높-'을 쓴다면 '높고, 높다, 높더라, 높아, 높은'과 같이 써야 하기 때문에 'ㅍ'과 같은 자음의 종성 표기를 허용할 수밖에 없는 것이다. 중세 한국어의 8종성 표기, 근대 한국어의 7종성 표기는 이러한 형태적 원리에서 크고 작게 벗어나는 것이다.

주시경이 제창한 종성 표기법은 수백 년 동안의 한글 표기 전통과는 맥을 달리하는 획기적인 것이기에 처음에는 상당한 반대에 부딪혔으나 마침내 조선어학회의 「한글 마춤법 통일안」(1933)에 반영되어 확고한 원칙이 된다. 「한글 마춤법 통일안」은 받침 표기에 제한을 두지 않고 형태소의 기본형을 밝혀 다양한 받침을 적을 수 있게 하였다. 아울러 이 안은 서구권 문자 운용의 장점인 띄어쓰기를 명문화하는 등 현행 「한글 맞춤법」(1988)의 근간이 되었다.

9.3.2. 한글 맞춤법

「한글 맞춤법」은 한글을 사용하여 우리말을 적는 데 필요한 사항들을 규정한 국가 공식의 어문 규정이다. 1933년에 조선어학회가 공포한 「한글 마춤법 통일안」을 바탕으로 하여 1988년에 공시되어 1989년부터 시행되어 오고 있다. 한글 맞춤법은 '총칙, 자모, 소리에 관한 것, 형태에 관한 것, 띄어쓰기, 그 밖의 것'으로 구성되어 있고 부록으로 '문장 부호'가 덧붙여져 있다. 그 주요 내용을 살펴보기로 한다.

9.3.2.1. 총칙

총칙은 세 개의 조항으로 이루어져 있는데 그중 제1항은 다음과 같다.

(22) **제1항** 한글 맞춤법은 표준어를 소리대로 적되, 어법에 맞도록 함을 원칙으로 한다.

(22)에서는 한글 맞춤법의 두 가지 기본 원리인 '소리대로 적되'와 '어법에 맞도록 함을'이 제시되어 있다. '소리대로 적는 것'은 표음주의를 말하는 것으로서 음소적 원리라고도 하고 '어법에 맞도록 적는 것'은 표의주의를 말하는 것으로 형태적(또는 형태음소적) 원리라고도 한다. 앞에서 한국어 표기의 역사를 살펴보았듯이, 한국어의 표기는 점점 음소적 표기에서 형태적 표기로 변화해 왔고 현대 초기에 형태적 표기의 급격한 발전을 이루었다. 따라서 제1항은 어법에 맞도록 적을 때 그것이 소리에서 벗어나지 않는 표기가 되어야 하는 단서 조건을 단 것으로 생각할 수 있다.

(23) 가. 찢어서, 찢고
나. 찌저서, 찓꼬

(24) 가. 밭이, 밭을
나. 바치, 바틀

(23나, 24나)로 쓰지 않고 (23가, 24가)로 쓰는 데 공통적으로 적용되는 원리는 어떤 의미를 나타내는 말은 고정된 형태로 적는다는 것이다. 즉 (23가)와 같이 연음되는 자음을 뒤 음절의 초성으로 적지 않거나 음절말 평파열음화를 표기에 반영하지 않는 것도 형태를 고정한 표기로 볼 수 있고, (24가)와 같이 'field[田]'의 뜻을 지닌 말을 어떤 음운 현상을 겪든 간에 같은 형태인 '밭'으로 적는 것도 형태를 고정

한 표기로 볼 수 있는 것이다.[1]

형태적 원리는 체언이나 용언의 어간처럼 실질 형태소에서만 지켜지는 것이 아니라 조사나 어미 같은 문법 형태소에서도 지켜진다. (23가)에서 이를 알 수 있는데, 한국어에서 'ㄴ' 다음의 평파열음이 경음화되는 음운 변동 규칙이 없으므로 [안꼬]를 '안고'로 적는 것은 음소적 원리를 어기면서까지 조사 '고'의 형태를 고정하기 위함이다.

(25) 가. 아름답고, 아름답어, 아름답은
나. 아름답고, 아름다워, 아름다운

그러나 형태적 원리를 우선시하는 원칙이 소리에서 지나치게 벗어날 때에는 형태적 원리를 포기하고 음소적 원리에 따라 적기도 한다. (25가)는 '美'의 뜻을 가진 형용사의 어간을 모두 고정하여 표기한 것인데, '아름답어, 아름답은'은 실제 발음에서 너무 멀어지므로 (25나)와 같이 적는 것이다. 이처럼 한글 맞춤법에서는 음소적 원리와 형태적 원리의 밀고 당기기 절충이 전반적으로 이루어져 있다.

그러나 규정의 개별 조항들에서는 특정 유형의 말들에 대해 어떤 경우에는 음소적 원리를 적용하고 어떤 경우에는 형태적 원리를 적용하도록 명시하고 있다. 소리대로 적는 음소적 원리는 주로 불규칙적 교체를 보이는 경우, 어원을 알기 어려운 경우, 복합어의 구성 요소가 본뜻에서 멀어졌거나 그 쓰임새가 일부로 제한된 경우 등에 택한다. 반면 그렇지 않은 경우에는 형태적 원리를 택하는 것이 원칙이다.

(26) 가. **제10항** 한자음 '녀, 뇨, 뉴, 니'가 단어 첫머리에 올 적에는 두음 법칙에 따라 '여, 요, 유, 이'로 적는다. 예 여자(女子), 요산(尿酸), 유대(紐帶), 익명(匿名)
나. **제18항** 다음과 같은 용언들은 어미가 바뀔 경우, 그 어간이나 어미가 원칙에 벗어나면 벗어나는 대로 적는다. 예 긋다—그어—그으니—그었다, 깁다—기워—기우니—기웠다

1 '밭이'가 음소적 원리에 의한 표기인 '바치'와 똑같은 발음이 난다는 사실 등을 근거로 하여 '밭이' 역시 기본적으로는 음소적 원리에 의한 표기이고, 음소적 원리는 형태적 원리와 대등하게 대립되는 것이 아니라 상위 원리라고 하는 학자도 있다. 그러나 이러한 주장은 소수의 견해로 남아 있다.

(26)은 음소적 원리에 따른 조항들이다. (26가)의 경우 한자의 원음 대신 어두에서는 소리대로 적도록 규정하고 있다. (26나)는 불규칙적 교체를 보이는 용언의 활용형들은 어간이나 어미의 원형을 밝히지 않고 바뀐 대로 적도록 하고 있다.

(27) 가. **제6항** 'ㄷ, ㅌ' 받침 뒤에 종속적 관계를 가진 '-이(-)'나 '-히-'가 올 적에는 그 'ㄷ, ㅌ'이 'ㅈ, ㅊ'으로 소리 나더라도 'ㄷ, ㅌ'으로 적는다. 예 맏이, 같이, 묻히다

나. **제20항** 명사 뒤에 '-이'가 붙어서 된 말은 그 명사의 원형을 밝히어 적는다. 예 곳곳이, 낱낱이, 육손이

(27)은 형태적 원리에 따른 조항들이다. (27가)는 구개음화에 대한 것으로 형태소의 결합 과정에서 구개음화가 일어나더라도 구개음화가 일어나기 전의 원형을 밝혀 적도록 규정하고 있다. (27나)는 파생 접사 '-이'가 결합된 파생어의 경우 그 어근인 명사의 원형을 밝혀서 파생 접사와 구분하여 적도록 하고 있다.

음소적 원리와 형태적 원리는 상호 보완적인 관계에 있다. 가령, 규칙적 교체를 보이는 형태소는 형태적 원리에 따라 기본형을 밝혀 적는 비율이 압도적으로 높다. 반면 불규칙적 교체를 보이는 형태소는 음소적 원리에 따라 실제 발음에 가깝게 적고 있다. 복합어에서도 형태를 고정할 가치가 큰 형태소는 형태적 원리를, 형태를 고정할 가치가 적은 형태소는 음소적 원리를 적용함으로써 두 원리를 절충하고 있다.

음소적 원리와 형태적 원리는 각각의 장점이 있다. 음소적 원리의 장점은 소리 나는 그대로 적으므로 형태소의 기본형과 형태소와 형태소 간의 경계에 대한 정보를 잘 알아야 정확히 적을 수 있는 형태적 원리에 비해 표기의 용이성이 있다는 것이다. 이는 가령 '많이'와 같이 적는 것보다 '마니'와 같이 적는 것이 훨씬 쉬운 표기법이라는 것이다. 그런데 언뜻 생각하기에 표기의 용이성이 표기법의 가장 큰 미덕인 것 같아도 그렇게 단순하게 생각할 수는 없다. 형태적 원리는 이미 그 원리에 따라 적힌 글을 쉽게 읽을 수 있다는 독서의 능률이 최대 장점이다. 각 형태소들의 기본형을 밝혀 적거나 서로 다른 형태소를 분리해 적으면, 그만큼 형태소의 식별이 편하므로 글을 읽을 때 의미 파악에 훨씬 도움이 된다.

명시적으로 드러내지는 않았지만 현행 한글 맞춤법은 적기 편한 표기법과 읽기 편한 표기법 중 뒤엣것에 더 중점을 두고 있다. 예컨대 "꽃이 앞뜰에 많이 피었다."와 같은 표기는 "꼬치 압뜨레 마니 피어따."와 같은 표기보다 적기는 어렵지만 읽고 그 의미를 이해하는 데에는 훨씬 더 유리하다. 두 가지 표기법을 각기 적용하여 책 한 권을 만든다면, 음소적 원리보다 형태적 원리를 적용한 책이 훨씬 잘 읽힐 것이다. 한 개인의 문자 생활에서 '쓰기'보다 '읽기'가 압도적으로 많고 글을 쓰는 사람보다 읽는 사람이 압도적으로 많은 점을 고려할 때, 20세기 이후 한글 맞춤법에서 형태적 원리를 확립한 것은 당연한 일이다. 또한 문자의 영속성까지 고려하여 언어의 소리가 변한 미래에 과거의 글을 읽는 경우를 상상해 본다면 형태적 원리의 우수성을 더 잘 이해할 수 있다.

(28) 가. **제2항** 문장의 각 단어는 띄어 씀을 원칙으로 한다.
　　나. **제3항** 외래어는 '외래어 표기법'에 따라 적는다.

(28가)는 띄어쓰기의 기준이 되는 단위가 단어임을 분명히 지적하고 있다. 이 원칙은 한 가지 예외를 제외하면 대체로 잘 지켜진다. 즉 조사가 결합할 경우에는 비록 '조사'를 한 단어로 인정하고 있음에도 불구하고 항상 앞말에 붙여 써야만 하는 것이다. '눈물, 떠먹다'와 같이 두 개의 단어가 결합된 합성어를 붙여 쓰는 이유도 (28)에서 찾을 수 있다. 그런데 단어 판별은 쉬운 일이 아니므로 (28가)를 완벽히 지키는 일이 매우 어렵게 되었다. 현재는 「표준국어대사전」이라는 국가 공식의 국어사전에서 판별한 내용에 따라 띄어쓰기를 하는 것이 옳은 것으로 인식되어 있는데, 일반 언중이 「표준국어대사전」을 늘 참고하지도 않을 뿐 아니라 「표준국어대사전」 자체도 단어 판별에서 임의성이 적지 않으므로, (28가)에 따른 띄어쓰기는 미세한 부분에서 다소의 혼란을 겪고 있다. (28나)는 외래어 표기는 별도의 규정에서 다룬다는 점을 언급한 것이다. 외래어 표기법은 9.3.4.에서 살피기로 한다.

9.3.2.2. 자모

제2장에서는 한글의 자모를 규정하고 있다.

(29) **제4항** 한글 자모의 수는 스물넉 자로 하고, 그 순서와 이름은 다음과 같이 정한다.
ㄱ(기역) ㄴ(니은) ㄷ(디귿) ㄹ(리을) ㅁ(미음) ㅂ(비읍) ㅅ(시옷) ㅇ(이응) ㅈ(지읒)
ㅊ(치읓) ㅋ(키읔) ㅌ(티읕) ㅍ(피읖) ㅎ(히읗)
ㅏ(아) ㅑ(야) ㅓ(어) ㅕ(여) ㅗ(오) ㅛ(요) ㅜ(우) ㅠ(유) ㅡ(으) ㅣ(이)

(29)에서 자음자는 'ㄱ'부터 'ㅎ'까지 14자가 열거되어 있고 모음자는 'ㅏ'부터 'ㅣ'까지 10자가 열거되어 있는데, 이 24자는 훈민정음 창제 당시의 28자 중 사라진 'ㆍ, ㅿ, ㆁ, ㆆ'이 제외된 것이다. 즉 (29)는 훈민정음 창제 당시의 '자字'에 대한 인식을 계승한 결과물인데, 음소에 대한 인식과는 불일치함을 유의하여야 한다. 현대 국어의 음소에는 (29)에서 'ㅑ, ㅛ, ㅛ, ㅠ'가 빠지고 (30)의 'ㄲ, ㄸ, ㅃ, ㅆ, ㅉ, ㅐ, ㅔ, ㅚ, ㅟ'가 들어와야 한다.

(30) 가. ㄲ(쌍기역), ㄸ(쌍디귿), ㅃ(쌍비읍), ㅆ(쌍시옷), ㅉ(쌍지읒)
나. ㅐ(ㅏ+ㅣ), ㅒ(ㅑ+ㅣ), ㅔ(ㅓ+ㅣ), ㅖ(ㅕ+ㅣ), ㅚ(ㅗ+ㅣ), ㅟ(ㅜ+ㅣ),
ㅢ(ㅡ+ㅣ), ㅘ(ㅗ+ㅏ), ㅝ(ㅜ+ㅓ) / ㅙ(ㅗ+ㅏ+ㅣ), ㅞ(ㅜ+ㅓ+ㅣ)

(29) 이외에 현대 한국어에서 실제 사용되는 모든 자모 글자를 열거한 것이 (30)이다. (30가)는 경음이다. 훈민정음 창제 당시에 (30가)는 '병서竝書'의 방식으로 조합된 것이라고 하여 28자에서 제외하였다. 그런데 자음자와는 달리 모음 기본자를 '합자合字'한 'ㅑ, ㅕ, ㅛ, ㅠ'는 (29)에 포함되었다는 점이 특이하다. (30나)는 (29)의 두 개 이상의 모음자가 합자된 예이다. 'ㅐ~ㅝ'에는 두 개의 모음자가 합자되어 있고 'ㅙ, ㅞ'에는 세 개의 모음자가 합자되어 있다. 한글 맞춤법에서 이 자모들만을 쓰도록 규정되어 있어 'ㆌ'와 같은 글자를 쓸 수 없기 때문에 '사귀어, 바뀌어'의 준말이 실제 한국어에서 발음됨에도 불구하고 표기할 수단은 없다.

9.3.2.3. 소리에 관한 것

소리에 관한 조항은 된소리, 구개음화, 'ㄷ' 소리 받침, 모음, 두음 법칙, 겹쳐 나는 소리의 여섯 가지 내용으로 구분된다. 이 중 된소리와 'ㄷ' 소리 받침에 대해서 간략히 살펴본다.

> (31) **제5항** 한 단어 안에서 뚜렷한 까닭 없이 나는 된소리는 다음 음절의 첫소리를 된소리로 적는다.
> 두 모음 사이에서 나는 된소리. 예 소쩍새, 어깨, 오빠, 으뜸
> 'ㄴ, ㄹ, ㅁ, ㅇ' 받침 뒤에서 나는 된소리. 예 산뜻하다, 살짝, 담뿍, 몽땅
> 다만, 'ㄱ, ㅂ' 받침 뒤에서 나는 된소리는, 같은 음절이나 비슷한 음절이 겹쳐 나는 경우가 아니면 된소리로 적지 아니한다. 예 국수, 법석

(31)은 '한 단어 안에서 둘째 음절 이하에서 첫소리가 뚜렷한 까닭 없이 된소리가 나면 된소리로 적는다.'와 같이 표현하는 것이 정확하다. 이때 '뚜렷한 까닭 없이'는 경음화 규칙이 적용되지 않는 경우를 가리킨다. 이 제5항의 적용 환경인 모음이나 공명음 'ㄴ, ㄹ, ㅁ, ㅇ' 뒤에서는 원칙적으로 경음화 규칙이 적용되지 않으므로 그것이 경음으로 발음되면 표기에 밝혀 주어야 음소적 원리를 지키게 된다는 취지의 조항이다. 그러나 예외 없이 경음화 규칙이 적용되는 'ㄱ, ㄷ' 뒤의 평음은 경음화를 표기에 반영하지 말라는 '다만' 조항을 붙이고 있다. 이 '다만' 조항은 필수적인 음운 현상이 나타나는 부분에서는 음소적 원리를 지키지 않을 수도 있음을 표방한 것이다.

> (32) **제7항** 'ㄷ' 소리로 나는 받침 중에서 'ㄷ'으로 적을 근거가 없는 것은 'ㅅ'으로 적는다.
> 예 덧저고리, 돗자리, 엇셈

(32)는 "'ㄷ' 소리로 나는 받침 중에서 'ㄷ, ㅌ, ㅈ, ㅊ, ㅆ'으로 적을 근거가 없는 것은 'ㅅ'으로 적는다."로 표현하는 것이 더 정확한데, 'ㅌ, ㅈ, ㅊ, ㅆ'은 관심의 초점이 아니므로 생략한 것으로 보인다. 이때 'ㄷ'으로 적을 근거란 해당 형태소의 기본형

에서의 받침이 [ㄷ]이라는 점을 가리키는 것이다. 가령 '얻-', '짙-'은 각각 '얻어, 얻으니', '짙어, 짙으니'와 같은 활용형에서 기본형의 말음이 각각 'ㄷ', 'ㅌ'이라는 점이 분명하기 때문에 '얻고[얻꼬]', '짙고[짇꼬]'에서 받침을 각각 'ㄷ', 'ㅌ'으로 적는다. 만약 그러한 근거가 없는 한, 발음이 'ㄷ'으로 난다고 하더라도 'ㅅ'으로 적으라는 조항이다. 이는 근대 국어의 7종성 표기에서 [ㄷ]을 'ㅅ'으로 표기한 관습을 이어받은 것이다.

9.3.2.4. 형태에 관한 것

형태에 관한 조항은 체언과 조사, 어간과 어미, 접미사가 붙어서 된 말, 합성어 및 접두사 붙는 말, 준말의 다섯 가지 내용으로 나뉜다. 몇 가지 중요한 조항들을 보기로 한다.

(33) 가. **제14항** 체언은 조사와 구별하여 적는다. 예 떡이, 떡을, 떡에, 떡도, 떡만
　　나. **제15항** 용언의 어간과 어미는 구별하여 적는다. 예 먹다, 먹고, 먹어, 먹으니

(33가, 나)는 각각 체언 뒤에 조사가 결합하거나 용언 어간 뒤에 어미가 결합할 때 이 둘을 분철함으로써 형태적 원리를 추구함을 표명한 것이다. 다만, 어간 뒤에 어미가 결합하는 경우 형태적 원리를 지키지 않는 예들이 존재하는데 이는 불규칙 활용형이다. 불규칙 활용형에서는 소리 자체가 원래의 어간 혹은 어미의 소리와 달라지는 부분이 존재하기 때문에 음소적 원리를 우선 따르는 것이다.

(34) **제18항** 다음과 같은 용언들은 어미가 바뀔 경우, 그 어간이나 어미가 원칙에 벗어나면 벗어나는 대로 적는다.
가. 어간의 끝 'ㄹ'이 줄어질 적 예 갈다: 가니, 간, 갑니다, 가시다, 가오
나. 어간의 끝 'ㅅ'이 줄어질 적 예 긋다: 그어, 그으니, 그었다,
다. 어간의 끝 'ㅎ'이 줄어질 적 예 그렇다: 그러니, 그럴, 그러면, 그럽니다, 그러오
라. 어간의 끝 'ㅡ'가 줄어질 적 예 뜨다: 떠, 떴다
마. 어간의 끝 'ㅜ'가 줄어질 적 예 푸다: 퍼, 펐다

바. 어간의 끝 'ㄷ'이 'ㄹ'로 바뀔 적 예 걷다[步]: 걸어, 걸으니, 걸었다
사. 어간의 끝 'ㅂ'이 'ㅜ'로 바뀔 적 예 깁다: 기워, 기우니, 기웠다
아. '하다'의 활용에서 어미 '-아'가 '-여'로 바뀔 적 예 하다: 하여, 하여서, 하여도
자. 어간의 끝 음절 '르' 뒤에 오는 어미 '-어'가 '-러'로 바뀔 적 예 푸르다: 푸르러, 푸르렀다
차. 어간의 끝 음절 '르'의 'ㅡ'가 줄고, 그 뒤에 오는 어미 '-아/-어'가 '-라/ -러'로 바뀔 적 예 가르다: 갈라, 갈랐다

(34)는 (34가)와 (34라)를 제외하면 불규칙 용언의 예이다. 불규칙 용언의 활용형은 교체가 일어난 결과의 소릿값을 그대로 표기함으로써 형태적 원리보다는 음소적 원리에 더 충실하다. (34가)의 'ㄹ' 탈락이나 (34라)의 'ㅡ' 탈락은 규칙적 음운 현상이지만, 「한글 마춤법 통일안」 제정 당시에는 불규칙 현상으로 보았기 때문에 다른 불규칙 용언과 동일한 처리를 하였고, 또 탈락 현상이 일어났는데도 탈락하기 이전의 자음과 모음을 적는 것은 소리에서 너무 멀어지는 표기가 되므로 현행 「한글 맞춤법」에서도 이를 그대로 계승하였다.

(35) **제19항** 어간에 '-이'나 '-음/-ㅁ'이 붙어서 명사로 된 것과 '-이'나 '-히'가 붙어서 부사로 된 것은 그 어간의 원형을 밝히어 적는다. 예 길이, 묶음, 같이, 익히
다만, 어간에 '-이'나 '-음'이 붙어서 명사로 바뀐 것이라도 그 어간의 뜻과 멀어진 것은 원형을 밝히어 적지 않는다. 예 코끼리, 거름, 노름
[붙임] 어간에 '-이'나 '-음' 이외의 모음으로 시작된 접미사가 붙어서 다른 품사로 바뀐 것은 그 어간의 원형을 밝히어 적지 아니한다. 예 너머, 마중, 도로, 조차

(35)는 어근이 분명하고 널리 쓰이는 접미사가 붙어서 된 말은 어근의 원형을 밝혀 적으며 어근과 접사를 분리하여 적는다는 원칙과 그것의 예외를 규정한 조항이다. 이러한 원칙과 예외는 접미사가 붙어서 만들어지는 다른 말에도 적용된다.

(36) **제30항** 사이시옷은 다음과 같은 경우에 받치어 적는다.
가. 순 우리말로 된 합성어로서 앞말이 모음으로 끝난 경우

a. 뒷말의 첫소리가 된소리로 나는 것 예 고랫재, 귓밥, 나룻배

b. 뒷말의 첫소리 'ㄴ, ㅁ' 앞에서 'ㄴ' 소리가 덧나는 것 예 멧나물, 텃마당, 빗물

나. 순 우리말과 한자어로 된 합성어로서 앞말이 모음으로 끝난 경우

a. 뒷말의 첫소리가 된소리로 나는 것 예 귓병, 머릿방, 뱃병

b. 뒷말의 첫소리 'ㄴ, ㅁ' 앞에서 'ㄴ' 소리가 덧나는 것 예 곗날, 제삿날, 툇마루

c. 뒷말의 첫소리 모음 앞에서 'ㄴㄴ'소리가 덧나는 것 예 가욋일, 예삿일

다. 두 음절로 된 다음 한자어 예 곳간(庫間), 셋방(貰房), 숫자(數字), 찻간(車間), 툇간(退間), 횟수(回數)

(37) 가. 합성어의 앞말이 반드시 모음으로 끝나야 한다.

나. 합성어의 구성 요소 중 하나 이상이 고유어이어야 한다.

다. 합성어의 뒷말이 된소리로 바뀌거나 합성어의 앞말과 뒷말 사이에 'ㄴ' 또는 'ㄴㄴ'이 덧나야 한다.

(38) 가. 대가(○)/댓가(×)[代價], 초점(○)/촛점(×)[焦點]

나. 위층(○)/윗층(×), 뒤풀이(○)/뒷풀이(×)

(36다)는 어휘 특정적인 한자어를 예시하고 있으므로 이를 제외하고 볼 때, 사이시옷은 (37)의 조건들을 갖추어야 표기하는 것으로 이해할 수 있다. 이 조건들을 정확히 적용한다면 일상적으로 접하는 (38)과 같은 예에서 표기 오류를 피할 수 있다. (38가)는 한자(어)끼리의 결합이므로 (37나)의 조건을 어긴다. (38나)는 뒷말이 경음화된 것도 아니고 앞말과 뒷말 사이에 'ㄴ'이나 'ㄴㄴ'이 첨가된 것도 아니므로 (37다)의 조건을 어긴다. 따라서 각각 사이시옷을 적지 않은 표기가 옳다.

9.3.2.5. 띄어쓰기

띄어쓰기에 대한 조항은 조사에 대한 것, 의존 명사와 단위를 나타내는 명사 및 열거하는 말 등에 대한 것, 보조 용언에 대한 것, 고유 명사 및 전문 용어에 대한 것으로 이루어져 있다.

(39) 가. **제41항** 조사는 그 앞말에 붙여 쓴다. 예 꽃이, 꽃마저, 꽃에서부터
나. **제42항** 의존 명사는 띄어 쓴다. 예 아는 것이 힘이다, 먹을 만큼 먹어라
다. **제43항** 단위를 나타내는 명사는 띄어 쓴다. 예 한 개, 차 한 대, 옷 한 벌
라. **제47항** 보조 용언은 띄어 씀을 원칙으로 하되, 경우에 따라 붙여 씀도 허용한다. 예 꺼져 간다~꺼져간다, 할 만하다~할만하다

(39가)는 조사의 띄어쓰기 규정으로서 (28가)에서 보인 총칙 제2항의 가장 큰 예외가 된다. (39나, 다)는 일차적으로 의존 명사의 띄어쓰기와 관련되는데, '학생 한 사람'의 '사람'과 같이 단위를 나타내는 명사이지만 의존 명사가 아닌 단위 명사도 해당된다. (39나, 다)가 (28가)의 대원칙을 훼손하지 않음에도 불구하고 따로 명시한 것은 의존 명사를 붙여 쓰는 언중의 관습이 있음을 고려하였기 때문이다. (39라)에서는 본용언과 보조 용언을 붙여 쓸 수 있게 허용하고 있다. 다만, 붙여 쓰는 것이 허용되는 보조 용언의 목록과 붙여 쓰는 경우에 대한 상세한 설명은 조항 내에서 언급되지 않아 다소의 혼란은 피할 수 없게 되었다. 상세한 설명은 국립국어원의 「한글 맞춤법, 표준어 규정 해설」(2018)에서 볼 수 있다.

(40) 가. **제48항** 성과 이름, 성과 호 등은 붙여 쓰고, 이에 덧붙는 호칭어, 관직명 등은 띄어 쓴다. 예 서화담, 채영신 씨, 최치원 선생
다만, 성과 이름, 성과 호를 분명히 구분할 필요가 있을 경우에는 띄어 쓸 수 있다. 예 남궁억~남궁 억, 독고준~독고 준
나. **제49항** 성명 이외의 고유 명사는 단어별로 띄어 씀을 원칙으로 하되, 단위별로 띄어 쓸 수 있다. 예 대한 중학교~대한중학교, 한국 대학교 사범 대학~한국대학교 사범대학
다. 전문 용어는 단어별로 띄어 씀을 원칙으로 하되, 붙여 쓸 수 있다. 예 중거리 탄도 유도탄~중거리탄도유도탄

(40)은 고유 명사나 전문 용어에 적용되는 띄어쓰기 예외이다. 고유 명사나 전문 용어는 일반 명사보다 하나의 단위로 인식되는 경향이 있으므로 띄어 쓰는 방식에서도 융통성을 부여하고 있다. 고유 명사나 전문 용어를 단어별로 모두 띄어 쓰면

하나의 대상을 나타낸다는 사실이 잘 드러나지 않는다는 단점이 있다는 것이다. 이러한 사정을 감안하여 단어별로 띄어 쓰는 것과 붙여 쓰는 것을 모두 허용하고 있다.

9.3.2.6. 그 밖의 것

한글 맞춤법이 음소적 원리와 형태적 원리 중 어느 것에도 위배되지 않게 절충함을 지향하는 것은 앞서 설명하였고 어쩔 수 없이 둘 중 한쪽을 포기하는 경우도 있음을 앞서 설명하였는데, '그 밖의 것'으로 명시된 한글 맞춤법 마지막 부분의 제53항에서도 이러한 고민과 갈등이 드러나 있다.

(41) **제53항** 다음과 같은 어미는 예사소리로 적는다. 예 -(으)ㄹ걸, -(으)ㄹ게, -(으)ㄹ수록, -(으)ㄹ지라도
다만, 의문을 나타내는 다음 어미들은 된소리로 적는다. 예 -(으)ㄹ까?, -(스)ㅂ니까?, -(으)ㄹ쏘냐?

(41)의 제53항은 엄밀히 말하면 형태적 원리를 지키기 위한 것은 아니나, 음소적 원리는 지키지 않는 예이다. 이 조항은 '먹을 것/밥/사람'과 같이 관형사형 어미 '-(으)ㄹ' 뒤에서 경음화 현상이 일어남에도 불구하고 경음화 현상을 반영하지 않는 표기와 관련된다. 제53항에서 다루는 어미들에서의 '-(으)ㄹ'은 역사적으로 관형사형 어미였거나 관형사형 어미로 추정되기 때문에 그 뒤의 자음을 평음으로 적는 것이다. 그런데 의문을 나타내는 어미들에서는 경음화를 반영한 표기가 관습적으로 더 자주 쓰였으므로 음소적 원리의 적용을 선택하였다.

9.3.3. 표준어 규정

표준어 규정은 일차적으로 음성 언어에서 적용되는 것이므로 한글 맞춤법, 외래어 표기법, 로마자 표기법과 같은 표기 규정은 아니다. 따라서 엄밀히 말하면 이

장에서 다룰 대상은 아니다. 그러나 한국의 언중은 표준어 규정을 한글 맞춤법과 뚜렷이 구별하지 않고 중요한 어문 규범으로 인식하는 경향이 있다. 또한 한글 맞춤법은 표준어를 대상으로 한다고 하였는데 이는 한국어의 정확한 어휘와 그것의 정확한 발음을 알아야 정확한 표기를 할 수 있다고 하는 것이므로, 표준어 규정은 표기 규정에까지 영향을 미치고 있다고 할 수 있다. 따라서 여기에서 현행 표준어 규정도 살펴보기로 한다.

9.3.3.1. 표준어 사정 원칙

표준어 규정은 제1부 표준어 사정 원칙과 제2부 표준 발음법으로 구성되어 있다. 표준어 사정 원칙은 주로 단수 혹은 복수의 표준적 어형을 선택하는 원칙을 설명한 것이고 표준 발음법은 자음, 모음, 음운 변동의 여러 발음적 변이 중 단수 혹은 복수의 표준적 발음을 선택하는 원칙을 설명한 것이다. 이제 표준어 사정 원칙의 총칙을 보기로 한다.

(42) 가. **제1항** 표준어는 교양 있는 사람들이 두루 쓰는 현대 서울말로 정함을 원칙으로 한다.
나. **제2항** 외래어는 따로 사정한다.

(42나)는 외래어 어휘 하나하나에 대한 사정 원칙을 따로 규정화하기 어렵기 때문에 마련된 것인데, 이를 논외로 하면 사실상 (42가) 제1항이 한국어의 표준어 사정 원칙의 전부라고 해도 과언이 아니다. 제1항에서는 '교양 있는', '현대', '서울'이라는 세 가지 조건이 표준어를 결정하는 데 필요함을 말하고 있다.

'교양' 조건은 표준어의 사회적 조건이다. 사회적으로 교양 있는 사람들이 쓰는 말들을 가리키는 것인데, 교양 있는 사람들이라도 비어, 속어, 은어 등을 쓰는 경우는 있으므로 표준어의 사회적 조건은 다소 느슨하다고 할 수 있다. '현대' 조건은 표준어의 시대적 조건이다. '현대'를 언제부터 언제까지인지 객관적으로 규정하기는 어려우나, 현 생존 인물의 생존 기간의 최대치로 보면 대략 100년 정도의 시간이라고 할 수 있을 것이다. 그러나 이러한 규정은 편의적인 것이므로 '현대'는 국어 언중의 직관으로 이해하여야 한다. '서울' 조건은 표준어의 지역적 조건이다. 이는 모든 서울말이 표준어가 된다는 충분조건이라고 보기보다는 서울말이 표준어가 될 수 있다는 필요조건으로 보는 것이 더 적절하다. 중부 방언의 일부인 서울말 중에서도 비표준어가 적지 않기 때문이다.

위의 세 조건 중 둘째 조건을 어기면 현대에 사용되는 말이 아니므로 비표준어가 아닌 '고어(옛말)'가 된다. 사회적 조건과 지역적 조건을 어긴 말이 비표준어가 되는데, 여러 사회 방언 중에서 사회적 조건을 어긴 비표준어가 존재하고 여러 지역 방언 중에서 지역적 조건을 어긴 비표준어가 존재한다. 그런데 당연한 말이지만 가령 서울 지역이 아닌 지역의 말이라도 서울 지역의 말과 동일한 것이면 비표준어가 아니다. 예를 들어 동남 방언 '손[手]'은 서울말에서도 '손'이라고 하므로 표준어이다.

표준어 사정의 원칙을 밝힌 조항은 크게 둘로 나뉜다. 하나는 발음 변화가 있는 어휘의 경우 발음 변화 전의 어형과 변화 후의 어형 중 어느 것을 표준어로 정할지를 규정한 조항이고, 다른 하나는 어휘 자체가 다른 것으로 변화했을 경우 변화 전의 어떤 어휘를 표준어로 정할지를 규정한 조항이다. 발음 변화와 관련한 몇몇 조항을 살펴본다.

(43) **제7항** 수컷을 이르는 접두사는 '수-'로 통일한다. 예 수꿩, 수나사, 수놈, 수사돈
다만 1. 다음 단어에서는 접두사 다음에서 나는 거센소리를 인정한다. 접두사 '암-'이 결합되는 경우에도 이에 준한다. 예 수캉아지, 수캐, 수컷, 수키와, 수탉, 수탕나귀, 수톨쩌귀, 수퇘지, 수평아리
다만 2. 다음 단어의 접두사는 '숫-'으로 한다. 예 숫양, 숫염소, 숫쥐

(44) **제9항** 'ㅣ' 역행 동화 현상에 의한 발음은 원칙적으로 표준 발음으로 인정하지 아니하되, 다만 '-내기, 냄비, 동댕이치다'와 같은 단어들은 그러한 동화가 적용된 형태를 표준어로 삼는다.

(43)은 혼란이 있었던 '수-/암-'의 발음과 표기를 하나의 표준어로 사정하는 원칙을

보인 것이다. 제7항과 '다만 2'에 의해 과거 흔히 발음되고 표기되던 '숫놈[순놈], 숫소[수쏘]'와 같은 말이 잘못된 표기와 발음임이 명확해졌다. 그러나 '다만 1'에서 '다음 단어'라고 한정함으로써 수많은 유사례를 모두 제7항의 원칙에 귀속되도록 하였다. 그래서 많이 발음되고 표기되던 '수펄/암펄, 수코양이/암코양이' 등은 비표준어가 되고 '수벌/암벌, 수고양이/암고양이' 등이 표준어가 되었는데, 그에 따라 이후에는 '수벌/암벌, 수고양이/암고양이' 등이 오히려 더 보편화되었다. 어문 규정이 현실 언어를 인위적으로 바꿀 수 있음을 보여 주는 사례라고 할 만하다. '다음 단어'라고 9개의 단어를 한정한 것은 실수였던 것으로 생각된다.

(44)는 '이' 모음 역행 동화에 대한 규정을 보인 것이다. 동화된 발음의 친숙도가 너무 강하여 예외적으로 인정되는 '-내기, 냄비' 등을 제외하고 '이' 역행 동화는 표준어로 삼지 않는데, 이에 따라 '핵교, 잽히다, 쥑이다'와 같은 말은 모두 비표준어가 되었다. '이' 역행 동화는 동남 방언과 서남 방언에서 더 활발하고 중부 방언에서는 상대적으로 적었는데, 이마저도 표준어로 인정하지 않음으로써 매우 위축된 상태이다.

이제 어휘 선택의 변화와 관련한 몇몇 조항을 살펴본다.

(45) 가. **제23항** 방언이던 단어가 표준어보다 더 널리 쓰이게 된 것은, 그것을 표준어로 삼는다. 이 경우, 원래의 표준어는 그대로 표준어로 남겨 두는 것을 원칙으로 한다. 예 멍게/우렁쉥이, 애순/어린순

나. **제24항** 방언이던 단어가 널리 쓰이게 됨에 따라 표준어이던 단어가 안 쓰이게 된 것은, 방언이던 단어를 표준어로 삼는다. 예 귀밑머리(○)/귓머리(×), 역겹다(○)/역스럽다(×)

방언이 표준어보다 더 널리 쓰이는 경우, (45가)에서 보듯이 표준어도 그대로 쓰이면 둘 다 표준어로 인정하는 반면, (45나)에서 보듯이 표준어가 더 이상 쓰이지 않으면 방언형만 표준어로 인정한다. 이는 서울말도 타 방언의 어휘를 꾸준히 받아들여 쓰기 때문에 발생하는 자연스러운 현상이다.

현재의 표준어 규정은 복수 표준어의 선정에 인색하지 않다는 특징이 있다. 동

일한 대상이나 의미를 표현하는 말이 둘 이상 서울말에서 널리 나타나면 어느 하나만 표준어로 인정하는 것이 아니고 모두를 표준어로 인정하는 것이다. 가령 2011년에 새롭게 표준어로 인정받은 말들을 보면 '짜장면, 간지럽히다, 맨날' 등과 같이 실제 언어생활에서 오히려 표준어보다 더 빈번하게 사용되던 것들이 다수 포함되어 있다. 이들을 표준어로 인정하지 않았을 때에는 국민들의 언어생활과 어문 규범의 내용이 동떨어지는 것에 대한 적지 않은 비판이 있었다. 현재는 언어의 실제적인 쓰임을 고려하여 표준어도 탄력적으로 선정하려는 움직임이 강하게 나타나고 있다. 이것은 획일화되고 고정적인 사회에서 다원화되고 개방적인 사회로 바뀌는 경향과 그 흐름을 같이한다.

9.3.3.2. 표준 발음법

제2부는 표준 발음법에 대한 규정을 담고 있다. 한글 맞춤법은 소리대로 적는 원리만 따르는 것이 아니고 어법에 맞도록 적는 원리 또한 매우 중시하고 있다. 그러므로 한글 맞춤법에 의거한 표기를 그대로 발음해서는 올바른 발음이 되지 못하는 경우가 많다. 여기서 표준 발음법의 필요성이 대두된다. 표준 발음법에서는 표기와 발음이 다른 경우를 대상으로 하여 올바른 발음이 무엇인지를 규정해 준다. 이 때문에 표준 발음법은 한국어의 모든 표준 발음을 담고 있지는 않다.

(46) 가. [아:는](알- + -는), [사:는](살- + -는)
　　나. [나은](낳- + -은), [나으니](낳- + -으니)

규칙적인 음운 현상이라고 하더라도 그것이 표기에 반영되는 한 표준 발음법에서는 다루지 않는다. 그 대신 표기에 반영되지 않은 음운 현상은 표준 발음법에 포함되어 있다. 예를 들어 어간의 마지막 자음이 탈락하는 경우라고 하더라도 (46가)와 같은 유음 탈락 현상은 표준 발음법에 들어 있지 않고 (46나)와 같은 후음 탈락은 표준 발음법에 들어 있는 이유가 여기에 있다.

표준 발음법은 총칙인 제1장을 제외하면 모두 6개의 장으로 이루어져 있다. 이것은 다시 두 부분으로 나눌 수 있다. 하나는 한국어의 음운 목록에 대한 것으로 제2장과 제3장이 여기에 속한다. 제2장은 자음과 모음의 목록 및 이중 모음의 발음에 대해서, 제3장은 한국어의 운소 중 장단에 대해 언급하고 있다. 모음과 관련해서는 단모음 'ㅔ'와 'ㅐ'의 구별이 현실 발음에서는 거의 사라졌음에도 불구하고 표준 발음에서는 구별해서 발음하도록 규정했다는 점을 주의해야 한다. 또한 장단 역시 점차 명확히 구분하지 못하는 경향이 높아지고 있지만 표준 발음에서는 이것을 인정하지 않는다. 다른 하나는 음운 현상에 대한 조항들이다. 제4장은 받침의 발음으로 평파열음화, 자음군 단순화 등과 같이 받침에 오는 자음에 음운 현상이 적용될 때 어떻게 발음할지, 그리고 연음이 되는 환경은 언제인지 등을 규정하고 있다. 제5장은 구개음화, 비음화, 유음화와 같이 음의 동화에 대한 내용을 규정하고 있다. 제6장은 현대 한국어에 존재하는 다양한 경음화에 대해 규정하고 있다. 제7장은 음의 첨가에 대한 규정인데, ㄴ-첨가 및 사잇소리 현상으로서의 첨가에 대한 내용을 다룬다. 표준 발음법의 구체적인 내용은 제2장의 곳곳에서 언급하였으므로 따로 다루지는 않는다.

9.3.4. 외래어 표기법

외래어는 외국에서 들어와 한국어에 동화된 말을 가리키고 외국어는 한국어에 아직 동화되지 않은 것이지만, 현대 사회에서는 외국의 말이 홍수처럼 밀려들고 있기 때문에 한국어에 동화되었는지의 여부를 판단하기도 어렵고 또 설령 한국어에 동화되지 않았다 하더라도 한국어의 글에서 표기되어야 할 경우는 너무나도 많기 때문에 외래어 표기법에서의 '외래어'는 외국어까지 포함한 넓은 개념이다. 현행 「외래어 표기법」은 조선어학회의 「외래어 표기법 통일안」(1940)을 수정, 보완한 것으로서 1986년에 공포되었다.

외래어 표기법 규정들은 한글 맞춤법 규정들에 비해 매우 단순함에도 불구하고 일반 언중은 고유어나 한자어 표기보다는 외래어 표기에서 압도적으로 많은 오류를 범한다. 그 이유는 첫째, 현행 외래어 표기법이 외국어의 '현지 발음'에 근거하도록 규정하고 있는데 세계 각지에서 온 외래어의 정확한 현지 발음을 알기 어렵기 때문이다. 둘째, 현지 발음에도 여러 변이형이 있기 때문이다. 셋째, 수많은 외래어가 우리말에 동화하는 과정에서 한국의 표기 관습이 새로이 형성되었을 때 그것을 인정하는 범위도 분명하지 않기 때문이다. 물론 「표준국어대사전」이나 「우리말샘」 등을 이용하여 정확한 외래어 표기를 할 수 있으나, 그 이전에 그러한 표기가 어떻게 결정되었는지 일반적 원칙을 알 필요는 있다. 외래어 표기법은 '표기의 기본 원칙', '표기 일람표', '표기 세칙', '인명, 지명 표기의 원칙'으로 구성되어 있다. 차례대로 살펴보기로 한다.

9.3.4.1. 표기의 기본 원칙

표기의 기본 원칙은 5개의 조항으로 이루어져 있는데, 특정 언어의 외래어를 전혀 언급하지 않고 있는 일반적 원칙이다.

(47) **제1항** 외래어는 국어의 현용 24 자모만으로 적는다.

(47)은 외래어 표기에 사용하는 자모를 한글 맞춤법에서 규정한 24자로 국한한다는 내용이다. 외래어를 표기하기 위해 한글 자모에 없는 글자까지 만들 필요는 없다는 점에서 당연한 내용을 담고 있다. 간혹 'ㅐ, ㅒ, ㅔ, ㅖ, ㅚ, ㅟ, ㅢ, ㅘ, ㅝ, ㅙ, ㅞ' 등의 이중 모음들이나 'ㄲ, ㄸ, ㅃ, ㅆ, ㅉ' 등의 쌍자음은 24개의 자모에 포함되어 있지 않아서 제1항에 대한 예외라고 할 수도 있다. 그러나 이 글자들은 'ㅏ+ㅣ=ㅐ', 'ㄱ+ㄱ=ㄲ'과 같이 기존 24 자모에 속하는 글자를 합쳐서 만든 것이므로 24 자모만 적는다는 원칙을 반드시 위배한 것이라고 볼 수는 없다. 요컨대 (47)은 글자 모양만을 언급한 규정으로 보면 될 것이다.

(48) **제2항** 외래어의 1 음운은 원칙적으로 1 기호로 적는다.

(48)은 음운과 표기의 관계를 일대일로 한다는 내용이다. 표기의 측면에서 본다면 음운과 표기가 항상 일대일로 대응하는 것이 가장 이상적이다. 가령 동일한 영

어 자음 'f'를 'fashion'에서는 '패션'과 같이 'ㅍ'으로 적고 'fighting'에서는 '화이팅'과 같이 다른 자음으로 적는다면 그리 바람직하지 않다. 그런데 (48)은 정확한 일대일 대응을 말하는 것은 아니다. 첫째, 하나의 기호가 반드시 한 음운을 가리키는 것은 아니라는 것이다. 예컨대 한국어 기호 'ㅂ'은 'top'에서는 'p'를, 'big'에서는 'b'를, 'valve'에서는 'v'를 표기한 결과이다. 둘째, 하나의 음운이라도 그것이 나타나는 환경에 따라 달리 표기될 수 있다. 예컨대 'f'는 'file'에서는 'ㅍ'으로 적히지만 'golf'에서는 '프'로 적힌다.

(49) **제3항** 받침에는 'ㄱ, ㄴ, ㄹ, ㅁ, ㅂ, ㅅ, ㅇ'만을 쓴다.

(49)는 음절말의 발음에 근거한 것이다. 자음으로 끝나는 외래어 뒤에 모음으로 시작하는 조사를 붙였을 때 앞서 제시한 7종류 이외의 음으로 실현되는 경우는 존재하지 않는다. 가령 'book' 뒤에 '이, 을, 에'를 결합하면 각각 '[부기], [부글], [부게]'로 발음된다. 그래서 '붘'이라고 표기하지 않고 '북'이라고 표기한다. 만약 '[부키], [부클], [부케]'로 발음되었다면 받침에 'ㅋ'을 써야 하겠지만 그런 경우가 없는 것이다. 이처럼 외래어의 음절말 자음이 7종류로 제한되는 한 외래어 표기에서 굳이 'ㅋ, ㅌ, ㅍ' 등과 같은 자음을 받침에 적을 이유는 없게 된다. 'ㅅ'은 다소 특이한데, 가령 't'로 끝나는 'internet'과 같은 말에서도 '[인터네시], [인터네슬], [인터네세]'와 같은 발음이 성립하므로 'ㄷ'을 쓰지 않고 'ㅅ'을 쓰는 것이다. 그리하여 외래어의 받침 표기는 근대 한국어의 7종성 표기와 같은 모습이 되었다.

(50) **제4항** 파열음 표기에는 된소리를 쓰지 않는 것을 원칙으로 한다.

(50)은 외래어의 파열음 표기에 평음(ㅂ, ㄷ, ㄱ)이나 유기음(ㅍ, ㅌ, ㅋ)을 나타내는 글자만 사용하고 경음(ㅃ, ㄸ, ㄲ)을 나타내는 글자는 사용하지 않는다는 원칙을 말하고 있다. 이 원칙은 원래 파열음에만 국한되지만 마찰음이나 파찰음의 경우에도 'ㅆ'이나 'ㅉ'과 같은 글자는 외래어 표기에 잘 쓰지 않는다.

(50)과 같은 규정은 많은 언어에서 파열음을 비롯한 장애음의 경우 유성음과 무

성음의 두 계열만 구분된다는 사실과 관련이 된다. 유성음과 무성음을 구별하여 표기하는 데 평음, 유기음, 경음을 나타내는 글자를 모두 사용할 경우 표기 방식이 매우 복잡해질 우려가 높다. 그래서 단순하게 유성음은 평음으로 표기하고 무성음은 초성의 경우 유기음, 종성의 경우 평음으로 표기하고자 한 것이다.

그러나 이러한 표기 방식은 한 가지 문제점을 안고 있다. 우선 무성음이라고 하더라도 언어에 따라 그 음성적 특징이 조금씩 달라서 영어와 같이 유기성이 강한 언어는 무성음을 'ㅍ, ㅌ, ㅋ'으로 표기해도 아무런 문제가 없지만 프랑스어나 러시아어와 같이 유기성이 매우 약한 언어는 무성음을 'ㅍ, ㅌ, ㅋ'으로 표기하면 원어의 발음과 멀어진다는 문제가 있다.

한편, 태국어와 같이 파열음이 '유성 무기음', '무성 무기음', '무성 유기음'의 세 계열이 음소적으로 구분되는 경우에는 평음과 유기음만으로는 제대로 표기할 수 없기 때문에 경음을 외래어 표기에 이용할 수밖에 없다. 이러한 특수성은 각 언어에 대한 표기 세칙에 언급되어 있다.

(51) **제5항** 이미 굳어진 외래어는 관용을 존중하되, 그 범위와 용례는 따로 정한다.

(51)은 관습적으로 굳어진 어형으로 쓰이는 외래어는 관습적 표기를 인정하겠다는 것이다. 이미 굳어진 표기를 새로운 규정에 맞춰 수정할 경우 상당한 혼란을 초래할 수 있다. 따라서 그런 경우는 따로 정한다는 의도이다. 가령 'orange, radio'의 원칙적 표기는 '오린지, 레이디오'인데, 이는 한국어의 표기 관습인 '오렌지, 라디오'와 다르기 때문에 언중의 지지를 받기 어려우므로 제5항을 따로 마련하여 관습적 표기를 인정한 것이다. 그러나 그 범위와 용례를 따로 정한다고 함으로써 외래어 표기법 규정은 어렵지 않되 개별 외래어의 실제 표기는 어려워지게 되었다. 이는 외래어가 우리말에서 사용되는 양상과 정착되는 경로가 워낙 복잡하고 다양하기 때문에 생긴 어쩔 수 없는 결과이다.

9.3.4.2. 표기 일람표와 표기 세칙

제2장은 표기 일람표를 담고 있다. 제일 앞에 국제 음성 기호International Pronunciation Alphabet: IPA 각각에 대응하는 한글을 제시하고, 그 뒤에서는 국제 음성 기호로 포괄할 수 없는 언어들에 대해 각 언어별로 해당 언어의 자모와 대응하는 한글을 표로 나타내었다.

제3장은 각 언어권에 따라 세부적인 표기 원칙을 담고 있다. 제2장에 나오는 언어별 자모와 한글 대조표만으로는 외래어 표기에 어려움이 생길 수 있기 때문에 부차적으로 필요한 조항들을 제시한 것이다. 2019년 현재 영어부터 러시아어까지 총 21개 언어의 표기 세칙이 마련되어 있다. 여기에서는 영어의 표기 세칙 중 가장 복잡한 제1항을 살펴보기로 한다.

(52) **제1항** 무성 파열음 ([p], [t], [k])

1. 짧은 모음 다음의 어말 무성 파열음([p], [t], [k])은 받침으로 적는다.
   예 gap[gæp] 갭　cat[kæt] 캣　book[buk] 북
2. 짧은 모음과 유음·비음([l], [r], [m], [n]) 이외의 자음 사이에 오는 무성 파열음([p], [t], [k])은 받침으로 적는다.
   예 apt[æpt] 앱트　setback[setbæk] 셋백　act[ækt] 액트
3. 위 경우 이외의 어말과 자음 앞의 [p], [t], [k]는 '으'를 붙여 적는다.
   예 stamp[stæmp] 스탬프　tape[keip] 테이프　cake[keik] 케이크
   mattress[mætris] 매트리스　chipmunk[tʃipmʌŋk] 치프멍크
   sickness[siknis] 시크니스

(53) bat[bæt] 배트　hit[hit] 히트　set[set] 세트　nut[nʌt] 너트
Tibet[tibet] 티베트　check[tʃek] 체크　knock[nɔk] 노크　shock[ʃɔk] 쇼크

(52)에 따라 '테이프, 케이크'를 '테입, 케익'으로 잘못 적는 일은 방지되었지만, 제1항은 상당히 어렵기 때문에 정확히 적용하기가 쉽지 않다는 문제를 안고 있다. 특히 1번과 관련해서는 두 가지 어려움이 있다. 첫째, 영어 발음의 장단음 여부를 알아야 한다는 점이다. 예컨대 'flute'의 'u'가 장음이면 '플루트'로 적고 단음이면

'플룻'으로 적는데, 장단음을 알기는 쉽지 않다. 둘째, (53)에서 보듯이 관습에 따른 예외적 표기가 많은데 무엇이 예외인지를 알기는 매우 어렵다. 그런데 외래어는 정확히 표기하려면 다소 많은 수고를 하여야 하지만, 여러 표기가 나타나는 것보다는 표기가 통일되어 있는 것이 읽는 사람의 편의 면에서는 훨씬 유익하다. 이에 외래어 표기법의 의의가 있다.

9.3.4.3. 인명, 지명 표기의 원칙

제4장은 인명, 지명 표기의 원칙을 규정하고 있다. 인명이나 지명과 같은 고유 명사의 경우 쟁점이 되는 문제는 원래 지역의 음, 즉 원지음을 따를 것인지 말 것인지에 있다. 가령 'Gandhi'는 원지음을 따라 '간디'라고 표기하지만 'Hague'는 제3국의 발음을 따라 '헤이그'라고 하고 있다. 동일한 문제는 동양 3국의 한자로 된 인명과 지명을 우리 한자음으로 표기할 것인지 원지음으로 표기할 것인지에 있어서도 발생한다. '北京'을 '북경'으로 표기할지 '베이징'으로 표기할지, '東京'을 '동경'으로 표기할지 '도쿄'로 표기할지는 모두 이와 관련된 문제이다.

외래어라면 그 말이 쓰이는 원래 지역의 음을 표기하는 것이 타당한 것으로 생각된다. 물론 현실적으로 모든 외래어의 원지음을 알기가 쉽지 않다는 점, 상당수의 외래어는 미국이나 일본 등을 거치면서 제3국의 음으로 바뀌어 수용된다는 점, 세계적으로 통용되는 형태가 원지음이 아닌 경우가 많다는 점 등으로 인해 외래어 표기를 모두 원지음에 맞추어 하기는 어려운 상황이다. 그러나 언중의 외래어 표기가 원지음을 반영하는 방향으로 나아가는 경향이 있는 것은 사실이고, 현행 외래어 표기법의 고유 명사 표기에서도 원지음 표기를 원칙으로 하고 있다.

9.3.5. 로마자 표기법

정식 명칭이 '국어의 로마자 표기법'인 로마자 표기법은 우리말을 로마자Roman alphabet로 표기하는 방법을 규정한 어문 규정이다. 1940년에 조선 총독부에서 공식적인 안을 발표하였고, 광복 이후 문교부에서도 여러 차례 개정을 한 바 있다. 현행 로마자 표기법은 2000년에 개정한 것으로서 '표기의 기본 원칙', '표기 일람', '표기상의 유의점'으로 구성되어 있다.

로마자 표기법은 한글을 모르는 외국인을 위한 것으로, 주로 고유 명사 표기에 필요하다. 흔히 '로마자 표기'를 '영문 표기'라 부르는 데서도 알 수 있듯이 로마자 표기법이 한국어를 영어로 적는 표기 방법이라고 오해하는 경우가 있다. 예를 들어 '박선영'이란 이름을 'Park Sunyoung'으로 적는 것은 각 음절을 영어 단어 'park', 'sun', 'young'에 대응시킨 결과이다. 그러나 이처럼 한국어와 발음이 비슷한 영어 단어를 찾아 표기하는 방식은 당연히 문제가 있는데, 일단 영어의 철자와 발음 간 대응에 일관성이 없고(가령 'a'는 [ɑ], [ɛ], [ə], [ʌ], [ei] 등으로 발음됨), 한국어에는 영어에 없는 음운들이 존재하기 때문이다. '로마자 표기법'은 '영문 표기법'이 아니라 세계 여러 나라의 언어를 표기하는 수단인 '로마자'를 이용하여 한국어를 적는 우리만의 체계적인 방식이다.

그런데 한글 맞춤법과 외래어 표기법이 한글 표기 규정이어서 한국어를 모어로 쓰는 언중이 제정하여 적용하는 것인 데 반해, 로마자 표기법은 한글을 모르는 외국인들이 자신들의 편의를 위해 독자적으로 개발한 방법이 여럿 존재한다. 대표적인 로마자 표기법으로서 매큔-라이샤워 로마자 표기법McCune-Reischauer Romanization과 예일 로마자 표기법Yale Romanization이 있다. 현행 로마자 표기법은 예일 표기법보다는 매큔-라이샤워 표기법에 더 가까운데, 일반적인 경우에는 매큔-라이샤워 표기법이 더 널리 사용되고 학술 연구에서는 예일 표기법이 더 널리 사용된다. 그러나 2000년에 공시한 현행 로마자 표기법이 한국의 공식 로마자 표기법이므로 이에 대해 살펴보기로 한다.

9.3.5.1. 표기의 기본 원칙

로마자 표기법의 기본 원칙은 다음과 같다.

(54) **제1항** 국어의 로마자 표기는 국어의 표준 발음에 따라 적는 것을 원칙으로 한다.

(54)는 한국어를 로마자로 표기할 때 한글 표기가 아닌 표준 발음을 로마자로 옮기는 것이 원칙이라고 규정하고 있다. 한글 표기를 기준으로 한 로마자 표기를 전자轉字, transliteration라고 하고 실제 발음을 기준으로 한 로마자 표기를 전사轉寫, transcription라고 하는데 현재의 로마자 표기법은 전사법을 원칙으로 한다. 전자와 전사 중 어느 것을 택하느냐에 따라 로마자 표기는 상당히 달라진다. 앞서 매큔-라이샤워 표기법과 예일식 표기법을 소개하였는데, 매큔-라이샤워 표기법은 전사를 기본 원리로 하는 반면 예일식은 전자를 기본 원리로 한다. 가령 '신라[실라]'를 매큔-라이샤워 표기법에서는 발음대로 'Silla'로 적고 예일식 표기법에서는 'ㅅ-ㅣ-ㄴ-ㄹ-ㅏ'를 각각 's-i-n-l-a'에 대응하여 'Sinla'로 적는다. 현행 로마자 표기법은 매큔-라이샤워 표기법과 같이 'Silla'로 적는다.

물론 현행 로마자 표기법이 전사법을 언제나 철저히 지키는 것은 아니다. 가령 이중 모음 중 'ㅢ'는 환경에 따라 '[ㅣ]'로 발음되는 경우가 많고 그러한 발음을 표준 발음법에서도 인정하고 있지만 로마자 표기는 항상 'ui'로 고정한다. 또한 경음화는 일절 로마자 표기에 반영하지 않으며, 체언의 말음과 'ㅎ'이 결합할 때 일어나는 유기음화도 로마자 표기에서 고려하지 않는다. 그래서 (54)에 '원칙으로 한다'라는 표현을 덧붙인 것이다.

(55) **제2항** 로마자 이외의 부호는 되도록 사용하지 않는다.

한국어의 음운 중에는 로마자로 표기하기 어려운 것들이 존재하는데, 이러한 음운을 표기하기 위해 별도의 부호를 사용하자는 의견도 있다. 예를 들어 유기음(거센소리)를 표기할 때 부호(')를 사용하여 'ㅋ'을 'k''로 표기한다거나, 모음 'ㅡ'를 표기할 때 부호(˘)를 사용하여 'ŭ'로 표기하는 등의 방안이 그것이다. 실제로 매큔-라이샤워 표기법에서는 그러한 부호들을 사용하고 있다. 그런데 이러한 부호를 사용하는 것은 음성 기호를 알지 못하는 대다수의 외국인들에게는 오히려 혼란을 줄 뿐, 로마자 표기를 통해 실제 발음을 이해하는 데 도움이 되지 않는다. 따라서 현행 로마자 표기법에서는 비록 한국어 음운과 로마자의 대응이 어려운 경우라도 로마자 이외의 부호는 되도록 사용하지 않는 것을 원칙으로 하였다. 다만 발음상의 혼동을 막기 위해 음절 사이에 붙임표(-)는 사용할 수 있게끔 했다. (55)에 '되도록'이라는 단서가 붙은 것은 이와 관련된다.

9.3.5.2. 표기 일람

자음의 로마자 표기는 (56)과 같다.

(56) 자음의 로마자 표기 일람

<table>
<tr><td rowspan="3">장애음</td><td colspan="9">파열음</td><td colspan="3">파찰음</td><td colspan="3">마찰음</td></tr>
<tr><td>ㄱ</td><td>ㄲ</td><td>ㅋ</td><td>ㄷ</td><td>ㄸ</td><td>ㅌ</td><td>ㅂ</td><td>ㅃ</td><td>ㅍ</td><td>ㅈ</td><td>ㅉ</td><td>ㅊ</td><td>ㅅ</td><td>ㅆ</td><td>ㅎ</td></tr>
<tr><td>g, k</td><td>kk</td><td>k</td><td>d, t</td><td>tt</td><td>t</td><td>b, p</td><td>pp</td><td>p</td><td>j</td><td>jj</td><td>ch</td><td>s</td><td>ss</td><td>h</td></tr>
<tr><td rowspan="3">공명음</td><td colspan="9">비음</td><td colspan="6">유음</td></tr>
<tr><td colspan="3">ㄴ</td><td colspan="3">ㅁ</td><td colspan="3">ㅇ</td><td colspan="6">ㄹ</td></tr>
<tr><td colspan="3">n</td><td colspan="3">m</td><td colspan="3">ng</td><td colspan="6">r, l</td></tr>
</table>

위 표에서는 'ㄱ, ㄷ, ㅂ'과 'ㄹ'을 제외하고 한 개의 음운에 한 개의 로마자가 대응되어 있다. 이 대응이 음성적으로 정확한 것은 아닌데, 이는 음성적 정확성과 표기의 일관성을 절충한 결과이다. 'ㄱ, ㄷ, ㅂ'은 모음 앞에서는 'g, d, b'로 적고 자음 앞이나 어말에서는 'k, t, p'로 적는다. 'ㄱ, ㄷ, ㅂ'은 사실 음성적으로만 보면 'k, t, p'에 더 가깝다. 그러나 자음 앞이나 어말에서 적는 글자인 'k, t, p'와 구별하기 위해 'g, d, b'로 적게 하였다. 이에는 한국인들이 'k, t, p'를 각각 'g, d, b'와 구별하지 못하는 점도 고려되었다. 따라서 예컨대 '밥'은 'bap'과 같이 적는다. 한편, 'ㄹ'은 모음 앞에서는 'r'로 적고 어말에서는 'l'로 적되, 'ㄹㄹ'은 'll'로 적는다. 영어를 비롯하여 많은 언어에서 탄설음 [r]과 설측음 [l]이 음운으로 구별된다는 점을 반영한 것이다. 따라서 예컨대 '설악, 칠곡, 울릉'은 'Seorak, Chilgok, Ulleung'으로 적는다.

모음의 로마자 표기는 (57)과 같다.

(57) 모음의 로마자 표기 일람

가. 단모음

ㅏ	ㅓ	ㅗ	ㅜ	ㅡ	ㅣ	ㅐ	ㅔ	ㅚ	ㅟ
a	eo	o	u	eu	i	ae	e	oe	wi

나. 이중 모음

ㅑ	ㅕ	ㅛ	ㅠ	ㅒ	ㅖ	ㅘ	ㅙ	ㅝ	ㅞ	ㅢ
ya	yeo	yo	yu	yae	ye	wa	wae	wo	we	ui

모음의 로마자 표기는 대체로 논리적으로 되어 있어 기억하기 쉽지만, 일관성이 지켜지지 않는 부분도 없지 않다. 예를 들어 'ㅟ'는 단모음인데도 반모음 [w]가 선행하는 이중 모음과 같이 'w'로 시작하는 'wi'로 표기한다. 이는 단모음 'ㅟ'에 대한 표기 수단이 적절하지 않기 때문에 차선으로 'ㅟ'의 허용 발음인 이중 모음 [wi]를 표기한 결과이다. 또 'ㅝ'의 경우는 'w'와 'ㅓ(eo)'의 결합이므로 'weo'로 적는 것이 논리적이지만 실제로는 'wo'로 적게 되어 있다. 한편, 모음의 로마자 표기에는 장음長音과 단음短音의 구별이 없다. 표준 발음에서는 장음과 단음의 구별이 있지만 로마자 표기법에서는 구별하지 않는다. 이는 한국어 언중이 현실적으로 음의 길이를 잘 인식하지 못하기 때문이기도 하지만, 발음 규정에서는 장음과 단음의 구별이 직접적인 데 반해 표기 규정에서는 장음과 단음의 구별은 간접적인 것이 되기 때문이다.

9.3.5.3. 표기상의 유의점

표기상의 유의점에는 모두 8개의 조항이 있다. 몇 가지만 살펴본다. 제1항은 음운 변동을 표기에 반영한다는 내용이다. 이에 따라 자음 동화, ㄴ 첨가, 구개음화, 격음화(자음 축약)는 표기에 반영한다. 다만, 경음화는 표기에 반영하지 않도록 하였다. 제2항은 발음상 혼동의 여지를 줄이기 위해 음절 사이에 붙임표(-)를 쓸 수 있다는 내용이다. 예컨대 '준강'과 '중앙'을 구별하기 위해 '준강'은 'Jun-gang'으로, '중앙'은 'Jung-ang'으로 적을 수 있다. 제4항은 인명을 성과 이름의 순서로 띄어 쓴다는 내용이다. 또한 인명의 엄중성을 고려하여 이름의 음절 사이에 붙임표를 쓸 수 있도록 하였고 인명에서 일어나는 음운 현상은 표기에 반영하지 않도록 하였다. 제7항에서는 고유 명사에 대해 그동안 써 온 표기를 쓸 수 있다고 하고 있다. 표기법 개정에 따라서 그동안 써 왔던 고유 명사를 바꾸는 것은 그 고유 명사의 소유자에게는 경제적으로나 심리적으로나 매우 큰 부담이기 때문이다. 그러나 예컨대 '제주 대학교'와 같이 지명이 포함되어 있는 고유 명사는 '제주'가 'Cheju'에서 'Jeju'로 바뀜에 따라 'Cheju University'에서 'Jeju University'로 표기를 바꾸어야 했다.

제8항은 전자법 조항이다. 학술 연구 논문 등 특수 분야에서 한글 복원을 전제로 표기할 경우에는 철저히 한글 표기를 대상으로 하여 적는다. 한글 및 한국어를 모르는 경우, 어떤 한글 문헌을 원래의 표기 그대로 복원하려고 할 때에는 한글 자모와 로마자가 완벽하게 일대일 대응이 되어야 하기 때문이다. 전자법에서 글자 대응은 자음과 모음 표기 일람에 따르되 'ㄱ, ㄷ, ㅂ, ㄹ'은 'g, d, b, l'로만 적는다. 음가 없는 'ㅇ'은 붙임표(-)로 표기하되 어두에서는 생략하는 것을 원칙으로 한다. 기타 분절의 필요가 있을 때에도 붙임표(-)를 쓴다. 예를 들어 '집, 밖, 먹는, 조랑말, 없어'는 각각 'jib, bakk, meogneun, jolangmal, eobs-eo'로 적는다.

제10장

방언학

제10장 방언학

10.1. 방언의 개념

하나의 언어라고 해서 그 모습이 언제나 동일하게 나타나는 것은 아니다. 화자에 따라, 지역에 따라 또는 계층, 연령, 성별 등과 같은 사회적 조건에 따라 같은 언어라도 다양한 변종들이 나타난다. 이처럼 한 언어 내에 존재하는 언어의 여러 변종들을 넓은 의미의 방언方言, dialect이라고 한다. 방언의 차이는 음운, 문법, 어휘 등 모든 부문에 걸쳐 나타난다.

(1) 방언의 예

가. 아 요리 까깝허니 앉어서 기둘리지만 말고 판이 워쩌크름 돼 가는지 읍어[지명]로 찾아가 보제 그러요. (조정래, 『태백산맥』)

나. 아 요리 갑갑하게 앉아서 기다리지만 말고 판이 어떻게 돼 가는지 읍어로 찾아가 보지 그래요. (표준어)

(1가)는 전라도 방언을 사실적으로 반영한 소설의 대화 중 일부이고 (1나)는 이것을 표준어로 바꾼 것이다. (1)을 보면 전라도 방언은 표준어와 여러 측면에서 차이를 보인다. 가령 음운의 측면을 보면 '앉아서' 대신 '앉어서'가 쓰여서 모음 조화의 양상이 다르며, '그러다'라는 용언의 활용형도 차이가 난다. 문법적으로는 '까깝허니'에서 비종결 어미인 '-(으)니'가 '-게'와 같이 후행하는 용언을 수식하는 역할을 한다는 점이 구별된다. 이 외에 '까깝허다, 기둘리다, 워쩌크름' 등과 같이 표준어

와 다른 어휘들이 쓰이고 있다는 점 또한 빼놓을 수 없다.

일상생활에서 흔히 말하는 '한국어'라는 것은 사실 추상적인 것에 불과하다. 사람들이 실제로 말하고 듣는 구체적인 대상으로서의 '한국어'는 다양한 방언의 형태로 존재한다. 이러한 구체적인 방언들을 추상화한 것이 한국어일 따름이다. 이것을 감안하면 한국어를 연구한다는 것은 구체적인 방언을 연구한다는 것과 다를 바가 없음을 이해하게 된다. 방언은 특별한 사람들의 것이 아니라 모든 한국인들과 밀접하게 관련을 맺고 있다.

앞에서 방언을 동일한 언어에 존재하는 변이체라고 했다. 그런데 이렇게 방언을 정의하면 방언의 종류는 무수히 많아진다. 특히 개인에 따라 구별되는 변이체(개인어, idolect)는 한 언어 공동체의 화자들이 공통으로 지닌다고 볼 수 없다는 문제가 있다. 그래서 현실적으로는 방언의 범위를 더 한정하게 된다. 보편적으로 인정하는 방언의 종류는 두 가지이다.

(2) 방언의 종류
 가. 지역 방언
 나. 사회 방언

(2가)는 지역적 차이에 따라 발생하는 언어 변이체로서의 방언이다. 일반인들이 알고 있는 방언은 대체로 (2가)에 해당한다. (2가)의 경우 '방언' 대신 '지역어'라고 부르기도 한다. 가령 부산에서 쓰이는 말을 '부산 방언'이라고 하기도 하고 '부산 지역어'라고 하기도 하는 것이다. 그런데 학술적으로는 '방언'과 '지역어'가 구분된다. '방언'은 방언 구획에 기반하여 하나의 방언권으로 설정할 수 있는 경우에 사용하고, '지역어'는 단순히 어떤 지역에서 사용되는 말을 가리키는 데 사용한다. (2나)는 같은 지역이라고 하더라도 계층, 연령, 성별 등 사회적인 변수에 따라 분화된 언어 변이체로서의 방언을 말한다. 언어의 변이는 지역적 차이뿐만 아니라 동일 사회 내의 여러 조건에 따라서도 나타난다. 이러한 방언을 '사회 방언'이라고 부른다.

방언, 그중에서도 특히 지역 방언과 관련해서는 두 가지 큰 오해가 존재한다. 하나는 표준어와 비교하여 차이 나는 부분만을 방언이라고 보는 것이다. 예컨대 (1)의 경우 '아, 요리, 말고, 판이, 돼' 등과 같이 표준어와 동일한 것은 방언이 아니고 표준어와 다른 '까깝허니, 앉어서, 기둘리지만, 워쩌크름' 등만 방언이라는 것이다. 물론 표준어와 차이 나는 요소가 방언적 특징으로 두드러져 보이는 것은 사실이다. 그러나 이러한 시각을 가지게 되면 각각의 방언은 모두 온전한 언어가 되지 못한다. 모든 방언에는 표준어와 동일한 요소도 있고 다른 요소도 있기 마련인데, 이 중 다른 것만 방언이라고 하면 그것은 독립되고 완전한 체계를 갖추었다고 볼 수 없는 것이다. 방언 자체는 독자적인 언어의 자격을 가진다는 점에서 표준어와 다를 바가 없다. 그러므로 표준어와 다른 점만으로 이루어진 것을 방언이라고 할 수는 없다. 표준어와 다른 방언적 요소를 가리킬 때에는 '사투리'라는 용어를 사용하여 '방언'과 구별하고 있다.

지역 방언에 대한 또 다른 오해는 방언이 표준어보다 열등하다고 생각하는 것이다. 서울과 지방을 비교하면서 은연중에 서울이 지방보다 낫다고 인식하는 것과 비슷한 오해가 표준어와 방언의 관계에서도 나타나고 있다. 그런데 이것은 잘못된 생각이다. 표준어 역시 현재 서울에서 쓰이는 지역 방언에 바탕을 두고 있다. 더욱이 서울의 토박이 화자가 쓰는 말이라고 해서 모두 표준어 대접을 받는 것도 아니다.

(3) 서울 방언의 예

조사자: 곤쟁이젓을 지금도 팔아요?

제보자: 팔어요. 그래 내가 우리 메느리가 젓갈 사러간다구 그래서 곤쟁이젓 좀 사와야겄어요 그래서 그래 그거 사다가 달갈 찌개 허는 데 느 먹어두 좋구

(-『서울 토박이말 자료집(Ⅰ)』-)

(3)은 국립국어원에서 2000년대 초반에 조사한 서울 지역 토박이 화자의 말 중 일부이다. 그런데 (3)을 보면 표준어로 인정되지 않는 형태들이 적지 않다. 그리 길지 않은 분량인데도 불구하고 '팔어요[팔아요], 메느리[며느리], 간다구[간다고], 사와야겄어요[사와야겠어요], 달갈[달걀], 허는[하는], 느[넣어], 먹어두[먹어도], 좋구

[좋고]'에서 표준어가 아닌 형태들을 발견할 수 있다. (3)과 같이 서울에서 쓰이는 말들을 표준어와 다르다고 해서 더 열등하다고 주장하는 것은 받아들이기 어렵다. 마찬가지 논리는 서울이 아닌 다른 지역의 방언들에도 적용된다.

표준어보다 방언이 열등하다는 인식은 '표준어'라는 용어에서 비롯되는 측면도 없지 않다. 표준이 되는 말이 표준어이고 이 표준에서 벗어나는 것이 방언이므로 방언은 마치 비표준적인 말인 것처럼 느껴지는 것이다. 그래서 최근에는 '표준어' 대신 '공용어'라는 말을 쓰자는 주장도 있다. 그럴 경우 현재의 표준어는 어떤 조건에서든 모든 한국인들이 공통으로 사용하는 말이 되고 방언은 지역 또는 특수한 사회적 조건에서만 사용하는 말이 되어, 현재의 '표준어'라는 용어가 불러일으킬 수 있는 위화감은 사라질 수 있다.

방언을 다루는 언어학의 하위 영역을 방언학dialectology이라고 한다. 방언학에서 다루는 중요 주제로는 다음을 들 수 있다.

(4) 방언학의 중요 주제
　가. 개별 방언 연구
　나. 대조 방언 연구
　다. 방언 구획 연구
　라. 사회 방언 연구

(4가)는 일반적인 한국어 연구와 비슷한 성격을 지닌다. 앞서 언급했듯이 각각의 방언은 모두 독립된 언어 체계를 갖추고 있으므로, 일반적인 한국어 연구와 마찬가지로 개별 방언의 언어적 특징을 일일이 다룰 수 있다. 지금까지 나온 한국어 방언 연구 중 상당수는 개별적인 방언의 성격을 밝히고자 했다는 점에서 (4가)에 포함된다.

(4나)는 서로 다른 방언들을 서로 비교하여 공통점과 차이점을 찾는 연구이다. 여러 언어들을 비교하는 대조 언어학적 연구가 있듯이 여러 방언들을 비교하는 연구도 얼마든지 존재한다. 이때 비교 대상이 되는 방언들은 서로 밀접한 관련을 맺을 수도 있고, 다소 동떨어진 관계에 있을 수도 있다. 대조의 대상은 음운, 문법, 어

휘 등 언어학의 모든 부문이 가능하다. (4나)의 경우 두 방언의 차이점을 단순히 대조하는 데에서 그치기보다는 이를 통해 방언의 분화 과정 또는 접촉 양상 등을 밝혀내는 것이 더 중요하다.

(4다)는 공통점과 차이점에 근거하여 방언들을 무리 짓는 연구이다. 한국어의 방언이 크게 몇 가지로 구분되느냐는 질문이 있다면 여기에 대한 답을 찾는 것이 (4다)의 방언 구획 연구이다. 방언 구획은 방언의 형성 및 분화의 결과이다. 또한 구획된 방언 사이에는 끊임없는 접촉과 간섭이 일어난다. 그렇기 때문에 방언 구획에 대한 연구는 단순한 방언 구분에서 끝나지 않고 방언의 형성 및 분화 등과 밀접한 관련을 맺을 수밖에 없다.

(4가~다)가 주로 지역 방언과 관련을 맺는다면 (4라)는 사회 방언과 관련을 맺는다. 뒤에서도 다시 다루겠지만 사회 방언을 다루는 학문 분야는 '사회 언어학'이라고 부름으로써, 지역 방언을 다루는 전통적인 '방언학'과 구별하는 경우가 적지 않다. (4라)는 지역적 동일성에도 불구하고 다른 사회적 요인들에 의해 나타나는 언어의 변이를 다양하게 다룬다.

10.2. 방언 조사

방언을 잘 이해하고 연구하기 위해서는 좋은 방언 자료를 많이 조사하여 확보해 두어야 한다. 방언 조사를 성공적으로 이끌기 위해서는 여러 가지 조건들이 필요하다. 그중 특히 염두에 두어야 할 몇몇 요건들에 대해 살펴보도록 한다.

10.2.1. 제보자

제보자informant란 방언 조사자에게 방언 자료를 제공하는 언어 화자를 가리킨다. 제보자가 없는 방언 조사란 있을 수 없다. 조사 대상이 되는 방언은 제보자가 구사하는 말이다. 그러므로 방언 조사에서 제보자는 그 어떤 요건보다도 중요하다. 제보자의 언어 자료가 해당 방언의 성격에 잘 부합해야만 방언 조사가 성공적으로 이루어질 수 있다. 이런 사정 때문인지 몰라도 전통적인 방언학에서 규정하는 제보자의 요건은 매우 다양하고 까다로운 편이다.

(5) 제보자의 요건
　가. 조사 지역의 토박이일 것
　나. 노년층일 것
　다. 외지 경험이 적을 것
　라. 학력이 낮고 공직 경험이 적을 것
　마. 건강 상태가 좋을 것
　바. 언어적 감각을 갖출 것

(5가)는 제보자의 가장 기본적인 요건이다. 제보자는 토박이이어야만 그 지역의 전형적인 방언을 구사한다고 볼 수 있다. 그렇다면 어느 정도 거주해야 토박이 화자라고 인정할 수 있을까? 일반적으로는 3대 이상 동일 지역에 뿌리를 내리고 살았을 경우로 한정한다. 토박이 제보자를 구할 때에는 어머니나 배우자도 함께 고려할 필요가 있다. 어머니는 언어 습득에 직접적인 영향을 주며, 배우자 역시 함께 생활하면서 상대방에게 언어적 영향을 주게 된다. 그렇기 때문에 어머니나 배우자가 비교적 먼 지역 출신이라면, 그 제보자는 다른 지역의 말에 영향을 받아서 토박이 화자로서의 자격에 미달할 수도 있다. 현재와 같이 한 곳에 3대가 오래 거주하기 힘든 상황에서는 (5가)와 같은 요건에 부합하는 제보자를 구하기가 쉽지 않다. 보통 같은 성씨들이 함께 마을을 형성한 집성촌에 가면 토박이 화자를 만나기가 용이한 편이다.

(5나)는 제보자의 나이와 관련된 요건이다. 일반적으로는 60대 이상의 노년층이 방언 조사 대상으로 적합하다고 본다. 60대 이상은 해당 방언의 예전 모습을 간직한 경우가 많아서 방언적 특징을 알아내는 데 유리한 반면, 청장년층은 그런 측면에서 불리하기 때문에 노년층을 제보자로 많이 선정하는 것이다. 조사 목적에 따라서는 말귀를 잘 알아듣고 빠르게 조사가 가능한 젊은 세대를 조사 대상으로 선정하는 경우도 있지만, 노년층을 조사 대상으로 하는 경우와 비교하면 그리 높은 비율이 아니다.

(5다)는 (5가)와 무관하지 않다. 제보자가 외지 경험을 많이 한 경우에는 필연적으로 다른 지역 방언에 노출되어 영향을 받을 수밖에 없다. 이런 영향을 최소화해야만 고유한 방언 자료를 구할 수 있다. 특히 제보자를 선정하기에 앞서 외지 경험 유무를 분명히 확인하는 것이 필요하다. 간혹 어렵게 구한 제보자에게서 방언 조사를 하는 도중에 외지의 경험이 많다는 사실을 뒤늦게 확인하는 경우도 발생하기 때문이다.

(5라)에서 말하는 교육의 정도나 공직 생활 역시 다른 방언으로부터의 영향을 배제하는 것과 관련된다. 교육을 많이 받은 경우 표준어에 노출되는 빈도가 아무래도 높을 수밖에 없다. 공직 생활 역시 마찬가지이다. 게다가 교육 수준이 높거나 공직 생활 경험이 있는 제보자는 방언 조사 과정에서 표준어와 너무 차이 난다고 생각하는 방언은 일부러 감출 위험도 없지 않다. 그래서 가급적 교육을 적게 받고 공직 생활의 경험도 없는 제보자를 선호하게 된다.

(5마)의 제보자 건강 상태도 매우 중요하다. 방언 조사는 주로 노년층을 대상으로 할 뿐만 아니라 조사 시간도 짧지가 않다. 하루에 몇 시간씩 며칠에 걸쳐 진행되는 방언 조사를 이겨 내려면 체력과 건강이 필수적이다. 특히 말을 조사하기 때문에 제보자의 발음이 명확해야 한다. 그러려면 치아를 비롯한 발음 기관의 상태가 양호할 필요가 있다. 밝은 귀를 가지는 것도 중요하다. 조사자의 말을 잘 듣지 못하면 방언 조사는 제대로 이루어지기 어렵다.

(5바)는 필수적이지는 않지만 간과할 수 없는 조건이다. 제보자가 질문에만 단순하게 대답하기보다는 언어적 감각을 가지고서 관련되는 것을 적극적으로 이야기해 줄 때 방언 조사에 많은 도움이 된다. 가령 해당 지역 내에서의 언어 차이나 다른 지역과 구별되는 방언적 특징에 대한 감각이 있고 예전 어른들의 말과 현재의 말이 어떻게 다른지 등을 잘 아는 제보자는 조사자가 놓칠 수 있는 부분들을 더 조사할 수 있게 해 준다는 점에서 훌륭한 제보자에 속한다.

이 외에 제보자의 성별을 고려하는 경우도 있다. 전통적으로는 여성보다는 남성이 제보자 요건에 더 잘 부합한다고 본다. 여성은 남성과 비교할 때 해당 지역의 방언을 그대로 말하지 않고 다소 꾸민다든지 또는 다른 지역의 말에 영향을 받기 쉽다는 연구 결과가 예전부터 있어 왔다. 그런데 실제 방언 조사에서는 여성이 더 유리한 경우도 많다. 여성은 남성과 달리 외지 경험의 정도가 상대적으로 적고, 과묵한 남성에 비해 이야기하는 데 더 적극적이다. 그런 점에서 제보자의 성별은 그리 중요하다고 보기는 어려울 듯하다.

방언 조사의 대상이 되는 제보자가 갖추어야 할 조건은 양적으로나 질적으로 꽤 까다로운 편이다. 그래서 예전에는 제보자 선정이 방언 조사에서 매우 큰 비중을 차지했다. 그런데 사회 환경의 변화로 말미암아 (5)와 같은 전통적인 제보자 조건을 엄격하게 고수하기 어려워졌다. 가령 국민 대다수가 원하기만 하면 대학 교육까지 받을 수 있는 상황에서 (5라)를 제보자 조건으로 강제하기란 어렵다. 교통과 통신의 발달은 (5가, 다)도 제보자 요건으로 절대시하기 어렵게 만들었다. 이에 따라 제보자 조건도 융통성 있게 조정할 수밖에 없는 상황이 되었다.

한편 제보자의 수도 방언 조사에서는 중요하다. 제보자의 수가 많다고 항상 좋은 것은 아니다. 제보자가 너무 많으면 자료의 일관성 확보가 쉽지 않고, 무엇보다도 조사 과정 자체가 매우 어려워진다. 그렇다고 제보자를 1명만 해 버리면 그 제보자의 말이 해당 방언을 대표하는지 여부를 확인하기 어렵다. 제보자의 수에 대한 객관적 기준은 존재하지 않지만 대체로 복수의 제보자를 선정하여 조사하는 경우가 많다. 이때 주된 제보자와 보조 제보자를 구분하기도 하고, 자료 확인이 필요할 경우에는 추가 제보자를 더 두기도 한다.

10.2.2. 질문지

방언 조사는 꽤 긴 시간에 걸쳐 많은 내용들을 다루어야 한다. 그러므로 조사 내용과 관련된 질문지를 철저하게 준비해 놓지 않으면 안 된다. 그렇지 않으면 빠뜨리는 항목이 많아지며 조사 자체도 중구난방으로 혼란스럽게 될 수밖에 없다. 이러한 상황은 조사자에게도 문제이지만, 제보자의 관심이나 집중도도 떨어뜨려서 전반적인 방언 조사를 실패로 이끌게 된다.

질문지는 조사의 목적에 맞게 조사자가 만드는 것이 원칙이다. 그런데 방언 조사자가 모두 개인적으로 그때그때 질문지를 작성하는 것은 적지 않은 부담이며 매우 비효율적이다. 다행히 국내에서는 한국학중앙연구원(구 한국정신문화연구원)이나 국립국어원(구 국립국어연구원)에서 방언 조사 사업을 하면서 표준적인 질문지를 작성해 놓은 것이 있다. 그래서 이것을 기초로 하여 조사 목적에 맞게 일부 항목을 더 추가하거나 빼는 방식으로 질문지를 만들 수 있다.

(6) 질문지의 예

20501 **채소** 배추나 상추같이 밭에서 길러서 먹는 온갖 것들을 통틀어서 무엇이라고 합니까? 옛 ᄎᆡ소(菜蔬)

20502 **나물** 고사리, 두릅같이 사람이 먹을 수 있는 풀이나 나뭇잎을 통틀어 무엇이라고 합니까? 옛 ᄂᆞᄆᆞᆯ, ᄂᆞᄆᆞᇙ, ᄂᆞ믈, ᄂᆞ물

20502-1~6 **[보충]** 나물이 나는 장소에 따른 이름과 반찬과 재료로서의 이름이 어떻게 다릅니까?

	밭	들	산
재료	20502-1	20502-3	20502-5
반찬	20502-2	20502-4	20502-6

20503 **푸성귀** 사람이 가꾼 채소나 산이나 들에 저절로 난 나물 등을 통틀어서 무엇이라고 합니까? 주의 '채소'와 '나물', '푸성귀'의 의미 차이 확인. 옛 프ᅀᅥᆼ귀, 프엉귀

-국립국어원 지역어조사추진위원회(2006)-

(6)을 보면 항목 번호가 앞에 숫자로 나오고 그 뒤에 조사 항목이 표준어로 제시되어 있다. 조사 항목 옆에는 조사자를 위해 질문 내용도 구성해 놓았다. 이때 옛말을 참고로 제시한 것은 방언 조사에서 국어사에 대한 지식이 매우 유용하기 때문이다. 이 밖에 조사 항목과 관련하여 추가할 참고 항목도 존재할 수 있는데, 이것을 '[보충]'이라는 형태로 표시하고 있다.

(6)에 인용된 질문지에서는 조사 항목에 대한 질문 방법이 설명식으로 되어 있다. 그러나 항목을 조사하기 위한 질문 방법은 설명식 이외에도 여러 가지가 있다. 말로 설명하기 어려운 항목의 경우 사진이나 그림을 보여 주고 지시하는 방식으로 물을

수도 있다. 행위와 관련되는 조사 항목은 그 행동을 흉내 내면서 물을 수도 있다. 그러므로 조사 항목의 성격에 따라 그에 맞는 적절한 질문 방법을 생각해야 한다.

질문지에 포함되는 조사 항목의 수는 대개 수백 개 이상이며, 천 개를 넘는 경우도 적지 않다. 이처럼 많은 항목을 조사지에 담을 경우 각 항목의 분류나 배열 방식도 신경을 써야 한다. 내용상의 관련성이나 조사의 흐름에 맞추어 조사 항목을 배열하는 것은 조사 항목의 선정 못지않게 중요한 의미가 있다. 조사 항목의 배열이 잘 이루어져야만 집중력 있으면서 자연스럽게 조사가 이루어질 수 있다.

(7) 질문지의 조사 항목

2.1. 농경 • 88
- 2.1.1. 경작 88
- 2.1.2. 타작 100
- 2.1.3. 방아 찧기 108
- 2.1.4. 곡물 112
- 2.1.5. 채소 122

2.2. 음식 • 134
- 2.2.1. 주식과 부식 134
- 2.2.2. 반찬과 별식 142
- 2.2.3. 부엌과 그릇 150

2.3. 가옥 • 166
- 2.3.1. 방과 가구 166
- 2.3.2. 건물 176
- 2.3.3. 마당 184
- 2.3.4. 마을과 가게 190

2.4. 의복 • 216
- 2.4.1. 복식과 장식 216
- 2.4.2. 바느질과 세탁 226

-국립국어원 지역어조사추진위원회(2006)-

(7)은 어휘 조사 질문지의 목차 중 일부이다. 대체로 조사 항목을 배열할 때에

는 (7)과 같이 동일한 주제에 속하는 항목들을 하나로 모으게 된다. 이러한 방식을 취하면 조사를 집중력 있게 빨리 진행할 수 있으며, 때로는 한 번의 질문으로 여러 항목들을 한꺼번에 조사할 수 있는 이점도 있다. 질문지에 빠진 항목이 예상치 않게 조사되는 경우 역시 나오게 된다. 이처럼 비슷한 주제의 항목들을 하나로 묶어서 조사하는 방식은 어휘 조사에만 국한되지는 않는다. 음운이나 문법 항목 역시 비슷한 성격을 하나로 묶어서 함께 조사하는 것이 편리하다.

10.2.3. 조사 방법

방언 조사를 위해서는 제보자 선정이나 질문지 작성 이외에도 필요한 사항들이 적지 않다. 그중에는 조사 지점의 수나 위치를 정하는 일도 포함된다. 조사 지점은 조사하려는 방언이 쓰이는 여러 지역을 촘촘하게 조사할 수 있도록 정하는 것이 이상적이다. 그러나 현실적인 제약 때문에 조사 지점을 몇 군데로 제한하게 된다.

이때 어떤 지점을 얼마나 선택할지는 방언 조사를 하는 목적 및 조사 방언의 크기와 관련된다. 어떤 방언의 전형적 모습을 연구하는 것이 목적이라면, 다른 지역과 인접하지 않아서 그 지역의 전형적인 언어를 간직하고 있다고 생각되는 곳을 일차 조사 지점으로 선정해야 한다. 반면 다른 방언과의 접촉 양상을 살피는 것이 목적이라면 방언들끼리 인접한 곳을 조사 지점으로 선정해야 한다. 또한 조사하려는 방언의 크기는 조사 지점의 밀도를 정하는 데 영향을 준다. 가령 도 단위의 대방언권을 조사하는 경우와 군 단위의 소방언권을 조사하는 경우에 조사 지점의 수가 같을 수는 없다.

이상에서 살핀 제보자나 질문지, 조사 지점 등은 모두 방언 조사를 직접 하기에 앞서 미리 갖추어야 할 사전 준비 요소라고 할 수 있다. 모든 준비 과정이 끝났으면 조사자가 제보자를 만나 실제 조사를 시행해야 한다. 이때 제보자로부터 자료를 조사하는 방법은 몇 가지로 나눌 수 있다.

(8) 방언 조사 방법

가. 직접 조사 : 간접 조사

나. 질문 조사 : 관찰 조사

방언 조사 방법은 (8가)와 같이 직접 조사와 간접 조사로 나눌 수 있다. 직접 조사는 말 그대로 조사자가 제보자를 직접 상대하면서 조사하는 방법이다. 현재 가장 널리 쓰이는 방법이며, 간접 조사에 비해 신뢰성이 높다. 간접 조사는 시간이나 공간적 제약으로 인해 조사자가 제보자를 직접 만나지 않고 조사하는 방법이다. 교통이 발달하지 않았던 예전에는 조사지를 우편으로 보내서 그 결과를 수합하는 방식으로 방언을 조사하기도 했다. 최근에는 인터넷이 발달하면서 온라인상으로 대규모 조사를 간접적으로 하는 것도 가능해졌다. 그러나 간접 조사는 제보자를 적절히 제어하기 어렵기 때문에 자료 조사의 정확성이 떨어질 우려가 높다. 또한 조사자의 의도에 맞는 조사가 이루어지지 않을 위험도 존재한다.

조사자가 제보자를 만나서 직접 방언을 조사한다고 하더라도 구체적인 방법에는 차이가 있다. 여기에 속하는 방법으로 (8나)의 질문 조사와 관찰 조사를 들 수 있다. 질문 조사는 조사 항목을 구체적으로 질문하여 조사하는 방법이다. 앞서 질문지에 근거한 방언 조사는 모두 질문 조사이다. 그런데 이렇게 조사자가 직접 질문을 하면 제보자가 평소 사용하던 고유의 방언을 자연스럽게 구사하기 힘든 경우가 적지 않다. 조사자로부터 질문을 받고 답을 한다는 상황 자체가 부담스러울 뿐만 아니라, 방언 조사가 자연스러운 대화 상황과 동떨어짐으로써 영향을 받을 수밖에 없다.

이런 문제점을 해소하기 위한 방안 중 하나가 관찰 조사이다. 관찰 조사는 조사자가 제보자를 상대한다는 점에서 직접 조사이기는 하지만, '질문과 대답'이라는 형식적 절차를 거치지 않는다. 그 대신 조사자가 제보자와 일상생활을 함께하면서 자연스러움과 익숙함을 충분히 확보하면서 방언들을 채록하게 된다. 따라서 질문 조사에서는 나타나지 않는 고유의 방언 형태들을 관찰 조사에서는 얻을 수도 있다. 다만 관찰 조사는 질문 조사에 비해 훨씬 많은 조사 기간과 노력이 필요하다는 점이 난제이다. 한국어 방언 연구에서는 이러한 관찰 조사로 방언을 연구하는 경우가 그리 흔하지 않으며 인류학에서 이러한 방법을 많이 채택한다.

10.3. 방언 구획

10.3.1. 방언 구획의 기준

한 언어에 존재하는 방언들은 조금씩 차이가 나지만 공통점도 지니고 있다. 그래서 성격이 비슷한 방언들을 한 부류로 묶고 다른 것은 구분하여 방언들의 경계를 나누는 작업이 필요하다. 이것을 방언 구획이라고 부른다. 방언 차이가 별로 없는 언어라면 방언 구획을 따로 할 필요성이 별로 없다. 그러나 대부분의 언어는 방언의 차이가 많이 나타나며 이것은 특히 해당 언어의 사용 범위가 지리적으로 넓거나 멀리 떨어져 있을 때 두드러진다. 따라서 방언들의 특성에 기반한 방언 구획을 하는 것이 유용하다. 한국어 역시 동서 또는 남북으로 방언 차이가 적지 않기 때문에 방언 구획을 하려는 시도가 계속 이어져 왔다.

방언 구획에는 기준이 필요하다. 일반적으로는 음운, 문법, 어휘의 세 측면을 모두 고려한다. 음운의 경우에는 단모음 체계, 운소의 유무 또는 종류, 음운 변동의 적용 양상과 같은 공시 음운론적 측면을 기준으로 삼기도 하고, 'ᆞ'나 'ㅸ, ㅿ'의 변화 양상과 같은 통시 음운론적 측면을 기준으로 삼기도 한다. 지금까지 이루어진 한국어의 방언 구획에서는 음운과 관련된 기준들이 중시되어 왔으며, 방언 간의 차이점도 음운 측면에서 뚜렷하게 나타난다.

문법을 기준으로 방언 구획을 할 수도 있다. 이 경우에 가장 널리 쓰이는 것은 격 조사나 어미, 접미사 등과 같은 문법 요소이다. 방언에 따라 동일한 기능을 하는 문법 형태소에 차이가 나는 경우가 많으므로 이것을 기준 삼아 방언 구획을 하는 것이다. 이 외에 경어법 등급이나 쓰임새도 활용할 수 있다. 그러나 방언 문법에 대한 연구는 아직 충분히 이루어지지 않았기 때문에 방언 구획에 활용되는 정도도 음운이나 어휘에 비해서는 미약한 편이다.

어휘의 차이를 통한 방언 구획도 이루어진다. 방언의 차이는 어휘에서 많이 나타날 뿐만 아니라 일반적인 방언 조사에서 어휘가 가장 높은 비율을 차지하고 있기도 하다. 다만 어휘는 그 수가 매우 많기 때문에 몇몇 소수의 어휘만으로 방언 구획을 할 경우 정확성이 떨어질 수 있다. 방언적 차이를 잘 반영하는 어휘를 선택하여 방언 구획에 활용해야 한다.

음운, 문법, 어휘와 같은 언어학의 전 영역을 기준으로 방언 구획을 할 때 반드시 고려해야 하는 것은 기준들 사이의 중요도를 인정해야 한다는 점이다. 가령 음운, 문법, 어휘 사이의 중요도가 동일할 수 없으며, 음운 내에서도 세부적인 기준의 중요도가 같을 수 없다. 방언 구획을 할 때에는 중요도가 높은 기준에 더 큰 의미를 부여해야 한다. 그렇지 않고 각 기준들의 중요도를 동일시하면, 단순히 공통점과 차이점의 수만 세어서 방언 구획을 함으로써 신뢰할 수 없는 결과가 나타날 수 있다. 이러한 문제점을 해결하기 위해 기준마다 서로 다른 값어치를 부여하는 경우가 많다. 다만 그렇게 부여한 값어치가 주관적일 위험은 항상 뒤따른다.

10.3.2. 등어선

방언 구획에 쓰이는 개별적인 기준을 통해 방언들을 구분하면 동일한 모습을 보이는 방언들끼리의 구분이 잘 드러난다. 이것을 시각적으로 더 두드러지게 하기 위해 등어선isogloss을 표시하기도 한다. 등어선은 어떤 언어적 특징에 있어 서로 구별되는 방언 또는 방언권이 있을 때 그 경계를 나타내는 선을 가리킨다. '등고선'이나 '등온선'의 개념을 고려하면 '등어선'은 같은 말을 사용하는 지역들을 이은 선을 가리킬 것 같지만, 실제로는 서로 다른 말을 사용하는 지역들을 구분하는 경계선이 등어선이다.

(9) 등어선의 예

'못자리'의 실현 양상

[모자리]: 천안, 연기, 대덕, 금산

[모짜리]: 그 이외 지역

『한국방언자료집(IV): 충청남도 편』

(9)는 '못자리'라는 단어에서의 사잇소리 현상 유무에 따라 충청남도 방언을 등어선으로 구분한 것이다. '[모자리]'와 같이 사잇소리 현상이 일어나지 않는 방언형은 충청남도의 동부에 위치한 방언들에 나타난다. 그 이외의 방언은 모두 '[모짜리]'와 같이 사잇소리 현상이 일어나고 있다. (9)는 방언에 따른 변이형이 두 가지에 불과하고, 지역적 분포도 단순해서 등어선도 하나의 선으로 깔끔하게 그을 수 있다. 그러나 변이형이 복잡하고 지리적으로 변이형들이 연속되지 않은 경우에는 등어선도 (9)와 달리 복잡한 모습을 띤다.

등어선에 의한 방언의 구분은 해당 등어선이 어떤 언어적 특징과 관련되느냐에 따라 결과가 달라질 수 있다. 예컨대 인접한 여러 개의 방언이 있다고 할 때 어떤 언어적 특징의 등어선이냐에 따라 방언의 구획 양상이 달라지는 것이다.

(10) 경남 방언의 등어선 예

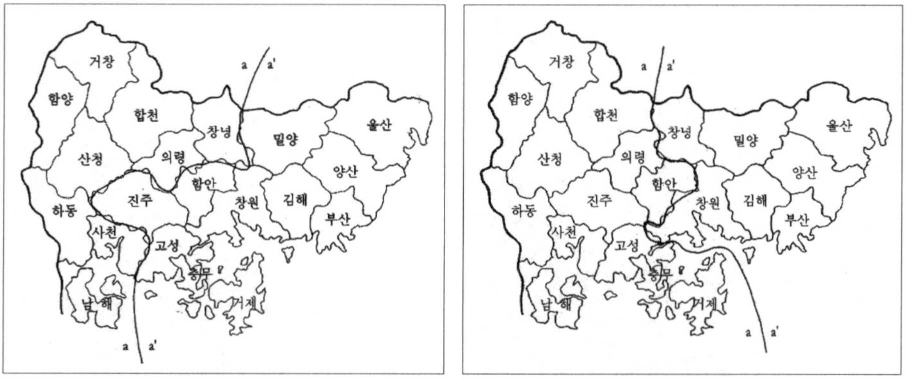

(가) (나)

-박정수(1999)-

(10)은 경상남도 방언의 하위 구획과 관련된 등어선이다. (10가)는 '심-, 감-, 젊-'과 같이 비음으로 끝나는 용언 어간 뒤에서 경음화가 일어나는 방언(등어선의 왼쪽)과 그렇지 않은 방언(등어선의 오른쪽)을 구분한 등어선이다. (10나)는 '밟-, 읽-'에 자음군 단순화가 적용되었을 때 'ㄹ'이 탈락하는 방언(등어선의 왼쪽)과 'ㄹ' 이외의 자음이 탈락하는 방언(등어선의 오른쪽)을 구분한 등어선이다. (10가, 나)를 비교해 보면 두 등어선에 의한 방언의 구분 결과에서 차이가 남을 알 수 있다. 경남 방

언의 동서로 방언이 구분된다는 점은 비슷하지만 구체적인 구분의 결과는 차이가 난다.

이처럼 방언들 사이의 구획은 모든 등어선에서 동일하게 나타나지 않고 등어선마다 조금씩 차이를 보인다. 심지어는 동일한 주제라도 단어에 따라 등어선이 달라지기도 한다. 가령 어두의 양순음 뒤에서 ‘ᄋᆞ’가 ‘오’로 바뀌는 변화 양상은 ‘파리~포리(＜ᄑᆞ리)’를 표시할 때의 등어선 양상과 ‘팔~폴(＜ᄑᆞᆯ)’을 표시할 때의 등어선 양상이 일치하지 않는다. 이런 사정을 고려하면 적은 수의 등어선을 가지고 방언 구획을 하는 것이 얼마나 위험한지 알 수 있다.

방언 구획을 위해서는 음운, 문법, 어휘 등 다양한 특징들을 고려해야 하며, 여러 가지 기준을 고려하여 많은 등어선을 그릴 필요가 있다. 이때 여러 등어선들을 하나의 지도 안에 표시하게 되면 여러 등어선들이 겹치면서 뚜렷한 경계가 만들어지는 경우가 있다. 이처럼 등어선들이 겹쳐서 나타나는 등어선의 다발을 흔히 등어선 속bundle of isoglosses이라고 부른다.

(11) 등어선 속의 예

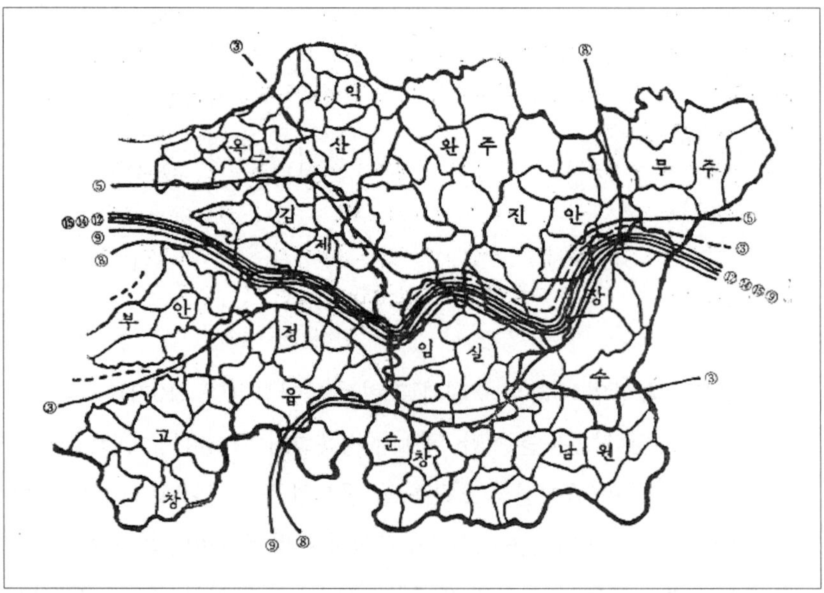

-소강춘(1989)-

(11)은 전북 방언들을 대상으로 여러 가지 등어선을 그은 결과이다. 각 등어선은 ③, ⑤, ⑨ 등으로 구분되어 있는데, 이 중 상당수의 등어선들이 겹쳐서 등어선 속을 이루는 것을 확인할 수 있다. 특히 남과 북을 가로지르는 등어선 속이 뚜렷하게 나타난다. (11)에서와 같이 등어선 속의 굵기가 굵어서 경계가 명확히 드러날 경우 중요한 방언 경계가 그 지점에 놓인다고 해석해도 무방하다. 다만 중요도가 매우 낮은 등어선들이 많이 겹칠 경우에는 방언 구획을 확정하기 어려우므로 여기에도 신중한 접근이 필요한 것은 사실이다.

10.3.3. 방언 지도

방언 지도는 방언 조사에서 확인된 여러 방언형들을 표시해 놓은 지도이다. 방언 지도를 보면 각 항목의 방언형들이 어떻게 분포되었는지를 한눈에 알 수 있다. 앞서 살핀 등어선은 방언형의 종류가 단순하고 방언들 사이의 차이점에 따라 그 경계가 명확히 구분되는 경우에는 무척 편리하다. 그러나 방언형의 수가 많고 복잡하며 경계가 명확하지 않을 때에는 불편한 점이 있다. 이에 비해 방언 지도는 모든 방언형들을 지도에 나타내기 때문에 어떤 경우든 유용하게 사용할 수 있다.

방언 지도는 방언형들의 표시 방법에 따라 여러 가지가 구분된다. (12가~라)는 모두 차이 나는 방언형들을 지도상에 제시했지만 그 성격은 구별된다. (12가)는 가장 널리 쓰이는 지도로서, '가위'의 방언형들을 기호로써 지도에 표시하고 있다. (12가)에서는 방언형들의 분포를 더 쉽게 확인하기 위해 동일한 기호의 방언형들을 동일한 색깔로 표시해 두었다. (12나)는 색깔만을 활용하여 방언적 차이를 드러낸 방식으로, '말言'의 운소가 성조 또는 음장에서 어떻게 실현되는지를 보인 것이다. (12다)는 '뚫리-'에서 어중의 자음이 어떻게 실현되는지를 간단하게 글자로 표시하고 있다. (12가~다)가 개별적인 방언형의 차이를 보인 지도라면, (12라)는 음운 변화가 일어난 비율의 차이를 지도에 나타냈다는 점에서 성격이 구분된다. (12라)는 비원순모음화가 어휘별로 어떻게 실현되는지를 보인 것으로 지도를 통해 중부 지방 방언에서의 실현 비율이 높다는 것을 쉽게 확인할 수 있다. (12가~라) 이외에 다른 방식의 지도도 존재한다. 어떤 방식으로 방언 지도를 작성하든 방

(12) 방언 지도의 유형

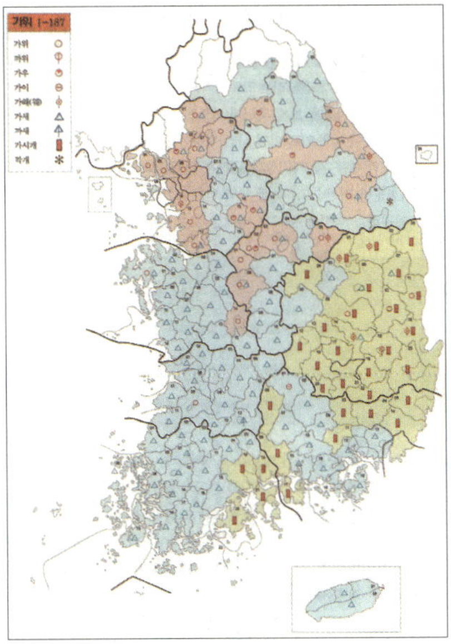

(가)

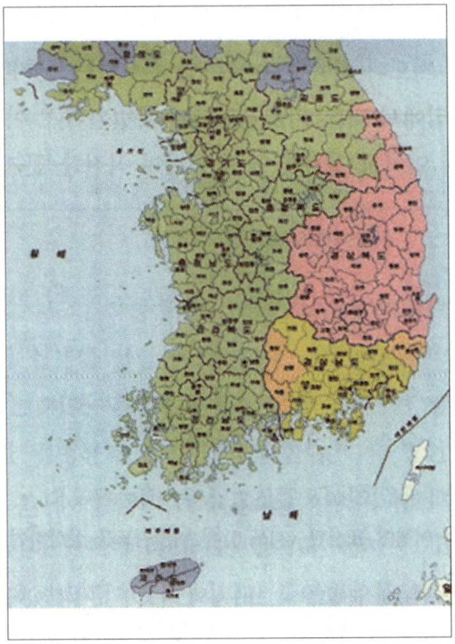

(나)

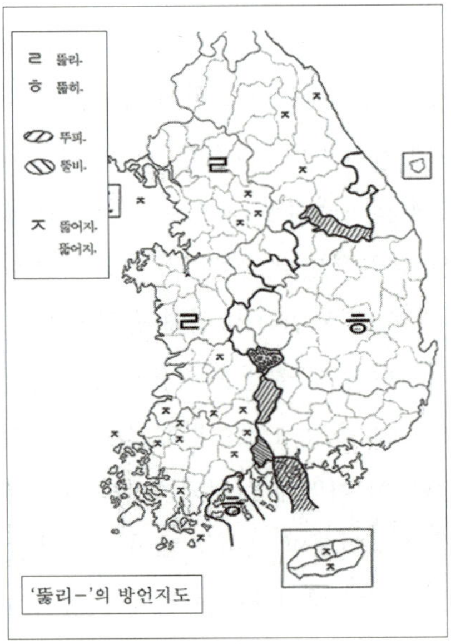

(다)

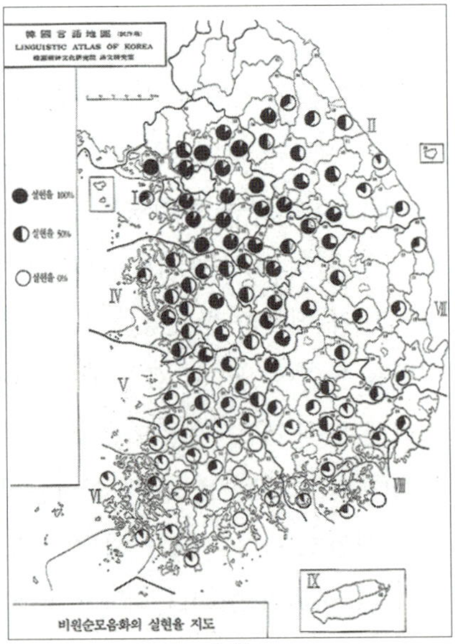

(라)

-정승철(2013)-

언 지도는 언어 항목의 방언형들을 전체적으로 조망하고 그 차이를 쉽게 알 수 있도록 해야 한다.

10.3.4. 한국어의 방언 구획

한국어의 대방언권 구획은 연구자에 따라 조금씩 차이가 나지만 대체로 다음과 같은 6개의 방언권을 설정하고 있다.

(13) 한국어의 대방언권
가. 중부 방언
나. 동남 방언
다. 서남 방언
라. 동북 방언
마. 서북 방언
바. 제주 방언

(13)과 같은 분류는 일본인 학자 오구라 신페이小倉進平가 처음 시도한 것이다. 이후 그의 제자인 고노 로쿠로河野六郎는 동남 방언과 서남 방언을 하나로 합쳐 5개의 대방언권을 설정하기도 했다. 그러나 동남 방언과 서남 방언의 차이가 적지 않아서 이후에는 (13)의 방식을 취하고 있는 상황이다.

(13)의 방언 구획 결과는 대체로 도 경계와 일치한다. 그래서 연구자에 따라서는 (13가~바)와 같은 용어 대신 '경기도 방언, 경상도 방언, 전라도 방언' 등과 같이 도의 행정 구역 명칭을 그대로 활용하기도 한다. 대방언권의 구획 결과가 도 경계와 대체로 부합하는 것은 어쩌면 당연한 일이라고 하겠다. 도의 경계가 산이나 강과 같은 커다란 지리적 장애물의 존재와 관련되는데, 이러한 장벽은 사람들 사이의 왕래를 제한하여 그 언어도 차이가 나게 한다. 이러한 차이가 축적되어 (13)과 같이 서로 다른 방언권으로 분리될 수밖에 없는 것이다.

1 중부 방언

중부 방언은 다른 대방언권에 비해 그 범위가 넓다. 경기도뿐만 아니라 황해도, 충청도, 강원도 등 경기도와 인접한 도의 방언을 모두 아울러 중부 방언이라고 한다. 경우에 따라서는 함경남도의 일부 방언도 중부 방언에 포함된다. 그런데 중부 방언에 속하더라도 강원도 방언, 특히 영동 지역의 방언은 다른 중부 방언과는 매우 다른 특징을 보여 준다. 그래서 영동 방언을 중부 방언에서 제외하는 경우도 있다. 또한 황해도 방언이라도 북부 지역은 (13마)에 속하는 서북 방언의 요소가 존재한다. 그래서 중부 방언의 범위는 조정의 여지가 없지 않다.

중부 방언의 특징은 다음과 같다. 우선 음운의 측면에서는 단모음의 수가 다른 방언에 비해 많다는 점을 들 수 있다. '아, 애, 어, 에, 오, 외, 우, 위, 으, 이'의 10모음 체계를 가진 하위 방언들이 다른 방언권에 비해 수적으로 우세하며, 일부 방언에서 9개의 단모음을 가지는 경우도 있다. 음장을 통한 단어의 의미 변별 정도도 다른 지역에 비해 높은 편이다. 장모음 '어'가 '으'로 상승되는 경향이 강하며, 겹받침을 가진 체언 어간이 재구조화되어 홑받침을 가지는 형태로 바뀌는 변화('닭 > 닥' 등)도 많이 일어나는 편이다. 음운사와 관련해서는 유성 마찰음 'ㅸ, ㅿ'이 'ㅂ, ㅅ' 대신 대개 'w, Ø'로 실현된다는 점도 지적할 수 있다.

문법의 측면에서는 불규칙 활용 어간 중 일부가 규칙 활용을 하는 것을 들 수 있다. 대표적으로 '르' 불규칙 어간에 속하는 '흐르-, 모르-' 등이 '흘르-, 몰르-'로 바뀌어 다른 '으' 말음 용언 어간과 동일한 교체를 보인다. 상대 높임법의 등급은 아주높임, 예사높임, 예사낮춤, 아주낮춤, 반말, 두루높임의 6가지를 구분하고 있어서 다른 방언에 비해 더 세분화된 양상을 보인다. 이 밖에 '-고, 도, 하고'와 같은 문법 형태소가 '-구, 두, 하구'로 나타나기도 한다.

어휘 측면에서 특수한 어휘로 '좋다'의 반의어로 '나쁘다' 이외에 '망핳다'가 쓰인다는 점을 들 수 있다. 또한 곡식을 사고 파는 행위에 대해 '팔다'와 '사다'가 서로 뒤바뀌어 쓰이는 방언이 많이 나타난다. '못하다, 모르다, 호랑이' 등의 단어가 '뭇하다, 무르다, 후랭이'로 나타나기도 하는데 이는 모두 '오'가 '우'로 바뀌는 변화가 적용된 결과이다. 빈도수가 매우 높은 '하다'가 '해다'로 실현되는 지역이 많은 것도 다른 지역과는 구별된다.

2 동남 방언

동남 방언은 한반도의 동남쪽에 위치한 경상남도와 경상북도 방언으로 이루어져 있다. 경우에 따라서는 강원도 동해안 지역의 일부 방언(삼척, 강릉 등)을 동남 방언에 포함하기도 한다. 동남 방언 내에서는 남과 북을 기준으로 한 방언 차이도 보이지만, 동서를 축으로 한 방언 차이도 매우 두드러지게 나타난다.

동남 방언의 음운적 특징으로 대표적인 것은 단모음의 수가 다른 방언권에 비해 적다는 점, 음장 대신 성조가 운소로서 작용한다는 점을 들 수 있다. 동남 방언에 속하는 하위 방언은 대체로 6개 또는 7개의 단모음을 지니고 있다. 중부 방언과 비교할 때 '외, 위'가 단모음으로 존재하지 않으며 '애'와 '에'가 구분되지 않기도 하고 '으'와 '어'가 구분되지 않기도 한다. 또한 소리의 높낮이 차이, 즉 성조를 통해 단어의 의미를 구별한다는 점도 특징이다. 가령 중부 방언에서 장단의 차이로 구분되는 '말言'과 '말馬'은 이 방언권에서 높낮이의 차이를 드러낸다. 음운사적으로는 유성 마찰음 'ㅸ, ㅿ'이 '따바리(또아리), 새비(새우), 가새(가위), 무시(무)'에서 보듯 'ㅂ, ㅅ'으로 남아 있는 경우가 많다는 점도 특징이다. 이 때문에 표준어의 ㅂ-불규칙 용언이나 ㅅ-불규칙 용언이 이 지역에서는 규칙 용언으로 실현되는 예(덥어, 덥어도, 덥으니[덥-], 잇어, 잇어도, 잇으니[잇-] 등)도 많다.

문법의 측면에서는 설명 의문문과 판정 의문문이 문장 끝의 문법 형태로 구분된다는 점이 매우 특징적이다. '-가, -나'로 끝나는 의문문은 판정 의문문이고, '-고, -노'로 끝나는 의문문은 설명 의문문인데, 이러한 양상은 중세 국어와 비슷하다는 점에서 많은 주목을 받아 왔다. 문법 형태소의 형태도 다른 방언과 차이 나는 것이 적지 않다. 예를 들어 '-능교(습니까), -으이소(세요), -으이께(-으니까), 캉(와/과), 맨치로(처럼)'와 같이 다른 지역에서 보기 어려운 문법 형태소들이 나타난다. 또한 '-을 것 같다'와 같이 추측의 의미를 나타내는 표현이 '-을 겉다'처럼 의존 명사 없이 쓰이는 것도 이 방언권의 특징 중 하나이다.

어휘적으로도 동남 방언의 특징을 보여 주는 사례가 존재한다. '그제'를 가리키는 말로 '아래'가 쓰인다든지, '그럼'의 의미로 쓰이는 '하모', '떨어뜨리다'의 의미를 가진 '널쭈다', '숙이다'에 대한 '수그리다'는 모두 이 지역에서 많이 쓰이는 흥미로운 어형들이다. 물론 이 중에는 동남 방언에 인접한 다른 지역에서 쓰이는 것도 있지만, 그

중심지는 역시 동남 방언이라고 할 수 있다.

3 서남 방언

서남 방언은 동남 방언의 서쪽에 위치한 전라남도와 전라북도 방언으로 구분되는 대방언권이다. 서남 방언은 음운의 측면에서 동남 방언과 비슷한 특징도 없지 않으나, 전체적으로는 구별되는 면이 많다. 서남 방언은 높은 산에 의한 지리적 단절이 별로 없기 때문에 다른 방언권에 비해 하위 방언별 차이도 덜 나타나는 것으로 알려져 있다.

음운의 측면에서 서남 방언의 특징을 들자면 중부 방언과 마찬가지로 단모음의 수가 많다는 점을 들 수 있다. 전북 방언은 대체로 10개의 단모음을 가지며, 전남 방언은 10개와 9개의 단모음을 가진 방언이 섞여 있다. 또한 서남 방언은 동남 방언과 더불어 구개음화나 '이' 모음 역행 동화 현상이 매우 활발하게 일어난다. 즉 단모음 'ㅣ'나 반모음 'j'에 의한 동화 현상이 두드러지는 것이다. 운소로 기능하는 것은 장단인데, 이것은 동남 방언과 차이가 나는 부분이다. 유성 마찰음의 경우 'ㅿ'은 'ㅅ'으로 나타나는 경우가 많으나 'ㅸ'은 동남 방언과 달리 'w' 또는 그와 비슷한 음으로 나타난다.

문법 측면의 특징은 문법 형태소에서 잘 드러난다. 가령 처격 조사로서 '에가'와 같이 '가'가 덧붙은 형태가 많이 보인다. '조차'의 의미를 가지는 보조사 '할라'나 청유형에서 보이는 '-드라고', 높임 표현에서 '요' 대신 나타나는 '라우', 이유를 나타내는 '-기에'에 대응하는 '-간디' 등도 이 지역 방언의 특징이다. 상대 높임의 등급은 '아주높임, 예사낮춤, 아주낮춤'의 세 가지로 실현된다고 알려져 있는데 이러한 양상은 다른 방언에 비해 세분화의 정도가 낮은 편이다. 서남 방언 중에는 선어말 어미 '-느-'가 쓰여야 할 환경에서 쓰이지 않는 방언도 적지 않다. 이러한 방언에서는 '보는가' 대신 '본가', '먹는다' 대신 '먹은다'가 나타난다. 한편 '-지 않-'의 부정 형식이 '-도/들/든 않-'으로 나타나는 것도 이 방언에서 찾아볼 수 있다.

서남 방언의 특징적 어휘로는 '놈'을 들 수 있다. 다른 방언에서 '놈'은 주로 유정물에 사용되는 것이 일반적이지만 이 방언에서는 무정물에도 쓰이며, 심지어 무생물에도 쓰인다. '거시기, 뭐시기'와 같은 지시 대명사가 일상생활에서 매우 활발하게 쓰이는 것도 어휘적 특징에 해당한다. '매우'의 의미로 쓰이는 '허벌나게, 겁나게'가 많이 쓰인다는 점, 색채어 중 '노란허다(노랗다), 뻴간허다(빨갛다)'와 같이 어중에 비음이 첨가되는 형태가 나타난다는 점, '괜찮-, 않-' 등과 같이 기원적으로 '하-'가 포함된 용언의 활용형에서 '괜찮애, 않애'처럼 '하-'의 활용형 '해-'의 흔적이 많이 남아 있다는 점도 이 지역 방언의 특징이다.

4 동북 방언

동북 방언은 크게 보면 함경북도 방언과 함경남도 방언으로 이루어진다. 그러나 함경남도 방언 중 일부(영흥 이남)는 중부 방언 속에 포함되어 있다. 역사적으로 보면 이 지역은 중앙의 세력이 크게 미치던 곳이며 그로 말미암아 언어 역시 중부 방언의 특징을 많이 간직하고 있는 것이다. 함경북도 방언 중에서 북쪽의 국경에 인접한 방언들(회령, 종성 등)은 육진 방언이라고 하여 일반적인 동북 방언과 구분하는 경우도 없지는 않으나 대체로는 동북 방언 속에 포함하여 다루고 있다.

동북 방언의 음운론적 특징으로 빼놓을 수 없는 것은 성조가 운소로 존재한다는 점이다. 각 단어의 구체적인 성조형은 차이가 나지만 성조가 운소로 존재한다는 점에서 동남 방언과 통하는 점이 있다. 강원도의 영동 방언에도 비슷한 현상이 발견된다는 점을 고려할 때 한반도의 동쪽에 위치한 방언권에서 공통적으로 성조가 운소로 기능한다고 할 수 있다. 동북 방언에서는 비모음화 현상도 활발한데 이것 역시 동남 방언과 비슷한 모습이다. 음운사적으로도 유성 마찰음인 'ㅸ, ㅿ'이 동남 방언과 마찬가지로 'ㅂ, ㅅ'으로 남아 있다. 한편 동북 방언의 북쪽에 위치한 방언들은 'ㅈ, ㅊ, ㅉ'이 치조음으로 실현된다거나 어두의 양순음 뒤에 있는 'ㆍ'가 역사적으로 '오'로 바뀌었다는 특징을 보임으로써 다른 동북 방언과는 구분되는 모습을 드러내고 있다.

동북 방언의 문법적 특징으로 현저한 것은 체언의 마지막에 '이'가 결합되어 나타나는 경우가 많다는 점이다. 가령 '모자, 장가, 곰'과 같은 단어들은 '이'가 결합된 '모재, 장개, 고미'로 나타나는 것이다. 이와 무관하지 않을 것으로 생각되는 현상에는 주격 조사로 '이' 또는 '이가'가 주로 나타나고 '가'만 결합하는 경우가 별로 없다는 점을 들 수 있다. 앞의 경우와 연관 지어 본다면 체언의 경우 대체로 '이'가 결합되어 쓰이므로 주격 조사 '가'만 결합된 것은 찾아보기 어려운 것이다. 종결 어미로 쓰이는 '-읍메다/-습메다', '-음메/-슴메, -음/-슴, -기오, -지비' 등도 다른 방언과는 차이 나는 문법 형태이다.

동북 방언의 어휘를 보면 중세 국어 시기에 불규칙적 교체를 보이던 체언들의 형태를 확인할 수 있는 것들이 적지 않다. 가령 '나무'의 경우 '냉기(나무가), 낭그(나무를), 낭게(나무에), 나무처르(나무처럼)'로 실현되는데, 이것은 중세 국어 시기에 '나모~남ㄱ'의 교체를 보이던 것과 매우 비슷하다. 이런 모습은 '여우(여스~엿ㅇ), 자루(ᄌᆞᄅᆞ~ᄌᆞᆯㅇ)' 등과 같은 체언의 교체에서도 찾아볼 수 있다. 또한 이 지역은 역사적으로 북방의 다른 민족 또는 국가와의 접촉이 잦았기 때문에 그 언어들로부터 차용한 어휘들이 많이 보인다. 가령 여진어로부터 온 '두만강'의 '두만(萬)', 만주어로부터 온 '나단(七)', 러시아로부터 온 '거르만(주머니)' 등의 예를 들 수 있다.

5 서북 방언

서북 방언은 일반적으로 평안도에서 쓰이는 방언을 가리킨다. 다만 중부 방언에 포함된 황해도 방언 중 북쪽에 위치한 몇몇 방언은 그 특징상 서북 방언에 편입될 여지가 존재한다. 또한 서북 방언 중 함경남도와 밀접한 관련을 맺어온 평안북도의 후창 방언은 음운의 측면에서 볼 때 함경남도 방언과 유사한 점이 많이 보인다고 한다.

서북 방언의 음운적 특징으로 가장 널리 지적되어 온 것은 'ㅈ, ㅊ, ㅉ'과 관련된다. 다른 방언권에서는 'ㅈ, ㅊ, ㅉ'이 모두 경구개음으로 발음되지만 이 방언권에서는 치조음으로 발음되고 있다. 이것은 'ㅈ, ㅊ, ㅉ'이 치음이던 중세 국어의 특징이 그대로 이어지고 있는 모습이다. 이처럼 'ㅈ, ㅊ, ㅉ'이 경구개음이 아니기 때문에 구개음화 현상도 이 지역에서는 나타나지 않는다. 이와 연관된 특징은 모음에서도 발견된다. 가령 'ㅈ, ㅊ, ㅉ' 뒤에서 일어나는 'ㅡ'의 전설 모음화 현상이 서북 방언에서는 일어나지 않는다. 음운사적으로 볼 때 유성 마찰음 'ㅸ, ㅿ'은 'ㅂ, ㅅ'과 같은 자음으로 나타나지 않고 'w'나 'Ø' 등으로 나타나서 중부 방언과 비슷한 특징을 보인다.

서북 방언의 문법적 특징으로는 우선 특이한 주격 조사 '래'를 들 수 있다. '래'는 '가'가 쓰여야 할 환경에서 쓰이고 있다. 또한 다른 방언에서 목적격 조사나 접속 조사와 같이 자음 뒤에 쓰일 때와 모음 뒤에 쓰일 때 그 형태가 달라지는 조사들이 하나의 형태로만 나타난다는 점도 서북 방언의 특징 중 하나이다. 가령 목적격 조사는 '을'로만 쓰이고, 접속 조사는 '과'로만 쓰이고 있다. 이 외에 종결 어미 '-쇠다(-습니다), -쇄(-습니다), -웨리다(-겠습니다), -웨리(-겠다), -ㄹ마(-겠다), -ㅁ네(-네), -시다나(-아라), -레(-아라)' 등도 다른 지역 방언과 구분되는 문법 형태들이다.

어휘면에서는 서북 방언도 동북 방언과 마찬가지로 북쪽의 다른 언어로부터 차용한 것들이 많이 존재한다는 점을 특징으로 들 수 있다. 가령 만주어로부터 온 '우퉈衣, 다루기牛皮鞋, 만투饅頭' 등이 여기에 속한다. '(값이) 싸다'가 다른 지역 방언과 반대의 의미를 지니는 것도 특징이다. 이것은 중세 국어 'ᄊᆞ다値'의 의미를 그대로 간직한 결과라고 하겠다. 친족어 중에는 '큰아바지, 큰마니'가 특이하다. 표준어의 '큰아버지, 큰어머니'에 해당하는 이 단어들은 실제로는 할아버지와 할머니를 가리킨다. 표준어의 '큰아버지, 큰어머니'에 해당하는 이 지역 방언의 어휘는 '맏아버지, 맏오마니'이다. 이처럼 '큰'이 결합되는 경우와 '맏'이 결합되는 경우에 친족어의 의미가 달라진다.

6 제주 방언

제주 방언은 일반인들에게는 호기심의 대상으로 각인될 만큼 독특한 모습을 많이 지니고 있다. 이것은 제주도가 육지로부터 멀리 떨어진 섬으로서, 지리적인 단절로 인해 언어의 측면에서도 육지와 분리된 모습을 보이기 때문이다. 제주 방언은 대방언권이기는 하지만 하위 방언들이 보이는 차이는 다른 대방언권에 비해 적은 편이다. 다만 제주 방언의 전형적 모습이 젊은 세대로 갈수록 사라지고 있어서, 방언 보존의 필요성이 절실한 형편이라고 한다.

제주 방언의 음운론적 특징으로 제일 먼저 언급되어 온 것은 'ᆞ'의 존재이다. 다른 방언에서는 사라진 중세 국어의 'ᆞ'가 이 방언에서는 여전히 별개의 단모음으로 실현되고 있다. 그래서 국어사 연구에서는 'ᆞ'의 정체를 밝히는 노력의 일환으로 제주 방언을 적극적으로 활용해 왔다. 'ᆞ'라는 단모음의 존재로 말미암아

'ᆜ(j + ᆞ)'라는 특징적인 이중 모음이 존재하고 있다. 제주 방언에는 운소가 존재하지 않는다는 것도 지적할 수 있다. 음장이나 성조의 차이로 인해 단어가 구별되는 경우가 존재하지 않는다. 음운 변동 중에 독특한 것은 비음 뒤의 경음화가 존재하지 않는다는 점과 자음의 복사 현상이 존재한다는 점이다. '안-, 담-'과 같이 비음으로 끝나는 어간 뒤에 어미가 결합할 때 제주 방언은 경음화가 일어나지 않는다. 이러한 모습은 동남 방언의 동쪽에 위치한 방언에서도 찾을 수 있다. 또한 제주 방언에는 자음으로 끝나는 말 뒤에 모음으로 시작하는 실질 형태소가 결합할 때에 앞말의 자음이 실질 형태소의 어두에 복사되는 현상이 존재한다. '맏아덜(맏아들)'이 '맏다덜', '솜옷'이 '솜몯'으로 실현되는 것이 그 예이다. 이러한 현상은 다른 방언에서는 찾아보기 어렵다. 음운사와 관련하여 유성 마찰음의 경우 'ㅿ'은 'ㅅ'으로 많이 나타나지만 'ㅸ'은 'w' 또는 그와 비슷한 음으로 나타난다. 이러한 양상은 서남 방언과 비슷하다.

문법의 측면에서도 제주 방언은 다른 방언과 구분되는 특이한 문법 형태소들을 많이 가지고 있다. 부사격 조사 '신디, 고라', 진행상을 나타내는 선어말 어미 '-앖-/-없-', 추측의 선어말 어미 '-으크-', 청자 존대의 선어말 어미 '-수-' 등은 다른 지역어에서 찾아보기 어렵다. 종결 어미 중에도 아주높임의 '-궤/-게(습니다), -꽈/-꽝/-과/-광, -읍서'와 같이 특이한 것들이 존재한다. 또한 제주 방언에서는 동남 방언과 마찬가지로 설명 의문문과 판정 의문문의 구별을 문법 형태로 나타내는 경우가 있다. 즉 '-ㄴ고, -니'는 설명 의문문의 종결 형식으로 쓰이고, '-가, -냐'는 판정 의문문의 종결 형식으로 쓰이는 것이다.

제주 방언의 어휘 중에는 육지의 방언과 완전히 다른 모습을 띄는 것이 적지 않다. '호미'를 가리키는 '골겡이~홀갱이', 뼈를 가리키는 '꽝' 등이 그러하다. 육지 방언과 비슷한 모습이면서도 특이한 것으로는 '나무'를 가리키는 '낭'을 들 수 있다. 이 단어는 '낭섭(나뭇잎), 소낭(소나무)'과 같은 복합어에도 그대로 쓰이고 있다. 이 밖에 의미를 강조하기 위해 문장 뒤에 붙이는 '맛슴' 또는 '츰'과 같은 형태도 독특하다. 한편 제주 방언 중에는 '말馬'과 관련된 몽고어 차용어가 남아 있다. '가라 ᄆᆞᆯ/가래ᄆᆞᆯ黑馬', '구렁ᄆᆞᆯ栗色馬' 등등이 그러한데, 이것은 제주도가 예전에 몽고의 목마장이었던 사정에서 비롯되었다.

10.4. 사회 방언

사회 방언은 지역 방언과 달리 동일 지역 내에서 분화된 언어의 변이형을 가리킨다. 주로 계층, 연령, 성별 등과 같은 사회적 변수가 언어 변이에 영향을 미치기 때문에 사회 방언이라고 부른다. 사회 방언은 방언학에서 다루기도 하지만 일반적인 방언학에서는 지역 방언을 중심으로 하고, 사회 방언에 대해서는 소략하게 언급한다. 사회 방언만을 따로 연구하는 학문 분야를 '사회 언어학'이라고 한다.

사회 언어학은 일반 언어학의 약점을 보완하기 위해서 점차 발전하였다. 20세기 중엽 이후에 언어학계를 사로잡은 언어 이론은 개별 언어의 화자 각각이 이상적인 언어 지식을 가지며 모두가 동질적인 문법 지식을 가지고 있다고 전제하였다. 따라서 개인의 언어를 연구하는 것으로 언어 연구가 충분하다고 보았다. 그러나 계층, 연령, 성별 등과 같은 사회적 변수에 따라 각 개인의 언어는 서로 다른 모습을 보이며, 언어 변화의 차원에서도 이러한 차이가 중요하게 기능한다는 사실이 밝혀졌다. 그러면서 점차 사회 방언에 대한 관심이 높아지게 되었고 이것을 다루는 별개의 학문 분야도 발전하게 되었다.

여기서는 사회 방언의 성립에 깊이 관여한다고 알려진 계층, 연령, 성별에 따라 방언의 차이가 어떻게 나타날 수 있는지를 간략히 살피기로 한다.

10.4.1. 계층과 사회 방언

사회에서 계층에 따라 구사하는 말이 달라진다는 것은 쉽게 관찰할 수 있다. 다만 계층을 규정하는 요소는 그리 단순하지 않다. 한국 사회를 기준으로 할 때 예전에는 주로 신분이 중요했다. 그러나 신분 제도가 사라진 현대에 와서는 직업, 직장에서의 지위, 학력, 경제력, 거주지 등등이 계층 형성에 복합적으로 작용하고 있다.

계층에 따른 사회 방언의 차이를 살펴본 연구로는 1960년대에 Labov라는 학자가 뉴욕의 백화점을 대상으로 한 것이 있다. 이용 고객의 사회 계층이 서로 다른 세 개의 백화점 점원을 대상으로 하여 모음 뒤 'r'의 발음 양상을 관찰하는 실험을 통해, 언어 현상이 계층이라는 사회적 변수와 밀접한 관련이 있음을 확인할 수 있었다. '카스트'라는 전형적인 계급 제도가 존재하는 인도의 경우에도 계층에 따라 모음의 발음 양상이 달라진다는 사실이 20세기 중반에 보고된 바 있다.

한국어에도 계층에 의한 사회 방언이 존재한다. 대표적으로는 반촌어와 민촌어의 차이를 들 수 있다. 같은 지역의 방언이라고 하더라도 양반의 후손들이 집단적으로 거주하던 지역의 반촌어와 평민들이 거주하던 지역의 민촌어가 서로 다르다는 것은 일찍부터 지적되었다. 특히 반촌어와 민촌어의 차이가 많이 언급된 방언은 경상북도 방언이다.

(14) 반촌어와 민촌어

	반촌어	민촌어
가	큰아배/큰어매 맏아배/맏아부지 아지매	할배/할매 큰아부지 고모, 헹수
나	기이도(기 + 어도) 피이도(피 + 어도)	게에도(기 + 어도) 페에도(피 + 어도)

-최명옥(1980)-

(14)는 경상북도 영덕군 영해면의 반촌어(괴시동)와 민촌어(대진동)가 보이는 차이 중 일부를 제시한 것이다. (14가)는 어휘 중에서도 특히 친족어에서의 차이를 나타낸다. 반촌어에서 '큰아배, 큰어매'가 할아버지, 할머니를 나타내고, '맏아배, 맏아부지'가 큰아버지를 나타내는 것은 서북 방언과 비슷한 모습이다. (14나)는 'ㅣ'로 끝나는 어간 뒤에 '어'로 시작하는 어미가 결합할 때의 음운 변동 양상에서 차이를 보여 주고 있다.

(14)는 지역적으로 인접하되 이전 시기의 신분에 따라 구분된 반촌어와 민촌어의 차이를 보인 것이다. 이 외에 지역과 무관하게 학력, 직업, 재산을 기준으로 계층을 나누었을 때도 계층들 사이에 언어적 차이가 드러난다.

(15) 계층 사이의 언어 차이

가. 계층이 낮을수록 연음 현상의 예외 비율이 높으며, '이' 모음 역행 동화를 일으키는 비율도 높다.

나. 계층이 높을수록 표준어 어휘를 구사하는 비율이 높다.
다. 계층이 높을수록 정확하고 긴 문장을 사용하는 비율이 높다.

-이주행(1999)-

(15)는 비록 일부 언어 현상에 국한되지만 계층의 차이가 언어 차이로 이어짐을 잘 보여 주고 있다. 이러한 차이는 음운, 문법, 어휘의 전 영역에서 나타난다. (15)를 통해 대체로 화자의 사회 계층이 높을수록 언어 규범에 좀 더 가까운 언어를 구사하고 있음을 확인할 수 있다.

10.4.2. 연령과 사회 방언

사회 방언이 분화되는 조건 중 가장 두드러진 것은 연령이다. 연령에 따른 세대 차이에 반영된 언어 차이는 음운, 어휘, 문법의 모든 측면에서 매우 쉽게 확인된다. 우선 음운의 측면에서는 다음과 같은 차이를 지적할 수 있다.

(16) 젊은 세대의 음운론적 특징
가. 세대가 젊을수록 단모음의 수가 적어진다.
나. 세대가 젊을수록 장단에 대한 인식이 약해진다.
다. 세대가 젊을수록 '이' 모음 역행 동화의 적용 정도가 약해진다.

(16가, 나)는 음운 체계, (16다)는 음운 현상에 있어 세대 간의 차이를 보인 것이다. 노년층의 경우 최대 10모음 체계까지 간직하지만, 젊은 세대에서는 지역적 차이와 무관하게 7모음 체계(아, 애/에, 어, 오, 우, 으, 이)가 우세하다. 또한 소리의 길이에 따른 단어의 변별 정도가 젊은 층에서는 희박하다. '이' 모음 역행 동화와 같이 표준어에서 인정하지 않는 음운 현상의 경우도 젊은 층에서는 활발하게 적용되지 않는다.

문법과 관련해서는 객체 높임에 대한 인식이 젊은 세대로 갈수록 약해진다는 점을 들 수 있다. 현대 국어에서 객체 높임은 그 기능을 담당하는 별도의 문법 형태소가 있지는 않지만, 여전히 '뵙다, 여쭙다, 모시다, 아뢰다' 등의 어휘들이 객체 높임의 역할을 하고 있다. 그러나 젊은 세대에서는 이러한 어휘들의 쓰임이 예전에 비해 느슨해지고 있다. 상대 높임의 등급이 덜 세분화되는 것도 젊은 세대 언어의 특징이다. 노년층에서 방언에 따라 최대 6단계가 구분되던 상대 높임의 등급은 대부분의 젊은 세대에서 줄어들고 있다.

어휘의 차이도 연령대에 따라 잘 드러난다. 가령 노년층에서 쓰던 예전의 어휘 중 상당수가 젊은 세대에서는 쓰지 않는다. 특히 농업이나 어업과 같이 전통 사회에서 많은 비율을 차지하던 산업과 관련된 어휘들이 그러하다. 반면 젊은 세대에서는 외국어 사용이 활발하며, 줄임말이나 임시어 등이 일상생활에서 많이 쓰인다.

연령에 따른 언어 차이는 언어 변화와 직접적으로 관련되는 경우가 많다. 그래서 진행 중인 언어 변화를 살펴보고자 할 때에는 노년층과 그 아래 세대의 언어를 비교하게 된다. 가령 (16가~다)에 제시된 언어 차이는 현재 한국어가 겪고 있는 변화의 방향과 정확히 일치하고 있는 것이다. 만약 세대 차이를 활용하지 않고 진행 중인 변화를 관찰하려 한다면 수십 년에 걸쳐 같은 세대 화자의 말이 어떻게 변화하는지를 조사해야 하는데, 이것은 현실적으로 너무나 어려운 일이다. 그런 점에서 연령에 따른 사회 방언은 중요한 의미를 지닌다.

10.4.3. 성별과 사회 방언

남성과 여성의 언어가 동일하지 않다는 점에서 성별 역시 사회 방언을 분화하는 한 조건이 된다. 다만 성별의 차이에 따른 방언의 특성을 여러 측면에 걸쳐 일반화한 결과가 많지 않다는 한계가 있다. 그래서 성별에 따른 사회 방언은 개별적인 몇몇 사실을 중심으로 하여 단편적 논의가 이루어졌다.

성별에 따른 방언 차이는 어휘에서 쉽게 드러난다. 일본어를 비롯한 여러 언어에서 동일한 의미를 나타내는 단어가 성별에 따라 차이를 보인다는 점은 흔히 지적되어 왔다. 가령 일본어의 경우 비격식적인 상황에서 남성은 1인칭 대명사로 '포쿠, 오래', 2인칭 대명사로 '오마에'를 쓰지만 여성은 동일한 용법으로 '와타시, 아타시', '아나타'를 쓴다고 한다. 이러한 차이는 일본어의 호칭어, 감탄사는 물론이고 형용사나 부사와 같은 일반 어휘에서도 찾아볼 수 있다. 한국어의 경우에도 가령

'어머, 어머나'와 같은 감탄사는 주로 여성들만 사용한다. 그래서 남성들이 일부러 '어머'라는 단어를 사용하여 웃음을 유발하는 경우도 있다.

이처럼 개별적인 어휘 사용의 차이를 넘어서 성별에 따른 방언 분화가 좀 더 체계적인 방식으로 이루어지는 경우도 있다. 언어에 따라서는 남녀의 사용 단어가 접사의 유무로 항상 구별된다든지 또는 한쪽 성별이 사용하는 말의 특정한 소리를 다른 성별에서는 항상 다른 소리로 대치하는 등의 규칙적인 장치가 동원되는 것이다. 또한 성별 차이에 따른 방언이 음운 목록에서 차이를 나타내는 경우마저 있다고 한다.

한국어의 경우 남녀의 성별에 따른 언어 차이로 다음과 같은 사실들이 지적되었다.

(17) 성별에 따른 언어 차이

가. 접속문과 평서문에서 남성은 하강조, 여성은 상승조를 많이 사용한다.

나. 남성은 '합니다' 종결형, 여성은 '해요' 종결형을 많이 사용한다.

다. 남성에 비해 여성은 감성적 어휘가 발달했다.

라. 남성은 정보적, 경쟁적 대화를 추구하고 여성은 친교적, 협동적 대화를 추구한다.

-민현식(1997)-

(17)은 남녀의 언어 차이 중 일부만을 다루고 있지만 그 차이가 여러 측면에 걸쳐 있음을 잘 보여 준다. 억양과 같은 음운의 측면, 문법에서의 종결 형식, 사용 어휘의 성격 등 언어의 모든 부분에서 남성어와 여성어는 차이를 나타낸다. 그뿐만 아니라 (17라)에서 보듯 대화의 방식이나 태도도 성별에 따라 달라진다.

10.5. 방언의 가치

방언을 연구하거나 보존해야 하는 이유는 무엇일까? 이것은 방언이 가지고 있는 언어학적, 사회문화적 가치와 무관하지 않다. 우선 언어학적 측면에서 방언이 지닌 가치를 살피도록 한다.

앞에서도 언급했듯이 한국어는 실제로는 구체적인 방언의 형태로 존재한다. 우리가 일상생활에서 구사하는 한국어는 모두 특정한 방언에 불과한 것이다. 따라서 한국어를 연구한다는 것은 곧 방언을 연구하는 것에 다름이 아니다. 한국어의 특징이라고 말할 수 있는 것들 또한 방언의 특징으로부터 추출할 수밖에 없다. 이처럼 방언은 한국어의 실체를 이루고 있기 때문에 그 자체로 중요한 의미를 지닌다. 이것이야말로 언어학적 측면에서 방언이 지니고 있는 가장 중요한 존재 가치이다.

또한 방언에는 국어사적으로 의미 있는 어형들이 많이 숨어 있다. 제주도 방언에 남아 있는 'ㆍ'의 흔적은 말할 것도 없고, 다른 측면에서도 이전의 언어 화석들이 방언에 남아 있는 경우가 많다. 예컨대 중세 국어에 설명 의문문과 판정 의문문의 종결 표현이 구분된다는 사실은 동남 방언이나 제주 방언을 통해 확인이 되는 것이다. 그래서 방언은 국어사 연구에서도 중요한 의미를 지닌다. 예전의 언어 연구 자료가 절대적으로 부족한 현실에서 방언은 자료적 결함을 메워 주는 중요한 재료가 된다.

방언은 사회문화적 측면에서도 의의를 지닌다. 이미 잘 알려진 바이지만, 언어에는 그 언어를 사용하는 화자들의 문화가 고스란히 담겨 있다. 주변 환경, 음식 문화, 사회 구조 등등 많은 문화적 차이가 언어에 반영되어 있다. 이러한 차이는 한 언어의 변이체인 방언에서도 찾아볼 수 있다. 가령 같은 군에 속한 지역이라고 하더라도 농촌과 어촌이 공존할 경우, 두 지역의 방언에는 그러한 생활 환경의 차이가 녹아 있는 것이다. 따라서 방언은 사회문화적 가치를 연구하고 보존하는 데에도 유용하게 쓰일 수 있다.

문학 작품의 창작이나 감상에서도 방언은 중요하다. 지역의 정서가 물씬 배어 있는 방언을 활용하면 문학적 효과는 훨씬 더 높아진다. 가령 소설에서 등장인물 사이의 대화를 그 지역의 방언으로 그려 내는 것과 표준어로 그려 내는 것은 상당한 차이가 있다. 최근에는 드라마나 영화에서도 배우들의 방언 구사에 사실성을 부여하고자 하는 노력을 기울이고 있다. 이것은 모두 방언이 사람들의 실생활과 깊게 관련을 맺고 있기에 나타나는 것이다.

이 밖에도 방언은 여러 가지 유형, 무형의 가치를 지니고 있다. 그러나 현재의 방언은 매우 심각한 위기에 직면해 있다. 고등 교육의 확대, 대중 매체의 발달, 교통의 발달 등등으로 인해 멀리 떨어진 사람들 사이의 접촉이 빈번해지고 표준어에 노출되는 정도가 심해지면서 지역 방언의 고유한 특징들이 점차 사라지고 있다. 특히 젊은 세대로 내려올수록 방언의 구사에 있어 양적, 질적으로 현격한 감소 경향을 보인다. 이에 따라 각 방언의 보존이 심각한 문제로 대두되고 있다.

자연 생태계든 인간 사회든 다양성의 확보는 중요한 의미를 지닌다. 다양성이 사라지면 여러 가지 문제들이 발생하게 된다. 방언이 사라져가는 현상을 그대로 방치하는 것은 그리 바람직하다고 보기 어렵다. 방언을 구사하는 것은 자연스러운 현상이다. 표준어만을 지향하는 인위적 획일화는 곤란하다. 많은 존재 의의를 가지고 있는 방언을 보존하는 대책이 필요한 시점이다.

참고 문헌

강남욱(2013), 「한국어 학습자를 위한 접속문 시간 표현 교육 내용 조직화 원리 연구」, 서울대학교 박사학위논문.

강범모(1999), 『한국어의 텍스트 장르와 언어 특성』, 고려대학교 출판부.

강범모 · 김흥규 · 허명희(2000), 『한국어의 텍스트 장르, 문체, 유형』, 태학사.

강보선(2013), 「표현 어휘 신장 교육 연구」, 서울대학교 박사학위논문.

강옥미(2003), 『한국어 음운론』, 태학사.

강창석(1984), 「국어의 음절 구조와 음운 현상」, 『국어학』 13, 국어학회.

강현화(1998), 『국어의 동사연결 구성에 대한 연구』, 한국문화사.

강현화 외 6인(2016), 『한국어 교원을 위한 한국어교육학』, 한국방송통신대학교 출판문화원.

강현화 · 원미진(2017), 『한국어 교육학의 이해와 탐구』, 한국문화사.

강효경(2019), 「설득 목적 글쓰기의 양태 표현 교육 연구」, 서울대학교 박사학위논문.

강희숙(2010), 『국어 정서법의 이해』(개정판), 역락.

고광주(2001), 『국어의 능격성 연구』, 월인.

고석주(2004), 『현대 한국어 조사의 연구 1』, 한국문화사.

고성환(2003), 『국어 명령문에 대한 연구』, 역락.

고영근(1999ㄱ), 『국어형태론연구』(증보판), 서울대학교 출판부.

고영근(1999ㄴ), 『텍스트이론』, 아르케.

고영근(2004ㄱ), 『한국어의 시제 서법 동작상』, 태학사.

고영근(2004ㄴ), 『단어 문장 텍스트』(개정판), 한국문화사.

고영근(2018ㄱ), 『한국어와 언어 유형론』, 월인.

고영근(2018ㄴ), 『우리말 문법, 그 총체적 모습』, 집문당.

고영근(2020), 『표준 중세 국어 문법론』(제4판), 집문당.

고영근 · 구본관(2018), 『우리말 문법론』(개정판), 집문당.

고은숙(2011), 『국어 의문법 어미의 역사적 변천』, 한국문화사.

곽충구(1994), 『함북 육진방언의 음운론: 20세기 러시아의 Kazan에서 간행된 문헌자료에 의한』, 태학사.

곽충구(2019), 『두만강 유역의 조선어 방언 사전』, 태학사.

구본관(1998), 『15세기 국어 파생법에 대한 연구』(국어학총서 30), 태학사.

구본관(1999), 「파생접미사의 범위」, 『형태론』 1-1, 형태론 편집위원회.

구본관 외 20인(2014), 『어휘교육론』, 사회평론.
구본관 외 4인(2015), 『한국어 문법 총론 I』, 집문당.
구본관 외 3인(2016), 『한국어 문법 총론 II』, 집문당.
구종남(2012), 『국어의 부정극어』, 경진.
구종남(2013), 『보조용언의 의미와 용법』, 경진.
구종남(2015), 『국어의 담화표지』, 경진.
구현옥(2010), 『국어 음운학의 이해』(개정판), 한국문화사.
구현정(2013), 『의사소통의 기법』, 박이정.
국립국어연구원 편(1996), 『국어의 시대별 변천 · 실태 연구 1: 중세 국어』, 국립국어연구원.
국립국어연구원 편(1997), 『국어의 시대별 변천 · 실태 연구 2: 근대 국어』, 국립국어연구원.
국립국어연구원 편(1998), 『국어의 시대별 변천 · 실태 연구 3: 고대 국어』, 국립국어연구원.
국립국어연구원 편(1999), 『국어의 시대별 변천 · 실태 연구 4: 개화기 국어』, 국립국어연구원.
국립국어원(2005ㄱ), 『한국어 문법 1』, 커뮤니케이션북스.
국립국어원(2005ㄴ), 『한국어 문법 2』, 커뮤니케이션북스.
국립국어원 지역어조사추진위원회(2006), 『지역어 조사 질문지』, 국립국어원.
권경근(2005), 「국어의 음운론적 세기에 대하여」, 『한글』 270, 한글학회.
권성미(2017), 『한국어 발음 교육론』, 한글파크.
권인한(1995), 「조선관역어의 음운론적 연구」, 서울대학교 박사학위논문.
권재일(1985), 『국어의 복합문 구성 연구』, 집문당.
권재일(1992), 『한국어 통사론』, 민음사.
권재일(1998), 『한국어 문법사』, 박이정.
권진홍(2010), 『한국어 비서술성 명사의 논항 연구』, 역락.
김건희(2011), 『한국어 형용사의 논항구조 연구』, 월인.
김경아(2000), 『국어의 음운표시와 음운과정』(국어학총서 38), 태학사.
김계곤(1996), 『현대 국어의 조어법 연구』, 박이정.
김광해(1993), 『국어 어휘론 개설』, 집문당.
김광해(1995), 『어휘 연구의 실제와 응용』, 집문당.
김광해(2008), 『문법 현상과 교육』, 박이정.
김광해 외 4인(1999), 『국어지식탐구』, 박이정.
김광희(1997), 『국어 변항범주 연구』, 한국문화사.
김귀화(1994), 『국어의 격 연구』, 한국문화사.
김기혁(1995), 『국어 문법 연구: 형태 · 통어론』, 박이정.
김기혁(2010), 『한국어 연구의 이론과 방법』, 보고사
김동식(1993), 「현대국어 동사의 통사적 특성에 관한 연구」, 서울대학교 박사학위논문.

김명운(2009), 「현대국어의 공손성 연구」, 서울대학교 박사학위논문.
김무림(2004), 『국어의 역사』, 한국문화사.
김무림 · 김옥영(2009), 『국어음운론』, 새문사.
김무식(1993), 「'훈민정음'의 음운체계 연구」, 경북대학교 박사학위논문.
김문기(2008), 『한국어 매인풀이씨 연구』, 제이앤씨.
김문오(1997), 「국어 자타 양용동사 연구」, 경북대학교 박사학위논문.
김민국(2016), 「한국어 주어의 격표지 연구」, 연세대학교 박사학위논문.
김민수(1971), 『국어 문법론』, 일조각.
김봉국(2002), 「강원도 남부지역 방언의 음운론」, 서울대학교 박사학위논문.
김선영(2011), 「형용사 · 동사 양용 용언에 대한 연구」, 서울대학교 박사학위논문.
김선철(2006), 『중앙어의 음운론적 변이 양상』, 경진문화사.
김선효(2010), 『한국어 관형어 연구』, 역락.
김성규(1988), 「비자동적 교체의 공시적 기술」, 『관악어문연구』 13, 서울대학교 국어국문학과.
김성규 · 정승철(2013), 『소리와 발음』(개정판), 한국방송통신대학교 출판부.
김성주(2003), 『한국어의 사동』, 한국문화사.
김성화(2003), 『국어의 상 연구』(개정판), 한신문화사.
김성화(2004ㄱ), 『우리말 형용사 유의어 의미 연구』, 한신문화사.
김성화(2004ㄴ), 『우리말 동사 유의어 의미 연구』, 한신문화사.
김세환(2012), 「청송지역어 용언 어간의 통시적 변화 연구」, 서울대학교 박사학위논문.
김소영(2019), 「국어 쌍형어 연구」, 서울대학교 박사학위논문.
김수태(1999), 『인용월 연구』, 부산대학교 출판부.
김승곤(1986), 『한국어 통어론』, 아세아문화사.
김승렬(1988), 『국어 어순 연구』, 한신문화사.
김양진(2008), 「접어와 기능어: 형태론적 단위와 통사론적 단위」, 『한국어학』 38, 한국어학회.
김영근(2000), 『국어 수량사 연구』, 문창사.
김영석(1998), 『영어형태론』, 한신문화사.
김영선(1999), 『국어사의 동화 현상과 음절화 연구』, 국학자료원.
김영욱(1994), 「불완전계열에 대한 형태론적 연구」, 『국어학』 24, 국어학회.
김영욱(1995), 『문법형태의 역사적 연구』, 박이정.
김영희(1988), 『한국어 통사론의 모색』, 탑출판사.
김영희(1998), 『한국어 통사론을 위한 논의』, 한국문화사.
김영희(2005), 『한국어 통사 현상의 의의』, 역락.
김옥화(2001), 「부안지역어의 음운론적 연구」, 서울대학교 박사학위논문.
김완진(1971), 『국어음운체계의 연구』, 일조각.

김완진(1980), 『향가 해독법 연구』, 서울대학교출판부.
김용하(1999), 『한국어 격과 어순의 최소주의 문법』, 한국문화사.
김용하(2014), 『한국어 조사의 분포와 통합체계』, 경진.
김용하 외 3인(2018), 『한국어 생성 통사론』, 역락.
김원경(2009), 『한국어의 격』, 박문사.
김유범(2001), 「15세기 국어 문법형태소의 형태론과 음운론」, 고려대학교 박사학위논문.
김윤신(2001), 「파생동사의 어휘의미구조: 사동화와 피동화를 중심으로」, 서울대학교 박사학위논문.
김은성(2004), 「국어 문법 교육의 태도 교육 내용 연구」, 서울대학교 박사학위논문.
김의수(2006), 『한국어의 격과 의미역: 명사구의 문법기능 획득론』(국어학총서 55), 태학사.
김의수(2016), 『언어의 다섯 가지 부문 연구』, 한국문화사.
김의수(2017), 『해석문법의 이론과 실제』, 한국문화사.
김인균(2005), 『국어의 명사 문법 1』, 역락.
김일환(2005), 『국어 명사형 어미의 계량적 연구』, 고려대학교 박사학위논문.
김재욱(2003), 『한국어 문법 형태 연구』, 한국문화사.
김정남(2005), 『국어 형용사의 연구』, 역락.
김정아(1998), 『15세기 국어의 비교구문 연구』, 태학사.
김정우(1994), 「음운현상과 비음운론적 정보에 관한 연구」, 서울대학교 박사학위논문.
김정태(1996), 『국어 과도음 연구』, 박이정.
김종규(1989), 「중세국어 모음의 연결제약과 음운현상」, 『국어연구』 90, 서울대학교 국어연구회.
김종도(2005), 『인지문법적 관점에서 본 환유의 세계』, 경진문화사.
김종복(2004), 『한국어 구구조문법』, 한국문화사.
김주원(1997), 「구개음화와 과도교정」, 『국어학』 29, 국어학회.
김주필(1985), 「구개음화에 대한 통시론적 연구」, 『국어연구』 68, 서울대학교 국어연구회.
김주필(1994), 「17 · 18세기 국어의 구개음화와 관련 음운현상에 대한 통시론적 연구」, 서울대학교 박사학위논문.
김중섭 외 13인(2017), 「국제 통용 한국어 표준 교육 과정 적용 연구」, 국립국어원.
김지은(1998), 『우리말 양태 용언 구문에 대한 연구』, 한국문화사.
김지홍(2010), 『국어 통사 · 의미론의 몇 측면』, 경진.
김진수(1987), 『국어 접속조사와 어미 연구』, 탑출판사.
김진식(2007), 『현대국어 의미론 연구』, 박이정.
김진해(2000), 『연어 연구』, 한국문화사.

김진호(2000),『국어 특수조사의 통사 · 의미 연구』, 역락.
김차균(1999),『우리말의 시제 구조와 상 인식』, 태학사.
김차균(2002),『국어 방언 성조론』, 역락.
김창섭(1996),『국어의 단어형성과 단어구조 연구』(국어학총서 21), 태학사.
김창섭(2008),『한국어 형태론 연구』, 태학사.
김태엽(2007),『한국어 대우법』, 역락.
김태우(2018),「{-숩-}의 기능 변화에 대한 연구」, 서울대학교 박사학위논문.
김태인(2019),「한국어 문장의 의미 층위에 대한 연구: 사건, 명제, 사실, 화행을 중심으로」, 서울대학교 박사학위논문.
김태자(1987),『발화 분석의 화행의미론적 연구』, 탑출판사.
김한결(2019),「체언 수식 부사의 역사적 연구」, 서울대학교 박사학위논문.
김현(2006),『활용의 형태음운론적 변화』(국어학총서 54), 태학사.
김형배(1997),『국어의 사동사 연구』, 박이정.
김형철(1997),『개화기 국어 연구』, 경남대학교 출판부.
김혜영(2019),「현대 한국어 부사어 연구」, 서울대학교 박사학위논문.
김호정(2006),「한국어 교육 문법의 시간 표현 연구」, 서울대학교 박사학위논문.
김홍범(1995),「한국어의 상징어 연구」, 연세대학교 박사학위논문.
김흥수(1989),『현대국어 심리동사 구문 연구』(국어학총서 15), 탑출판사.
나은미(2009),『연결주의 관점에서 본 어휘부와 단어 형성』, 박이정.
나찬연(2004),『우리말 잉여표현 연구』, 월인.
남가영(2008),「문법 탐구 경험의 교육 내용 연구」, 서울대학교 박사학위논문.
남경완(2008),『국어 용언의 의미 분석』(국어학총서 63), 태학사.
남광우(1978),『국어학 연구』, 이우출판사.
남기심(1996),『국어 문법의 탐구』(전2권), 태학사.
남기심 외 12인(2006),『왜 다시 품사론인가』, 커뮤니케이션북스.
남기심 외 3인(2019),『새로 쓴 표준 국어문법론』, 한국문화사.
남길임(2004),『현대 국어 '이다' 구문 연구』, 한국문화사.
남성우(2006),『16세기 국어의 동의어 연구』, 박이정.
남수경(2011),『한국어 피동문 연구』, 월인.
남승호(2007),『한국어 술어의 사건구조와 논항구조』, 서울대학교 출판부.
남윤진(2000),『현대국어 조사에 대한 계량언어학적 연구』(국어학총서 36), 태학사.
남지순(2007),『한국어 형용사 어휘 문법』, 한국문화사.
남지애(2018),「문법 탐구 공동체의 학습 경험에 관한 연구」, 서울대학교 박사학위논문.
남풍현(1999),『구결연구』, 태학사.

남풍현(2000), 『이두연구』, 태학사.
노대규(1997), 『한국어의 감탄문』, 국학자료원.
노대규(2002), 『한국어의 화용의미론』, 국학자료원.
노명희(2004), 『현대국어 한자어 연구』(국어학총서 49), 태학사.
도원영(2008), 『국어 형용성 동사 연구』, 태학사.
도재학(2018), 『국어의 문장 의미와 어휘 의미』, 역락.
류구상 외 9인(2001), 『한국어의 목적어』, 월인.
류성기(1993), 『한국어 사동사 연구』, 홍문각.
목정수(2003), 『한국어 문법론』, 월인.
목정수(2013), 『한국어, 보편과 특수 사이』, 태학사.
목정수(2015), 『목정수 교수의 색다른 한국어 문법 강의』, 한국문화사.
문금현(1999), 『국어의 관용표현 연구』, 태학사.
문병열(2009), 「중세국어 한정 보조사의 의미 · 기능과 그 변화 양상」, 『국어학』 54, 국어학회.
문병열(2015), 「한국어 조사 상당 구성에 대한 연구: 조사+용언 활용형의 경우」, 서울대학교 박사학위논문.
문병우(2002), 『한국어 화용표지 연구』, 국학자료원.
문숙영(2009), 『한국어의 시제 범주』(국어학총서 66), 태학사.
문숙영(2012), 「한국어 문법 연구와 방언 문법」, 『방언학』 16, 한국방언학회.
문용(2015), 『한국어의 발상 영어의 발상』(개정판), 서울대학교 출판문화원.
문유진(1996), 「의미론적 어휘개념에 기반한 한국어 명사 WordNet의 설계와 구축」, 서울대학교 박사학위논문.
민현식(1991), 『국어의 시상과 시간부사』, 개문사.
민현식(1997), 「국어 남녀 언어의 사회언어학적 특성 연구」, 『사회언어학』 5-2, 한국사회언어학회.
민현식(1999ㄱ), 『국어 문법 연구』, 역락.
민현식(1999ㄴ), 『국어정서법 연구』, 태학사.
민현식 외 10인(2020), 『국어 교사를 위한 한국어학 입문』, 사회평론아카데미.
민현식 외 13인(2020), 『한국어 교사를 위한 한국어학 개론』, 사회평론아카데미.
박경래(1993), 「충주방언의 음운에 대한 사회언어학적 연구」, 서울대학교 박사학위논문.
박기영(1995), 「국어 유음에 대한 통시론적 고찰」, 『국어연구』 131, 서울대학교 국어연구회.
박기영 · 이정민(2018), 『한국어 발음 어떻게 가르칠까』, 역락.
박덕유(2007), 『한국어의 상 이해』, 제이앤씨.
박동근(2008), 『한국어 흉내말의 이해』, 역락.
박보연(2005), 「현대국어 음절축소형에 대한 연구」, 『국어연구』 185, 서울대학교 국어연구회.

박선우(2006), 「국어의 유추적 음운현상에 대한 연구」, 고려대학교 박사학위논문.
박선희(2007), 「영어권 한국어 학습자의 지시어 의미 기능 습득 연구」, 이화여자대학교 박사학위논문.
박소영(2004), 『한국어 동사구 수식부사와 사건구조』(국어학총서 48), 태학사.
박숙희(2008), 『경북 동해안 방언의 성조 연구』, 역락.
박영순(1996), 『한국어 의미론』, 고려대학교 출판부.
박영순(2007), 『한국어 화용론』, 박이정.
박영준(1994), 『명령문의 국어사적 연구』, 국학자료원.
박영환(1991), 『지시어의 의미 기능』, 한남대학교 출판부.
박용익(2001), 『대화분석론』(개정증보판), 역락.
박용찬(2008), 『중세국어 연결어미와 보조사의 통합형』(국어학총서 62), 태학사.
박재연(2006), 『한국어 양태 어미 연구』(국어학총서 56), 태학사.
박재연(2019), 『한국어 어미의 의미』, 집문당.
박정수(1999), 『경남방언 분화연구』, 한국문화사.
박종갑(1996), 『국어의미론』, 박이정.
박종덕(2004), 『경상도 방언 모음체계 변천사』, 박이정.
박종덕(2005), 『안동지역어의 음운 연구』, 박이정.
박종희(1993), 『국어 음운론 연구(Ⅱ)』, 원광대학교 출판국.
박진호(1994), 「통사적 결합 관계와 논항구조」, 『국어연구』 123, 서울대학교 국어연구회.
박진호(2003), 「한국어의 동사와 문법요소의 결합양상」, 서울대학교 박사학위논문.
박진호(2011), 「한국어에서 증거성이나 의외성의 의미성분을 포함하는 문법요소」, 『언어와 정보 사회』 15, 서강대학교 언어정보연구소.
박진호(2012), 「의미지도를 이용한 한국어 어휘요소와 문법요소의 의미 기술」, 『국어학』 63, 국어학회.
박진호(2016), 「'-었었-'의 단절과거 용법에 대한 재고찰: 함축의 관습화와 유형론의 관점에서」, 『한글』 311, 한글학회.
박진희(2020), 「국어 인용 표현의 해석적 사용 교육 연구」, 서울대학교 박사학위논문.
박창원(1996), 『중세국어 자음 연구』, 한국문화사.
박철우(2003), 『한국어 정보구조에서의 화제와 초점』, 역락.
박형진(2016), 「한국어 관형사절 연구」, 서울대학교 박사학위논문.
박혜진(2019), 「표현론적 관점의 단어 형성 교육 연구」, 서울대학교 박사학위논문.
배영환(2005), 「'ㅎ'- 말음 어간의 재구조화 연구」, 한국학중앙연구원 박사학위논문.
배주채(1998), 『고흥방언 음운론』(국어학총서 32), 태학사.
배주채(2003), 『한국어의 발음』, 삼경문화사.

배희임(1988), 『국어 피동 연구』, 고려대학교 민족문화연구소.
백낙천(2003), 『국어의 통합형 접속어미』, 월인.
백두현(1992), 『영남 문헌어의 음운사 연구』(국어학총서 19), 태학사.
백두현 · 이미향 · 안미애(2013), 『한국어 음운론』, 태학사.
백정화(2019), 『한국어 피동문의 유형론적 연구』, 한국문화사.
백채원(2017), 「한국어 피동문의 역사적 연구」, 서울대학교 박사학위논문.
서민정(2009), 『토에 기초한 한국어 문법』, 제이앤씨.
서보월(1992), 「국어 자음연계에서의 음운현상과 제약」, 경북대학교 박사학위논문.
서승현(2002), 『형태 · 통사적 구성에 관한 연구』, 보고사.
서울대학교 국어교육연구소 편(2014), 『한국어 교육학 사전』, 도서출판 하우.
서정목(1987), 『국어 의문문 연구』, 탑출판사.
서정목(1998), 『문법의 모형과 핵 계층 이론』, 태학사.
서정목(2000), 『변형과 제약』, 태학사.
서정목(2017), 『한국어의 문장 구조』, 역락.
서정섭(1991), 『국어 양보문 연구』, 한신문화사.
서정수(1984), 『존대법의 연구』, 한신문화사.
서정수(1995), 『국어 문법』(수정증보판), 한양대학교출판원.
서정수(2005), 『한국어의 부사』, 서울대학교 출판부.
서태룡(1988), 『국어 활용어미의 형태와 의미』(국어학총서 13), 탑출판사.
서태룡 외 5인 공편(1998), 『문법 연구와 자료』(이익섭선생 회갑기념논총), 태학사.
서형국(2005), 「국어 접속 구성의 문법사적 연구」, 고려대학교 박사학위논문.
석주연(2003), 『노걸대와 박통사의 언어』(국어학 총서 47), 태학사.
성광수(1999ㄱ), 『격표현과 조사의 의미』, 월인.
성광수(1999ㄴ), 『한국어 문장표현의 양상』, 월인.
성기철(2007), 『한국어 문법 연구』, 글누림.
소강춘(1989), 『방언분화의 음운론적 연구』, 한신문화사.
소신애(2006), 「공시적 음운 변이와 통시적 음운 변화의 상관성: 함북 육진 방언을 중심으로」, 서강대학교 박사학위논문.
손남익(1995), 『국어부사연구』, 박이정.
손세모돌(1996), 『국어 보조용언 연구』, 한국문화사.
손춘섭(2000), 「현대국어의 정도어에 대한 연구」, 전남대학교 박사학위논문.
송민(1986), 『전기근대국어 음운론 연구: 특히 구개음화와 '·'음을 중심으로』, 탑출판사.
송복승(1995), 『국어의 논항구조 연구』, 보고사.
송석중(1993), 『한국어 문법의 새 조명』, 지식산업사.

송원용(2005), 『국어 어휘부와 단어 형성』(국어학총서 50), 태학사.
송정근(2007), 「현대국어 감각형용사의 형태론적 연구」, 서울대학교 박사학위논문.
송창선(1998), 『국어 사동법 연구』, 홍문각.
송철의(1992), 『국어의 파생어형성 연구』, 태학사.
송철의(2008), 『한국어 형태음운론적 연구』, 태학사.
송현정(2006), 『문법 교육의 이해와 실제』, 한국문화사.
송홍규(1992), 「국어 공대명사의 연구」, 고려대학교 박사학위논문.
시정곤(1998), 『국어의 단어형성 원리』(수정판), 한국문화사.
시정곤(2006), 『현대국어 형태론의 탐구』, 월인.
시정곤 외 3인(2000), 『논항구조란 무엇인가』, 월인.
신명선(2007), 『의미, 텍스트, 교육』, 한국문화사.
신서인(2017), 『한국어 문형 연구』(국어학총서 73), 태학사.
신선경(2002), 『'있다'의 어휘 의미와 통사』(국어학총서 42), 태학사.
신승용(2003), 『음운 변화의 원인과 과정』(국어학총서 43), 태학사.
신승용(2013), 『국어 음운론』, 역락.
신중진(1998), 「현대국어 의성의태어 연구」, 『국어연구』 154, 서울대학교 국어연구회.
신지연(1998), 『국어 지시용언 연구』(국어학총서 28), 태학사.
신지영 · 차재은(2003), 『우리말 소리의 체계』, 한국문화사.
신지영 외 3인(2015), 『한국어 발음 교육의 이론과 실제』, 한글파크.
신현숙(1986), 『의미 분석의 방법과 실제』, 한신문화사.
신호철(1995), 「국어과 문법 영역의 연계성 연구」, 고려대학교 박사학위논문.
심재기(1982), 『국어어휘론』, 집문당.
심재기(2000), 『국어 어휘론 신강』, 태학사.
심재기 · 이기용 · 이정민(1984), 『의미론 서설』, 집문당.
심재기 외 5인(2016), 『국어 어휘론 개설』(개정판), 박이정.
심지영(2016), 「한국어 결과구문 연구: 한중 대조 및 한국어교육의 관점에서」, 서울대학교 박사학위논문.
안병섭(2010), 『한국어 운율과 음운론』, 월인.
안병희(1977), 『중세국어 구결의 연구』, 일지사.
안병희(1992), 『국어사연구』, 문학과지성사.
안병희(2007), 『훈민정음연구』, 서울대학교 출판부.
안병희 · 이광호(1990), 『중세국어문법론』, 학연사.
안병희 · 윤용선 · 이호권(2002), 『중세국어연습』, 한국방송통신대학교 출판부.
안상철(1998), 『형태론』, 민음사.

안소진(2014), 『심리어휘부에 기반한 한자어 연구』(국어학총서 69), 태학사.
안효경(2001), 『현대국어의 의존명사 연구』, 역락.
양명희(1998), 『현대국어 대용어에 대한 연구』(국어학총서 33), 태학사.
양명희 외 3인(2016), 『외국인을 위한 한국어 문법과 표현 중급』, 집문당.
양명희 외 5인(2016), 『외국인을 위한 한국어 문법과 표현 초급』, 집문당.
양순임(2007), 『(학교 문법의 이해) 말소리』, 제이앤씨.
양영희(2010), 『중세국어 존대법 연구』, 역락.
양정석(1997), 『국어 동사의 의미 분석과 연결이론』, 박이정.
양정석(2010ㄱ), 『한국어 통사구조론』(개정판), 한국문화사.
양정석(2010ㄴ), 『한국어 통사구조와 시간해석』, 한국문화사.
양정석(2017), 『주관성 판단의 문법』, 한국문화사.
양정호(1991), 「중세국어 파생 접미사 연구」, 『국어연구』 105, 서울대학교 국어연구회.
양정호(2003), 『동명사 구성의 '-오-' 연구』(국어학총서 57), 태학사.
엄정호(2005), 『국어의 보문과 보문자』, 태학사.
엄태수(1999), 『한국어의 음운규칙 연구』, 국학자료원.
여춘연(2010), 『한국어 문법연어 연구』, 집문당.
연규동(1998), 『통일 시대의 한글 맞춤법』, 박이정.
연재훈(2011), 『한국어 구문 유형론』, 태학사.
오경숙(2010), 『한국어의 비교 구문 연구』, 박이정.
오규환(2016), 「한국어 어휘 단위의 형성과 변화 연구」, 서울대학교 박사학위논문.
오민석(2017), 「한국어 수식 불허 명사 연구」, 서울대학교 박사학위논문.
오종갑(1988), 『국어 음운의 통시적 연구』, 계명대학교 출판부.
오충연(2001), 『주제구조론』, 월인.
오충연(2006), 『상과 통사구조』, 태학사.
오현아(2010), 「표현 문법 관점의 문장 초점화 교육 내용 연구」, 서울대학교 박사학위논문.
왕단(2007), 『중국어권 학습자를 위한 한국어 형용사 교육 연구』, 태학사.
왕문용(2012), 『국어 문법 교육론의 과제』, 한국문화사.
우순조(1994), 「한국어의 형상성과 관계표지의 실현 양상」, 서울대학교 박사학위논문.
우인혜(1997), 『우리말 피동 연구』, 한국문화사.
우창현(2003), 『상 해석의 이론과 실제』, 한국문화사.
우형식(1996), 『국어 타동구문 연구』, 박이정.
우형식(1998), 『국어 동사 구문의 분석』, 태학사.
우형식(2001), 『한국어 분류사의 범주화 기능 연구』, 박이정.
우형식(2018), 『외국어로서의 한국어 문법 교육론』(개정판), 부산외국어대학교 출판부.

원진숙(1988), 「국어 동의문 연구」, 고려대학교 박사학위논문.
유동석(1995), 『국어의 매개변인 문법』, 신구문화사.
유목상(2007), 『한국어의 문법 구조』, 한국문화사.
유필재(2006), 『서울방언의 음운론』, 월인.
유하라(2005), 「현대국어 조사의 배열 양상」, 성균관대학교 박사학위논문.
유현경(1998), 『국어 형용사 연구』, 한국문화사.
유현경(2017), 『형태 중심 한국어 통사론』, 역락.
유현경 외 6인(2011), 『한국어 통사론의 현상과 이론』, 태학사.
유현경 외 6인(2015), 『한국어의 문법 단위』, 보고사.
유현경 외 9인(2018), 『한국어 표준 문법』, 집문당.
윤석민(1989), 「국어의 텍스트 언어학적 연구 시론」, 『국어연구』 92, 서울대학교 국어연구회.
윤석민(2000), 『현대국어의 문장 종결법 연구』, 집문당.
윤여탁 외 4인(2008), 『매체언어와 국어교육』, 서울대학교 출판문화원.
윤용선(2003), 『15세기 언해자료와 구결문』, 역락.
윤평현(2005), 『현대국어 접속어미 연구』, 박이정.
윤평현(2008), 『국어의미론』, 역락.
이관규(1992), 『국어 대등구성 연구』, 서광학술자료사.
이관규(2012), 『학교 문법론』(제3판), 월인.
이관규(2016), 『국어 교육을 위한 국어 문법론』(개정판), 집문당.
이관희(2015), 「학습자의 지식 구성 분석을 통한 문법 내용의 조직과 표상 연구」, 서울대학교 박사학위논문.
이광호(1988), 『국어 격조사 「을/를」의 연구』(국어학총서 12), 태학사.
이광호(2004), 『근대국어문법론』, 태학사.
이광호(2007), 「국어 파생 접사의 생산성에 대한 계량적 연구」, 서울대학교 박사학위논문.
이규호(2007), 『한국어 복합조사』, 한국학술정보.
이근열(1997), 『경남 방언의 음운론』, 세종출판사.
이금영(2000), 「선어말어미 '-거/어-'의 통시적 연구」, 충남대학교 박사학위논문.
이금화(2007), 「평양 지역어의 음운론적 연구」, 서울대학교 박사학위논문.
이기갑(1995), 「한국어의 담화 표지 '이제'」, 『담화와 인지』 1, 담화 · 인지 언어학회.
이기갑(2003), 『국어 방언 문법』, 태학사.
이기문(1972ㄱ), 『국어사개설』(개정판), 민중서관.
이기문(1972ㄴ), 『국어 음운사 연구』, 탑출판사.
이기문(1991), 『국어 어휘사 연구』, 동아출판사.
이기문 · 김진우 · 이상억(1984), 『국어음운론』, 학연사.

이기연(2012), 「국어 어휘 평가 내용 연구」, 서울대학교 박사학위논문.
이남순(1998ㄱ), 『시제 · 상 · 서법』, 월인.
이남순(1998ㄴ), 『격과 격표지』, 월인.
이동석(2002), 「국어 음운 현상의 소멸과 변화에 대한 연구」, 고려대학교 박사학위논문.
이동혁(2004), 「국어 연어관계 연구」, 고려대학교 박사학위논문.
이문규(2004), 『국어 교육을 위한 현대 국어 음운론』, 한국문화사.
이병규(2009), 『한국어 술어명사문 문법』, 한국문화사.
이병근(1979), 『음운현상에 있어서의 제약』, 탑출판사.
이병근(2004), 『어휘사』, 태학사.
이병근 · 최명옥(1997), 『국어음운론』, 한국방송통신대학교 출판부.
이병기(2006), 「한국어 미래성 표현의 역사적 연구」, 서울대학교 박사학위논문.
이병운(1993), 「중세국어의 음절구조와 음운현상」, 부산대학교 박사학위논문.
이봉원(2002), 「현대국어 음성 · 음운 현상에 대한 사용 기반적 연구」, 고려대학교 박사학위논문.
이상신(2008), 「전남 영암지역어의 공시음운론」, 서울대학교 박사학위논문.
이상욱(2018), 「한국어 복합명사 형성과 통사부의 상관성 연구」, 서울대학교 박사학위논문.
이선영(2006), 『국어 어간복합어 연구』(국어학총서 53), 태학사.
이선웅(2012), 『한국어 문법론의 개념어 연구』, 월인.
이선웅(2014), 「기술문법과 학교 문법: 총론」, 『국어학』 69, 국어학회.
이선웅(2019), 「한국어 보어의 개념과 범위」, 『형태론』 21-2, 형태론 편집위원회.
이선웅 · 이정화 · 서경숙(2019), 『한국어 어휘 교육론』, 한국문화사.
이선웅 · 이승희 · 정희창(2020), 『한국어 정서법』(제3판), 사회평론.
이선희(2004), 『국어의 조사와 의미역: 조사 {-를}과 논항 실현을 중심으로』, 한국문화사.
이설연(2016), 『한국어 발화동사 연구』, 역락.
이성범(1999), 『언어와 의미』, 태학사.
이성범(2019), 『소통의 화용론』(2판), 한국문화사.
이성하(1998), 『문법화의 이해』, 한국문화사.
이수련(2006), 『한국어 소유 표현 연구』, 박이정.
이수연(2016), 「한국어 반복구성 연구」, 서울대학교 박사학위논문.
이숭녕(1980), 『중세국어문법』, 을유문화사.
이승욱(1973), 『국어 문법 체계의 사적 연구』, 일조각.
이승재(1980), 「구례지역어의 음운체계」, 『국어연구』 45, 서울대학교 국어연구회.
이승재(1992), 『고려시대의 이두』, 태학사.
이승희(1996), 「중세국어 감동법 연구」, 『국어연구』 139, 서울대학교 국어연구회.

이승희(2007), 『국어 청자높임법의 역사적 변화』(국어학총서 59), 태학사.
이영경(2007), 『중세국어 형용사 구문 연구』(국어학총서 57), 태학사.
이영제(2016), 『한국어 기능명사 연구』(국어학총서 72), 태학사.
이용(2000), 「연결어미의 형성에 관한 연구」, 서울시립대학교 박사학위논문.
이유미(2005), 「국어 담화상의 중의 표현 연구」, 중앙대학교 박사학위논문.
이윤표(1997), 『한국어 공범주론』, 태학사.
이은경(2000), 『국어의 연결어미 연구』(국어학총서 31), 태학사.
이은섭(2005), 『현대 국어 의문사의 문법과 의미』(국어학총서 51), 태학사.
이은희(2000), 『텍스트언어학과 국어 교육』, 서울대학교 출판부.
이의종(2012), 「증거성과 정보 관할권의 상호작용」, 『국어연구』 236, 서울대학교 국어연구회.
이익섭(1981), 『영동 영서의 언어 분화』, 서울대학교 출판부.
이익섭(1992), 『국어표기법연구』, 서울대학교 출판부.
이익섭(2003), 『국어 부사절의 성립』, 태학사.
이익섭(2005), 『한국어 문법』, 서울대학교 출판부.
이익섭(2006), 『방언학』(개정판), 민음사.
이익섭 · 이상억 · 채완(1997), 『한국의 언어』, 신구문화사.
이익섭 · 채완(1999), 『국어문법론강의』, 학연사.
이재성(2001), 『한국어의 시제와 상』, 국학자료원.
이재현(2010), 『현대 국어 축소어형의 사용 양상 연구』, 역락.
이정복(2001), 『국어 경어법 사용의 전략적 특성』(국어학총서 40), 태학사.
이정복(2002), 『국어 경어법과 사회언어학』, 월인.
이정복(2009), 『인터넷 통신 언어의 확산과 한국어 연구의 확대』, 소통.
이정애(2002), 『국어 화용표지의 연구』, 월인.
이정택(2004), 『현대 국어 피동 연구』, 박이정.
이정훈(2008), 『조사와 어미 그리고 통사구조』, 태학사.
이정훈(2012), 『발견을 위한 한국어 문법론』, 서강대학교 출판부.
이정훈(2014), 『한국어 구문의 문법』, 태학사.
이종철(2004), 『국어 표현의 화용론적 연구』, 역락.
이주행(1999), 「한국 사회계층별 언어 특성에 관한 연구」, 『사회언어학』 7-1, 한국사회언어학회.
이준희(2000), 『간접화행』, 역락.
이지수(2016), 「문법 교육을 위한 교수학적 내용 지식 연구」, 서울대학교 박사학위논문.
이지양(1998), 『국어의 융합현상』(국어학총서 22), 태학사.
이지영(2008), 『한국어 용언부정문의 역사적 변화』(국어학총서 61), 태학사.

이진호(2008), 『통시적 음운 변화의 공시적 기술』, 삼경문화사.
이진호(2009), 『국어 음운 교육 변천사』, 박이정.
이진호(2014), 『국어 음운론 강의』(개정판), 삼경문화사.
이진호(2017), 『국어 음운론 용어 사전』, 역락.
이춘근(2002), 『문법교육론』, 이회.
이태영(1988), 『국어동사의 문법화 연구』, 한신문화사.
이필영(1993), 『국어 인용구문 연구』, 탑출판사.
이한민(2019), 「한국어 대화 전략의 유형과 실현 양상 연구」, 이화여자대학교 박사학위논문.
이해숙(2018), 「문법 교육을 위한 교사용 교과내용지식 연구」, 서울대학교 박사학위논문.
이해영(1996), 「현대 한국어 활용어미의 의미와 부담줄이기의 상관성」, 이화여자대학교 박사학위논문.
이혁화(2017), 『방언 접촉과 국어 음운론』, 영남대학교 출판부.
이현희(1986), 「중세국어 '둗겁-'의 형태론」, 『진단학보』 63, 진단학회.
이현희(1989), 「국어 문법사 연구 30년」(1959~1989), 『국어학』 19, 국어학회.
이현희(1994), 『중세국어 구문 연구』, 신구문화사.
이현희(2002), 「중세 · 근대국어 형태론의 몇 문제」, 『문법과 텍스트』, 서울대학교 출판부.
이현희(2005), 「현대국어 화석과 그 역사적 해석」, 『국어학』 45, 국어학회.
이현희(2006), 「국어 접사 범주에 관한 연구」, 고려대학교 박사학위논문.
이혜용(2015), 『한국어 정표화행 연구: 정표화행의 유형 분류와 수행 형식』, 역락.
이호승(2003), 「국어복합서술어 연구: [명사+조사+동사] 구성의 경우」, 서울대학교 박사학위논문.
이호영(1996), 『국어음성학』, 태학사.
이홍식(1990), 「현대국어 관형절 연구」, 『국어연구』 98, 서울대학교 국어연구회.
이홍식(2000), 『국어 문장의 주성분 연구』, 월인.
이희승(1955), 『국어학개설』, 민중서관.
이희승 · 안병희 · 한재영(2018), 『보정 한글 맞춤법 강의』, 신구문화사.
이희자 · 이종희(2001), 『어미 · 조사 사전』, 한국문화사.
임근석(2010), 『한국어 연어 연구』, 월인.
임동훈(1997), 「이중 주어문의 통사 구조」, 『한국문화』 19, 서울대학교 한국문화연구소.
임동훈(2000), 『한국어 어미 '-시-'의 문법』(국어학총서 37), 태학사.
임동훈(2001), 「'-겠-'의 용법과 역사적 해석」, 『국어학』 37, 국어학회.
임동훈(2008), 「한국어의 서법과 양태 체계」, 『한국어 의미학』 26, 한국어 의미학회.
임동훈(2019), 「한국어 병렬문의 문법적 위상」, 『국어학』 56, 국어학회.
임석규(2007), 「경북북부지역어의 음운론적 연구」, 서울대학교 박사학위논문.

임유종(1999), 『한국어 부사 연구』, 한국문화사.
임유종(2005), 『수식언의 문법』, 경진.
임지룡(2006), 「환유 표현의 의미 특성」, 『인문논총』 55, 서울대학교 인문학연구원.
임지룡(2017), 『인지 의미론』(개정판), 한국문화사.
임지룡(2018), 『한국어의미론』, 한국문화사.
임지룡 외 4인(2005), 『학교 문법과 문법교육』, 박이정.
임지룡 외 38인(2019), 『인지언어학 탐구의 현황과 과제』, 한국문화사.
임지룡 외 56인(2019), 『한국어 의미 탐구의 현황과 과제』, 한국문화사.
임채훈(2012), 『사건 발화상황 그리고 문장의미』, 역락.
임홍빈(1987), 『국어 재귀사 연구』, 신구문화사.
임홍빈(1997), 『북한의 문법론 연구』, 한국문화사.
임홍빈(1998), 『국어 문법의 심층』(전3권), 태학사.
임홍빈(2005), 『우리말에 대한 성찰』(전2권), 태학사.
임홍빈(2007), 『한국어의 주제와 통사 분석: 주제 개념의 새로운 전개』, 서울대학교 출판부.
임홍빈(2018), 『한국어의 재구조화』(전2권), 서울대학교 출판문화원.
임홍빈 · 장소원(1995), 『국어문법론 1』, 한국방송대학교 출판부.
임홍빈 · 이홍식 외(2002), 『한국어 구문 분석 방법론』, 한국문화사.
장경현(2010), 『국어 문장 종결부의 문체』, 역락.
장경희(1985), 『현대국어의 양태범주연구』, 탑출판사.
장경희(1998), 「화행의미론」, 『한국어 의미학』 2, 한국어 의미학회.
장경희 외 4인(2014), 『구어 능력 발달 연구』, 역락.
장석진(1985), 『화용론 연구』, 탑출판사.
장소원(1986), 「문법기술에 있어서의 문어체 연구」, 『국어연구』 72, 국어연구회.
장영준(2000), 『한국어 통사구조 새로보기』, 박이정.
장요한(2008), 「15세기 국어 접속문 연구」, 서강대학교 박사학위논문.
장윤희(2002), 『중세국어 종결어미 연구』(국어학총서 41), 태학사.
전광현(2003), 『국어사와 방언 2』, 월인.
전상범(1995), 『형태론』, 한국문화사.
전영철(2013), 『한국어 명사구의 의미론: 한정성/특정성, 총칭성, 복수성』, 서울대학교 출판문화원.
전정례(1995), 『새로운 '-오-' 연구』, 한국문화사.
전혜영(2004), 「한국어 공손표현의 의미」, 『한국어 의미학』 15, 한국어 의미학회.
정광(2009), 「훈민정음의 중성과 파스파 문자의 모음자」, 『국어학』 56, 국어학회.
정승철(1995), 『제주도 방언의 통시음운론』, 태학사.

정승철(2013), 『한국의 방언과 방언학』, 태학사.
정언학(2006), 『상 이론과 보조용언의 역사적 연구』, 태학사.
정연찬(1997), 『한국어음운론』(개정판), 한국문화사.
정인아(2010), 「한국어의 증거성 범주에 관한 연구」, 상명대학교 박사학위논문.
정인호(2004), 「원평북방언과 전남방언의 음운론적 대조 연구: 용천 지역어와 화순 지역어를 중심으로」, 서울대학교 박사학위논문.
정재영(1996), 『중세국어 의존명사 'ᄃᆞ'에 대한 연구』(국어학총서 21), 태학사.
정재영(2006), 「한국의 구결」, 『구결연구』 17, 구결학회.
정주리(2004), 『동사, 구문, 그리고 의미』, 국학자료원.
정철(1991), 『경북 중부 지역어 연구』, 경북대학교 출판부.
정한데로(2015), 『한국어 등재소의 형성과 변화』(국어학총서 71), 태학사.
정한데로(2019), 『발견을 위한 한국어 단어형성론』, 서강대학교 출판부.
정희자(2002), 『담화와 추론』, 한국문화사.
정희정(2000), 『한국어 명사 연구』, 월인.
정희창(2010), 「'규범, 사전, 문법'의 관계와 내용 구성」, 『한국어학』 47, 한국어학회.
제민경(2015), 「장르 문법 교육 내용 연구」, 서울대학교 박사학위논문.
조경순(2014), 『동사의 의미 구조와 문장 구성 연구』, 태학사.
조경하(2006), 「국어의 후두 자질과 음운 현상」, 이화여자대학교 박사학위논문.
조남호(2006), 『두시언해 한자어 연구』, 태학사.
조민정(2007), 『한국어에서 상의 두 양상에 대한 고찰』, 한국문화사.
조성식 편(1990), 『영어학사전』, 신아사.
조오현(1991), 『국어의 이유구문 연구』, 한신문화사.
조재형(2009), 「'-에'형 부사격조사의 통시적 연구」, 중앙대학교 박사학위논문.
조진수(2019), 「문법 문식성 관점의 문장 구조 교육 내용 연구」, 서울대학교 박사학위논문.
조항범(1996), 『국어 친족어휘의 통시적 연구』, 태학사.
조항범(2013), 「'헹가래'의 어원과 의미에 대하여」, 『국어학』 68, 국어학회.
조항범(2014), 『국어 어원론』, 충북대학교 출판부.
주세형(2006), 『문법 교육론과 국어학적 지식의 지평 확장』, 역락.
주시경(1910/1986), 『국어 문법』, 탑출판사.
차경미(2020), 「국어 어휘 수행 전략 교육 연구」, 서울대학교 박사학위논문.
차재은(1999), 『중세국어 성조론』, 월인.
차준경(2009), 『국어 명사의 다의 현상 연구』, 제이앤씨.
채숙희(2013), 『현대 한국어 인용구문 연구』(국어학총서 68), 태학사.
채완(1986), 『국어 어순의 연구』, 탑출판사.

채완(2003), 『한국어의 의성어와 의태어』, 서울대학교 출판부.
채현식(2003), 『유추에 의한 복합명사 형성 연구』(국어학총서 46), 태학사.
최경봉(1998), 『국어 명사의 의미 연구』, 태학사.
최경봉 외 3인(2017), 『국어 선생님을 위한 문법 교육론』, 창비교육.
최규련(2005), 『국어의 초점사 현상: 의미와 기능 분석』, 한국문화사.
최규수(1999), 『한국어 주제어와 임자말 연구』, 부산대학교 출판부.
최규수(2009), 『한국어 통사론 입문』, 박이정.
최기용(2009), 『한국어 격과 조사의 생성통사론』, 한국문화사.
최동주(2015), 『국어 시상체계의 통시적 변화』(국어학총서 27), 태학사.
최명옥(1980), 『경북 동해안방언 연구』, 영남대학교 출판부.
최명옥(1982), 『월성지역어의 음운론』, 영남대학교 출판부.
최명옥(2004), 『국어 음운론』, 태학사.
최소영(2019), 「언어 변화 기반의 국어사 교육 설계 연구」, 서울대학교 박사학위논문.
최영미(2010), 『정선방언의 성조체계와 그 역사적 변천』, 역락.
최웅환(2000), 『국어 문장의 형성 원리 연구』, 역락.
최웅환(2008), 「형태소의 유형 분류」, 『문학과 언어』 30, 문학과언어연구회.
최웅환(2016), 『국어 품사론』, 역락.
최윤지(2008), 「한국어 분열문의 의미 연구: 정보 구조를 중심으로」, 『국어연구』 202, 국어연구회.
최윤지(2019), 『한국어 정보구조 연구』(국어학총서 78), 태학사.
최은정(2018), 「문법적 모호성 탐구 교육 내용 연구」, 이화여자대학교 박사학위논문.
최재희(1993), 『국어의 접속문 구성 연구』, 탑출판사.
최재희(2004), 『한국어 문법론』, 태학사.
최전승(1986), 『19세기 후기 전라방언의 음운현상과 그 역사성』, 한신문화사.
최전승(1995), 『한국어 방언사 연구』, 태학사.
최지훈(2010), 『한국어 관용구의 은유 · 환유 연구』, 혜안.
최태영(1983), 『방언음운론: 전주지역어를 중심으로』, 형설출판사.
최현배(1971), 『우리말본(제4판)』, 정음출판사.
최형강(2004), 「국어의 격조사구 보어 연구」, 서울대학교 박사학위논문.
최형용(2003), 『국어 단어의 형태와 통사』(국어학총서 45), 태학사.
최형용(2013), 『한국어 형태론의 유형론』, 박이정.
최형용(2016), 『한국어 형태론』, 역락.
최형용(2018), 『한국어 의미 관계 형태론』, 역락.
최홍열(2005), 『정도부사의 유의어 연구』, 역락.

하신영(2010), 「전남 곡성지역어와 경남 창녕지역어의 음운론적 대비 연구」, 서울대학교 박사학위논문.
하치근(2010), 『한국어 파생형태론』, 경진.
한길(2002), 『현대 우리말의 높임법 연구』, 역락.
한길(2003), 『현대 우리말의 마침씨끝 연구』, 역락.
한길(2005), 『현대 우리말의 반어법 연구』, 역락.
한동완(1996), 『국어의 시제 연구』(국어학총서 24), 태학사.
한성우(2006), 『평안북도 의주방언의 음운론』, 월인.
한송화(2000), 『현대 국어 자동사 연구』, 한국문화사.
한수정(2014), 「불규칙 용언의 활용형 연구」, 부산대학교 박사학위논문.
한영균(1985), 「음운변화와 어휘부의 재구조화」, 『관악어문연구』 10, 서울대학교 국어국문학과.
한재영(1996), 『16세기 국어구문의 연구』, 신구문화사.
한재영 · 박지영(2019), 『한국어 교사를 위한 한국어 어문 규범』, 신구문화사.
한정한(2009), 「단어를 다시 정의해야 하는 시급한 이유들」, 『언어』 34-3, 한국언어학회.
허경행(2010), 『한국어 복합종결어미』, 박문사.
허용 · 김선정(2013), 『대조언어학』, 소통.
허용 외 6인(2005), 『외국어로서의 한국어교육학 개론』(개정판), 박이정.
허웅(1975), 『우리 옛말본: 형태론』, 샘문화사.
허웅(1985), 『국어 음운학: 우리말 소리의 오늘 · 어제』, 샘문화사.
허웅(1999), 『20세기 우리말의 통어론』, 샘문화사.
허웅(2000), 『20세기 우리말의 형태론』(고친판), 샘문화사.
허원욱(1993), 『15세기 국어 통어론』, 샘문화사.
허재영(2002), 『부정문의 통시적 연구』, 역락.
허철구(1998), 「국어의 합성동사 형성과 어기분리」, 서강대학교 박사학위논문.
호광수(2003), 『국어 보조용언 구성 연구』, 역락.
홍사만(2002), 『국어 특수조사 신연구』, 역락.
홍사만(2008), 『국어의미분석론』, 한국문화사.
홍윤기(2002), 「국어문장의 상적 의미 연구」, 경희대학교 박사학위논문.
홍윤표(1985), 「구개음화에 대한 역사적 연구」, 『진단학보』 60, 진단학회.
홍윤표(2009), 『살아 있는 우리말의 역사』, 태학사.
홍재성(1987), 『현대 한국어 동사 구문의 연구』, 탑출판사.
홍재성 외 9인(1996), 『현대 한국어의 동사 구문 사전』, 두산동아.
홍종선(1990), 『국어 체언화구문의 연구』, 고려대학교 민족문화연구소.

홍종선 외 7인(2003), 『한국어 문법론의 연구 현황과 과제』, 박이정.
홍종선 외 6인(2006), 『후기 근대국어 형태의 연구』, 역락.
황국정(2009), 『국어 동사구문구조의 통시적 연구』, 제이앤씨.
황문환(2002), 『16, 17세기 언간의 상대경어법』(국어학총서 35), 태학사.
황미향(1998), 「한국어 텍스트 계층 구조와 결속 표지의 기능 연구」, 경북대학교 박사학위논문.
황병순(2004), 『한국어 문장 문법』, 한국문화사.
황선엽(1995), 「15세기 국어 '-으니'의 용법과 그 기원」, 『국어연구』 135, 서울대학교 국어연구회.
황선엽(2002), 「국어 연결어미의 통시적 연구: 한글 창제 이전 차자표기 자료를 중심으로」, 서울대학교 박사학위논문.
황화상(2001), 『국어 형태 단위의 의미와 단어 형성』, 월인.
황화상(2012), 『국어 조사의 문법』, 지식과교양.
황화상(2013), 『현대국어 형태론』(개정판), 지식과교양.
小倉進平(1944), 『朝鮮語方言の硏究(下)』, 岩波書店.
河野六郎(1945), 『朝鮮方言學試攷: 「鋏」語考』, 東都書籍.
Aronoff, M. (1976), *Word Formation in Generative Grammar(Linguistic Inquiry Monograph 1)*, MIT Press.
Austin, J. L. (1962), *How to Do Things with Words,* Oxford University Press.
Baayen, H. (1989), A Corpus-Based Approach to Morphological Productivity: Statistical Analysis and Psycholinguistic Interpretation, Dissertation, Amsterdam, Free University.
Brown, P. & S. C. Levinson (1987), *Politeness: Some Universals in Language Usage,* Cambridge University Press.
Bybee, J. (1985), *Morphology: A Study of the Relation between Meaning and Form*, John Benjamins Publishing Company.
Bybee, J., R. Perkins & W. Pagliuca (1994), *The Evolution of Grammar: Tense, Aspect and Modality in the Language of the World,* The University of Chicago Press.
Carter, R. (1998), *Vocabulary: Applied Linguistic Perspectives(2nd edition),* Routeledge Publishers.
Chomsky, N. (1957), *Syntactic Structures,* Mouton.[이승환 · 이혜숙 역(1981), 『변형-생성문법의 이론』, 범한서적주식회사.]
Chomsky, N. (1965), *Aspects of the Theory of Syntax,* The MIT Press.[이승환 · 임영재 역(1980), 『생성문법론』, 범한서적주식회사.]
Chomsky, N. (1981), *Lectures on Government and Binding,* Foris.[이홍배 역(1987), 『지

배 · 결속이론』, 한신문화사.]

Comrie, B. (1989), *Language Universals & Linguistic Typology(2nd ed.)*, The University of Chicago Press.

Croft, W. (2003), *Typology and Universals(2nd ed.)*, Cambridge University Press.

Cruse, A. (1986), *Lexical Semantics*, Cambridge University Press.[임지룡 · 윤희수 역(1989), 『어휘의미론』, 경북대학교 출판부.]

Cruse, A. (2000), *Meaning in Language: An Introduction to Semantics and Pragmatics*, Oxford University Press.[임지룡 · 김동환 역(2002), 『언어의 의미: 의미 · 화용론 개론』, 태학사.]

de Beaugrande, B. & W. Dressler (1981), *Introduction to Textlinguistics*, Longman.[김태옥 · 이현호 역(1995), 『담화 · 텍스트 언어학 입문』, 한신문화사.]

de Saussure, F. (1915), *Cours de Linguistique Générale*, Payo.[최승언 역(2006), 『일반언어학 강의』, 민음사.]

Dixon, R. W. W. (2010a), *Basic Linguistic Theory(vol.1)*, Oxford University Press.

Dixon, R. W. W. (2010b), *Basic Linguistic Theory(vol.2)*, Oxford University Press.

Dixon, R. W. W. (2013), *Basic Linguistic Theory(vol.3)*, Oxford University Press.

Evans, V. & M. Green (2006), *Cognitive Linguistics: An Introduction*, Edinburgh University Press.[임지룡 · 김동환 역(2008), 『인지언어학 기초』, 한국문화사.]

Givón, T. (1978), *On Understanding Grammar*, Academic Press.[이기동 역(1981), 『문법 이해론』, 범한서적주식회사.]

Givón, T. (1984), *Syntax(vol.1)*, John Benjamins Publishing Company.

Givón, T. (1990), *Syntax(vol.2)*, John Benjamins Publishing Company.

Grice, H. P. (1975), Logic and Conversation, *Speech Act(Syntax and Semantics 3)*, Academic Press.

Gruber, J. S. (1976), *Lexical Structures in Syntax and Semantics*, North-Holland Publishing Company.

Haegeman, L. (1991), *Introduction to Government and Binding Theory*, Basil Blackwell.

Halliday, M. A. K. (1975), *Learning How to Mean: Explorations in the Development of Language*, Edward Arnold.

Haspelmath, M. (2002), *Understanding Morphology*, Arnold.

Huang, Y. (2007), *Pragmatics*, Oxford Publishing Limited.[이해윤 역(2009), 『화용론』, 한국외국어대학교 출판부.]

Huddleston, R. & G. K. Pullum (2002), *The Cambridge Grammar of the English Language*, Cambridge University Press.

Jespersen, O. (1924), *The Philosophy of Grammar,* George Allen & Unwin LTD.[이환묵 · 이석무 역(1987), 『문법철학』, 한신문화사.]

Jespersen, O. (1933), *Essentials of English Grammar,* George Allen & Unwin.[정호영 역(1993), 『영문법』, 학문사.]

Kövecses, Z. (2010), *Metaphor: A Practical Introduction(2nd ed.),* Oxford University Press.

Lakoff, G. & M. Johnson (1980), *Metaphors We Live by*, University of Chicago Press.[노양진 · 나익주 역(2006), 『삶으로서의 은유』, 박이정.]

Leech, G. (1977), *Semantics,* Penguin Books.

Levinson, S. C. (1983), *Pragmatics,* Cambridge University Press.

Lyons, J. (1977), *Semantics(vol. 1, 2),* Cambridge University Press.

Lyons, J. (1995), *Linguistic Semantics: An Introduction,* Cambridge University Press.

Martin, S.(1992), *A Reference Grammar of Korean,* Charles E. Tuttle Company.

Ogden, C. K. & I. A. Richards (1923), *The Meaning of Meaning,* A Harvest.

Pustejovsky, J. (1995), *The Generative Lexicon,* The MIT Press.

Quirk, R. *et al.*(1985), *A Comprehensive Grammar of the English Language,* Longman.

Saeed, J. I. (2009), *Semantics(3rd edition),* Wiley-Blackwell.

Sampson, G. (1985), *Writing System: A Linguistic Introduction,* Hutchinson.

Searle, J. R. (1969), *Speech Acts: An Essay in the Philosophy of Language,* Cambridge University Press.[이건원 역(1987), 『언화행위』, 한신문화사.]

Singleton, D. (2000), *Language and Lexicon: An Introduction,* Routledge.[배주채 역(2008), 『언어의 중심 어휘』, 삼경문화사.]

Sperber, D. & D. Wilson (1995), *Relevance: Communication and Cognition(2nd ed.),* Blackwell.

Whaley, L. J. (1997), *Introduction to Typology: The Unity and Diversity of Language,* SAGE Publications Inc.[김기혁 역(2008), 『언어 유형론: 언어의 통일성과 다양성』, 소통.]

Yule, G. (1996), *Pragmatics*, Oxford University Press.

찾아보기

ㄴ

ㄷ

ㄹ

ㅁ

ㅂ

ㅅ

ㅇ

ㅈ

ㅊ

ㅌ

ㅍ

ㅎ